David Thomson
LAURENCE STERNE

Eine Biographie

Aus dem Englischen
von Hans J. Schütz

Frankfurter
Verlagsanstalt

Originaltitel der 1972 bei
Weidenfeld & Nicolsen, London
erschienenen Ausgabe:
Wild Excursions. The Live and Fiction of Laurence Sterne
© 1972 by David Thomson

Erste Auflage 1991
© der deutschen Ausgabe
Frankfurter Verlagsanstalt GmbH,
Frankfurt am Main 1991
Alle Rechte vorbehalten
Satz: Photosatz Reinhard Amann, Aichstetten
Druck & Einband:
Franz Spiegel Buch, Ulm
Printed in Germany
ISBN 3-627-10231-2

Könnt ich, wenn Witz mir führt die Hand,
Abschweifen nur halb so gewandt;
Könnt ich mit jener Kunst nur wiederkehren,
Die wir in Sterne so sehr verehren –
Wo jede Digression so sinnlos scheint
Und nur als bloßes Spiel gemeint
Und sich, bedenkt mans, bald erweist
Als notwendig und hübsch zumeist:
Statt sich zu lösen ohne Sinn,
Führt kunstvoll sie zum Ganzen hin –
Dann würden meine Leser nie beklagen,
Wenn ungezügelt sich Gedanken jagen.

Charles Churchill, *The Ghost*
Buch III, Verse 967 - 978

»Wahrlich Eliza! Bis wir einander näher sein werden, wird mein Leben nicht viel mehr sein als ein Traum – ich lebe und bin mir meiner Existenz kaum bewußt – so als fehle mir ein lebenswichtiger Teil und ich könnte nicht über ein paar Stunden hinaus leben.«

Tagebuch für Eliza
9. Juli 1767

»Von der Literatur aus gesehen ist mein Schicksal sehr einfach. Der Sinn für die Darstellung meines traumhaften innern Lebens hat alles andere ins Nebensächliche gerückt und es ist in einer schrecklichen Weise verkümmert und hört nicht auf zu verkümmern. Nichts anderes kann mich jemals zufriedenstellen.«

Franz Kafka, *Tagebücher*
6. August 1914

»Der Vorsatz, dem er nachstrebte, war nicht unmöglich, wenn auch übernatürlicher Art. Er wollte den Menschen träumend schaffen, er wollte ihn bis in die kleinste Einzelheit erträumen und ihn der Wirklichkeit aufzwingen. Dieses magische Vorhaben hatte allen Raum in seiner Seele verschlungen. Wenn jemand ihn nach seinem Namen oder nach irgendeinem Umstand seines früheren Lebens gefragt hätte, wäre er die Antwort schuldig geblieben.«

Jorge Luis Borges, *Die Ruinenkreise*

Inhalt

Teil III
»Tristram ist die Mode...«
1760-68

Epilog
»... die paar unverbindlichen Gefälligkeiten«

Danksagung

Anhang

Prolog
Annäherung an Sterne

Der Biograph sollte sich Sterne nicht mit übergroßem Ernst oder allzu großem Vertrauen in den Wert historischer Dokumente nähern. Über Wichtigtuerei macht Sterne seine besten Witze, und seine Lebensgeschichte hat bei näherer Überprüfung die Tendenz zusammenzuschrumpfen. In der gleichen Weise wird dem Leser des *Tristram Shandy* rasch bewußt gemacht, welch ein vielschichtiger und gefährlicher Vorgang das Lesen ist. Sternes größte Freiheit im Umgang mit der literarischen Form ist, so paradox es klingt, ein Ergebnis seiner Selbstzweifel, und der Biograph muß erkennen, wie gründlich das vor ihm liegende Gelände unterminiert ist. Es scheint fast so, als habe Sterne sein eigenes Leben ebenso schillernd und unbestimmt gelassen wie den wirklichen Lebenslauf Yoricks, seines *alter ego*. Müssen wir nicht die Äußerung, die Sterne Yorick in der *Reise des Herzens* tun läßt, zum Teil als Warnung an Neugierige, aber auch als den Versuch verstehen, einer gründlichen Selbstprüfung auszuweichen?

»Keine Situation bringt mich mehr in Verlegenheit, als wenn ich jemandem sagen muß, wer ich bin: denn es gibt kaum einen Menschen, über den ich nicht besser Auskunft geben könnte als über mich selbst. Ich wünschte oft, ich könnte es mit *einem* Wort tun – und dann Schluß damit. Hier war nun die einzige Gelegenheit in meinem Leben, wo mir das mit einigem Erfolg gelang: – denn der Shakespeare-Band lag noch auf dem Tisch, und ich erinnerte mich, daß ich in seinen Stücken vorkam. Ich griff den Hamlet heraus, schlug die Totengräberszene im fünften Akt auf, zeigte mit dem Finger auf den Namen Yorick und hielt dem Grafen das Buch hin, während mein Finger noch immer auf den Namen wies. ›Me voici!‹ sagte ich.«[1]

Sterne schrieb einen neunbändigen Roman über das Leben und die Meinungen des Tristram Shandy und obgleich er das Buch in der ersten Person erzählt, bleibt Tristram eine rätselhafte, unfertige Gestalt. Deutlich wird er nur in der glasklaren Beschreibung der Unfälle, die ihm zustoßen, sowie in der meisterhaft arrangierten Unordnung, die sich durch das ganze Buch zieht. Diese Sprechweise ist, ähnlich wie die Kafkas nur scheinbar präzise. Als Romanfigur betrachtet, bleibt Tristram das stumme Opfer des häuslichen Chaos der Familie, in die er hineingeboren wird, eine Welt, in der Gefühl und Verstand derartig aus dem Lot geraten sind, daß sie unzuverlässig und gefährlich geworden sind.

Wie kann man die Biographie eines Mannes schreiben, der den Tatsachen so sehr mißtraut und herkömmlichen Tätigkeiten so wenig Bedeutung beimißt? Sternes Antwort darauf lautet, daß es »nicht die Dinge sind, die die Menschen verwirren, sondern die Meinungen über die Dinge.«[2] Während Dinge die Menschen unausweichlich zusammenführen, hält die Meinung sie streng voneinander getrennt; Verstehen ist folglich nur innerhalb eines Kopfes möglich. Es läßt sich nicht gut übertragen und erscheint einem zweiten Kopf als Vorurteil oder Irrtum. Daraus leitete Sterne ein Grundgefühl menschlicher Isolation ab, das den Austausch kurzweilig und komisch machen konnte, seinem Streben nach Gefühlen jedoch eine ungemeine Intensität verleiht. Sterne ist getadelt worden, weil er sich dem Gefühl hingebe und weil er seine eigenen Emotionen manipuliere – mit anderen Worten, wegen seiner krankhaften Trennung von Kopf und Herz. Doch sein Fall ist ein wenig komplizierter und trotz unzweifelhafter Schwächen als Gefährte, weiß er sehr gut um die Hindernisse, die menschlichen Gefühlen im Wege stehen.

Die wirkliche Eigenart Sternes als empfindsamer Mann besteht darin, daß er sich in seinen eigenen Gefühlen nie verlieren oder erfüllen konnte. Von einem Gefühl hat man ja nur eine Vorstellung und kann darum nie sicher sein, daß eine überwältigende Empfindung anderen wahrheitsgetreu vermittelt worden ist. Ebensowenig können wir jemals völlig auf ein Gefühl vertrauen, solange unser Verstand es aufmerksam

beobachtet. Wir wissen alle, daß Selbstmitleid etwas Beschä-
mendes sein kann und Liebe zu einem anderen oft nichts anderes als Selbstliebe ist. Auf diese Weise, nämlich durch die
Analyse unserer Gefühle, versuchen wir, herauszufinden,
wer und was wir sind. Sternes Erkundung des Gefühls gerät
ihm selten außer Kontrolle, ganz gleich, in welchem Maße sie
mit der Aussicht auf Unordnung spielt. Im Grunde handelt
es sich um eine wagemutige und qualvolle Expedition in die
eigene Identität. In der folgenden Passage, zum Beispiel,
sucht Yorick Maria aus Moulins zu trösten, spricht aber in
Wirklichkeit zu sich selbst:

»Ich ließ mich dicht neben ihr nieder, und Maria erlaubte
mir, ihre Tränen mit meinem Taschentuch abzutrocknen; –
dann trocknete ich die meinen – dann ihre – dann meine –
und dann wieder ihre; – und dabei verspürte ich solch unbe-
schreibliche Regungen in meinem Innern, wie sie ganz gewiß
nicht allein durch irgendwelches Zusammenwirken von Ma-
terie und Bewegung erklärt werden können.

Ich bin sicher, daß ich eine Seele habe, und alle Bücher der
Materialisten können mich nicht vom Gegenteil überzeugen.«[3]

* * *

Sternes offensichtlich gewolltes Eintauchen in die Systemlo-
sigkeit faszinierte seine Zeitgenossen, veranlaßte aber auch
viele zu der Ansicht, er sei eine »Eintagsfliege«. Dr. Johnson
prophezeite Sterne: »Nichts Ausgefallenes währt lange. Der
›Tristram Shandy‹ hat sich nicht gehalten.«[4] Gleichwohl gestattete er Boswell, seine eigenen Verschrobenheiten, Launen
und Vorurteile peinlich genau aufzuzeichnen. Und wenn uns
Dr. Johnson als der auf die bezauberndste Weise unabhängige, vollkommene, humane Engländer überliefert wird,
dann vielleicht zum Teil deswegen, weil er selbst an eine solche Rolle dachte und darauf hinarbeitete.

Sterne schenkte seinem Leben keine so große Beachtung –
möglicherweise als Reaktion auf die rauhe Art und Weise, wie
es zu Anfang mit ihm umsprang. Er hatte eine Familie, eine
Gattin, eine Karriere – und all das blieb unbefriedigend. Die
unmittelbaren Gegebenheiten seines Lebens waren so beschaffen, daß er sie kaum akzeptieren mochte. Wir können
die lange Reihe biographischer Probleme und Leerstellen in
seinem Leben nicht überschauen, ohne zu dem Schluß zu
kommen, daß ein Teil der Unklarheiten von Sterne selbst als
Verschleierung der Unzulänglichkeit herbeigeführt wurde.
Eben weil Sterne mit seinem Leben weder zufrieden noch
von ihm überzeugt war, sieht der Biograph sich so oft gezwungen, dort, wo es so wenige verläßliche Tatsachen gibt,
ein Szenario zu entwerfen. Sterne kommt uns so vor wie eine
Figur aus einem Roman, denn er legt großen Wert auf Vertraulichkeit von Tonfall und Rhythmus. Dieses Gefühl von
Charme reicht manchmal aus, um große Lücken im tatsächlichen Ablauf zu überbrücken. Es ist möglich, daß sich in diesen Lücken wichtige Ereignisse zugetragen haben, von denen
wir nichts erfahren. Dennoch halte ich es für wahrscheinlich,
daß zwar sehr wenig passierte, Sterne sich indes mit der Leere
nicht begnügen mochte. Viele Leute blicken auf ihr Leben zurück und bemerken lediglich das Fehlen von Ereignissen.
Und aller Aktivität zum Trotz, die Sterne in bestimmten Phasen seines Lebens entfaltete, sieht man ihn doch so rasch da-
hineilen, daß es nicht leicht ist, seine Anteilnahme auszuma-
chen. Die entscheidende Verwicklung vollzieht sich in der
Einbildung, da er es leichter fand, ein Leben zu erfinden als
sich ihm auszusetzen. Das Lebensgefühl, wie es in Sternes
Werk festgehalten, erlauscht und aufgespürt wird, ist deshalb
fesselnd, weil es zwanglos und unkonventionell ist und Gegenständen und Situationen Bedeutung verleiht, denen die
meisten anderen Schriftsteller keine Beachtung geschenkt
hätten. Ablenkungen, spontanen Einfällen und offensichtlichen Abweichungen vom Erzählgang schenkt Sterne beson-

dere Aufmerksamkeit. Mit einem schnellen Blick kann er Gegenständen die Aura des Bedeutungsvollen verleihen; so verherrlicht er Frauen, Augenblicke des Zögerns, flüchtige Eindrücke und prosaische Unterhaltungen, als seien sie im Leben die Hauptsache. Es muß mit Nachdruck darauf hingewiesen werden, daß im 18. Jahrhundert darin eine außergewöhnliche Originalität lag. Weil in unserem Jahrhundert viele Schriftsteller die strenge Ordnung von Handlung und Charakterzeichnung zugunsten einer breiteren und stärker fragmentarischen Weltauffassung aufgegeben haben, scheint Sterne mit dem Wesen und dem Stil des modernen Romans mehr übereinzustimmen, als Dr. Johnson es für möglich gehalten hätte. Seine Einstellung – oder der Schluß, den er aus den empfangenen Gefühlseindrücken zieht – macht Sterne zu einer sonderbar unvoreingenommenen Quelle emotionaler Erregung. Folglich vermeidet er, obgleich er einer der gefühlvollsten Schriftsteller ist, jede wirkliche Festlegung. So hielt er es auch, so weit ich sehe, im Leben. Seine Reaktion zeigt immer die Neigung zum Überschwang. Wir könnten das Hochstimmung, Freude oder gute Laune nennen. Doch seine Reaktion ist niemals gelassen oder beruhigend. Sie basiert auf einer empfindlichen nervösen Energie, und seinem Buhlen um Vertraulichkeit liegt in Wirklichkeit der Wunsch nach einem Zuhörer zugrunde, dessen Aufmerksamkeit Sterne von seiner eigenen Existenz überzeugen soll. Aus diesem Grunde klingt Sternes Stimme für mich nicht behaglich. Der vorgetäuschten Heiterkeit zum Trotz, ist es seine Unsicherheit, die anrührt und durchdringt. Vielleicht ist das der Grund, warum er im Lauf der Jahre, ungeachtet aller seiner Bemühungen, zu gefallen, ein solches Übermaß an ernsthafter Mißbilligung erfahren hat.

Wenn wir Sterne als einen Atmosphäre erzeugenden Schreiber sehen – der die Leser durch die sprachliche Kraft seines schwebenden Erzählens und die Feinheit seiner Gefühlsdarstellung zu fesseln sucht –, dann ist es bemerkens-

wert, wie viele bedeutende Leser behauptet haben, sie fühl-
ten sich durch ihn gekränkt. Wir werden sehen, wie viele Anschuldigungen wegen Schamlosigkeit, Weitschweifigkeit und
Widersinnigkeit zu Sternes Lebzeiten gegen ihn vorgebracht
wurden, während folgende Generationen ihn in erster Linie
als Schwindler, als Handhaber von Scheingefühlen angriffen. Vicesimus Knox hat dieses angeblich verderbliche Element herausgearbeitet und viele Leute überzeugt, Sterne sei
ein moralisch derart verderbter Autor, daß man zartfühlen-
den Frauen nicht erlauben solle, seine Bücher zu lesen:

»Diese Weichheit, dieses auf den ersten Blick gekünstelte und
überschwängliche Mitgefühl, diese gefühlsselige Zuneigung,
die nichts anderes ist als verkappte Wollust, ist in diesem
Lande der Verderb Tausender Männer und Frauen gewesen,
die sich einbildeten, sie seien, während sie die Gesetze Gottes
und der Menschen brachen, durch die edlen Gefühle *senti-
mentaler Affektiertheit* dazu angeregt worden. Und in welchem
Maße seit Sternes Auftreten die Zahl der Eheschließungen
zugenommen hat.«[5]

Auch Coleridge behauptete, daß die »sentimentale Philosophie« Sternes und seiner Nachahmer die »schändlichsten Ge-
lüste und den unbarmherzigsten Wankelmut gegenüber anderen Menschen« zugelassen habe, um sich »den Anspruch
auf das *Herz*, die *unwiderstehlichen Gefühle, die überzarte Empfindung*« zu erwerben.[6] Die Dringlichkeit dieser Befürchtungen
kommt uns heute lächerlich vor, doch Thackerays Angriff ist
interessanter, weil er von einem Mann kam, der sich besser als
die meisten anderen in Sterne hineinversetzen konnte:

»Ich vermute, daß Sterne über diese künstlerische Feinner-
vigkeit verfügte; er pflegte fortwährend in seinem Arbeitszimmer zu schluchzen und als er feststellte, daß seine Tränen
ansteckend wirkten und ihm große Popularität einbrachten,

schlug er Kapital aus dieser Gabe zu weinen, machte sie sich zunutze und weinte bei jeder Gelegenheit. Ich gestehe, daß ich das kitschige Tröpfeln dieser Quellen nicht sonderlich schätze oder respektiere. Er langweilt mich mit seiner ständigen Unruhe und seinen unangenehmen Appellen an meine Lachmuskeln und Fähigkeiten zur Empfindsamkeit. Dauernd schaut er mir ins Gesicht, beobachtet, welche Wirkung er hervorruft, unsicher, ob ich ihn für einen Schwindler halte oder nicht; er posiert vor mir, umschmeichelt mich und fleht mich an.«[7]

Wir werden sehen, daß sich Sterne zuweilen in derartiger finanzieller Bedrängnis befand, daß er vielleicht die eine oder andere Schreibart forcierte, in der Hoffnung, das Publikum werde ihn dafür belohnen.

Es besteht auch kein Zweifel daran, daß die Wirkungen einiger dieser Bemühungen – seien es Witze oder Versuche, uns zu rühren – verheerend sind. Doch am scharfsinnigsten ist Thackerays Bild vom Autor, der uns beobachtet, um seine Wirkung abzuschätzen, der erkennen will, ob wir ihn für einen Schwindler halten. Ich möchte noch einen Schritt weiter gehen und sagen, daß Sterne selbst ängstlich darauf bedacht war, zu erfahren, ob er aufrichtig sei oder nicht. Wenn wir ihm eine absichtliche Täuschung unterstellen, setzen wir uns nicht ernsthaft mit Sterne auseinander.

Seine innere Unruhe ist fundamental, und darin ist einer der Gründe zu suchen, warum Tadel, die ihn trafen, so oft von seinen Werken auf sein Leben übertragen wurden und warum zahlreiche Kritiker durch das in Sorge versetzt worden sind, was sie für seinen verderblichen Einfluß auf die Gesellschaft insgesamt halten. Wenn also Graham Greene von Sternes Schreiben sagt, es gleiche »der Tagtraum-Unterhaltung eines stotternden Mannes in einer Welt seiner Einbildungskraft«[8], will er damit zum Ausdruck bringen, welch eine große Kompensation das Romanschreiben für Sternes unglückliches Leben bedeutet hat. Leavis' abschätziges Urteil, Sterne sei »unverantwortlich (und ekelhaft) oberflächlich«[9], eliminiert ihn aus der klassischen Tradition aus Gründen, die für Sterne einfach nicht zutreffen. Wäre er in der Lage gewesen, stärker an die Familie oder an das zu glauben, das zu predigen die Kirche von ihm erwartete oder hätte er sich Walter Shandys geschäftiges Hirn oder Tobys weiches Herz zum Vorbild genommen, dann wäre er nicht der Schriftsteller gewesen, den wir kennen.

Das soll nicht heißen, daß sein Schreiben lediglich eine Flucht war. In mancher Hinsicht sind seine Romane verwegener als alles andere, was in seiner Zeit geschrieben wurde. Ein Roman, scheint er zu sagen, ist nicht bloß eine Geschichte für den Leser, um sich nachempfindend daran zu ergötzen, je nach Geschmack moralisch verfeinert, sondern ein Hilfsmittel, mit seinem ganzen Identitätsgefühl zu experimentieren; nicht eine Flucht aus der Realität, sondern etwas, das das unendlich vielfältige Gefüge der Realität, wie man sie im Leben erfährt, nachbildet. Denn letztlich ist der Roman selbst die umfassende Form von Erfahrung; er verkörpert die Bedeutung, die man der Unmenge von Eindrücken, welche die Außenwelt bietet, verleiht. Wenn wir eine andere Person betrachten, übertragen wir auf sie einen Teil unserer eigenen »romanhaften« Interpretation der Welt. Wir können uns auf keine andere Weise selbst studieren als durch die Beschreibung dessen, was wir tun – in der Hoffnung, uns dadurch selber erklären zu können. An seinem entscheidenden Punkt hat Sternes Kühnheit weder einen heiteren noch einen spielerischen Charakter. Er dringt vielmehr mit seiner Überzeugung, daß die Realität für jedes Individuum lediglich eine Sache seines eigenen Bewußtseins ist, fast bis zu einem unverhüllten Solipsismus vor.

Sternes fortgesetztes amüsiertes Nachsinnen über seine eigene Realität ist enger mit der Philosophie als mit der Romanliteratur seiner Zeit verbunden. Bischof Berkeley hatte

erklärt, daß »die verschiedenen Wahrnehmungen und Vorstellungen, die sich unseren Sinnen einprägen, wie vermischt
oder miteinander verbunden sie sein mögen (das heißt, welche Gegenstände sie bilden), nicht anders als *in* einem Kopf
existieren können, der sie wahrnimmt«.[10] Existieren heißt
wahrgenommen werden. Doch kann dieser Aphorismus zu
einer erschreckenden Einschätzung der eigenen Machtlosig-
keit führen und Sterne hat sich vielleicht dadurch getröstet,
daß er noch einen Schritt weiterging als Berkeley und sagte,
daß alles existierte, was er wahrnahm. Mit anderen Worten:
einen Gegenstand denken, hieß, ihm zur Wirklichkeit zu ver-
helfen.

Falls diese Anpassungsfähigkeit Sternes Prosa freier und
seine Sicht des Lebens freundlicher gemacht hat, so hat sie
aus ihm kaum einen ungezwungenen Sohn, Ehemann oder
Vater gemacht. Sternes Leben erscheint mir als ein erschrek-
kendes Schauspiel der Vereinsamung, unbeeinflußt durch
geselligen Verkehr. Daraus erwächst für den Biographen ein
zusätzliches Problem: zwar ergänzen sich sein Leben und sein
Schreiben, doch in gleichem Maße entspricht dem spekulativen Denken, das sein Werk belebt, eine Unklarheit in seinem
Leben, die manchmal undurchdringlich ist.

Allzu oft erweisen sich die sichtbaren »Fakten« seines Lebens als unergiebig. Jeder zeitgenössische Bericht über ihn ist
eine Mischung aus Gerücht und Kenntnis, als ob Sterne ein
Mann gewesen sei, dem die Leute bereitwillig alles zutrauten.
Seinen Briefen können wir an tatsächlicher Information sehr
wenig entnehmen. Er berichtet selten von Ereignissen, an denen er beteiligt war, doch er beschreibt ausgiebig seinen sich
ständig verändernden Gemütszustand. Die Reflexion seines
Bewußtseinszustandes bestimmte sein Leben. Die folgende
Passage aus Humes *Abhandlung über die menschliche Natur* verdeutlicht die Verwandtschaft zwischen Sternes Auffassung
von seiner Existenz als Schwebezustand und jenen lästigen
materialistischen Büchern:

»Wenn ich mich eingehend mit dem befasse, was ich mein *Ich* nenne, stoße ich immer auf die eine oder andere bestimmte Wahrnehmung, von Hitze und Kälte, Licht oder Schatten, Liebe oder Haß, Schmerz oder Vergnügen. Ich kann mein *Ich* nie ohne eine Wahrnehmung erfassen und kann niemals etwas ohne die Wahrnehmung betrachten. Wenn diese Wahrnehmung für eine bestimmte Zeit aussetzt, wie etwa im Schlaf, bin ich mir meines *Ichs* nicht bewußt, und man kann füglich von mir sagen, daß ich nicht existiere. Und würden meine Wahrnehmungen durch den Tod allesamt verschwinden und ich könnte nach der Auflösung meines Körpers weder denken, fühlen, sehen noch lieben oder hassen, dann kann ich mir auch nicht vorstellen, was weiter noch nötig wäre, um mich zu einem vollkommenen Nichts zu machen.«[11]

»Wahrlich, Eliza! Bis wir einander näher sein werden, wird mein Leben nicht viel mehr sein als ein Traum – ich lebe und bin mir meiner Existenz kaum bewußt – so als fehle mir ein lebenswichtiger Teil und ich könnte nicht über ein paar Stunden hinaus leben.«[12]

Das ist Sterne, der im Juli 1767 an Elizabeth Draper schreibt – als er nur noch wenige Monate zu leben hatte. Es ist eine Passage, in der die Eigenart der Sterneschen Intimität präzise eingefangen ist. Sie ist atemlos durch das Ablegen einer Beichte, die von der Aussicht auf das Ende ausgelöst wird; und doch beginnt Sterne, kaum daß er einen Zuhörer in seinen Bann gezogen hat, zu sich selber zu sprechen. Er starrt mit eindringlicher Lebhaftigkeit in das Gesicht einer anderen Person und benutzt es als Spiegel, um seine eigene Aufgewühltheit zu reflektieren. Mit anderen Worten: sein Versuch, einen Modus der Intimität zu entdecken, der ausschließlich der seine ist, macht den wirklichen Zweck der Vertraulichkeit zunichte. Was übrig bleibt, ist eine Schreibweise, die im Grunde unfähig ist, menschliche Wesen zusammenzubringen.

Zum Glück besitzen wir Sternes Porträt von Reynolds. Es scheint genau wiederzugeben, wie ungewöhnlich und beunruhigend Sterne leibhaftig aussah, obwohl er sich um jenen Ausdruck von Vertrautheit bemüht, dessen Wirkung auf andere er kannte. Sein Gesicht ist das eines Schauspielers, routiniert, aber dennoch besorgt um das Schauspiel, das er aufführt. Ein so anspruchsvolles Gesicht »erfindet« Zuschauer. Auch Sternes literarische Methode verlangt nach der Anwesenheit von Lesern und verfügt über eine Vielzahl von Kunstgriffen, die versuchen, sie für sich einzunehmen:

»– Hier – bitte, Sir, nehmen Sie meine Kappe – nein, nehmen Sie auch die Schellen dazu und auch gleich meine Pantoffeln. – Nun, Sir, stehen sie ganz zu Ihren Diensten; und ich mache sie Ihnen unter der Bedingung unentgeltlich zum Geschenk, wenn Sie mir für dieses Kapitel Ihre volle Aufmerksamkeit widmen.«[13]

Das Porträt wurde von Reynolds im März und April 1760 gemalt, auf dem Höhepunkt von Sternes Ruhm. In jenem Frühjahr war er mit den ersten beiden Büchern des *Tristram Shandy* in London angekommen. Er erschien in einer unwiderstehlichen Doppelrolle: als Landpfarrer und als Verfasser des verblüffendsten und einfallsreichsten Buches, das man je gelesen hatte. Überall in London wurde Sterne eingeladen, und er saß Reynolds für ein Gemälde, wenn er zwischen Salons, Diners und den Lustgärten Zeit erübrigen konnte. Angesichts seiner fragwürdigen Gesundheit, ist es nicht überraschend, daß zahlreiche Kommentatoren urteilten, Sterne habe auf dem Gemälde seinen Kopf aufgestützt, weil er vom Londoner Trubel angegriffen gewesen sei. Doch das Gemälde vermittelt nicht im geringsten den Eindruck, Sternes Kopf laste schwer in seiner Hand. Statt dessen verweist uns die lebhafte Aufwärtsbewegung des Fingers direkt auf Sternes verzehrende Augen.

Ein meisterhaftes Porträt, aber ein ungemein lebensvolles Gesicht, abwechselnd durchtrieben und liebenswert. Im Zeitalter der Photographie haben wir gelernt, über welch subtile Möglichkeiten, sein Bild zu beeinflussen, ein Porträtierter verfügt. Und Sterne, der als Maler dilettierte und daran glaubte, daß das Auge »im hurtigsten Verkehr mit der Seele steht«,[14] hat vielleicht selber für einige dieser Details gesorgt, die Reynolds zugeschrieben werden. Bewunderer des Malers haben angemerkt, die leicht verrutschte Perücke vermittele den Eindruck von Erregung. Doch auch Sterne hatte mit Perücken seine Erfahrungen. Als Tristram versehentlich ein Reinschriftblatt ins Feuer geworfen hat, heißt es: »Augenblicks riß ich mir die Perücke herunter, schleuderte sie mit aller erdenklichen Heftigkeit senkrecht an die Zimmerdecke – freilich fing ich sie beim Herunterfallen wieder auf – ...«[15] Selbst die Stellung, in der Reynolds ihn dargestellt hatte, diente Sterne später als Mittel der Selbstdarstellung; er schrieb an Elizabeth Draper: »(Ich) saß, den Kopf in die Hand gestützt, den ganzen Tag sehr niedergeschlagen am Tisch, das Bild meiner Eliza vor mir – es fühlte mit mir und tröstete mich.«[16]

Acht Jahre nachdem Reynolds sein Porträt gemalt hatte, starb Sterne – mit ausgestreckter Hand. Der Zeuge seines Todes notierte: »Er streckte seine Hand in die Höhe, als wolle er einen Schlag abwehren und starb binnen einer Minute.«[17] Es war eine sonderbar passende Geste.

Bei seinem Abschied von der Literatur, nur drei Wochen vor seinem Tode, hatte er Yoricks Hand in einem spannungsvollen Augenblick ausgestreckt verharren lassen, unmittelbar vor der Liebkosung von des Kammermädchens*

Berührungen hatten für Sterne eine erotische Qualität,

---

* Es wäre falsch, den Satz mit einem Punkt enden zu lassen – selbst das Sternchen muß eine respektvolle Distanz einhalten. Der letzte Satz der *Reise des Herzens* lautet: »Als ich meine Hand ausstreckte, faßte ich daher der Kammerjungfrau ihre –«. Der Leser wird sich daran erinnern, daß Yorick sich im Dunkeln befand und muß sich diese letzte Berührung vorstellen. Sterne wußte nur zu gut, wann er einhalten mußte.

aber noch mehr als das. Er tastet sich seinen Weg aus Dunkelheit und Ungewißheit und erweckt durch Berührung Vorstellungen zum Leben. Die *Reise des Herzens* ist eine Aneinanderreihung von Berührungen, indem Yorick einer empfänglichen Frau nach der anderen begegnet. Die zitternde Erregung des Buches kommt Lüsternheit oft sehr nahe, und Sternes Leben legt die Vermutung nahe, daß seine Kontakte mit Frauen oft schlichtweg praktischer Natur waren. Doch in *Reise des Herzens* ist das Berühren die Handlung eines Träumers, der sich eine Haut von unvorstellbarer Reizbarkeit und Zartheit erfindet, der eine restlose Verschmelzung von Gefühlen heraufbeschwört, wie er sie in der Wirklichkeit nie gefunden hatte. Die tastende Berührung ist eine Metapher für seinen Umgang mit der Form des Romans. Die *Reise des Herzens* ist demgemäß der Bericht von der Reise eines Mannes durch sein eigenes Empfindungsvermögen, vielleicht der erste Vorstoß zum inneren Monolog. Das Buch enthält die schönsten Beispiele für Sternes Kunst, sich als reale Person zu maskieren.

Yoricks erste empfindsame Begegnung findet in Calais mit einer Dame statt, die »ein Paar schwarzseidene Handschuhe (trug), die nur am Daumen und den beiden ersten Fingern offen waren«.[18] Sogleich gilt Yoricks erster Gedanke der Berührung. Sie fangen ein Gespräch an, wobei er, »fast ohne es zu wissen, noch immer ihre Hand hielt«. Ihr Flirt setzt sich fort, und ihn wegen seiner englischen Gewohnheit verspottend, das Herz über den Kopf regieren zu lassen, »machte sie ihre Hand frei und warf mir einen Blick zu, den ich für einen ausreichenden Kommentar zum Text hielt«.[19] Yorick ist »todunglücklich darüber, daß sie mir ihre Hand entzogen hatte«; doch ein paar Sekunden später legt sie sie auf seinen Rockärmel und ihre Hände berühren sich erneut. Als die Dame sich der Melancholie hingibt, sind Berührung und Gefühl nicht mehr voneinander zu unterscheiden:

»Das raschere Zirkulieren meines Blutes selbst in den Fingern, die die ihren fest umschlossen, ließ sie wohl erraten, was in mir vorging. Sie senkte den Blick; – es folgte eine Stille von einigen Sekunden.

In dieser Pause muß ich unmerklich versucht haben, ihre Hand fester zu drücken, wie ich einer zarten Bewegung nach fürchte, die ich im Inneren meiner eigenen verspürte – zwar nicht gerade so, als sei sie im Begriff, mir die ihre zu entziehen, aber als spiele sie immerhin mit dem Gedanken; und ich hätte sie unfehlbar ein zweites Mal verloren, wenn nicht Instinkt mehr als Vernunft mich zum letzten Mittel in dieser Gefahr getrieben hätte: nämlich sie ganz locker zu fassen, als wollte ich sie jeden Augenblick selber fahren lassen; – «[20]

Dieser instinktive, mit allen Risiken behaftete Umgang mit Sensibilität mag eine geringe Kunst sein, doch Sterne ist darin ein Meister. In Paris betritt Yorick einen Handschuhladen, um nach dem Weg zu fragen. Das Mädchen im Laden gibt ihm Auskunft, doch er ist von dem Mädchen viel zu entzückt, um zuzuhören. Erst auf der Straße wird ihm klar, daß er nicht ein einziges Wort aufgenommen hat. Darum kehrt er in den Laden zurück, um auf die Begleitung eines Boten zu warten, der in jenem Stadtteil einen Auftrag zu erledigen hat.

»›Er ist gleich fertig, Monsieur‹, sagte sie, ›es dauert nur noch einen Augenblick‹.

›Und in diesem Augenblick‹, versetzte ich, ›möchte ich Ihnen so gern für Ihre Gefälligkeit etwas Nettes sagen. Jeder kann gelegentlich ein gutes Werk tun, aber eine Wiederholung der Wohltätigkeit zeigt, daß sie ein Teil des Charakters ist; und gewiß‹, fügte ich hinzu, ›wenn das Blut vom Herzen kommt, das durch die Glieder fließt‹ – (hier berührte ich ihr Handgelenk) –, ›so bin ich überzeugt, Sie müssen einen der besten Pulse haben, den je eine Frau gehabt hat‹.

›Fühlen sie ihn!‹ sagte sie und hielt mir den Arm hin. So

legte ich meinen Hut beiseite, ergriff ihre Hand mit der Linken und legte Zeige- und Mittelfinger meiner Rechten auf
ihre Schlagader.«[21]

Während er ihr den Puls fühlt, kommt ihm der Gedanke, er
könne ein Paar Handschuhe kaufen. In der folgenden Passage hat die Berührung in dem von Sterne am liebsten ge-
pflegten Spiel mit versteckten Andeutungen ihren Platz – einer Mischung aus Launenhaftigkeit, Ernst und Unsinn:

»Die schöne Grisette erhob sich, als ich das sagte, ging hinter
den Ladentisch, reichte ein Paket herunter und band es auf.
Ich trat an die andere Seite des Ladentischs, ihr gegenüber.
Sie waren alle zu groß. Die schöne Grisette probierte sie an
meiner Hand, einen nach dem anderen: es änderte nichts an
der Größe. Sie bat mich, ein Paar zu versuchen, das am
knappsten zu sein schien. Sie hielt mir einen offen hin: –
meine Hand rutschte sofort hinein. ›Er paßt nicht‹, sagte ich
und schüttelte den Kopf ein wenig. ›Nein‹, sagte sie und
schüttelte ebenfalls den Kopf.

Es gibt gewisse komplizierte Blicke von natürlicher Feinheit, in denen Laune, Verstand, Ernst und Scherz so vermischt sind, daß alle Sprachen Babels, gleichzeitig losgelas-
sen, sie nicht in Worte fassen könnten. Sie werden blitzschnell
abgesandt und aufgefangen, und man kann kaum sagen, von
welcher Partei sie ausgehn. Ich überlasse es euren Wortgewal-
tigen, Seiten darüber zu füllen; es genügt hier, nochmals
festzustellen: die Handschuhe paßten nicht. Und so ver-
schränkten wir die Arme und lehnten uns nachlässig auf den
Ladentisch; er war schmal, und es blieb nur Raum für das Paket zwischen uns.

Die schöne Grisette sah einmal auf die Handschuhe, dann
seitwärts zum Fenster, dann auf die Handschuhe – und dann
auf mich. Ich war nicht geneigt, das Schweigen zu brechen,
und folgte ihrem Beispiel. So blickte ich auf die Handschuhe,

dann zum Fenster, dann auf die Handschuhe – und dann auf sie –, und so ging es abwechselnd fort.

Ich merkte, daß ich bei jedem Angriff beträchtlich an Boden verlor: sie hatte lebhafte, schwarze Augen, und ihr Blick schoß mit solcher Eindringlichkeit durch so lange seidige Wimpern, daß er mir bis in Herz und Nieren drang. – Es mag seltsam scheinen, doch ich konnte das wirklich fühlen.«[22]

Der letzte bekräftigende Satz ist keine Heuchelei, sondern ein Zeichen für Sternes Vorliebe für erdichtete Realität. Da er so sehr in seinem Inneren lebte, gab es für ihn nur eine Möglichkeit, seiner eigenen Befangenheit zu entgehen: er mußte sich vorspiegeln, daß andere Leute imstande seien, in sein Inneres zu blicken und seine »splitternackte Seele« zu sehen. Denn es ist nicht nur eine Metapher, mit der Sterne ausdrückt, daß ihm jemand ins Herz blickt. Er spielte in der Tat mit dem Gedanken, das Innere könne sichtbar gemacht werden. Ein Teil der Klaustrophobie von Shandy Hall ist auf die Vielzahl von Bildern zurückzuführen, die sich auf die Eingeweide des menschlichen Körpers beziehen. An einer Stelle im *Tristram Shandy* spekuliert er darüber, welche Folgen es hätte, wenn man jedem Menschen ein Fenster in die Brust setzen würde:

»Und, zweitens, daß, wäre besagtes Glas eingesetzt worden, nichts mehr gefehlt hätte, um den Charakter eines Menschen aufzunehmen, als daß man einen Stuhl genommen hätte, sacht hinzugeschlichen wäre wie an einen dioptrischen Bienenkorb und hineingeguckt hätte, – die splitternackte Seele angeschaut, – alle ihre Bewegungen beobachtet, – ihre Machenschaften, – alle ihre Grillen vom ersten Entstehen bis zum Auskriechen belauert, – auf die Lockere mit ihren Luftsprüngen, Purzelbäumen und Kapricen aufgepaßt hätte und nach Zurkenntnisnahme ihres getrageneren Betragens, das auf solche Luftsprünge &c. folgt – dann Feder und Tinte genommen und nichts anderes niedergeschrieben hätte, als was man gesehen hatte und beschwören könnte: –«[23]

In vieler Hinsicht haben wir hier die Beschreibung von Sternes literarischer Methode. Er ist in Wahrheit ein Beschreiber der Innenwelt, der weitgehend auf die äußere Realität verzichtet und der den Eindruck, den Ereignisse auf Nerven und Hirn machen, auf einzigartige Weise zu vermitteln weiß.

Kein Wunder, daß Reynolds Sterne mit aufgestütztem Kopf malte. Welcher Schriftsteller hat sich wohl so pathologisch über den wirklichen Inhalt seines Schädels Gedanken gemacht? »Einen solchen Kopf!« ruft er im *Tristram Shandy* aus, »wollt' der Himmel, meine Feinde sähen seine Innenseite!«[24] Vorstellungen waren für Sterne keine abstrakten, sondern belebte Dinge, die »im Hirn schwimmen«. Er beschreibt »sonderbare Ansichten« – »solche Gäste, die nach einem freien und unbehinderten Eintritt für einige Jahre in unser Gehirn – schließlich Anspruch auf eine Art Heimatrecht darin erheben«.[25]

Ein anderer Gedanke »schwamm nur in Dr. Slops Sinn ohne Segel oder Ballast als bloßer Satz, welche zu Millionen, wie Euer Wohlgeboren wissen, jeden Tag ruhig mitten im dünnen Saft des menschlichen Verstandes schwimmen«.[26] Es ist nicht immer leicht zu entscheiden, wie humoristisch Sternes gelehrte Beschreibungen des Gehirns sind. Ohne Zweifel hatte er sich umfassend, wenn auch oberflächlich mit menschlicher Physiologie beschäftigt und könnte der Überzeugung gewesen sein, den Verstand so säuberlich zergliedern zu können wie Toby, der eine Belagerung plante:

»Was ihm daher am wenigsten irgendwelchen Einwänden ausgesetzt zu sein schien, war die Annahme, das Hauptsensorium oder das Hauptquartier der Seele, wohin alle Nachrichten geleitet werden und von wo alle ihr Anordnungen ausgehen, – sei im Kleinhirn oder nah dabei, – oder vielmehr irgendwo um die *medulla oblongata* herum, in der, worüber die *holländischen* Anatomen übereingekommen sind, alle die winzigen Nerven, alle die Organe der sieben Sinne zusammentreffen wie Straßen und krumme Gäßchen auf einem Platz.«[27]

Mit Sternes Augen blicken wir in das Innere des menschlichen Körpers und sehen eine jener schrecklichen wahrheitsgetreuen und arbeitenden Maschinen, die Bosch durch Abstreifen der Haut entblößte. Auch Sterne beschreibt die Teile des Körpers und spricht manchmal davon wie von einer riesigen Fabrik unter der Haut. Vorstellungen, in ihrem Überfluß und in ihrer Zerbrechlichkeit, erscheinen ihm wie Samenträger. Inmitten der komischen Aufregung, mit der Tristram seine Zeugung beschreibt, schwingt in der Sprache gleichwohl der Sternesche Animismus mit, der seiner Sicht der menschlichen Natur beigemischt war. Folglich schildert Tristram, was in dem Augenblick seiner Zeugung geschah, als seine Mutter die »sehr zur Unzeit gestellte Frage« nach der Uhr einwarf: »… weil sie die Lebensgeister erschütterte und zerstreute, deren Aufgabe es war, den HOMUNCULUS zu begleiten, Hand in Hand mit ihm zu gehen und ihn sicher an die Stelle zu geleiten, die für seine Aufnahme bestimmt war.«[28]

Hier stehen wir vor einem Paradox im Sterneschen Denken: er antizipierte zwar fortgeschrittene mechanische Interpretationen des menschlichen Körpers und Verstandes, doch er tat das mit solchen Begriffen, daß es zuweilen klingt, als behandle ein mittelalterlicher Gelehrter die Körpersäfte, die den Charakter bedingen. Je mehr man von Sterne liest, desto weniger sinnvoll scheint es, ihn zeitlich zu fixieren. Seine intuitive Erkenntnis reicht zurück und weist zugleich über seine eigene Zeit hinaus und bringt es nie fertig, jene Zweifel zu beschwichtigen, die er in bezug auf seine eigene Sicherheit hegte. Obwohl er über seine Konzentration auf die inneren Abläufe lachte, hielt er neurotisch daran fest, daß dort alles präzise funktionierte.

Tristram bekennt, daß er »von allen Dingen in der Welt von der Mechanik am wenigsten« verstehe,[29] doch er sagt, wenn auch »unsere Familie in gewissem Sinn ein einfacher Mechanismus war, da sie aus wenigen Rädern bestand, so muß doch so viel über sie gesagt werden, daß diese Räder von so vielen verschiedenen Antrieben in Bewegung gesetzt wurden und eines auf das andere nach einer solchen Vielfalt seltsamer Prinzipien und Impulse wirkte – daß sie, obwohl sie ein einfacher Mechanismus war, alle Ehren und Vorzüge eines komplizierten hatte…«[30]. Das Buch selbst wird oft in einer der Mechanik entlehnten Bildersprache erwähnt. Folglich wird auch der spontane Hang zur Abschweifung so erklärt: »Aus welchem Grund ich, Sie sehen es, von Anfang an das Hauptwerk und die Nebenteile mit solchen Einschnitten konstruiert und die digressiven und die progressiven Bewegungen so kompliziert und verwickelt habe, ein Rädchen ins andere, daß die ganze Maschine im allgemeinen in Gang gehalten worden ist.«[31]

Doch jedem Bild von Zahnrädern entspricht bei Sterne auch eines der animalischen Kräfte oder Säfte des Körpers. So heißt es von Yorick, Sternes Selbstporträt, er sei »statt das kalte Phlegma und die strenge Regelmäßigkeit von Verstand und Gemüt zu zeigen, die man bei einem Mann von solcher Abstammung vermutet hätte, – im Gegenteil ein so quecksilbrig und sublimiert zusammengesetztes Wesen« gewesen.[32] Bei einer anderen Gelegenheit wünscht Sterne sich und seinen Lesern, daß

»die großen Gaben und Talente, beide, Witz und Verstand, samt allem, was sie gewöhnlich begleitet – als da sind Gedächtnis, Phantasie, schöpferische Kraft, Redegabe, schnelle Auffassung und was nicht noch, in diesem kostbaren Augenblick ohne Einschränkung oder Bemessung, ohne Hemmnis oder Hinderung, so warm, wie es jeder von uns ertragen könnte – Schaum und Satz und alles (denn ich möchte keinen Tropfen verlorengehen sehen) in die verschiedenen Behältnisse, Zellen, Kleinzellen, Wohnorte, Schlafräume, Speiseräume und Reserveplätze unserer Gehirne eingegossen werden möchten, auf solche Weise und gemäß der wahren Absicht und dem Sinn meines Wunsches, daß sie fort und fort eingefüllt und aufgefüllt werden möchten, bis jedes der Gefäße, groß oder klein, so voll, gesättigt und damit versehen wäre, daß nichts mehr weder hineingige noch herauskönnte, und würde es ein Menschenleben retten.«[33]

Man darf sagen, daß diese bezeichnende Konzentration auf die inneren Abläufe Teil von Sternes Philosophie ist, das auszusprechen, was immer ihm in den Kopf kommt. Doch zeigt dieses nur, wie eng Berechnung und Spontaneität in seinem Werk verbunden sind.

* * *

Bereits die ersten Kritiker wiesen mit Vorliebe darauf hin, daß Sterne zwei Bücher des *Tristram Shandy* geschrieben habe, ohne daß sein Erzähler überhaupt geboren sei. Doch sind es nicht nur die ersten beiden Bücher, die aus einer Art »Uterus-Perspektive« erzählt sind. Ausgenommen von der plötzlichen Reise nach Frankreich in Buch VII und der Affaire zwischen der Witwe Wadman und Onkel Toby, beschreibt Tristram ausschließlich den Haushalt der Shandys, bleibt stumm, hilflos und verwundbar. Bis jetzt nimmt er daran nur als Opfer teil, so daß das Haus selbst als Erweiterung des mütterlichen Leibes dient, als Bild einer dunklen, unkontrollierbaren Welt, in der das Individuum ein Gefühl des Geheimnisvollen nie los wird. Ein großer Teil des Buches erfüllt die schlimmsten Befürchtungen, die in Buch I, Kapitel II ausgedrückt werden, als Tristram über das Schicksal des ungeborenen Homunculus nachsinnt:

»Was nun, Sir, wenn ihm, da er seinen Weg allein gehen mußte, ein Unfall zugestoßen wäre? – Oder wenn mein kleiner Herr durch den erlittenen Schreck, der bei einem so jungen Wanderer ganz natürlich wäre, das Ziel seiner Reise elend und erschöpft erreicht hätte; – wenn seine Muskelstärke und seine Mannheit zu einem Fädchen eingeschrumpft, – wenn seine eigenen Lebensgeister über alle Beschreibung zerrüttet worden wären, – und wenn er sich in diesem traurigen, verstörten Nervenzustand für lange, lange neun Monate hingelegt hätte, eine Beute plötzlicher Zuckungen oder einer Reihe schwermütiger Träume und Phantasien. – Ich zittere bei dem Gedanken, welcher Grund für tausend Schwächen des Körpers und des Geistes hier hätte gelegt werden können, die keine Kunst des Arztes oder des Philosophen jemals wieder hätte gänzlich zurechtbiegen können.«[34]

Viele Kritiker fanden es absonderlich und eher lustig, daß Sterne mit Tristrams Lebensbeschreibung vor dessen Geburt begann. Gewiß ist die zitierte Passage, im Kontext betrachtet, ein heiteres Spiel mit scheinbaren Ängsten. Doch bei Sterne reicht die Heiterkeit selten tief. Löst man die Passage aus dem Kontext, wird sie ungemein beunruhigend, nicht nur wegen der realen Gefahren, die sie aufzählt, sondern wegen des Vorgangs der Überbetonung, der im Kopf des Schriftstellers stattfindet. Sein Bewußtsein von der Verletzbarkeit des menschlichen Organismus versetzte Sterne in pathologische Unruhe. Wie wir sehen werden, hatte er genügend Grund, sich emotional unsicher zu fühlen, denn sein Gesundheitszustand quälte ihn während des größten Teils seines Lebens. Der Leser muß selbst urteilen, ob damit seine fanatische Sucht nach Originalität und seine quälende Unsicherheit hinreichend erklärt sind.

Im Augenblick wollen wir ein paar seiner Ängste vor Auflösung und Zerfall betrachten. Dieser Kopf schien sich in ständiger Gefahr zu befinden. Nicht nur, daß Sterne im Leben anfällig für Unfälle war, auch in seinen Werken finden wir Wörter wie »schafsköpfig«, »wirrköpfig«, »verrückt«, »tatterig«, »Tölpel«, »Trottel«, »verschroben« und natürlich das Wort »shandy-headed«*. In einem Brief aus dem Jahr 1760 spricht er vom Hirn eines Mannes, das »so trocken ist wie eine ausgequetschte Orange«.[35] Als die Shandys darüber diskutierten, welche Folgen die Anwendung der Geburtszange Dr. Slops auf Tristrams Kopf hätte haben können, heißt es: »Ich bleibe dabei, sagte mein Onkel Toby, daß das Ding das Cerebellum zerbrochen (außer der Schädel wäre hart gewesen wie eine Granate) und es zu Milchsuppe gemacht hätte. Ach was! erwiderte Dr. Slop, der Kopf eines Kindes ist von Natur weich wie das Fleisch eines Apfels.«[36]

Später, als Walter Shandy einen Erziehungsplan für Tristram aufstellt, nach dem dieser »jedes Wort im Wörterbuch rückwärts und vorwärts konjugieren« lernen soll, um es dadurch in »eine These und Hypothese« zu verwandeln, fährt er fort: »Jede These und Hypothese hat eine Nachkommenschaft von logischen Sätzen; – und jeder Satz hat seine eigenen Folgerungen und Schlüsse, von denen jede oder jeder einzelne den Geist wieder auf neue Bahnen des Forschens und Zweifelns führt.« Daran schließt sich ein Wortwechsel an, der darauf verweist, wie sich in Sternes Denken die Verwirrung auch materiell niederschlägt: »Dieser Mechanismus, fügte mein Vater hinzu, ist geradezu unglaublich dazu geeignet, einem Kind den Kopf zu öffnen. – Er reicht aus, Bruder Shandy, rief mein Onkel Toby, ihn in tausend Splitter zu sprengen. –«[37]

Doch wenn Tristram auch zum Opfer einiger Überzeugungen seines Vaters wird, ist festzuhalten, daß Sterne und Walter Shandy in ihrer Einstellung zu dem empfindlichen, aber zerbrechlichen Mechanismus des Hirns manche Überein-

---

* »Shandy« ist ein Wort aus dem Yorkshire-Dialekt. Es ist nicht mehr gebräuchlich und bedeutet »verschroben«, »sonderbar« oder »unkonventionell«.

stimmungen zeigen. Abermals liegt der Gedanke an eine
scheinbare Aufregung nahe, doch wer könnte daran zweifeln, daß Walter Shandy wirkliche Qualen erleidet, als er über
das Schicksal eines Kopfes klagt, der im Augenblick der Geburt aus dem Mutterleib hinausgestoßen wird:

»Guter Gott! rief mein Vater, welche Verwüstung und Zerstörung muß das in dem unendlich feinen und zarten Gewebe
des Kleinhirns anrichten! – Oder, falls es einen solchen Saft
gibt, wie *Borri* behauptet, – genügt das nicht, die klarste Flüssigkeit der Welt trüb und schlammig zu machen?
   Aber wie groß war erst seine Befürchtung, als er zudem erfuhr, daß diese unmittelbar auf den Scheitel des Kopfs wir-
kende Kraft nicht nur das Gehirn selbst, das Cerebrum, be-
schädige, – sondern daß es notwendigerweise das Cerebrum
gegen das Kleinhirn, das Cerebellum, drücke und hin-
schiebe, das der eigentliche Sitz des Verstandes ist! – Ihr En-
gel und Diener der göttlichen Gnade, steht uns bei! rief mein
Vater, – kann irgendeine Seele einem solchen Andrang widerstehen? – Kein Wunder, daß das Nervengewebe so faserig
und zerfetzt aussieht; und daß so viele unserer besten Köpfe
nicht besser sind als ein verwirrter Strang Seide, – inwendig
ganz Verworrenheit, – ganz Konfusion.«[38]

Ebenso wie Sterne sich der Störungsanfälligkeit dessen
höchst bewußt ist, was im allgemeinen als ein im inneren
Gleichgewicht befindlicher Mechanismus angesehen wird, so
präsentiert sich der Körper in seinem Werk als eine Quelle
der Verwirrung, Verunsicherung und Verstörung. Sterne
wird nicht nur von dem Gefühl beherrscht, nicht Herr seiner
eigenen Glieder zu sein, sondern er steigert sich zu der Überzeugung, daß jene bedenkliche Selbstkontrolle wie die seine
durch jede Einbildung, jede Eventualität verletzbar ist. Er
ruft uns zu Zeugen auf, daß er die Beherrschung verliert und
daß der Verstand dem Empfinden untergeordnet ist:

»Aber beachten Sie, Madam, wir leben unter Rätseln und Geheimnissen – die augenfälligsten Dinge, die uns unterkommen, haben dunkle Seiten, in die der schärfste Blick nicht dringen kann; und sogar die klarsten und erhabensten Köpfe unter uns fühlen sich bei fast allen Rissen in den Werken der Natur betroffen und ratlos: so daß dies wie tausend andere Dinge für uns auf eine Weise ausfällt, über die wir zwar nicht räsonieren können, – deren Gutes wir jedoch herausfinden, so es Euer Ehren und Euer Wohlgeboren beliebt – und dies genügt für uns.«[39]

Nicht alle Zeitgenossen Sternes dürften dem Diktum, daß es Dinge gebe, »über die wir nicht räsonnieren können«, zugestimmt haben. Denn aller Eifer, mit dem er das prächtige Wirken menschlicher Wesen analysierte, scheint ihn zuweilen zu Handlungen oder Entschlüssen unfähig gemacht zu haben. Das stimulierende Detail des Lebens hatte für ihn solches Gewicht, daß er nicht immer eine äußere Realität zu erkennen vermochte, die er vielleicht mit anderen Menschen gemeinsam hatte. Er hatte die Absurdität der geregelten Abfolge erkannt, und folglich gibt es in seinen Büchern keine durchlaufende Handlung. Statt dessen zeigen sie eine Bewegung oder Wanderung, jenes neurotische Aufflackern von Aktivität, welche die Schwermut unter Kontrolle hält.

Als Walter Shandy erfährt, daß die Nase seines neugeborenen Sohnes »so flach wie ein Pfannkuchen« gequetscht worden sei, wird er halb wahnsinnig in sein Zimmer geführt, wo er auf seinem Bett zusammenbricht. Dieser Zusammenbruch wird mit einer solchen zwanghaften Detailbesessenheit beschrieben, daß wir gleichzeitig durch die Komödie des Schmerzes angerührt und durch die unerhörte sinnliche Anschaulichkeit, die davon ausgeht, überwältigt werden:

»Kaum war mein Vater oben in seinem Zimmer angelangt, als er sich in der denkbar wildesten Unordnung der Länge nach aufs Bett warf, zugleich aber auch in der kläglichsten Haltung eines von Kummer gebeugten Menschen, über dem je das Auge des Mitleids eine Träne fallen ließ. – Als er auf das Bett fiel, legte sich seine rechte Hand flach auf die Stirn, bedeckte fast ganz seine beiden Augen und sank sanft mit dem Kopf nach unten (wobei sein Ellbogen nach rückwärts nachgab), bis seine Nase das Kissen berührte; – sein linker Arm hing fühllos über die Bettkante, während sich die Knöchel auf den Henkel des Nachttopfs stützten, der unter dem Bettüberwurf hervorguckte – sein rechtes Bein (sein linkes hatte er am Körper hochgezogen) hing halb über den Bettrand, dessen Kante auf sein Schienbein drückte.«[40]

In dieser Stellung läßt ihn Sterne einige Kapitel lang verharren. Als wir wieder zu ihm zurückkehren, hat sich an seiner Haltung offenbar nichts geändert; in Wirklichkeit jedoch hat Langeweile das Unheil überlagert:

»Mein Vater lag eine volle Stunde und eine halbe über das Bett hingestreckt, als habe ihn die Hand des Todes darauf hingeworfen, ehe er anfing, mit der großen Zehe des Fußes, der über die Bettkante herunterhing, auf dem Fußboden zu spielen.«[41]

Es ist, als gebe es in einem durch Zweifel unbeweglich gemachten Körper eine unaufhaltsame Tendenz zur Bewegung – eine elektrische Ladung, ein Zellwachstum, ein nervöses Zittern –, welche Trägheit in Bewegung versetzte. Wir haben gesehen, wie fest Sterne davon überzeugt war, daß sich die winzigen Teile des Körpers, ob er sie sich als Zahnräder oder kaulquappenähnlich vorstellte, bewegten. Wir werden sehen, daß seine Kindheit eine Zeit qualvoller Rastlosigkeit war und daß nach einer Spanne moderater priesterlicher Zurückgezogenheit eine Periode des Reisens zwischen Yorkshire, London und dem Kontinent einsetzte, die erst mit seinem Tod endete.

Angesichts der Unbeweglichkeit der Lebensmitte ist die Intensität der Bewegung am Anfang und Ende um so auffallender.

Doch selbst in jenen mittleren Jahren gibt es Beweise für den besänftigenden Einfluß, den Bewegung auf Sterne hatte. Yorick liebte es, über Land zu reiten, eine Beschäftigung, mit der er seine Zeit »so gut wie im Studierzimmer« hinbringen könne. Doch im Unterschied zu der Hast, die Sterne sich später im Leben angewöhnte, pflegte Yorick in ländlichem Gefilde »dahinzuzotteln«, weil »flottes Traben und bedachtsames Argumentieren wie Witz und Urteilskraft zwei miteinander unvereinbare Bewegungen seien. – Daß er aber auf seinem Pferd – alles und jedes miteinander vereinbaren und in Einklang bringen, – sich die Predigt zurechtlegen – den Husten auskurieren, – ...« könne.[42]

Ein derartig gelassener Gang, der auch andere Teile von Yoricks Leben prägte, war vielleicht ein Wunschtraum Sternes. Oft drohten die Kräfte in seinem Inneren seiner Kontrolle zu entgleiten, den Kutschen vergleichbar, in denen Sterne immer kurz vor einem Unfall zu stehen schien. Allzu rasch wurde Sternes Begeisterung stürmisch. Eile und Trödelei scheinen sich gelegentlich vermengt zu haben. Sternes nervöse Gier nach Bewegung setzte ihn häufig außerstande, diese objektiv zu beurteilen. Diese Unfähigkeit ist, wenn nicht in nervöser Unzufriedenheit begründet, das Ergebnis eines verstockten Widerwillens, ruhig zu sein. In *Reise des Herzens* schwingen Yoricks Instinkte ungezügelt hin und her, als er mit einer Kutsche durch Frankreich fährt. Zuerst drischt der Kutscher derart auf die Pferde ein, daß sie »wie tausend Teufel« losrattern. Yorick macht dieser Galopp ganz krank – »er fällt mir so lange auf die Nerven, bis er mich in hellen Zorn gebracht hat – und dann wird er schon langsam fahren, damit ich die süßen Früchte des Zorns genießen kann«. Doch als der Kutscher die Geschwindigkeit endlich verringert hat, ist Yorick so ärgerlich, daß Langsamkeit ihm unangemessen vor-

kommt – »ein scharfer, ratternder Galopp wäre mir sehr
dienlich gewesen«.[43]

Am Anfang von Buch V des *Tristram Shandy* wird der Leser
direkt angesprochen – ob von Tristram oder Sterne ist unklar: Diese Doppeldeutigkeit ist typisch für diesen Mann,
denn sie versetzte ihn in die Lage, sich von jeder Identität frei
zu fühlen. Wieder einmal befindet sich der Erzähler in einer
Kutsche in einem Geschwindigkeitsrausch:

»Er flog wie der Blitz – da war eine abschüssige Stelle von drei
und einer halben Meile – wir berührten kaum den Boden –
die Bewegung war die rapideste – die ungestümste – sie teilte
sich meinem Hirn mit – mein Herz nahm daran teil – ›Beim
großen Gott des Tages‹, sagte ich, schaute zur Sonne auf und
stieß meinen Arm durchs vordere Fenster der Kutsche, während ich mein Gelübde machte, ›in dem Augenblick, da ich
heimkomme, will ich mein Studierzimmer abschließen und
den Schlüssel dazu in den Ziehbrunnen an der Rückseite meines Hauses neunzig Fuß unter die Oberfläche der Erde werfen‹.«[44]

Doch als Ruhm und Geld Sterne erst einmal Freiheit beschert
hatten, hielt es ihn nie lange an einem Ort. Eine der schwie-
rigsten Aufgaben für seinen Biographen besteht darin, die
Schwere und die Natur seiner Krankheit zu beurteilen. Angeblich waren es gesundheitliche Gründe, die Sterne bewogen, von England auf das Festland zu reisen, wo er sich jener
ungezügelten Willkür vielleicht am besten hingeben konnte,
die für seine Art zu reisen so charakteristisch ist. Die Bewegung selbst scheint ihm wie in einem Traum Trost verschafft
zu haben. Und obwohl er im *Tristram Shandy* seine Reise nach
Frankreich so darstellt, als sei sie durch die Erscheinung des
Todes veranlaßt worden, vollzog sich die Flucht in Wirklichkeit so tatkräftig, daß er Leib und Leben dabei riskierte:

»Dann, beim Himmel! will ich ihn einen Tanz aufführen lassen, den er sich nicht träumen läßt – denn ich will, sagte ich,
ohne mich ein einziges Mal umzuschauen, an die Ufer der
Garonne galoppieren; und wenn ich ihn an meinen Fersen
klappern höre – will ich ihm zum Berg *Vesuvius* davonrennen
– von dort nach *Joppe* und von *Joppe* ans Ende der Welt; wo
ich, kommt er mir nach, Gott bitte, er möge ihm das Genick
brechen – […] – *Allons!* sagte ich; der Postknecht ließ seine
Peitsche knallen – davon sauste ich wie eine Kanonenkugel,
und in einem halben Dutzend Sprüngen war ich in *Dover.*«[45]

Trotz aller Schilderungen seines schlechten Gesundheitszu-
standes ist keine Krise ergreifender beschrieben, als jene auf
der Überfahrt nach Frankreich. Die Seekrankheit ist mit außerordentlicher Intensität dargestellt und doch wird deutlich, daß ihr Opfer sie genießt. In der Tat spricht er von ihren
Wirkungen wie ein Mann, der sich vielleicht fragt, ob nicht
vielleicht Halluzinationen seine Erkenntnisfähigkeit vergrößern. Wie so oft sehen wir auch hier, wie eng Sterne das Muster des seelischen Ausnahmezustands mit seinem literarischen Stil verknüpfte:

»Bitte, Captain, sagte ich, als ich zur Kabine hinunterstieg,
wird bei dieser Überfahrt nie jemand vom *Tod* überrascht?
   Ach was, da hat niemand Zeit, krank zu werden, erwiderte
er – Was für ein verfluchter Lügner! denn ich bin bereits
krank wie ein Pferd, sagte ich zu mir – mein Hirn! – umge-
stülpt! – Ojemine! die Zellen sind gebrochen und durcheinander, und das Blut und die Lymphe und die Nervensäfte mit
den festen und flüssigen Salzen sind alle in eine Masse zusam-
mengeschüttelt – guter Gott! alles dreht sich wie in tausend
Strudeln – ich gäb' einen Shilling, wüßt' ich, ob ich nachher
um so klarer schreiben werde –«[46]

* * *

Ich habe mit einer Betrachtung der Bildlichkeit und des Tempos von Sternes Sprache begonnen, weil so viel von unserer Reaktion auf die Vitalität seines Stils abhängt. Selbst heute ist es nicht möglich, sich einen Schriftsteller vorzustellen, der so überzeugend von sich behauptet, er schreibe das, was ihm beliebe, daß der formende Einfluß seiner Feder auf Worte ausreiche, um die Aufmerksamkeit eines Lesers dauerhaft zu gewinnen. Sterne erkannte, daß ein Roman weniger eine Geschichte als viel eher das war, was Verfasser, Verleger und Drucker zwischen zwei Deckeln als Buch präsentierten.

Es ist ein Teil dieser Intrige, daß Sterne mit der Spontaneität sein Spiel trieb, denn er war viel zu klug, um nicht zu wissen, wie selten ein Mann sich selbst überrascht, ganz gleich wie oft er die Menge zum Keuchen bringt. Obgleich er, wie wir gesehen haben, sich willentlich auf seine eigene Hast und Impulsivität einließ, so daß er manchmal den Boden unter den Füßen verlor und in einen vertrackten existentiellen Schwebezustand geriet, war er unerschütterlich selbstbewußt. Dieser Stil, diese unnachahmliche literarische Umsetzung von Atemlosigkeit und Ausgelassenheit, ist auch das Ergebnis von Korrekturen, Glättungen, von Kalkulation und Umsicht. Um sehr schnell zu laufen, ist strenges Training erforderlich.

Gleichwohl kann kein noch so strenges Training aus einem Schlenderer einen Sprinter machen. Aus diesen Gründen müssen wir Sternes Eingeständnis, der *Tristram Shandy* sei als Buch »so heiß, wie es mein Gehirn verlassen hat, und ohne eine einzige Korrektur in die Welt hinausgegangen«[47], oder daß Schreiben, »wird es gehörig betrieben ... nur eine andere Benennung für Gespräch« sei,[48] mit Skepsis betrachten; auch seinen Satz »Fragen Sie meine Feder, – sie regiert mich – ich regiere nicht sie«[49] können wir nicht außer acht lassen. Diese Meinung äußert er im *Tristram Shandy* und in den Briefen; zweifellos hat Sterne sie als Schutzmaßnahme kultiviert. Sie muß ihm als ausreichend geheimnisvolle Antwort auf die Fragen gedient haben, die in den Salons auf ihn niederregneten. Psychologisch gesehen, hatte sie den zusätzlichen Reiz, den Autor selbst scheinbar zu entschuldigen und ihm die Überzeugung zu erlauben, er sei dem Gewöhnlichen entflohen.

Mit Sternes Beschreibungen seiner selbst als Schriftsteller müssen wir vorsichtig umgehen. Sie sind widersprüchlich; aber vielleicht ist es gerade der Widerspruch, der Sterne charakterisiert. Was das Reisen anging, schwankte er, wie wir sahen, zwischen Gemächlichkeit und Dahinjagen. Auch in seiner Schreibweise fand er gelegentlich Gefallen an Bedächtigkeit, wurde aber andererseits von seiner Hingabe an hitzige Spontaneität in den Bann geschlagen.

»... Ich fange mit dem Schreiben des ersten Satzes an«, schrieb er – »und verlasse mich auf Gott den Allmächtigen für den zweiten«.[50] Es gibt genug Beispiele, wo dieses Vertrauen mißbraucht worden zu sein scheint und wir eher zu glauben geneigt sind, daß er oft aus reiner Launenhaftigkeit, einem flüchtigen Einfall oder der unbezwingbaren Erregung seines Hirns folgend schrieb. Doch ist es gut möglich, daß es für die Ungeregeltheit noch andere Antriebe gab als diese. Unkonventionell zu sein, das war vielleicht die Rolle, die Sterne als die ihm gemäße eingenommen hatte, der einzige Bereich, in dem alle zu überragen meinte. Ist das der Grund, warum es ihm so viel Entzücken bereitet, den Leser herauszufordern? War die Überraschung ebenso eine psychologische Notwendigkeit wie ein literarischer Kunstgriff oder Trick, um die Weitschweifigkeit im Zaum zu halten?

»Welche Verlegenheiten dies bei meinem Onkel *Toby* waren, – sie zu erraten, ist Ihnen unmöglich; – und könnten Sie es, – müßte ich erröten; nicht als Verwandter, – nicht als Mann, – nicht einmal als Frau, – sondern als Autor müßte ich erröten, insofern ich mir selbst bei dieser Geschichte den großen Wert beimesse, daß mein Leser bisher niemals imstande war, irgend etwas im voraus zu erraten. Und darin, Sir, bin ich so gewissenhaften und eigenartigen Sinns, daß ich, dächte ich, Sie seien in der Lage, sich selbst das geringste Urteil oder eine wahrscheinliche Vermutung davon zu bilden, was auf der nächsten Seite kommen könnte, – ich sie aus meinem Buch reißen würde.«[51]

Aber dennoch gibt es Lücken im *Tristram Shandy*, und obwohl Sterne ein Meister der Andeutung durch Aussparen ist, können wir schwerlich behaupten, daß der Grund für seine geringe Produktion in strenger Selbstkritik zu suchen ist. Selbst wenn wir einräumen, daß ihm nur neun Schaffensjahre zur Verfügung standen, brachte er lediglich zwei Bücher zustande, eines davon ein schmales Bändchen. Auch eine Überprüfung seines Lebens stützt keineswegs die Annahme, daß er langsam arbeitete. Hatte er alle anderen Versuchungen erst einmal überwunden und sich zum Schreiben niedergesetzt, arbeitete er zügig. Sterne bezeichnete das, was er schrieb, einmal als das »Abbild der Gedankenfolge, die mir gerade durch den Kopf geht«[52]; seine übliche Arbeitsweise beschrieb er so: »– deine Feder hinzuschmeißen – deine Tinte über deinen Tisch und deine Bücher zu klecksen – als kosteten dich deine Feder und deine Tinte, deine Bücher und Möbel nichts!«[53]

Aus seinen erhaltenen Manuskripten ist nicht leicht abzulesen, in welchem Maße die Geschwindigkeit die Sorgfalt oder Genauigkeit der Wortwahl ausschloß, die Sterne gelegentlich für sich beanspruchte. Sein Wortschatz – und das gilt für seinen ganzen Stil – ist sowohl durch seine Willkür und Fremdartigkeit wie durch seine Subtilität verblüffend. In der Tat liegt der Reiz seines Stils darin, daß er plaudert, statt gewählt zu schreiben; doch es sind die Plaudereien eines Exzentrikers. Die Überzeugungskraft des Sterneschen Werks verdankt sich zu einem großen Teil der Tatsache, daß der Leser anfängt, zu murren und kurzatmig zu werden droht, weil die Interpunktion ihn drängt und vorwärtstreibt. Sternes Inter-

punktion ist vollkommen persönlich, weniger grammatika-
lisch nützlich, sondern eher Ausdruck eines Ticks, der von
einer schnellen Feder diktiert wird. Punkte, Gedankenstriche, Pünktchen markieren die Seite wie Bremsspuren, die
anzeigen, wo der Autor hatte bremsen oder beschleunigen
müssen. Auch das ist ein Versuch Sternes, Vertraulichkeit herzustellen, bis dahin, daß wir manchmal meinen, das Kratzen
seiner Feder zu hören. Nicht jeder Leser mag eine solche
Unruhe hinnehmen, und es gibt Passagen in Sternes Werk,
deren Lektüre zu der nervösen Erschöpfung führt, die der
Verfasser bei ihrer Niederschrift als Stimulans empfunden
haben mag. Immer wieder fungieren die Pünktchen und Gedankenstriche als dubiose Brücke zwischen Sätzen, die gram-
matikalisch nicht zusammenpassen. Das Gefühl, Zeuge zu
sein, wie Sternes Hirn arbeitet, ist manchmal unheimlich –
am nachdrücklichsten dort, wo er die Kurven zeichnet, um
darzustellen, wie sich die ersten vier Bücher des *Tristram
Shandy* fortgeschrieben haben:

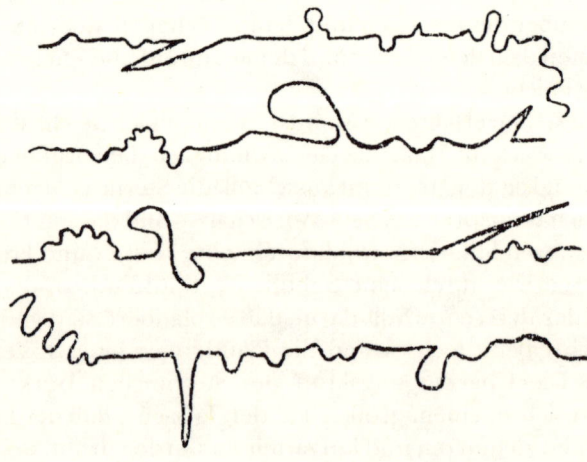

Wie sehr doch diese Linien an die sich abrollenden Kurven eines Enzephalogramms erinnern. Ich will damit nicht andeuten, man könne Sterne nicht genießen oder verstehen, ohne sein Manuskript elektronisch zu sondieren. Doch es läßt sich kaum leugnen, daß dieser Autor eine außergewöhnliche intuitive Vorstellung davon hatte, was in einem Gehirn vor sich ging.

Eines der eindringlichsten Beispiele dafür findet sich in einem kleinen Text, den man selbst nach Sterneschen Maßstäben als Gelegenheitsarbeit bezeichnen muß. 1762 veröffentlichte sein Freund aus Yorkshire, John Hall-Stevenson, einen Band mit *Crazy Tales*, bei denen es sich angeblich um eine Sammlung von Anekdoten handelte, die aus jenem Kreis stammten, der sich in Hall-Stevensons Haus, Skelton Castle, zu treffen pflegte. Sterne war Mitglied dieses Kreises, und sein Beitrag stellt ein faszinierendes Bekenntnis dar, eine ebenso bewußte Enthüllung wie irgendeine Passage bei Rousseau:

> Dieweil ich heut zu meinem Graus
> Versuch, gescheit zu denken und gradaus,
> Verführt die Schönheit mich erneut
> Der abseit'gen Wege – und ich scher aus.
>
> Mein Kopf ist an Gedanken reich,
> Und keiner hat Gestalt gefunden,
> Die nicht der Peristaltik gleich:
> wurmförmig sich krümmend und gewunden.
> Denn ich verfahr nach der Manier
> Von Flasch und Korkenzieher hier.[54]

Nach einer Demonstration dieser Denkweise brauchen wir nicht lange zu suchen. Wir finden sie in der Kurve, die der prahlerische Trim mit seinem Stock beschrieb, um die Freiheit eines Mannes zu preisen, die es ihm erlaubt, Junggeselle zu bleiben:

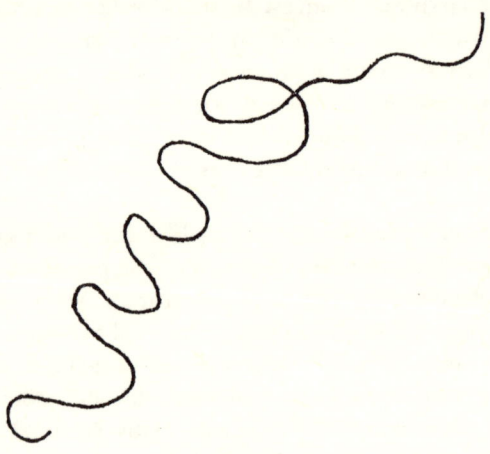

Die hochgradige Erregbarkeit, mit der Sterne schreibt, kann man nicht abtun. Das ist einer der Gründe, warum Sterne heute mit so wenigen jener Zugeständnisse gelesen werden kann, die man anderen Schriftstellern des 18. Jahrhunderts machen muß. Zu sagen, daß er modern sei, ist keine Antwort auf das Problem, das im Werk eines Mannes liegt. In mancher Hinsicht ist Sterne bewußt altmodisch, und das muß man um 1760 auch so empfunden haben. Wichtig ist allein, daß er, anders als seine Zeitgenossen, daran glaubte, das Wichtigste auf der Welt sei das, was sich in seinem Kopf abspielte.

* * *

Angesichts der großen persönlichen Aufmerksamkeit, die Sterne zeit seines Lebens erregte, ist es auffallend, daß fast hundert Jahre nach seinem Tod die erste wirkliche Biographie geschrieben wurde. Vieles war inzwischen vergessen, vernichtet oder nicht aufbewahrt worden; so werden wir nie eine Lebensbeschreibung Sternes haben, die vollständig ist oder es vermeiden kann, die qualitative Veränderung im

Tempo und in der Zielsetzung seines Lebens, die nach der Veröffentlichung des *Tristram Shandy* eintrat, zur Grundlage zu machen.

Die Umstände, die zu einer solchen Verzögerung führten, scheinen ganz natürlich, doch kann man sich des Gefühls nicht erwehren, daß Sterne sein Leben selbst in Unordnung gebracht hat, um einen gewissenhaften Biographen zu verwirren. Er hatte einen Hang zur Maskierung, der ihn sein Leben lang nicht verließ. Dazu gehörte auch seine Geringschätzung der Tatsachen – so konnte Tristram in Kapitel 14 des 1. Buches erklären: »Ich meinesteils erkläre, daß ich ganze sechs Wochen an dem Buch saß und mich beeilte, so viel ich nur konnte – aber geboren bin ich immer noch nicht.« Und Sterne selbst hat sich vielleicht dieses leicht zu entschlüsselnden Rätsels bedient:

»– Mein guter Freund, sagte ich – so gewiß ich ich bin und Sie Sie sind –

– Und wer sind Sie? sagte er. ––– Bringen Sie mich nicht durcheinander, sagte ich.«[55]

Man kann sich vorstellen, wie Sterne mit dieser Schüchternheit einen literarischen Salon bezauberte und dadurch doch bloß jede Klatschtante in der Stadt geradezu herausforderte, die notwendigen Details zu ergänzen. Es gibt allen Grund zu der Annahme, das Sterne insgeheim seinen anrüchigen Ruf förderte, so wie er ebenfalls große Mühe darauf verwendete, sein früheres Leben geheimzuhalten. Die erste Beschreibung von Sternes Leben erschien im Mai 1760 im *Royal Female Magazine* nach dem Prinzip »der aktuelle Klatsch ist der amüsanteste Teil der Geschichte«. Es war ein Sammelsurium von Anekdoten und Halbwahrheiten. Sterne gefiel weder der Artikel noch die Tatsache, daß man jetzt Erklärungen von ihm erwartete; aber einige sagten, er sei an der Abfassung selber beteiligt gewesen.

Sterne starb acht Jahre später – und diese Jahre stellen den
größeren Teil dessen dar, was wir heute als sein »Leben« ansehen; zwar sind sie merkwürdig arm an konkreten Ereignissen, zeigen jedoch einige jener Anfälle melancholischer
Sehnsucht auf, die ihn auf dem Lande heimsuchten. Damit
meine ich nicht, daß er weder ein Tagebuch schrieb noch de-
taillierte Aufzeichnungen machte, sondern daß er sein Leben
nicht mit der notwendigen Ernsthaftigkeit betrachtete, die
für eine englische Biographie so wichtig ist. An äußeren Ereignissen nahm er sehr wenig Interesse und äußerte selten
eine Meinung zu den aktuellen sozialen, religiösen und politischen Problemen seiner Zeit. Er lebte nicht im herkömmlichen Sinne geordnet von Tag zu Tag, sondern eher, je nach
Laune, intensiv oder kraftlos. Und das in einem solchen Maß,
daß er sich selten die Mühe machte, die äußerlichen Reize,
die auf ihn einwirkten, zu notieren oder gar zu bemerken.
Nichts verdeutlicht besser, in welchem Maße die Kunstfertigkeit auf Kosten des wirklichen Lebens von ihm Besitz ergrif-
fen hatte, als jene Passage im *Tristram Shandy*, in der er seine
unaufhörlichen Abschweifungen mit der Tatsache in Einklang zu bringen versucht, daß die Zeit rascher vergeht, als er
mit seiner Lebensbeschreibung vorankommt; er sagt, daß er

»statt wie ein normaler Autor mit dem, was ich daran getan
habe, in meinem Werk voranzukommen, – im Gegenteil um
so viele Bände zurückgeworfen bin. – Wenn jeder Tag meines
Lebens ein so ereignisreicher Tag wie dieser Tag sein soll –
und warum nicht? – und nähmen die Ereignisse und Meinungen ebensoviel Beschreibung in Anspruch – und aus welchem Grund sollten sie gekürzt werden? und da ich bei
diesem Tempo 354mal schneller leben müßte, als ich schreibe
–«[56]

So entsteht der Eindruck, daß er sich beeilt und zugleich auf
bemerkenswerte Weise daran scheitert, sein Ziel zu erreichen.

Dasselbe Ungleichgewicht findet sich auch in seinen Briefen, die für das Leben so wichtig sind. Wir kennen knapp 250 Sterne-Briefe – einen Bruchteil der Briefe, die er geschrieben haben muß. Doch es ist keine Übertreibung, zu sagen, daß diese Briefe, die aus dem *Tagebuch für Eliza* eingeschlossen, ebenso wertvoll sind wie der *Tristram Shandy* oder die *Reise des Herzens*. Es ist nicht nur Sternes Kunstgriff, bestimmte Passagen sowohl in seinen Briefen wie auch in seinem Werk zu verwenden, die uns die Augen für die Ähnlichkeit des Tonfalls und die erregte Selbstbeobachtung öffnen. In seinen Briefen und in seinem Werk spricht Sterne zu sich selber – um sich zu vergewissern, daß er wirklich lebte und um seinem unbekümmert schweifenden Geist ein bestimmtes Gepräge zu verleihen.

Nach seinem Tod überlagerten Geheimniskrämerei, Gerüchte und Irreführung Sternes Ruf und verhinderten eine verläßliche Lebensbeschreibung. Seine Witwe und seine Tochter blieben verarmt zurück, so daß jeder Plan, den sie zwecks Vermarktung seines Nachlasses faßten, von der Aussicht auf eventuellen Gewinn bestimmt war. Sie planten eine Biographie Sternes, weniger um der objektiven Wahrheit willen, sondern um einen Verkaufserfolg zu erzielen. John Wilkes, ein flüchtiger Bekannter des Schriftstellers, der zu dieser Zeit untätig im Gefängnis saß, hatte vorgeschlagen, eine solche Lebensbeschreibung zu verfassen. Als Sternes Kumpan aus Yorkshire, John Hall-Stevenson, einen angeblich auf Sternes eigenen Notizen und Bemerkungen fußenden betrügerischen Schluß der *Reise des Herzens* veröffentlichte, ließ ihn dieser Unternehmungsgeist als geeigneten Co-Autor für Wilkes erscheinen. Der Biographie sollte eine Anzahl von Briefen beigegeben werden, die Sternes Tochter Lydia mit zahlreichen Zeichnungen versehen sollte.

Wenngleich das Projekt nicht wissenschaftlicher Natur gewesen wäre, können wir nur bedauern, daß es nicht zustandekam. Zwei Jahre lang schrieb Lydia flehentliche Briefe, in de-

nen sie die bedrückenden Lebensumstände beklagte, in der
sie und ihre Mutter lebten. Doch Hall-Stevenson war ein »bißchen faul« und Wilkes stand im Mittelpunkt einer wichtigen
politischen Auseinandersetzung.* Im Februar 1770 unternahm Lydia einen letzten Versuch und schrieb an Hall-Stevenson:

»Es sind mindestens sechs Monate vergangen, seit ich Ihnen
wegen einer für uns sehr wichtigen Sache geschrieben habe,
namentlich um Sie an ein freundliches Versprechen zu erinnern, das Sie mir gaben: Sie wollten Mr. Wilkes bei der
Ausführung seines Vorhabens behilflich sein, zu unserem
Nutzen eine Lebensbeschreibung von Mr. Sterne zu verfassen. Ich habe auch Mr. Wilkes geschrieben, doch haben weder
er noch Sie mich einer Antwort gewürdigt. Sollten Sie je erfahren haben, was eine unerfüllte Hoffnung bedeutet, hätten Sie uns nicht in eine so schmerzliche Lage gebracht. – Von
wem die Mißachtung herrührt, weiß ich nicht, doch hätte gewiß eine einzige Zeile von Ihrer Hand Sie, werter Sir, wohl
nicht viel Mühe gekostet. – Zeihen Sie mich nicht der Unverschämtheit, weil ich das Wort Mißachtung benutze. Da Sie indessen beide voller Großmut versprachen, zum Nutzen von
Witwe und Tochter meines Vaters Leben aufzuschreiben und
ich ein Versprechen als etwas Heiliges ansehe und nicht
zweifle, daß Sie ebenso denken, halte ich dieses Wort nicht für
unangebracht – Kurzum, werter Herr, ich bitte Sie lediglich,
mir in wenigen Worten mitzuteilen, ob wir uns auf Mr. Wilkes
Versprechen und auf das Ihre verlassen können. Andernfalls
müssen wir der erfreulichen Aussicht entsagen – doch bedenken Sie, werter Herr, daß die Ausführung des Vorhabens Ihnen vielleicht 400 Pfund eintragen und Ihre Ablehnung un-

---

* John Wilkes (1727-97), radikaler Politiker, Unterhausmitglied und Zeitungsheraus-
geber war ein Anhänger William Pitts. Wegen einer Pressekampagne gegen die Regierung Bute, kam er 1763 ins Gefängnis. 1768-1770 erneut in Haft, wurde er nach seiner Entlassung Lord Mayor von London und kehrte in das Unterhaus zurück.
[A.d.Ü.]

freundlich sein würde, nachdem Sie uns Grund gegeben haben, auf Ihre Freundlichkeit zu bauen.«[57]

Eines der Hindernisse für die beiden designierten Biographen könnte darin bestanden haben, daß es über Sternes Leben nicht gerade viel Material gab. Dazu kam, daß die Familie einen Teil des vorhandenen Materials blockierte. Das erste Mitglied der Familie, das Sternes Papiere nach dessen Tod durchsah, war Mrs. Sternes Schwager gewesen, der Reverend John Botham. Er las in Sternes letzter Wohnung in Old Bond Street sämtliche Schriftstücke und »verbrannte alles, von dem er meinte, daß wir [Lydia und Mrs. Sterne] keine Kenntnis davon haben sollten«.[58] Die Reaktionen der Tochter und der Witwe auf eine so despotische Bevormundung waren sehr gemischt, wie Lydia eingestand:

»Es war nicht der Wunsch meiner Mutter, daß irgend jemand die Papiere meines Vaters las. Sie wußte sehr wohl, daß einige darunter waren, die nicht einmal seine Tochter hätte zu Gesicht bekommen dürfen; ich hätte freilich auch nicht den Wunsch gehabt, sie zu lesen! Mama ist darüber sehr verstimmt, denn obwohl sie vielleicht auf Mr. Bothams Diskretion bauen kann, schmerzt es sie doch, daß nur er Kenntnis von bestimmten Ereignissen haben soll. Jedoch Papiere zu verbrennen, war völlig falsch. Ich hoffe, daß er damit aufhören wird und Mama die Entscheidung überläßt.«[59]

Vielleicht wäre Lydia damit zufrieden gewesen, diese Briefe zu veröffentlichen, solange sie nicht dazu aufgefordert wurde, selbst einen Blick hineinzuwerfen. Auch später war ihr Verhältnis dazu nicht eindeutig. 1769 äußerte sie sich Wilkes gegenüber zu den Briefen ihres Vaters und schrieb, man könne einen Verleger, der an der Lebensbeschreibung nicht interessiert sei, vielleicht damit ködern: »Entre nous, keiner von uns beiden wünscht, daß diese Briefe veröffentlicht werden, wenn es aber nicht anders geht, werden wir es tun und ihnen die Lebensbeschreibung voranstellen.«[60] Als sich jedoch der Plan einer Lebensbeschreibung zerschlug, verfiel Lydia wiederum auf eine Briefausgabe und schrieb an Wilkes, er möge ihr die Briefe überlassen, die er von ihrem Vater erhalten hatte. Die Entschiedenheit, mit der Wilkes das Projekt hatte fallen lassen, drückte sich dadurch aus, daß er inzwischen die Briefe vernichtet hatte. Unverzagt schrieb Lydia abermals an Wilkes und bat ihn um die Gefälligkeit, »ein paar Briefe im Stil ihres Vaters zu verfassen«,[61] damit sie diese für ihre Ausgabe verwenden könne.

Im Oktober 1775 veröffentlichte Lydia sowohl 117 Briefe ihres Vaters als auch die *Memoirs of the Life and Family of the late Rev. Mr. Laurence Sterne*. Die *Memoirs*, etwa 1700 Worte stark, sind die einzige, höchst wertvolle Quelle für den Biographen Sternes. Es ist eine merkwürdige Quelle, und obgleich man nicht darum herumkommt, sie zu benutzen, ist es nur allzu angebracht, einige Bedenken zu äußern. Am meisten Sorge bereitet vielleicht Lydias Tätigkeit als Herausgeberin. Wilbur Cross sagte über die Briefausgabe des Jahres 1775: »Es würde schwerfallen, im gesamten Umkreis der literarischen Biographie ein hilfloseres Stück Arbeit zu finden.«[62] Die Briefe waren oft falsch datiert und in zahlreichen Fällen durch den unbeholfenen Versuch, die Familienehre zu wahren, in schlimmer Weise frisiert worden. Von den *Memoirs* ist kein Manuskript erhalten, und man wundert sich, daß eine so mittellose und geschäftstüchtige Tochter sieben Jahre mit der Veröffentlichung gewartet hat, wenn sie das Manuskript doch die ganze Zeit in ihrem Besitz hatte. Die *Memoirs* scheinen Ende 1767 verfaßt worden zu sein, »für meine Lydia, für den Fall, daß sie später einmal die Neugier oder eine freundlichere Regung überkommen sollte«[63], die Tatsachen aus dem Leben ihres Vaters kennenzulernen. Das Buch enthält nichts Anrüchiges und beruht im wesentlichen auf Details aus Sternes Leben, die sich auch auf andere Weise erhärten lassen. Doch es konzentriert sich auffallend auf Sternes frühe Jahre, beschreibt eingehend seine Kindheit, büßt die Genauigkeit jedoch allmählich ein, so daß die gesamte Zeit von 1760 bis zu seinem Tod in zwölf Zeilen zusammengedrängt ist. Die Sprache der *Memoirs* ist zweifellos lebendig und könnte sehr wohl von Sterne stammen. Doch ist das Werk zu kurz, um sichere Schlüsse zuzulassen. Der erste Teil enthält mehr Details, als Sterne bekannt gewesen sein konnten und legt den Gedanken an ältere Aufzeichnungen – vielleicht von seinem Vater – nahe, die er bloß abzuschreiben brauchte. Doch dagegen spricht der einzige auffällige Fehler, den die *Memoirs* enthalten: Sternes Vater Roger wird der falsche Rang im falschen Regiment zugesprochen. Es ist typisch für Dinge, die Sterne betreffen, daß diese Fehler das Vertrauen nicht mindern, sondern lediglich zu Zweifeln führen.

Obwohl sich Sternes Schriften nach seinem Tode gut verkauften und es ihm an Bewunderern nicht mangelte, erschien keine Biographie, die Wissen aus erster Hand über den Menschen, seine Umgebung und seine Bekanntschaften verwertet hätte. Erst viel später, als Sterne auf übertriebene Weise von Thackeray getadelt wurde, kam es zu einer Verteidigung in Form einer Biographie. Thackerays heftiger Angriff war 1851 im Rahmen seiner *Lectures on the English Humourists* erschienen. Drei Jahre später veröffentlichte der Reverend Whitwell Elwin im *Quarterly Review* einen Essay, der eine Rehabilitierung versuchte. Dieser Essay regte die Veröffentlichung von Percy Fitzgeralds *Life of Laurence Sterne* (1864) an. Fitzgerald verarbeitete viel Material, ging dabei freilich nicht immer sorgfältig vor. Trotzdem war sein Buch, wie Cross zugab, eine »Pionierarbeit«. Fitzgeralds Enthusiasmus wurde in der Ausgabe von 1896 und vollends 1904 in einer von Wilbur Cross (Yale University) veranstalteten Ausgabe korrigiert. Im Jahr 1909 brachte Cross mit *Life and Times of Laurence Sterne* seine eigene Biographie heraus, die 1925 und 1929 revidiert wurde.

Dieses Buch ist immer noch die Standard-Biographie, wenngleich sie viele Fehler enthält und sich als ein schwerfälliges, lustloses Buch darstellt, dem es, wie mir scheint, an der rechten Freude und Einfühlung mangelt. Andere Biographien Sternes sind erschienen, von denen die meisten dem Buch von Cross deutlich unterlegen sind. Jedoch gibt es weit und breit nichts, was der gründlichen, informativen und anregenden Oxford-Ausgabe von *Sterne's Letters* an die Seite zu stellen wäre, die Lewis Curtis 1935 herausbrachte. In den letzten Jahren hat sich diese Ausgabe, nachdem das Buch von Cross nicht mehr lieferbar war, mit ihrer Fülle von Anmerkungen als die beste Lebensbeschreibung Sternes erwiesen.

An einer neuen und größeren Biographie arbeitet zur Zeit ein anderer Amerikaner, Professor Arthur Cash. Dieses Buch verspricht, sich der vielen Leerstellen in Sternes Leben zu widmen. Es wird den Leser unvermeidlich mit einer anstrengenden und vielleicht nicht immer lohnenden Erkundung der Lücken in Sternes Leben konfrontieren. Außerdem wird das Buch von Cash mehrere Bände umfassen.* So erschien mir eine einbändige Lebensbeschreibung nicht überflüssig, die sich gleichermaßen mit Sternes Leben und Werk befaßte und versuchte, seinen einigermaßen ungesicherten Platz unter den englischen Klassikern glaubhaft zu machen. Denn obgleich Sterne von der Wissenschaft gründlich analysiert worden ist, haben diese Arbeiten ihm keine neuen Leser gewonnen. Ich glaube, daß der Wunsch, Sterne zu rehabilitieren, den Zugang zum Schriftsteller Sterne vielleicht erschwert hat. Wenn ich ihn als einen zweifelhaften, unzuverlässigen, schwer faßbaren und wenig anziehenden Menschen präsentiere, geschieht das nicht aus moralischer Kritiksucht. Ich glaube vielmehr, daß sein einzigartiger Umgang mit Prosa, Komödie und Pathos von seinen menschlichen Unzulänglichkeiten nicht zu trennen ist. Ich hoffe, daß dieses Buch

---

* 1975 erschien: Cash, Arthur H.: *Laurence Sterne. The early & middle years.* London. [A.d.Ü.]

biographisch zuverlässig und nützlich ist, doch es entspringt in erster Linie einem Interesse am Wesen des Romans und einer Bewunderung für die Art, mit der Sterne den Roman für die Bedürfnisse seines beweglichen Geistes umformte.

Teil I
»Alles ist durcheinander«
1713-38

Portrait Laurence Sternes von einem unbekannten Künstler (etwa um 1760). Möglicherweise wurde der Kopf von Hogarth gemalt.

»Als sie mich zeugten«

Das Ereignis ist in der Stadt nicht urkundlich festgehalten, doch wir entnehmen seinen Erinnerungen, daß Laurence Sterne am 24. November 1713 in Clonmel, Tipperary, geboren wurde. Das ist so präzise, daß es auf eine verläßliche Familiengeschichte hoffen läßt; jedoch ergibt sich daraus kein sauberer Anfang. Im Gegenteil gibt es allerlei Verwirrung, die sich unweigerlich einstellt, wenn Eltern von einer Geburt wenig Aufhebens machen. In betriebsamen Gesellschaften verläßt sich die Nachwelt auf vernünftige urkundliche Eintragungen, die mit dem frühen Kindesalter beginnen. Das englische *Who's Who?* verzeichnet zu einem großen Teil Personen, deren Eltern sie mit angemessener Weitsicht für die Eintragung haben »vormerken« lassen. Daß Sternes Eltern das unterließen, ist symptomatisch für eine Kindheit, die so »nichtamtlich« und unsicher war, daß ihr Held vielleicht schon früh ermutigt wurde, sich selbst ein Leben zu erfinden, das angenehmer und sicherer war.

Der Lebensstil der übrigen Mitglieder der Familie Sterne war dem anderer erfolgreicher Familien in der Provinz sehr ähnlich; sie nahmen sich gewiß selber zu ernst, um von einer so nebensächlichen Geburt wie der von Laurence Kenntnis zu nehmen. Dennoch will Sternes Vater, Roger, nicht recht in das Bild passen, das uns seine Vorfahren vermitteln. Ein erfolgloser Fähnrich im flandrischen Krieg kann die Erwartungen einer Familie aus dem Landadel Yorkshires kaum erfüllt haben, die einen angesehenen Erzbischof aufzuweisen hatte und von einer Generation an die folgende Landbesitz, Liegenschaften, Vermögen und einen guten Ruf vererbte.

Der Erzbischof Richard Sterne wurde um 1596 geboren und war der Sohn von Simon Sterne, der in Mansfield in Nottinghamshire lebte. Simons Vater, William, stammte aus

Mansfield. Ursprünglich scheinen die Sternes eine Familie aus Cambridgeshire gewesen zu sein. Allerlei Sternes werden in den *Alummni Cantabrigienses* erwähnt, die um die Mitte des 16. Jahrhunderts aus Kirtling und Stow-cum-Quy gekommen seien, Dörfern zwischen Cambridge und der Grenze zu Suffolk. Neben diesem Zweig der Familie, der nach Mansfield zog, gab es einen zweiten, der später in Irland auftauchte.

Professor Cross ist zu glauben geneigt, daß die Familie Sterne einer vermutlich dänischen Siedlung in East Anglia entstammte und er teilt uns mit, daß »die gebildeten Familienmitglieder ihren Namen offenbar mit dem altenglischen Wort *stearn*, mundartlich *starn*, in Verbindung brachten, das noch heute einen Star bezeichnet.«[1] Jedenfalls waren einige Sternes in der Tat Stearnes, und in der *Reise des Herzens* singt der Star ein Klagelied.* Ich zweifle, daß Sterne sich je der Mühe unterzog, die Spuren seiner Vorfahren im Hinterland von East Anglia zu verfolgen. Die Vorstellung, dänisches Blut zu haben, dürfte ihm ausgereicht haben, um beeindruckt zu sein. Es hätte ihn lediglich amüsiert, sich vorzustellen, daß seine dänischen Wurzeln bis zum Hof des Königs Horwendillus zurückreichten; Yorick, der dänische Hofnarr, mag ihm um die selbe Zeit nur als eine Verkleidung erschienen sein, wenn er mitanhörte, wie die Sternes über ihre Genealogie spekulierten.

Simon Sterne, Laurence Sternes Ururgroßvater, heiratete Margery Cartwright. (Die Hochzeit muß ungefähr zur Zeit der »Armada« stattgefunden haben.) Von ihren Kindern war Richard Sterne der bei weitem bemerkenswerteste. Er ist wahrlich eine Gestalt der englischen Geschichte, und es gibt kaum Zweifel, daß die Erinnerung an ihn bei den Sternes wachgehalten wurde und, solange Laurence lebte, mit dem Namen der Familie in York verbunden war. Denn Richard starb erst 1683, vermutlich im Alter von 87 Jahren. Er stu-

---

* Sternes Siegel zeigte ebenfalls die Figur eines Staren.

dierte am Trinity College, Cambridge, war Fellow von Corpus Christi und wurde 1634 zum Rektor des Jesus College bestellt. Er hat das College aktiv gefördert und ließ in der Kapelle eine Orgel aufstellen.

Richard Sterne war Royalist, Anhänger der Hochkirche und Kaplan bei Erzbischof Laud. Beim Ausbruch des Bürgerkrieges, als Charles I. sich von den Universitäten Geld und Wertgegenstände erbat, befahl Sterne, dem König Tafelgeschirr zur Verfügung zu stellen.[2] Wegen dieser Kühnheit wurde er von Cromwell eingekerkert, zuerst in den Tower gebracht und dann auf einem Schiff eingesperrt, das in Wapping lag. Man hatte ursprünglich die Absicht, ihn außer Landes zu schaffen; doch am Ende ließ man Gnade walten und Sterne wurde im Jahr 1645 die traurige Ehre und Lehre zugedacht, seinen Gönner Laud zum Schafott zu geleiten.

Während des Protektorats lebte er bescheiden in Stevenage und hielt sich mit Stundengeben über Wasser. Doch bei der Restauration setzte man ihn wieder als Rektor des Jesus College ein und machte ihn zum Bischof von Carlisle. 1664 wurde er dann zum Erzbischof von York berufen, wo er Anwärter dadurch enttäuschte, daß er noch weitere 19 Jahre lebte. Als er am 22. Juni 1683 im Münster zu York beigesetzt wurde, war ein aus 34 Kutschen bestehender Leichenzug vorausgegangen, ein Aufwand, der seinem Urenkel nicht zuteil wurde.[3]

Richards Gattin, Elizabeth Dickenson aus Farnborough, Hampshire, war neun Jahre vor ihm gestorben, nachdem sie ihrem Ehemann dreizehn Kinder geboren hatte. In seinem Testament teilte Richard sein Vermögen unter seinen drei überlebenden Söhnen William, Richard und Simon auf.

Richard, der in Kilvington nahe Thirsk lebte, war Bevollmächtigter der Staatskasse, Friedensrichter sowie von 1678 bis 1685 Mitglied des Parlaments für Ripon. Er heiratete Mary Loveland, hatte mit ihr jedoch keine Kinder. Er wurde am 29. Januar 1715 im Münster beigesetzt.

Simon Sterne – dessen Schulden sein Vater im Testament
vollständig tilgte – heiratete eine Erbin, Mary Jaques. Mary
war die Enkeltochter von Sir Roger Jaques, 1639 Lord Mayor
von York, und seiner Gemahlin Mary Rawdon. Sie brachte ein
Landgut mit in die Ehe, das in Elvington lag, fünf Meilen südöstlich von York. Mit seinen eigenen Geldmitteln und denen
seiner Frau erwarb Simon Sterne für 1800 Pfund ein Landgut in Woodhouse, südöstlich von Halifax. Wie sein Bruder
war auch Simon Friedensrichter und stand in Halifax einer
wohltätigen Einrichtung vor. Er starb überraschend im April
1703, »nachdem er wegen einer Krebserkrankung in seinem
Mund unter schweren Speichelabsonderungen gelitten
hatte«.[4]

Simon aus Woodhouse hatte drei Söhne – Richard, Roger
und Jaques. Richard, der älteste, erbte die Güter in Elvington
und Woodhouse. Jaques, der jüngste, schloß 1714/15 das Jesus College mit dem Bachelor of Arts ab und trat in den
Dienst der Kirche. Richard heiratete Dorothy, die Witwe von
Samuel Lister von Shibden Hall. Auch Jaques heiratete klug.
Im Januar 1720 ehelichte er Catherine, die Tochter von Sir
John Goodricke aus Ribston, die sechzehn Jahre älter als er,
aber ebenfalls eine Erbin war.

Ich habe die Familiengeschichte der Sternes so kurz wie
möglich zusammengefaßt. Aber das Muster ist wichtig, denn
es wirft ein bezeichnendes Licht auf die abweichende Laufbahn von Roger Sterne, dem dritten Bruder zwischen Richard und Jaques. Lewis Curtis geht über Rogers Entscheidung für die Armee ein wenig leichtfertig hinweg und nennt
sie das Ergebnis einer »donquichotischen Veranlagung«.[5]
Dies ist Onkel Tobys Widerstreben ähnlich, seine eigenen
kriegerischen Neigungen zu begreifen. Es ist eine interessante Stelle im *Tristram Shandy*, als Toby (und Tristrams Bericht) Walter Shandys »Motivkrämerei« zurückweisen und
der Leser aufgefordert wird, diesen Einspruch gutzuheißen:
»Wenn ich als Schulbub keine Trommel schlagen hören

konnte, ohne daß mein Herz mitschlug – war es meine
Schuld? – Habe ich mir dort diesen Hang eingepflanzt? –
Habe ich in mir Alarm geschlagen oder die Natur?«[6] »War es
meine Schuld?« hätte ein gutes Motto für Sterne selbst abgegeben: es ist die Grundlage so vieler seiner Selbstverteidigun-
gen. Wie Toby – und vielleicht wie sein Vater – deutete er
seine Weigerung, den Instinkt zu verleugnen, als Entschuldigung für das, was manchmal frivol, kapriziös oder gedanken-
los wirkte. Es liegt ein sehr moderner Zug in diesem Festhal-
ten an inneren Imperativen, und es ist das kultivierte Ideal,
das Sterne zum Propheten des Gefühls gemacht hat. Doch
will mir scheinen, daß es sich weniger um eine spontane Antwort, sondern viel mehr um einen Kunstgriff handelt, der
Selbstbeobachtung auszuweichen und sich Abstand zu verschaffen.

Rogers Karriere veranschaulicht nur allzu gut, wie hart
und undankbar der Dienst in der Armee war. Sein anhaltend
niedriger Rang scheint darauf hinzudeuten, daß entweder
seine Familie seinen Eintritt mißbilligte und sich weigerte, ihn
zu fördern oder daß er sich Feinde machte, wo ehrgeizigere
Männer sich Freunde suchten. Soweit wir wissen, hat sich seit
Menschengedenken kein anderer Sterne den Militärdienst
als Beruf ausgesucht.*
Dieser Punkt ist wichtig: Laurence Sterne war der Sohn des
schwarzen Schafes der Familie. »Donquichotische Veranlagung« ist schwerlich eine hinreichende Erklärung für Rogers
Entschluß, sich so weit von der Tradition der Familie zu entfernen. Inzwischen steht fest, daß wir nie wissen werden, was
zu seinem Eintritt in die Armee führte. Doch mit ebensolcher

---

* Es trifft zu, daß eine von Roger Sternes Schwestern, Mary Elizabeth (1686-1719), einen Soldaten, Walter Palliser, heiratete. Jedoch Palliser war Hauptmann – vermutlich
kein aktiver Soldat. Palliser kam aus North Deighton, ein paar Meilen von York entfernt, und es ist möglich, daß er Rogers Anstifter war. Aber Rogers gleichbleibender
Rang zeigt bloß, daß Palliser nichts tat, um den Ehrgeiz des jungen Mannes zu wecken.
Ein anderer Regimentskamerad Rogers war Hugh Palliser (er war 1722 Hauptmann),
Walters Bruder.

Sicherheit läßt sich sagen, daß dieser Schritt seinen Sohn zum Außenseiter stempelte; er war jemand, der außerhalb der gesitteten und respektablen Gesellschaft gezeugt und aufgezogen wurde.

Roger Sterne wurde vermutlich 1692 geboren; er war zwölf Jahre jünger als sein Bruder Richard und drei oder vier Jahre älter als Jaques. Er war folglich elf Jahre alt, als sein Vater 1703 starb und sechzehn, als seine Mutter, Mary Jaques, 1708 starb. Mary wurde am 22. August in Elvington zu Grabe getragen.[7] Weder kennen wir ihr genaues Alter noch den Grund für ihren frühen Tod; wir sind also nicht verpflichtet, uns zu wundern, daß ihr heranwachsender Sohn zur Zeit ihrer Beerdigung auf der Insel Wight im Lager war, um sich nach Ostende zum Krieg auf dem Festland einzuschiffen.

Es ist nicht wahrscheinlich, daß die Sternes einem elfjährigen Jungen, ja noch nicht einmal einem sechzehnjährigen bewußt etwas vorenthalten hätten, so daß wir dem Mangel an familiärer Geborgenheit kaum die Schuld an Rogers Eintritt in die Armee geben können.

Marlboroughs Erfolge waren zu jener Zeit für jeden Werbeoffizier Anlaß genug zur Prahlerei. Da waren die großen Siege von Blenheim (1704) und Ramillies (1706); die Übergabe von Brüssel, Antwerpen, Brügge und Ostende; und gleich darauf am 11. Juli 1708 der Sieg bei Oudenarde, wo nur die Nacht die Franzosen vor einer vernichtenden Niederlage bewahrte. Man konnte nicht wissen, daß der Ruhm sich damit nahezu erschöpft hatte und daß der Rest des Krieges so sein würde, wie er sich in seinem ersten Teil den meisten Teilnehmern dargestellt hatte: erbärmlich, tödlich und unbelohnt.

Das 34. Regiment zu Fuß hatte seinen Anteil am Ruhm gehabt. Anfang 1702 aufgestellt, war es unter Oberstleutnant Hans Hamilton an der Belagerung Barcelonas beteiligt gewesen, wo es wilden französischen Angriffen getrotzt hatte. Im Herbst 1707 kehrte das Regiment nach England zurück, um seine Toten zu ersetzen. Doch im Frühjahr 1708 drohte ein Einmarsch aus Schottland, dessen Bewohner mit der im vorhergehenden Jahr beschlossenen Union mit England unzufrieden waren. Das 34. Regiment zog als Schutzwache nach Norden, gelangte aber nur bis Leeds.[8] Die Gefahr war inzwischen vorüber, und das Regiment nutzte die Gelegenheit, um Rekruten anzuwerben (Yorkshire war eigentlich nicht sein Einzugsgebiet; es war in East Anglia zusammengezogen und in Norwich und Colchester stationiert gewesen). Ob sich nun Rogers East-Anglia-Blut regte oder nicht, sein Enthusiasmus gewann die Oberhand. Es gab auch andere Methoden Rekruten zu machen: Einige Männer wurden mit Hilfe von Handschellen, andere durch abgeschnittene Hosenknöpfe dazu überredet, sich Marlboroughs Truppen anzuschließen. Farquhars Sergeant Kite* versicherte, er würde Rekruten niemals überreden oder beschwatzen, räumte jedoch ein, daß es unter dem Strich notwendigerweise zur Tätigkeit eines Werbeoffiziers gehöre, »Phrasen zu dreschen, zu lügen, unverschämt zu sein, sich als Kuppler und Raufbold zu betätigen, zu schwören, zu huren, zu trinken und mit einer Hellebarde nachzuhelfen«.[9]

Es ist kaum möglich, die Realität des Militärdienstes im Jahr 1708 überzeugender zu vermitteln als Sergeant Kite das tut. Danach kann es keinen Zweifel geben, wie entsetzlich die Bedingungen waren; und trotzdem war Marlboroughs Ar-

---

* Die erste Rolle, die David Garrick (in einer Amateuraufführung) spielte.** Im Hinblick auf die spätere Beziehung zwischen Garrick und Sterne ist interessant, daß Garrick der Sohn eines Werbeoffiziers und eines von zehn Kindern war (drei starben im Kindesalter). Außerdem wurde Garricks Vater 1732, etwa ein Jahr nachdem Roger Sterne Gibraltar verlassen hatte, dorthin kommandiert. David Garrick hatte sogar als junger Mann mit dem Gedanken gespielt, zur Armee zu gehen und hat sich wegen dieser Parallelen vielleicht um so mehr zu Sterne hingezogen gefühlt. (Carola Oman, *David Garrick*, London 1958, Seite 6)

** Gemeint ist das Theaterstück *The Recruiting Officer* (1706) von George Farquhar (1678-1707), der aus Irland stammte und die letzten 10 Jahre seines Lebens, zum Teil als Schauspieler, in London verbrachte. Sergeant Kite ist neben dem Titelhelden Captain Plume die komische Hauptfigur. David Garrick (1717-79) war der bekannteste englische Schauspieler des 18. Jahrhunderts. [A. d. Ü.]

mee die beste und am humansten organisierte, die England je ins Feld schickte. Im übrigen kämpfte sie mit solchem Wagemut und Erfolg, wie ihn die englische Armee nur unter Wellington erreichte, der in der Hauptsache defensiv kämpfte.

Selbst Wellington machte sich keine Illusionen, daß seine Soldaten nichts anderes als wilde Kreaturen waren, die man streng unter Kontrolle halten mußte. Die Armee hatte ihre Männer so lange wie Tiere behandelt, daß es nicht verwunderlich ist, daß sie diesen allmählich glichen. Einer der Gründe, warum die Engländer stehende Heere ablehnten, liegt darin, daß man auf diese Weise eine dauernde Zuflucht für Raufbolde und Kriminelle geschaffen hätte. Dieses Stigma zeigt sich auch in der überraschend geringen Stärke der Armee. Selbst auf dem Höhepunkt des Flandern-Feldzuges umfaßten die »ungeheuren« Streitkräfte, an die Onkel Toby sich erinnerte, nicht mehr als 25 000 englische Soldaten.[10] Major Scouller, der Geschichtsschreiber jener Armee, beschreibt ein Regiment der damaligen Zeit als eine autarke Söldnertruppe:

»Man könnte ein Regiment vielleicht als einen Besitz umschreiben, der einer Gesellschaft mit unbeschränkter Haftung ähnelte, deren Direktor der Kommandierende Offizier war und dessen Partner oder Teilhaber die Offiziere waren… Einmal auf den Sprossen der Leiter, mußte ein Offizier für jede Beförderung zahlen, ob sie nun seines Alters oder seiner Verdienste wegen erfolgte. Wenn er kein Geld hatte, erlangte er keine Beförderung, es sei denn, er hatte das Glück, auf einen durch den Tod eines anderen freigewordenen Posten zu rücken.«[11]

In der Regel erhielt ein Fähnrich pro Tag drei Shilling (15 p) und 8 pence für seinen Burschen, falls er einen hatte. Im übrigen mußte er sich selbst verpflegen, so gut es ging. Seine

Uniform wurde ihm gestellt, doch konnte er sich darauf ebensowenig verlassen wie auf die Zahlung seines Soldes. Die Uniform bestand aus einem »guten, schweren Wollmantel«, einer Weste, einem Paar Karsey-Hosen, einem Paar Strümpfe, einem Paar Schuhe, zwei Hemden und Halstüchern und einem »guten, derben Hut mit Tressen«. Trotzdem marschierte bei Oudenarde »der größere Teil der welschen Füsiliere ohne Schuhe«.[12]

Roger Sterne wurde am 1. Juli 1710 Fähnrich.[13] Als neuer Rekrut wird er sich wohl auf die Insel Wight begeben haben, wo das 34. Regiment am 19. Juli 1708 inspiziert wurde, bevor es unter Sir George Byng zum Festland segelte und am 21. September in Ostende ankam. Das Regiment, »aus jungen Soldaten zusammengesetzt, tat während des Jahres 1709 Dienst in der Garnison«.[14]

Das war vielleicht ein Glück für die Literatur, denn in der Schlacht von Malplaquet im selben Jahr erlitt Marlborough seine schwersten Verluste. Die französische Kampfmoral war wiederhergestellt, England kriegsmüde und Marlborough wurde zunehmend unbeliebter. Roger Sterne erlebte den Krieg nicht in offener Feldschlacht, sondern in Form von Belagerungen, wie sie Onkel Toby in den Heeren von König William freudig mitgemacht hatte. Im Jahr 1710 verlor das 34. Regiment bei der Belagerung von Douay, die Marlborough persönlich leitete, achtzig Männer und hatte 130 Verwundete.[15]

Als ordentlicher Fähnrich nahm Roger Sterne an den Belagerungen von Bethune, Aire, St. Venant und 1711 an der von Bouchaine teil, das Mitte September kapitulierte und besetzt wurde.[16] Vermutlich in Bouchaine, als die Engländer die von ihnen geschleiften Befestigungen wiederherstellten, hat Roger Sterne Agnes Hebert geheiratet. Entweder dort oder auf dem Weg ins Winterquartier.

Laurence Sternes Mutter ist als die Person in die Geschichte eingegangen, die ihrem Sohn nichts als Rügen einge-

bracht hat. Byron übernahm Walpoles Aussage*, als er
prahlte: »Ich bin so schlecht wie dieser Hund Sterne, der lieber über einen toten Esel flennte als über eine lebende Mutter.«[17] Keinem Biographen ist es leichtgefallen, sich mit der
Art und Weise auseinanderzusetzen, mit der Sterne vor seiner mittellosen Mutter zurückzuschrecken schien, nachdem
er sich in Yorkshire niedergelassen hatte. Eine ausführliche
Schilderung dieser Auseinandersetzung und der darauf folgenden Gegenbeschuldigung folgt an geeigneter Stelle.
Doch wahrscheinlich wäre es weder zu der Verstoßung noch
zu der Mißstimmung gekommen, wenn Agnes Sterne in den
Augen ihres Sohnes nicht noch viel unerträglicher gewesen
wäre als ihr Gatte Roger.

Einer der Gründe, warum es für Biographen schwierig gewesen ist, gegenüber Agnes Sterne Stellung zu beziehen, liegt
darin, daß sie nicht wissen, wer sie war. Die Erinnerungen ihres Sohnes sind – vielleicht aus Vergeßlichkeit, vielleicht aus
Berechnung – die Ursache für diese Schwierigkeit:

»Roger Sterne… Leutnant in Handasides Regiment** war
verheiratet mit Agnes Hebert, Witwe eines Hauptmanns aus
guter Familie; ihr Mädchenname war (glaube ich) Nuttle –
doch, wenn ich mich recht erinnere, war das der Name ihres
Schwiegervaters, der während der Kriege von Königin Anne
ein bekannter Marketender in Flandern war, wo mein Vater
Nuttles Tochter heiratete (bei dem er Schulden hatte), was am
25. September 1711 nach alter Zeitrechnung geschah.«[18]

---

* Horace Walpole schrieb: »Man könnte meinen, daß Sterne ein sehr zartfühlender
  Mann gewesen sei – doch ich weiß aus einer über jeden Zweifel erhabenen Quelle,
  daß seine Mutter, die eine Schule betrieb und wegen einer extravaganten Tochter in
  Schulden geraten war, im Gefängnis verschmachtet wäre, hätten nicht die Eltern ih-
  rer Schüler eine Sammlung zu ihren Gunsten veranstaltet. Ihr Sohn hatte zu viel
  Sentiment, um Gefühle zu haben. Ein toter Esel war ihm wichtiger als eine lebende
  Mutter.« (*Walpoliana*, ed. von John Pinkerton. London 1799. Seite 133 f.

** Es läßt sich nicht einleuchtend erklären, warum Sterne sowohl den Rang seines Vaters wie auch sein Regiment falsch angibt.

Roger dürfte zum Zeitpunkt der Heirat neunzehn Jahre alt gewesen sein, und da Agnes bereits einmal verheiratet gewesen war, ist sie wahrscheinlich älter als er gewesen. Aufgrund ihres Alters und der Erkenntnis, daß sie geheiratet worden war, um eine Schuld zu tilgen, hätte man von ihrer Seite leicht Unfreundlichkeit erwarten können. Doch die Verbindung trug rasch Früchte. Am 10. Juli 1712 wurde in Lille eine Tochter geboren, die den Namen Mary erhielt.*

Der Krieg brachte es mit sich, daß das junge Paar bald weitergetrieben wurde. Im Dezember 1711 hatten Marlboroughs Feinde erreicht, daß er als Oberbefehlshaber durch den Herzog von Ormonde** ersetzt wurde. England hatte keinen Mut mehr zu dem erfolglosen Krieg, und Ormonde blieb in seinem Lager, und »trieb Schindluder«, während Prinz Eugen, sein Verbündeter, von den Franzosen im Juli 1712 in der Schlacht bei Derain geschlagen wurde. Die langwierigen Verhandlungen, die zum Frieden von Utrecht führten, begannen damit, daß Louis XIV. zum Zeichen seiner Aufrichtigkeit Dünkirchen übergab. Am 4. August kamen Roger Sterne, sein Baby auf dem Arm, und das 34. Regiment als Teil der Besatzungstruppen in diesem Hafen an.[19]

Die Stadt, ein Stützpunkt von Freibeutern, verfügte auf der Land- wie der Wasserseite über komplizierte Befesti-

---

* Mary war eines der drei Kinder Roger Sternes, das nicht als Säugling starb. Doch auch sie war »höchst unglücklich«. Sie heiratete »in Dublin einen gewissen Weemans – der sie höchst unbarmherzig ausnutzte – welcher sein Vermögen durchbrachte, ein Bankrotteur wurde und meine arme Schwester für sich selber sorgen ließ – was ihr bloß ein paar Monate gelang, denn sie begab sich in das Haus eines Freundes auf dem Lande und starb an gebrochenem Herzen. Sie war eine ausnehmend schöne Frau – von anmutiger Gestalt und hätte ein besseres Schicksal verdient.« (*Briefe, Memoir*, Seite 1)

** James Butler, 2. Herzog von Ormonde (1665-1745), Enkelsohn des 1. Herzogs. Nach seiner erfolglosen Teilnahme am Aufstand von 1715 auf der Seite der Jakobiten kehrte er nicht mehr nach England zurück. Corporal Trim, Onkel Tobys »Sancho Pansa«-Bursche, wird auch James Butler genannt. Sterne besteht darauf, daß es nicht seine Absicht sei, diese Verbindung herzustellen; doch kurz vorher hatte er, durch Tristrams verunglückte Taufe dazu angeregt, auf die Bedeutung von Namen hingewiesen.

gungsanlagen, welche die Engländer nun zu schleifen begannen. Das militärische Personal in Dünkirchen war in der ersten Hälfte des Jahres 1713 auf über 8000 Köpfe angewachsen. Die beschäftigungslosen Soldaten rotteten sich zusammen, und es war vorherzusehen, was dabei herauskommen würde. »Es herrschte eine berüchtigte Krankheit, bekannt als Dünkirchen-Fieber, bei dem es sich vielleicht um eine Art Malaria handelte; die Unterlagen weisen aus, daß in den ersten Tagen der Besetzung mindestens 2400 Mann gleichzeitig erkrankt waren und die Kosten für die medizinische Versorgung zwischen dem 1. August 1712 und dem 5. April 1714 nahezu 12 000 Pfund betrugen.«[20]

Ob krank oder gesund, dort setzten Roger und Agnes Sterne den Homunculus in Gang, der die Grundlage dieses Buches bildet – vielleicht der einzige englische Schriftsteller, der in einem Zelt gezeugt wurde. Die Eltern können sich nicht gewünscht haben, daß die Geburt durch Wundärzte, die für Blattern und Amputationen ausgebildet waren, auf einem Zeltboden vorgenommen wurde; doch der Krieg war mittlerweile ein Geschäft, das sich dem Ende zuneigte. Als die Verhandlungen langsam vorangingen und die Regimenter kaum noch als erfolgsversprechende Investitionen erschienen, wechselte das 34. seinen Besitzer. Am 30. November 1712 wurde Oberstleutnant Thomas Chudleigh anstelle von Hans Hamilton zum Obersten ernannt.[21] Gegen Ende des Jahres waren dreizehn Regimenter zu Pferde und einundzwanzig zu Fuß aufgelöst und nach Hause geschickt worden.

Die übrigen würden sich auflösen, wenn der Friedensvertrag unterzeichnet werden würde. Als der Frieden am 9. April 1713 von der Königin im Parlament verkündet wurde, gab es die üblichen Freudenkundgebungen: Freudenfeuer in den Straßen, die Glocken läuteten und die überlebenden Veteranen bekamen nur noch den halben Sold oder weniger. Nicht daß der Frieden die Lage der kleinen Leute spürbar beeinflußt hätte, vielmehr kam auch für die gekrönten Häupter Europas nicht mehr viel dabei heraus als ein paar kleine Fürstentümer, die sie sich schnappten und die Übereinkunft, sich gegenseitig zu respektieren. Der König von Spanien blieb, was er war und entsagte dem Anspruch auf den französischen Thron, Kaiser Karl VI. blieb Kaiser und der Rest der Welt erkannte die hannoversche Erbfolge in England an. England machte am meisten Profit: Gibraltar, Menorca, und im mit Spanien geschlossenen »Asiento-Vertrag« erhielt es das Recht, dreißig Jahre lang die zivilisierte Welt mit Negersklaven zu versorgen.

Die 34er oder Chudleighs, wie sie in den Marschbefehlen künftig genannt werden, scheinen genau am Tage der Geburt des Kindes aufgelöst worden zu sein – am 24. November 1713.[22] Eine zeitliche Übereinstimmung also war das einzige glückliche Zeichen, unter dem die Geburt unseres Helden stand.

Sternes *Memoir* erzählt die entscheidenden Ereignisse seiner Geburt in dieser Reihenfolge: Ankunft in Clonmel, Ankündigung der Auflösung des Regiments, seine Geburt – alles im Zeitraum von höchstens einer Woche. Es ist nicht belegt, daß das Regiment und die Familie Sterne nach Clonmel gekommen sind. Es will so scheinen, als wäre das eine unnötig lange und teure Reise für ein Regiment gewesen, dessen Auflösung bevorstand. Man hätte die Männer ebensogut in irgendeinem Hafen am Kanal an Land setzen können. Die Auflösung kann auch nicht überraschend gekommen sein: Chudleighs Regiment wurde länger als die meisten anderen intakt gehalten. Da alles darauf hindeutet, daß Agnes mit Leuten in oder in der Nähe von Clonmel in Beziehung stand, ist anzunehmen, daß sie, angesichts ihrer fortgeschrittenen Schwangerschaft, Rogers Entlassung nicht abwartete, sondern dort vorher unter einem freundlichen Dach Zuflucht suchte. Wäre dem nicht so, müßten wir von einem doppelten Zufall ausgehen: daß ein Regiment zu einem Zeitpunkt und an einem Ort aufgelöst wurde, nur um einen Fähnrich zufriedenzustellen.

Clonmel liegt sehr hübsch am nördlichen Ufer des Flusses
Suir – in dem sich ein paar Inselchen befinden – und in einem Tal zwischen den Knockmealdown- und den Comeragh-
bergen im Süden und dem Gipfel des Slievenamon im Nord-
osten. Frank O'Connor nennt das Städtchen »ein pittoreskes,
abgewracktes Loch«,[23] doch der Biograph, der durch Irland
dorthin reist, wird überrascht sein, wie viel sich Clonmel von
dem bewahrt hat, was es früher einmal auszeichnete.

Verglichen mit den meisten anderen Städten derselben
Größe, haben sich in Clonmel ungewöhnlich viele Gebäude
aus dem 18. Jahrhundert erhalten. Denn in der Zeit von Sternes Geburt war es nach irischen Maßstäben eine Stadt mit
einer gewissen Bedeutung. Clonmels Wollhandel war in
Yorkshire wohlbekannt; nirgendwo sonst wurde er so emsig
bekämpft und behindert, ungeachtet der unbedachten Aus-
beutung, welche die Engländer den Iren gegenüber immer
getrieben haben.

Als sich Sterne später im Leben mit den politischen Angelegenheiten Yorks befaßte, ließ er sich herab, Entrüstung über
die ungerechten Vorteile zu äußern, die die irischen Woll-
händler genossen, die direkt nach Frankreich lieferten. Das
Land außerhalb der Stadt war jedoch nach den Worten Swifts
»ein nacktes Antlitz der Natur, ohne Häuser oder Anpflan-
zungen; schmutzige Hütten, elende, abgerissene, halbver-
hungerte Geschöpfe, kaum als Menschen zu erkennen«.[24] Er
hielt den Sprengel von Clonmel für »einen der größten und
ärmsten im gesamten Königreich«. Im Jahr 1700 verdiente
ein Arbeiter in Clonmel fünf (alte) pence am Tag und er-
nährte sich einzig von Kartoffeln. Kurz vor Sternes Geburt,
in den Jahren 1707 und 1709, gab es nach Mißernten schwere
Hungersnöte.

Auch der Krieg hatte seine Spuren in der Stadt hinterlassen. Cromwell hatte 1659 zweitausend Mann verloren und
fünf Wochen benötigt, um Clonmel einzunehmen. Nach der
Wiedereinsetzung der Stuarts fiel die Stadt dem 1. Herzog

von Ormonde zu.* Er befahl um 1665 den Bau der prächtigen Hauptwache, die sich bis heute erhalten hat. Zwei Jahre später lud er fünfhundert wallonische Familien aus Canterbury ein, in Clonmel eine Textilindustrie aufzubauen; »pendant plusieurs années, la colonie de Clonmel fabrique des bas, des lainages, et du drap«.[25] Darum verfügte Clonmel 1713 vermutlich über eine blühende Gemeinde flämischer Weber, darunter zahlreiche Hugenotten.

Es wäre nicht nötig, so viel über Clonmel zu sagen, hätte Sterne die Verbindung seiner Mutter mit dieser Stadt nicht so betont. 1751 war er über die Anwesenheit seiner Mutter in England so peinlich berührt, daß er einen langen rechtfertigenden Brief an seinen Onkel Jaques schrieb, in dem er mehrfach von seiner Mutter sagte, sie habe »bei ihren Verwandten in Irland« gelebt[26] und sich mit einer Nähschule über Wasser gehalten. Und in seinen *Memoirs*, wahrscheinlich 1767 verfaßt, schreibt er, obgleich er behauptet, von der Familie seiner Mutter wenig zu wissen, daß ihre noch lebenden Mitglieder in Clonmel zu finden seien. In Clonmel selbst wird überliefert, daß Agnes Sterne in der Stadt Familie hatte. Der Reverend William Burke berichtet in seiner 1907 veröffentlichten *History of Clonmel*:

»Wie Mr. William Clarke vom *Clonmel Chronicle* überliefert, wurde Sterne in einem Haus in Mary's Street geboren, unweit der Ecke O'Connell Street, auf der rechten Seite in Richtung auf die Kirche. Sternes Mutter war in der Stadt geboren und zum Zeitpunkt seiner Geburt... bekleidete ihre Familie, die Tuttles (oder Tothalls), ein bedeutendes Amt. In jenem Jahr war Thomas Tothall Bürgermeister der Stadt.«[27]

Es gibt keinen anderen Hinweis, der die Verbindung Agnes Sternes mit den Tuttles bestätigen oder die Dunkelheit, die sie

---

* James Butler (1610-88) hatte früher den Nachschub für Charles I. aus Irland organisiert.

umgibt, klären könnte. 1967 kam Professor Arthur Cash nach sehr intensiven Nachforschungen zu dem Schluß, daß wir kaum mehr wüßten als in der kryptischen Anmerkung ihres Sohnes zu lesen sei, außer daß Agnes vielleicht die Stieftochter des Hauptmanns Christopher Nuttall gewesen sei, der mit einiger Sicherheit Ire war.[28]

Ansonsten bleibt offen, ob Agnes Irin von Geburt oder vielleicht eine französische oder flämische Hugenottin war.* Von größter Bedeutung ist indes die Tatsache, daß ihr Sohn starke Abneigung gegen sie empfand, nachdem er herangewachsen war. Wenn sie ein Geheimnis umgibt, ist es vielleicht darauf zurückzuführen, daß Sterne nicht gern an sie dachte, geschweige denn über sie sprach.

Clonmel bleibt stumm und hat keinen dokumentarischen Nachweis zu bieten. An der Stelle des angeblichen Geburtshauses steht eine Ruine. Vielleicht wurde Sterne dort geboren und verbrachte dort seine ersten Monate oder in der Kaserne der Stadt. Wichtiger ist die Tatsache, daß Sterne von Geburt an ein unbehaustes Geschöpf war. Die am deutlichsten fixierten Orte seines Lebens sind in seinen Büchern zu finden. Jene klaustrophobischen Innenwelten, in denen Tristrams Vater, Onkel Toby und Corporal Trim mit endlosen Gesprächen die Zeit hinbrachten – Denkmäler der Trauer –, sie sind der Traum eines Mannes, der sich nie zu Hause fühlte. Die Geburt war nur eine der grundlegenden menschlichen Erfahrungen, die Sterne faszinierten. Man ist versucht, Vermutungen über die emotionalen Auswirkungen der Umstände seiner Geburt anzustellen, vor allem wegen der außerordentlichen Begeisterung, mit der er sich das Innere von Körper und Persönlichkeit auszumalen liebte. Folglich tadelt Tristram seine Eltern wegen der Art und Weise, mit der sie seine Lebensgeister durcheinandergewirbelt hätten,

---

* 1910 berichtete R. M. Hutchinson-Low, er habe in Halifax ein Gebetbuch der Kirche von England in französischer Sprache und mit dem Namen »Agnes Sterne« gefunden. (*Notes & Queries*, Vol. II., 1910, S. 329)

denn für ihn steht fest, »daß neun Zehntel von eines Mannes Vernunft oder Unvernunft, seinen Erfolgen und Mißerfolgen in dieser Welt von den Bewegungen und der Tätigkeit, von den verschiedenen Spuren und dem Gang jener Geister abhängen, in den man sie setzt, so daß sie, einmal in Schwung gebracht, ob richtig oder falsch, und das ist kein Pappenstiel, – losgehen wie verrückt…«[29]

Höchst charakteristisch für Sterne ist, wie in dieser Passage Komödie und Spott dazu benutzt werden, um die Ernsthaftigkeit zu kaschieren.

»*Losgehen wie verrückt*«

Z ur Zeit von Sternes Geburt waren größere Reisen an-
strengend, zeitraubend und gefährlich. Der bei weitem
detaillierteste Abschnitt seiner *Memoirs* befaßt sich mit dem
hektischen Hin und Her seiner frühen Jahre. Das belegt
auch eine frühere Notiz – entweder von Agnes oder von Roger –, welche die Reiserouten als bemerkenswert bezeichnet.
Man braucht keinen Kinderpsychologen, um Sternes spätere
intensive Beschäftigung mit Bewegung und Ruhelosigkeit zu
der beängstigenden Sprunghaftigkeit seiner frühen Jahre in
Beziehung zu setzen. Es gehört auch nicht viel Phantasie
dazu, die Ursprünge der Ungesichertheit und der Loslösung
von Wurzeln und Wirklichkeit, die für den Menschen und
Schriftsteller charakteristisch sind, dort anzusiedeln.

Welche Verbindung Agnes Sterne zu Clonmel gehabt haben mag und wie eilig sie es auch gehabt hatte, vor Laurences
Geburt dorthin zu gelangen, die Familie war ziemlich rasch
wieder unterwegs. Inzwischen auf halben Sold gesetzt –
1 Shilling, 6 Pence am Tag –, unternahm Roger Sterne vermutlich im Frühling 1714 mit seiner Frau, seiner Tochter
Mary (etwa 18 Monate alt) und seinem Baby, »sobald ich getragen werden konnte«, die Reise von Clonmel in das Haus
der Sternes in Elvington in Yorkshire.

Rogers Wiederauftauchen in Elvington muß großes Interesse erregt haben. Soweit wir wissen, hatten die Sternes ihn
seit seinem Eintritt in die Armee im Jahr 1708 nicht mehr gesehen. Jetzt war er zurückgekehrt, erst 22 Jahre alt, aber mit
einer Ehefrau, zwei Kindern und dem Makel des Lebens im
Feld. Elvington war inzwischen im Besitz von Rogers Bruder
Richard, der 34 Jahre alt war. Seine erste Frau starb am
9. September 1714, etwa um die Zeit von Rogers Ankunft; er
verheiratete sich ein zweites Mal, und zwar mit Esther Booth,

einem Mädchen aus Halifax. Richards zweite Heirat war nicht das einzige Ereignis während Rogers Besuch. Denn im Januar 1715 starb Onkel Richard, ehemaliges Parlamentsmitglied für Ripon, und wurde im Münster von York beigesetzt. Roger dürfte mit einiger Sicherheit an der Beerdigung teilgenommen haben. Doch obgleich er kinderlos war, hatte Richard in seinem Testament Roger nicht bedacht, so sehr es die Familie seines Neffen allem Augenschein nach auch verdient gehabt hätte.

Im Sommer 1715 wurde Roger durch einen abermals drohenden Einmarsch aus Schottland wieder zu den Waffen gerufen. Das 34. Regiment wurde von einer notleidenden Regierung wieder aufgestellt, »als sei es nicht, ungeachtet aller gegenteiligen Befehle, Anordnungen oder Anweisungen aufgelöst worden«.[1] Wie sehr die Sternes Rogers militärische Laufbahn auch mißbilligten, so hatte ihn doch die Rückkehr zum Sitz der Familie nicht dazu bewogen, einen Dienst zu quittieren, der mit dem Gedeih und Verderb des Landes unauflösbar verbunden war. Roger wurde bei der Wiederaufstellung des Regiments auch nicht befördert, obgleich zwei Fähnriche, die jünger waren als er, den Rang eines Leutnants erhielten.

Anstatt angesichts seiner Einberufung seine Familie in Elvington zu lassen oder sie zurück nach Clonmel zu schicken, »brach Roger seine Zelte ab und verschwand mit seiner Familie und mit Sack und Pack nach Dublin«.[2] Weniger als einen Monat später, fahren die *Memoirs* fort, »verließ uns mein Vater, da er nach Exeter kommandiert wurde, wohin ihm in einem trüben Winter meine Mutter und ihre beiden Kinder folgten, indem sie von Liverpool über Land nach Plymouth reisten«.[3] In Plymouth wurde ein drittes Kind, Joram, geboren. Sterne schreibt, daß Agnes und die drei Kinder zwölf Monate nach ihrer Ankunft in Plymouth nach Dublin zurückkehrten, also Ende 1716. Das Regiment folgte ihnen erst am 1. Juni 1717.

Agnes und die Kinder, die während der Reise auf sich allein gestellt waren, »gingen um Haares Breite zugrunde, als das Schiff ein Leck bekam. – Schließlich gelangten wir nach vielen Mühen und Gefahren nach Dublin.«[4] Bedeutet das, daß sie wirklich Schiffbruch erlitten oder zumindest das Schiff aufgeben mußten?

Natürlich waren Schiffsreisen in jener Zeit sehr riskant. Swift drang nie weiter vor als bis in die Irische See, doch in *Gullivers Reisen* beschreibt er die Gefahren des Sturms sehr glaubwürdig. Auch *Robinson Crusoe* basiert auf einem Schiffbruch. Thomas Gent, ein Zeitgenosse Sternes aus York, hatte auf See mehrere unerfreuliche Erlebnisse. Einmal brach er von Holyhead nach Dublin auf, wurde aber hilflos nach Norden getrieben, mußte die Insel Man anlaufen und elf Tage auf das Abflauen des Sturms warten. Um 1725 wurde er unweit von Howth Head auf einem unterbemannten Schiff von einem Sturm überrascht; Gent mußte »so schwer an der Pumpe arbeiten, daß ich in Schweiß gebadet und mehrere Male von den Wellen fast überflutet war«.[5]

Doch für Roger Sterne hielt Fortuna ein anderes, wenngleich ebenso unangenehmes Schicksal bereit. Doch zunächst langte er wohlbehalten in Dublin an, »mietete dort ein großes Haus, möblierte es und gab in anderthalb Jahren eine große Geldsumme aus«.[6] Es ist alles andere als klar, welches Geld Roger auszugeben hatte oder was er und seine Familie in Dublin trieben. Vielleicht hatten ihm die Sternes aus Yorkshire, als er sie wieder verließ, ein Geldgeschenk gemacht, entweder um ihm seinen Dienst erträglicher zu machen oder um ihr Gewissen zu beruhigen. Aber vielleicht war es auch ein anderer Zweig der Sterne-Familie, der dem Fähnrich und seiner Familie in Dublin zu Hilfe gekommen war.

Roger Sterne hatte nämlich eine ausgedehnte und einflußreiche Verwandtschaft in Irland, wo die Familie Sterne eine vielfältigere Bedeutung erlangt hatte als in Yorkshire. Die herkömmliche irische Form des Namens ist Stearne, eine genauere Wiedergabe der Art und Weise, in welcher der Name sogar noch heute in Irland häufig ausgesprochen wird.

Zum ersten Mal erscheint die Familie in Irland in der Person von John Stearne, der aus Stapleford, Cambridgeshire, stammte, sich jedoch später in Greenan in der Grafschaft Wicklow niederließ. Er bekleidete ein Amt im Gefolge von Theophilus Buckworth, dem Bischof von Dromore, und heiratete Mabel Bermingham. John und Mabel Stearne hatten drei Söhne: John, James und Robert. Von diesen war John der berühmteste. 1624 in Ardbraccan geboren, mußte er zur Zeit Cromwells sein Studium am Trinity College, Dublin, abbrechen, es gelang ihm jedoch, es in Cambridge fortzusetzen, obwohl sein Verwandter Richard Sterne von dort fortgejagt worden war. Nach der Restauration wurde er zum rangältesten Fellow am Trinity College, Dublin, bestellt und lehrte dort, was ziemlich ungewöhnlich war, Recht und Medizin, während er Hebräisch studierte. Doch seine eigentliche Bedeutung lag auf medizinischem Gebiet. Er war Präsident des College für Wundärzte in Dublin und anerkanntes Oberhaupt der irischen Ärzteschaft. Er starb 1669 in Dublin.

Aus seiner Ehe mit Dorothy Ryves hatte er einen Sohn und drei Töchter. Der Sohn John, 1660 geboren, studierte am Trinity College, Dublin, und wurde 1682 zum Diakon geweiht. 1688 wurde er Vikar in Trim und später Dechant von St. Patrick's Cathedral in Dublin, 1713 Bischof von Dromore, 1717 Bischof von Clogher und 1721 Vizekanzler der Universität Dublin. Er starb 1745.* Bischof Stearne war Zeitgenosse und Freund Swifts. In der Tat war es im wesentlichen Swifts Bemühungen zuzuschreiben, daß Stearne zum Dechanten von St. Patrick's ernannt wurde, ein Amt, das Swift nach Stearnes Tod selbst bekleidete, wenngleich er es als armselige Belohnung für seine Dienste am Hof von Königin Anne ansah. Die

* Sein Tod wurde im *York Courant* angezeigt, jedoch ohne Erwähnung der Verbindung Yorkshire-Irland.

beiden Männer waren sich begegnet, als sie in zwei benach-
barten Sprengeln Vikare waren: Swift in Laracor, Stearne in
Trim, beides Orte in der Grafschaft Meath. Stearne war wegen seiner großen Bibliothek und seiner Gastfreundschaft
berühmt. 1707 schrieb Swift an Stearne und verglich die
Großzügigkeit des Dechanten auf schmeichelhafte Weise mit
dem, was er damals in London erlebte: »Ich muß Ihnen sagen, daß der Dechant von St. Patrick's besser lebt als jeder
Mann von Stand, den ich kenne.«[7]

Obwohl Bischof Stearne nie verheiratet gewesen sein soll,
erzählt Lady Montagu in ihren Briefen eine Geschichte, die
darauf schließen läßt, daß er für das weibliche Geschlecht
nicht unempfänglich war. Wenngleich alle bekannten Fakten
gegen die zentrale Aussage der Geschichte sprechen, enthüllt
sie zu viel von einem »Shandy-Charakter«, um auf sie zu verzichten: »Mr. Sterne, der Titularbischof«, schrieb Lady Mary
1713, »wurde letzte Woche mit einer sehr hübschen Dame
vermählt, einer Mrs. Bateman, in die er sich verliebte, weil sie
beim Sprung über einen Graben rücklings von ihrem Pferde
fiel und dabei alle ihre Reize entblößte, die er unwidersteh-
lich fand.«[8]

Es ist kaum vorstellbar, daß Roger Sterne diese führende
Gestalt der Dubliner Gesellschaft nicht aufgesucht hat. Das
»große Haus«, in dem die Sternes wohnten, ist ihnen vielleicht vom Dechanten vermittelt worden; ein so großzügiger
Verwandter dürfte dem Fähnrich sogar bei der Mietzahlung
behilflich gewesen sein.

Dublin war zu jener Zeit eine höchst geschäftige Stadt. Der
Bau der Bibliothek des Trinity College, entworfen von Colonel Thomas Burgh, war in vollem Gange, und das Royal Hospital war gerade fertiggestellt worden. Im Jahr 1719 wurden
die Pläne für Dr. Steevens Hospital gemacht, jener Einrichtung, die Swift in seinem Testament bedenken sollte. Um
Swift selbst scharte sich ein aufgeschlossener Kreis, zu dem
Bischof Stearne, Patrick Delany, Patrick Grattan gehörten;

dazu kam Richard Helsham, Swifts Arzt und Ehemann von Bischof Stearnes Nichte.

Doch die Familie Sterne blieb nie lange genug, um sich sicher einzunisten. Die *Memoirs* berichten abermals von Reisen: »Im Jahr 1719 geriet wieder alles aus den Fugen; das Regiment wurde, wie viele andere auf die Insel Wight verlegt, wo es sich zur Vigo-Expedition einschiffen sollte.«[9] Agnes und die Kinder begleiteten Roger bei seiner Rückkehr nach England. Die *Memoirs* berichten, daß sie, nach Milford Haven hineingetrieben, in Bristol landeten und auf dem Landweg über Plymouth zur Insel Wight weiterreisten. Den Marschbefehlen zufolge wurde Chudleys Regiment am 22. April 1719 von Bath nach Bristol und am 21. Juli nach Portsmouth verlegt, um von dort zur Insel Wight zu segeln.[10] Ob die Sternes nun den Umweg über Plymouth machten oder nicht, auf dem Wege von Bristol nach Portsmouth – eine Strecke, die in täglichen Etappen über Warminster, Amesbury, Stockbridge und Waltham führte – starb Joram, »ein hübscher Knabe von vier Jahren an den Pocken«.*[11]

Dieser Verlust wurde nach zwei Monaten, am 23. September, durch die Geburt einer zweiten Tochter, Anne, gemildert.

Die Familie blieb auf der Insel, während Roger bei der Drake-ähnlichen Expedition gegen Vigo teilnahm. Diese neuen Kämpfe fanden im Auftrag der Stanhopeschen Quadrupelallianz statt, die im August 1718 zwischen England, Frankreich, dem Kaiser und den Niederlanden geschlossen wurde. Ziel der Allianz war, Spanien zu veranlas-

---

* Eine Impfung gegen Pocken wurde in England erst 1720 durch Lady Mary Wortley Montagu eingeführt, die sie in Konstantinopel entdeckt hatte. Doch viele Jahre lang mißtraute man dieser Vorsichtsmaßnahme. Von den vielen Sterbefällen abgesehen, blieben die Überlebenden unweigerlich durch Narben schrecklich entstellt. Ein solches Opfer war Dick Turpin. 1739 wurde ein Mann namens »Palmer« in York aufgegriffen. Der Verdacht, es handle sich um Turpin, wurde durch die Pockennarben bestätigt, der, wie man wußte, Pockennarben hatte. (Die Hinrichtung Turpins war in Sternes erstem Jahr in York ein öffentliches Schauspiel.) (*York Courant*, 27. Februar, 10. April 1739)

sen, seine Besitzungen in Italien aufzugeben und Sizilien für den Kaiser zu gewinnen.* England war vor allem daran gelegen, zu verhindern, daß Spanien einen möglichen neuen Aufstand der Jakobiten unterstützte. Eine große spanische Flotte wurde nach Sizilien gesandt, und mit ihr geriet Byng vor Kap Passaro aneinander. Kardinal Alberoni, der politische Berater der spanischen Königin, stellte eine zweite Flotte zusammen, um England anzugreifen und bot den Oberbefehl dem Herzog von Ormonde an, der sich inzwischen im jakobitischen Exil befand. Der Fähnrich Sterne mag sich gewundert haben, daß er nun der Feind seines früheren Oberbefehlshabers sein sollte. Doch die beiden Männer kreuzten nicht die Klingen. Klugerweise traute Ormonde** dem Frieden nicht, und eine französische Armee und eine englische Flotte plünderten Nordspanien aus. Der Angriff auf Vigo erfolgte im September von Spithead aus mit 4000 Mann unter Lord Cobham. Ursprünglich war er als Angriff auf Corunna geplant gewesen, wo Ormondes vermeintliche Flotte zusammengezogen worden war.***

Roger überlebte die Vigo-Expedition, und das 34. Regiment wurde nach Wicklow beordert. Von dort aus schrieb er an seine Familie und bat Agnes zu kommen. Agnes nahm die

---

*   Diese Feindseligkeiten bewogen Onkel Toby, Trim Anweisung zu geben, für seine Befestigungsanlagen auf seinem Rasenplatz eine italienische Zugbrücke anzufertigen. (*Tristram Shandy*, Buch III, Kapitel XXV)

**   Ormonde kehrte anschließend in die französischen Provinzen zurück, und als Tristram durch Frankreich reiste, machte er in Avignon nur halt, um das Haus zu besichtigen, in dem Ormonde gewohnt hatte. (*Tristram Shandy*, Buch III, Kapitel XLI)

*** Carlyle meint, Rogers Teilnahme sei das einzig Bemerkenswerte an der Vigo-Expedition gewesen. Doch für Sterne und die anderen jungen Soldaten muß sich mehr damit verbunden haben. Es hatte nämlich 1702 schon einmal eine Expedition nach Vigo gegeben, die am Ende nach Cadiz abgelenkt wurde. Ironischerweise hatte das Unternehmen unter Führung Ormondes gestanden. Auch Henry Esmond war mit von der Partie; das einzige Blut, das er vergoß, war das eines englischen Landsmannes, der im Verlauf der Plünderung, die an die Stelle echter militärischer Aktionen trat, über eine Nonne herfallen wollte.
Auf ihrem Rückweg kaperte die Expedition die Schatzflotte bei Vigo. So mag auch Sterne auf Beute gehofft haben, denn Vigo galt als bevorzugter Ort für Plünderungen. »Ob Hounslow oder Vigo – was macht das schon aus?« fragte Thackeray.

Kinder und machte sich erneut auf den Weg: »Wir schifften uns nach Dublin ein und hätten in einem heftigen Sturm alle Schiffbruch erlitten, wenn es meiner Mutter nicht gelungen wäre, den Kapitän zu überreden, nach Wales zurückzusegeln. Dort blieben wir einen Monat, doch schließlich kamen wir in Dublin an und reisten zu Land weiter nach Wicklow, wo mein Vater uns schon seit einigen Wochen verloren glaubte.«[12]

Doch so wie die Kindheit Sternes in großem Maße einem launenhaften Schicksal ausgeliefert war, so kam es jetzt zu einem weiteren kurzen Intermezzo der Ruhe. Die Familie blieb ein Jahr lang in der Kaserne von Wicklow, und während dieser Zeit wurde ein weiterer Sohn, Devijeher, geboren. Das Kind erhielt seinen Namen vermutlich nach einem Regimentskameraden Rogers, Abraham Devischer. Bezeichnenderweise war Devischer erst 1711 Fähnrich geworden – ein Jahr später als Roger. Doch 1714 war er bereits Hauptmann und im April 1720 – etwa um die Zeit von Devijehers Geburt – wurde er zum Oberstleutnant befördert.[13] Roger war immer noch Fähnrich.

Bald nach Devijehers Geburt wurden die Sternes eingeladen, in Annamoe beim dortigen Geistlichen zu wohnen, Mr. Fetherston – »ein Verwandter meiner Mutter«.[14] Thomas Fetherston war mit Mary, einer Tochter von Christopher Nuttall, verheiratet gewesen. Er war 1684 als Sohn von Thomas und Enkelsohn von Cuthbert Fetherston geboren, der aus Durham stammte, sich jedoch 1651 in Philipstown niederließ. Aus diesem Datum können wir schließen, daß er Soldat in Cromwells Armee war. Auch sein Sohn Thomas war Soldat und hatte bei der Schlacht am Boyne die Standarte von Enniskillen getragen.

Am 5. Februar 1717 wurde Thomas Fetherston zum Hilfspfarrer von Derrylossory in Wicklow ernannt.[15] Zu dieser Zeit war er in zweiter Ehe mit Parnella Parry verheiratet. Derrylossory liegt ein paar Meilen nördlich von Annamoe und die Kirche befindet sich an einem ungeschützten Hang. Beide Dörfer liegen im selben tief eingeschnittenen Tal in der wilden, aber sehr schönen Landschaft der Wicklow-Berge. Doch die erregende Schönheit war durchaus nicht ohne Gefahren. So wurde der ältere Sohn Thomas Fetherstons später in den Bergen von einer plündernden Räuberbande ermordet. Niemand, der jener alten Heerstraße von Dublin über diese Berge gefolgt ist, wird das Bedrohliche dieser Gegend leugnen können.

In diesem Tal entging auch Laurence Sterne nur knapp dem Tod, in Ruf- und Sichtweite des Pfarrhauses von Annamoe. »Es war während unseres Aufenthalts in dieser Pfarre, daß ich das wunderbare Glück hatte, in einen Mühlgraben zu fallen, während die Mühle in Betrieb war, und unversehrt wieder herausgezogen zu werden; die Geschichte klingt unglaubhaft, ist aber als wahr in dieser ganzen Gegend Irlands bekannt, wo Hunderte von einfachen Leuten sich drängten, mich zu sehen.«[16]

Einige Schriftsteller haben diese Geschichte angezweifelt, weil sie der Ansicht waren, Sterne habe sie aus der Kindheit seines Urgroßvaters, des Erzbischofs, gestohlen. Ralph Thoresby hat diesen Vorfall aus der Kindheit des Erzbischofs in seinem Tagebuch festgehalten: »Beim Spielen in der Nähe einer Mühle fiel er in das Mühlrad; im ganzen Mühlrad fehlte nur ein einziges Brett, doch eine gnädige Vorsehung wollte es, daß in diesem Augenblick gerade die leere Stelle vorbeikam, ansonsten wäre er unweigerlich zu Tode gequetscht worden.«[17] Es wäre ein Zufall, wenn Laurence derselbe Unfall passiert wäre, doch es gibt gewiß eine Erklärung dafür. Die Geschichte war vermutlich in der Familie bestens bekannt und dürfte Laurence viele Male erzählt worden sein.* Es wäre also kein Wunder, wenn der Junge sich beim Anblick der Mühle dieser genähert hätte, um sich ein genaues Bild vom

---

* Erzbischof Sterne war in der Tat anfällig für Unfälle. Bei einer anderen Gelegenheit stieg er auf einen Kirchturm, um ein Vogelnest auszunehmen und fiel, ohne Schaden zu nehmen, herunter. (Diary of Ralph Thoresby, ed. Joseph Hunter. London 1830. Band II, S. 15)

bedeutsamen Abenteuer seines berühmten Vorfahren zu machen. Ein unvorsichtiger Schritt – und Laurence spielte das Drama noch einmal.

Ich kann mich für die Wahrscheinlichkeit dieser Folge von Ereignissen verbürgen, denn 1969 wäre ich selbst fast in das Wasser gefallen. Inzwischen besteht dort keine Gefahr mehr. Nur ein langsam fließendes, flaches Bächlein rinnt dort über das zerstörte Rad. Der Fluß, immer noch schnell fließend, ist ein paar Yards entfernt. Es war reizvoll, etwas zu entdecken, was eine wirkliche Reliquie Annamoes zu sein schien. Seit Sir Walter Scott[18] um 1820 berichtete*, die Mühle sei kürzlich abgerissen worden, werden sich wenige Leute die Mühe gemacht haben, Annamoe zu erforschen.

Das jetzt dort befindliche Mühlrad, malerisch verfallen, ist mitnichten das Rad, aus dem Sterne heil entkam, sondern nur eine schlaue Nachahmung, um Biographen zu verspotten. Mr. Barton aus Annamoe besitzt eine Photographie der Mühle, aufgenommen 1875, auf der sie bestens im Stande ist. Das Rad auf dem Bild sieht unverkennbar intakt und ziemlich neu aus. Irgendwann zwischen 1825 und 1875 muß es wiederhergestellt worden sein. Mr. Barton zufolge – der es bezeugen kann – ist das Mühlrad seit 1900 nicht in Betrieb gewesen. Die Mühle ist jetzt unbewohnt und wird nicht benutzt.

Von Annamoe zogen die Sternes in die Kaserne von Dublin, da sie sich ein eigenes Haus nicht mehr leisten konnten. Sie blieben dort ein Jahr – in dessen Verlauf Anne starb – »diese schöne Blüte… hatte, wie ich mich sehr gut erinnere, einen zierlichen, zarten Körper, der nicht für ein langes Leben geschaffen war, was auf die meisten Kinder meines Vaters zutraf«.[19]

Außerdem teilt uns Sterne mit, daß er um diese Zeit schreiben lernte. Die Königliche Kaserne war erst 1704 nach den Plänen von Burgh erbaut worden. Sie lag auf dem nördlichen Ufer der Liffey in der Nähe des Phoenix Parks. Man

* Scott hielt sich im Juli 1825 im nahe gelegenen Glendalough auf.

braucht nicht viel Phantasie, sich vorzustellen, wie der junge
Laurence den riesigen Park erkundete, der größer war als
alle Parks Londons zusammen, oder den brutalen Kämpfen
zwischen den eingewanderten Hugenotten und den katholischen Raufbolden zuschaute, die auf den Kais ausgetragen
wurden.

1722 wurde das Regiment nach Carrickfergus beordert:
»Wir machten uns alle auf den Weg, kamen aber nur bis Dro-
gheda, da wir von dort vierzig Meilen westlich nach Mullengar umgeleitet wurden, wo wir dank der Vorsehung auf einen
freundlichen Verwandten stießen, der aus einer Seitenlinie
von Erzbischof Sterne stammte; er nahm uns alle in seinem
Schloß auf, behielt uns ein Jahr bei sich – und schickte uns mit
Geschenken – zum Regiment nach Carrickfergus.«[20]

Ich meine, dieser freundliche Verwandte ist Robert Stearne
gewesen, der Vetter des Bischofs John Stearne aus Drogmore
und Clogher. Robert Stearne war Berufssoldat und ein treuer
Gefolgsmann von William III., dem er in Irland und auf dem
Festland diente. Es ist besonders interessant, daß er, wie Onkel Toby, an der Belagerung von Limerick 1691 und an der
Einnahme von Namur beteiligt war, wo Onkel Toby seine unangenehme Verwundung davongetragen hatte. Tatsächlich
wurde Robert Stearne wegen seiner Tapferkeit bei Namur in
den Rang eines Oberstleutnants erhoben und sein Regiment,
ursprünglich das 18. irische, wurde vom König persönlich
zum Königlichen Regiment von Irland bestimmt. Wie Onkel
Toby war auch Robert Stearne an dem verzweifelten Angriff
bei Namur beteiligt, bei dem sein Regiment 26 Offiziere und
380 Gemeine als Tote oder Verwundete zu beklagen hatte.[21]

Später machte Stearne unter Marlborough und dem ver-
achteten Ormonde den ganzen Flandernfeldzug mit. Er
kämpfte bei Blenheim, Ramillies, Oudenarde und Malplaquet und wurde 1712 – nach seiner Meinung beileibe nicht zu
früh – Oberst des Königlich Irischen Regiments. Er nahm
auch an den Belagerungen von Bethune, Aire und Bou-

chaine teil, Gefechte, die auch in der Stammrolle des Fähn-
richs Roger Sterne auftauchten. Trotz des Rangunterschie-
des (Robert hatte seine Laufbahn als Fähnrich 1678 begonnen), ist es denkbar, daß Sterne mit Stearne zusammentraf,
sie die Schreibweisen verglichen und eine Bekanntschaft
schlossen, die in Sterne die Hoffnung auf eine Beförderung
seiner Karriere als Berufssoldat nährte.

Robert Stearnes Tagebuch aus dem Flandernfeldzug ist
voll von neckischer und streitlustiger Ironie, was auf einen
kraftvollen und aufgeschlossenen Mann schließen läßt. Seine
Sprache ist sehr lebendig: so spricht er vom »schlurfenden alten Louis«, und von einem Schiff, auf dem er fuhr, sagt er:
»Es war alt, wenn auch noch nicht so weit wie 'ne verfaulte
Birne.«[22] Manchmal erinnert seine Sprache in ihrer Ironie
und wunderlichen Lebhaftigkeit an die von Laurence Sterne:
»Unser König war das aktive Verbum und da er sich nicht
rührte, blieben die französischen Passiva regungslos wie gewöhnlich und labten sich während des Sommers friedlich an
ihren Erdbeeren mit Sahne und anderen *bon bons*, welche sie
dem Kampf vorziehen, obgleich sie, wenn's zum Äußersten
kommt, eine Bande tapferer Burschen sind, wie wir bei Namur erfuhren.«[23]

Die Aussicht auf Frieden scheint Onkel Toby und Robert
Stearne gleichermaßen unfroh gemacht zu haben. Die bloße
Erwähnung der Stadt Utrecht genügte, ihn zum Seufzen zu
bringen und zu seiner Verteidigungsrede des Krieges und
der sonderbaren Schlußfolgerung zu veranlassen, der Krieg
sei nichts anderes »als das Zusammentreten ruhiger und
harmloser Menschen, die den Degen in die Hand nehmen,
um die Ehrgeizigen und die Ruhestörer in Grenzen zu
halten«.[24] Charakteristischer für die Armee als Tobys Ver-
harmlosungen sind vielleicht Robert Stearnes ätzende Kommentare zu Ormondes Zögern, den Krieg energisch zu führen: »Der Herzog bezeigte *große Kunstfertigkeit* bei der Anordnung seines Feldlagers unter den Kanonen dieser Stadt

[Brügge], denn seine rechte Flanke wurde durch den Kanal nach Brügge, seine linke in Richtung Dumgen Cloysters durch einen tiefen Morast gesichert, während seine Frontlinie sich leicht durch eine Verschanzung sichern ließ, die man im Handumdrehen aufwerfen konnte, für den Fall, daß der Prinz Eugen, Villars oder der Kaiser von China es wagen sollten, ihn anzugreifen.«[25]

1717 nahm Robert Stearne seinen Abschied und ließ sich in Tullynally, in der Nähe von Castlepollard in der Grafschaft Westmeath nieder, nur zehn Meilen von Mullengar entfernt. Es ist verlockend, in Robert Stearne das Vorbild für Onkel Toby zu sehen,* doch legitim ist es nur deshalb, wenn wir in Betracht ziehen, wie unbeschwert Sterne erfundene Figuren mit Vorbildern aus dem wirklichen Leben in Beziehung setzte.

Das eine Jahr, das der Junge in der Gesellschaft des Veteranen zubrachte, könnte seine Ansichten über militärische Dinge nachhaltig beeinflußt haben, und die Nähe zu den beiden Soldaten macht es zweifelhaft, daß Sterne für Tobys Leben einfach nur ein historisches Werk als Grundlage nahm, wie Theodore Baird angenommen hat.[26] Wie spaßhaft Robert Stearnes Stimme auch klingen mag, sie ist viel vertrauenswürdiger als die von Toby. Toby ist ein Porträt der Schüchternheit und des Scheiterns, seine Verwundung ist dafür das sinnfälligste Merkmal. Robert Stearne hingegen überstand einundzwanzig Feldzüge, sieben Schlachten, fünfzehn Belagerungen, sieben »große Angriffe auf Contrescarpen und Breschen«, ganz zu schweigen von »zwei bemerkenswerten Rückzügen«, ohne auch nur einen Tropfen Blut zu verlieren.[27] Selbst wenn Sterne Toby ein paar Züge Robert Stearnes verlieh, ließ er nicht zu, daß ein fröhlicher und unversehrter

---

* Eine von Robert Stearnes Schwestern, Mabel, heiratete Richard oder Robert Tighe und sie lebten – soweit ich nachweisen kann – in Mitchelstown, nicht weit von Tullynally entfernt. Wenn wir annehmen, daß Robert Stearne Onkel Tobys Vorliebe für *Lillabullero* teilte, dürfte die erste Zeile für die beiden Schwäger von besonderer Bedeutung gewesen sein: »Ho, Bruder Teague, höre den Befehl…«

Veteran auf sein melancholisches militärisches Luftschloß Einfluß nahm.

Voll Bedauern zogen die Sternes nach Carrickfergus. »Der kleine Devijeher starb hier im Alter von drei Jahren; er war zur Pflege in einem Bauernhaus bei Wicklow zurückgeblieben, aber im Sommer darauf hatte mein Vater ihn nachkommen lassen. Ein weiteres Kind, Susan, war bestimmt, seinen Platz auszufüllen. Aber auch dieses Baby verließ uns auf der anstrengenden Reise.«[28]

Kurz nach dieser doppelten Tragödie brachte Roger Sterne Laurence nach England zurück und schickte ihn auf eine Schule. Doch bevor wir über die Schule sprechen oder Roger auf seinen melancholischen Feldzügen folgen, ist es angebracht, eine Bestandsaufnahme zu machen. Es ist so gut wie sicher, daß Laurence, nachdem er als Zehnjähriger in die Schule eingetreten war, seinen Vater nie wieder sah. Ebenso wahrscheinlich ist, daß er seiner Mutter erst nach fast zehn Jahren wieder begegnete, und dann nur flüchtig.

Die Kluft, die sich in der Folgezeit zwischen Laurence und seiner Mutter auftat, läßt leicht darauf schließen, daß die Abneigung schon begann, als er noch ein Kind war. Aber Agnes Sterne kann wegen ihrer Haltung während der Kindheit ihres Sohnes schwerlich kritisiert werden. Ob sie nun von hoher oder niedriger Geburt war, wie unnachgiebig ihre Persönlichkeit auch gewesen sein mag, so bleibt doch die Tatsache, daß sie ihrem Gatten durch Elend und Tragödien mit einer Ausdauer und Zähigkeit folgte, die man nur bewundern kann. Für sie war dabei wenig genug zu gewinnen. Siebzehn Jahre nach seinem Eintritt in die Armee war ihr Gatte immer noch Fähnrich, der den Launen seiner Vorgesetzten ausgeliefert war.* Wenn Laurence seine Mutter später tadelte, weil sie mehr verlange, als sie verdiene, muß man diese Tatsache be-

---

* Man muß darauf hinweisen, daß Henry Fieldings Vater zur Zeit der Geburt seines Sohnes, 1707, ein armer Leutnant war, aber am Ende in den Rang eines Oberstleutnants aufstieg. Folglich konnte er es sich leisten, seinen Sohn nach Eton zu schicken.

rücksichtigen. Möglicherweise hat Agnes sein Verlangen nach mütterlicher Zuneigung nicht erfüllen können, vielleicht hat sie die Ruhelosigkeit in seinem Wesen beschleunigt, aber sie hielt ihn wenigstens am Leben.

Von seiner Mutter wie von seiner Familie getrennt, verließ Sterne Irland, um nie zurückzukehren. Dies ist der geeignete Augenblick, zu fragen, inwieweit wir in ihm einen irischen Schriftsteller sehen dürfen. Heutzutage tun die Iren sehr wenig, um diese Vorstellung zu fördern. Ungeachtet ihres Eifers, in Swift die Begeisterung irischen Patriotismus' zu erkennen, sind sie froh, eine so unstete Gestalt wie Sterne den Engländern überlassen zu können. Die Orte Clonmel und Annamoe stehen ihrer Verbindung mit Sterne mit höflicher Gleichgültigkeit gegenüber, und die offizielle Haltung läßt sich am besten durch die Tatsache charakterisieren, daß Sterne in der Irischen Nationalbiographie fehlt.

Doch es gibt ein paar Verbindungen. Große Teile von Fitzgeralds Sterne-Biographie erschienen zuerst 1862/63 im *Dublin University Magazine*. 1814 ging das *Dublin Literary Repository* so weit, Tristram einen »O'Shandy aus der Grafschaft Tipperary« zu nennen,[29] während gegen Ende des 19. Jahrhunderts die Zeitung von Clonmel mehrfach darauf hinwies, Sterne sei eine »große Persönlichkeit« der Stadt.

Der Einfluß Irlands auf den jungen Sterne ist vielleicht sehr bedeutungsvoll gewesen. Wie wir gesehen haben, war er weit im Land herumgereist und vielleicht mit einigen der führenden Bürger in Kontakt gekommen. Wenn es ihm im späteren Leben wie eine undeutliche, unbehaglich gefühlsbeladene Landschaft vorkam, ist das nichts anderes als die Reaktion vieler anderer, die dort ihr ganzes Leben zugebracht haben. In seiner Studie über hugenottische Siedlungen in Irland berichtet Samuel Smiles, daß ein gewisser M. Le Fevre, Schulmeister in Portarlington (weniger als dreißig Meilen von Mullengar entfernt), »angeblich der Vater von Sternes ›armen kranken Leutnant‹ Le Fever« gewesen sei.[30] Auf den möglichen Einfluß von Robert Stearne haben wir bereits hingewiesen. Es wird nicht immer richtig erkannt, daß *Lillabullero*, Tobys Lieblingsthema, ein spezifisch irisches Lied ist, das in der Zeit der Umwälzungen entstand, die James II.* in Irland bewirkte, und an die man keinen Iren zu erinnern braucht. Es war ein protestantisches Kampflied über einen Konflikt, in den Sternes irische Verwandten, besonders Robert Stearne, verwickelt waren: zuerst hatte er aus dem Lande fliehen müssen, später kehrte er mit Wilhelm von Oranien zurück, um an der Schlacht am Boyne teilzunehmen.

Doch am deutlichsten zeigt sich der irische Einfluß auf Sterne in seinem Tonfall, seinem Humor und seiner Mentalität. Allein deswegen kann man kaum darüber hinwegsehen, daß er in Irland sprechen und schreiben lernte und einige seiner fundamentalen Anschauungen von den Menschen dort vorgeformt wurden. Doch selbst dort, wo man Sternes irische Züge erkannte, sind sie gewöhnlich als mitverantwortlich für seine Schwächen gesehen worden. V. S. Pritchett hat Sterne einen Mann genannt, der etwas von einem unangenehmen Burschen an sich habe, denn »jene irische Geschwätzigkeit, die er seiner Mutter und seinen frühen Jahren in Tipperary verdankte, hatte ihn in die Irre geführt. Er hat diesen schrecklichen, angeborenen salbadernden Zug der Iren. Man hat manchmal das Gefühl, man werde von einem beredten irischen Betrunkenen in die Enge getrieben, dessen Geist unheilbar beeinflußbar ist.«[31] Gewiß hat Sterne fortwährend mit den Mitteln der Beeinflussung und Spontaneität experimentiert, aber er unterwarf sich ihnen sehr selten. Und wenn er vielleicht auch redselig war, handelte es sich bei ihm nicht um das Geschwätz der Trunkenheit. Seine Worte waren vielmehr exakt berechnet, und wenige Iren wissen so

---

* Bischof Burnet berichtete: »Das Lied hat in der Armee einen derartigen Eindruck gemacht, den sich diejenigen, die das nicht miterlebt haben, nicht vorstellen können. Es wurde nicht nur von dem gesamten Heer, sondern letztlich von jedermann in Stadt und Land dauernd gesungen. Und vielleicht hat noch niemals ein Liedchen eine so große Wirkung gehabt.« (Burnet, *History of his Own Time* [1833, Bd. III, S. 336)

gut wie Sterne, was man weglassen kann. Und er versteht es meisterhaft, diese Suggestion auf den Leser zu übertragen.

Jenes Bild vom irischen Trinker – fast eine Schmeichelei – sagt über die Engländer ebenso viel wie über die Iren aus. Die Engländer neigen dazu, alle Iren für leichtfertig zu halten, ob sie nun trinken oder nicht. Was mir in Sternes Tonfall authentisch »irisch« zu sein scheint, ist die aggressive Heiterkeit und die List, mit der er aus Unzulänglichkeit ein Spiel der Komik macht. Wir wissen, daß Joyce für die Freiheit empfänglich war, die Sterne sich im Roman erlaubte.* Doch Sternes Tonfall am nächsten verwandt ist die unverschämte gespielte Ernsthaftigkeit von Bernard Shaw, die ein Kunstgriff ist, um die emotionale Distanz zu überwinden und es dem Witzbold verwehrt, über seine eigenen Scherze zu lachen. Diese Art von Munterkeit hält die Verzweiflung immer unter Kontrolle. Sie genießt die Wirklichkeit des Romans als Ausweg aus einem Leben, das dem Teilnehmer als kaum glaubwürdig erscheint. Obgleich die folgende Passage aus Shaws *John Bulls andere Insel* ein viel späteres und vorwiegend römisch-katholisches Irland beschreibt, verdeutlicht sie, was Sterne diesem Lande verdankte:

»O, das Träumen! Das Träumen! Das quälende, herzzerreißende, nie befriedigende Träumen, Träumen, Träumen! Keine Ausschweifung, die je einen Engländer gröber und roher machte, kann ihm den Wert und den Nutzen dieses Träumens ersetzen. Die Einbildungskraft eines Iren läßt ihn nie

---

* Hier, zum Beispiel, spricht Joyce über *Finnegans Wake*: »Ich hätte diese Geschichte leicht in der traditionellen Manier schreiben können. Jeder Romancier kennt das Rezept. Es ist nicht sehr schwierig, einem einfachen, chronologischen Schema zu folgen, das die Kritiker verstehen. Aber ich versuche jedenfalls, die Geschichte dieser Familie auf eine neue Art zu erzählen. Zeit und Fluß und der Berg sind die wirklichen Helden meines Buches. Doch die Elemente sind genau jene, die jeder Romancier benutzen würde: Mann und Frau, Geburt, Kindheit, Nacht, Schlaf, Ehe, Gebet, Tod. Nur daß ich versuche, viele Erzählebenen mit einem einzigen ästhetischen Ziel aufzubauen. Haben Sie jemals Laurence Sterne gelesen?« (Eugene Jolas »My Friend James Joyce«, James Joyce: *Two Decades of Criticism*, ed. Seon Givens. New York 1948. S. 11-12)

allein, überzeugt ihn nie, stellt ihn nie zufrieden; aber sie
sorgt dafür, daß er der Wirklichkeit nicht ins Gesicht sehen
kann, und er kann damit weder umgehen noch fertig werden
oder sie besiegen: er kann nur jene verspotten, die all das
können und ›nett gegen Fremde sein‹ wie ein Straßenmäd-
chen. Es ist alles Traum, alles Einbildung.«[32]

»*Ein Knabe von Genie?*«

Als Schriftsteller hatte Sterne – wie zu vielen anderen Dingen – zur Gelehrtheit ein ambivalentes Verhältnis – immerhin verspottete er die schlimmsten Auswüchse trockener Gelehrsamkeit in jenen antiken Autoritäten, die er im *Tristram Shandy* auf- und abtreten ließ. Und wie immer bei Sterne basiert dieser Spott auf unentwirrbar gemischten Gefühlen. Offensichtlich hatte er eine Neigung zu alten und ansonsten geringgeschätzten Bibliotheken. (Im Juli 1761 kaufte er 700 Bücher »spottbillig – und viele gute«.[1] Aber Männer, die Antiquariate heimsuchen, unterlassen es oft, das zu lesen, was sie erworben haben.) Wenn Sterne tiefgründige Gelehrsamkeit zur Schau stellte – mochte sich diese auch zuweilen im Obskuren verlieren –, kann es sich durchaus um eine Verschleierung seiner unzulänglichen Ausbildung handeln. Damit will ich Sterne nicht verunglimpfen, sondern lediglich darauf hinweisen, daß es möglich ist, in seinen Sprachspielereien und seinem Schäkern mit Frauen eine fundamentale Unsicherheit zu entdecken. In diesem wie in vielen anderen Punkten war Sternes Leumund nie ganz makellos.

Wenn das Kasernenleben den jungen Sterne auch lehrte »zu schreiben etc.«, ist es keine Überraschung, daß Roger Sterne beschloß, »mich in einer Schule unterzubringen«.[2] Um diese Zeit kann der gestandene Fähnrich nur noch wenige Illusionen gehabt haben, wie sehr er auch Mr. Micawber* geglichen haben mag, und er hatte vielleicht begriffen, welch eine schwerwiegende Entscheidung es für das Leben des Knaben war.

Andernfalls wäre er vielleicht in ein paar Jahren von der Armee geschluckt worden. Möglicherweise erkannte er in sei-

---

* Mr. Micawber, der unverbesserliche Optimist, ist eine Figur aus Charles Dickens' Roman *David Copperfield*. [A. d. Ü.]

nem Sohn genügend Individualität und Anlage, um alle
Zweifel zu zerstreuen. Daß die Tochter Mary nicht in die
Schule geschickt wurde, ist kaum überraschend. Mädchen
wurden ihrer Mutter überlassen, obgleich manche sagten,
daß sie dort mehr lernten als ihre Brüder in jenen Institutio-
nen, die man Schulen nannte.

Laurences Schule war »in der Nähe von Halifax, mit einem
tüchtigen Lehrer, bei dem ich einige Zeit blieb«.[3] Obgleich er
dort bis zum Ende des Jahres 1731 blieb, das heißt bis er achtzehn war, berichten seine *Memoirs* nur über einen Vorfall aus
dieser Zeit. Die Anekdote betrifft Sterne, seinen Lehrer und
eine Zimmerdecke: »Letzterer hatte die Decke des Schulzim-
mers frisch weißen lassen, und die Leiter war stehengeblie-
ben. Eines unglückseligen Tages bestieg ich sie und schrieb
mit einem Pinsel in großen Buchstaben LAU. STERNE an die
Decke, wofür mich der Schuldiener tüchtig verprügelte.
Mein Lehrer war darüber sehr verärgert und sagte in meinem Beisein, daß dieser Name nie getilgt werden solle, denn
ich sei ein Junge von Genie und er sei überzeugt, daß ich em-
porsteigen würde. Diese Bemerkung ließ mich die Striemen
vergessen, die ich abbekommen hatte.«[4]

So lebendig diese Szene auch geschildert ist, gibt sie doch
keinen Aufschluß darüber, ob Sternes Schule sich in Heath
oder in Hipperholme, beides Dörfer in der Nähe von Halifax, befand. Falls Roger Sterne sich für Heath entschieden
haben sollte – eine besonders schlecht geleitete Schule –, ist es
wahrscheinlich, daß der Onkel des Jungen, Richard Sterne,
sich dazu aufgerufen fühlte, den unglücklichen Sterne nach
Hipperholme zu bringen. Sein eigener Sohn Richard war nur
sechs Jahre älter als Laurence und könnte sehr wohl die dortige Schule besucht haben. Onkel Richard wußte um die Mängel der Schule und ihrer Lehrer. Außerdem war er dem Rektor von Hipperholme familiär verbunden.

Das Erziehungssystem, das Sterne kennenlernte, kommt
uns so dürftig und streng vor, daß schwer zu sagen ist, ob ein

\

gewissenhafter oder ein nachlässiger Lehrer am vorteilhafte-
sten gewesen sein mag. In Heath, zum Beispiel, fand im Sommer vormittags von sechs bis elf Uhr und nachmittags von ein
bis fünf Uhr Unterricht statt. Im Winter, zwischen Oktober
und März, begann der Unterricht um acht und endete um
vier Uhr. Solche Schulstunden waren allgemein üblich und
galten für Kinder von sieben Jahren an. Auch die Prügel, die
Sterne bezogen haben will, waren überhaupt nicht ungewöhnlich. Das Verdreschen war ein normaler Bestandteil
des Schulalltags und wurde nur selten von Skeptikern, wie
etwa John Locke, kritisiert. Tom Jones, zum Beispiel, hatte
Mr. Thwackum als Erzieher, der »wegen seiner Gelehrsamkeit, Frömmigkeit und seiner besonnenen Art in sehr gutem
Rufe« stand, wobei jedoch seine »Gedanken stets um Birken-
ruten kreisten«.[5] Für Tom war es nicht ungewöhnlich, eine so
derbe Tracht Prügel zu beziehen, »daß sie vielleicht nahe an
die Tortur grenzte, mit der man in einigen Ländern den Ver-
brechern Geständnisse abnötigt«.[6]

Eine solche Disziplin war vielleicht für einen Unterricht
erforderlich, der wenig mehr als den Katechismus und Regeln und Grundbegriffe alter Sprachen vermitteln sollte. Die
Schule von Heath betrachtete es als ihre Aufgabe, »Kinder
und Jugendliche in der Grammatik und anderen ordentlichen Fertigkeiten zu unterweisen«.[7] Grammatik bedeutete
Latein und Griechisch, unabdingbar für jeden Schüler, der
die Absicht hatte, auf die Universität zu gehen. Darüber hinaus wurde dem Kind der Katechismus eingetrichtert, es
lernte Lesen, Schreiben und – wenn es Talent zeigte – Rechnen. Dem Latein galt jedoch das Hauptaugenmerk, während
der Unterricht in der Muttersprache eine geringe Rolle
spielte. Locke hatte sich darüber besorgt gezeigt, daß »junge
Menschen dazu gezwungen werden, die Grammatik fremder
und toter Sprachen zu lernen, während man ihnen die
Grundbegriffe der eigenen Sprache vorenthält: da sie
kaum wissen, daß es so etwas überhaupt gibt, erheben sie

auch keinen Anspruch darauf, darin unterwiesen zu werden.«[8]

Während Sternes Schulzeit erschien *Gullivers Reisen** mit seinen Satiren über verrückte Gelehrtenakademien, geschrieben in einer Prosa, die prägnanter, kraftvoller und schlichter war als jene, die das Ideal der Akademie des 18. Jahrhunderts war. Obgleich es Swift nicht in erster Linie ums Erzählen ging, war seine zwingende und geschmeidige Prosa besser als die von Defoe geeignet, das Interesse an einer Geschichte wachzuhalten. Die Elemente des Realismus in den ersten Romanen sind von einem Prosastil nicht zu trennen, der weithin zugänglich war und Leser dazu bewog, einer ausgedehnten Erzählung zu folgen. Es ist darum nicht überraschend, daß man sich in dieser Zeit der Defizite des Unterrichts in der englischen Sprache bewußt wurde. Sternes Englisch ist einzigartig, doch möglicherweise auch durch den Konflikt zwischen alten Regeln und neuen Gefühlen verzerrt.

Sternes Sprache reißt sich unentwegt von der herkömmlichen Wortfolge, dem gemessenen Tempo und der Satzordnung los. Während es keinen Zweifel gibt, daß dies ein Charakteristikum seines unbeständigen und launenhaften Wesens ist, trifft ebenso zu, daß viele seiner Ellipsen und atemlosen Gedankenstriche seine Sätze miteinander verknüpfen, weil die Grammatik ihm keinen ausreichenden Spielraum gewährt. Ein Kind wie Laurence oder Tristram war Systemen des Glaubens und der Konvention unterworfen, die jahrhundertelang Bestand gehabt hatten, jedoch um 1730 im Begriff waren, mit einer durch die Sinne vermittelten Realität der Erfahrung, Vernunft und Naturkunde zusammenzuprallen. So hat Berkeley am Anfang seiner *Abhandlung über die Prinzipien der menschlichen Erkenntnis* angemerkt, ungeachtet aller philosophischen Suche nach Wahrheit und

---

* *Travels into Several Remote Nations of the World by Lemuel Gulliver* von Jonathan Swift erschien 1726. [A.d.Ü.]

Gemütsruhe komme der gewöhnliche Menschenverstand mit der Welt am besten zu Rande. Einen Teil von Walter Shandys selbsterzeugter Verwirrung finden wir in Berkeleys These wieder, daß »ich, im ganzen genommen, zu der Ansicht neige, daß der größere Teil, wenn nicht gar alle jener Schwierigkeiten, die bislang Philosophen erheitert und den Weg zur Erkenntnis versperrt haben, ganz und gar auf uns selbst zurückzuführen sind. Erst haben wir Staub aufgewirbelt, und dann beklagen wir uns, daß wir nichts sehen können.«[9]

Nicht, daß wir bei Sterne irgendwelche Ansätze zur Reform des Erziehungswesens entdecken könnten. Wie Swift und Locke war auch er ein Skeptiker. Doch während Swift besorgt und Locke neugierig war, wird Sternes Haltung von liebevoller Verwirrung geprägt. Seine Subjektivität ist so groß, daß ihm nicht der Gedanke kommt, der Mensch könne zur Verbesserung und Regelung seiner Angelegenheiten Schritte unternehmen. Statt dessen nimmt er an, sein Zustand grillenhafter Verwirrung werde von allen anderen geteilt. Entweder aus Furcht vor der konventionellen Pädagogik und der damit verbundenen Disziplin oder aus Unbehagen darüber, scheint Sterne sich Walter Shandys Ansicht anzuschließen, es müsse einen instinktiven Zugang zum Verstehen geben; er behauptet, »daß es eine Nordwestpassage in die Welt des Geistes gibt; und daß die Menschenseele kürzere Wege weiß, sich ans Werk zu machen, um sich selbst mit Wissen und Bildung zu versehen, als die sind, die wir im allgemeinen einschlagen«.[10] Diese Art romantischer Auffassung von den geheimen Quellen des Wissens verrät eher Obskurantismus und eine gewisse intellektuelle Mittelmäßigkeit. Sie macht deutlich, in welchem Maße Tristram das Opfer der familiären Welt der Shandys war, genauso wie Sterne dazu ermutigt wurde, sich als das Spielzeug eines willkürlichen Schicksals zu empfinden. Und so wie Sternes Stimme am lebendigsten ist, wenn er verwirrt, wenn auch entschuldigend,

die würdevollen Debatten zwischen den Brüdern Shandy unterbricht – in den Abweichungen von der »Geschichte« des
Buches –, so hat John Traugott gewiß recht, wenn er behauptet, daß »Sternes Fähigkeit zum Zweifel seiner Fähigkeit zum
Ausdruck entspricht«.[11] Der Zweifel fördert auch ein unbeirr-
bares Gespür für Möglichkeiten: Wenn nichts sicher ist, dann
ist ebensogut auch nichts unmöglich. Darauf basiert in hohem Maße jene Freiheit der Spekulation, die viele Zeitgenossen Sternes so wütend gemacht haben muß, die jedoch seinem Werk auch einen Zug wirklichen existentiellen Staunens
verleiht. Nichts macht das so sinnfällig wie Walter Shandys
Betrachtung der »Hilfszeitwörter«: »Die Hilfszeitwörter, mit
denen wir es hier zu tun haben, fuhr mein Vater fort, sind *bin;*
war; haben; hatte; tun; tat; machen; machte; leiden; soll; sollte; will;
wollte; kann; konnte; darf; durfte; pflegte; oder *ist gewohnt«.* In
diesen Instrumenten liegt ein solcher Reichtum an Möglichkeiten, daß es »bei richtigem Gebrauch und richtiger Anwendung dieser Hilfszeitwörter, fuhr mein Vater fort, in denen
das Gedächtnis des Kindes geübt werden sollte, keinen einzigen Gedanken (gibt), er sei noch so dürr, der in sein Gehirn
eintritt, ohne daß ein ganzes Magazin von Begriffen und Folgerungen daraus abgeleitet würde«.[12]

Doch dieses Rezept für Aufgeschlossenheit kann auch
dazu dienen, Sternes große Affinität zur Phantasie zu erklären. Wenn nämlich der Geist durch Vorstellungen derart sti-
muliert werden kann, wozu braucht er dann noch die Wirklichkeit? Walter Shandy demonstriert diese These, indem er
Trim auffordert, sich einen weißen Bären vorzustellen. Aber
er habe doch nie einen gesehen, wirft Toby ein. Walter ist un-
beeindruckt: der wirklich bewegliche Geist bedarf keiner Verkörperung: »Wenn ich nie einen weißen Bären lebendig gesehen habe, sehen kann, sehen muß oder sehen werde; habe ich
je das Fell eines weißen Bären gesehen? Habe ich es gemalt gesehen? – beschrieben bekommen? Habe ich nie davon geträumt?«[13] Obwohl sich Sterne der Ausgefallenheit von Wal-

ter Shandys Theorie bewußt zu sein scheint, hat er sich nie von deren Implikation befreit, daß Träumen für einen empfindsamen Mann legitim sei.

Damit sind wir ein gehöriges Stück über den Horizont eines Schuljungen hinausgegangen, doch mir scheint die Annahme vernünftig, daß Sternes Erziehung von Anfang an ein negativer Prozeß war, der seinem Wesen entgegenarbeitete. Danach erscheint es vielleicht nicht mehr so sonderbar, daß der einzige uns aus seiner Schulzeit bekannte Vorfall ein Beispiel dafür ist, daß er durch seinen Bruch der Regeln den außerordentlichen Versuch unternimmt, sich seiner Identität zu versichern. Inmitten einer Umgebung, in der ihm Unsinn und mechanisches Nachplappern aufgezwungen wurden, stand er auf und bestand auf Schutz und Selbstsicherheit: »Ich bin Laurence Sterne.«

Denn obgleich er auf einer ordentlichen Schule war und von seinem Onkel beaufsichtigt wurde, war Sterne dennoch im wesentlichen auf sich selbst gestellt. Möglicherweise hat er seine Eltern sehr vermißt, verwirrt durch die neuen Anforderungen, die an ihn gestellt wurden, und vielleicht ist ihm plötzlich aufgegangen, daß nur wenige seiner Mitschüler ebenso viele unerfreuliche Realitäten des Lebens kennengelernt hatten wie er, der in Feldlagern und Kasernen aufgewachsen war. Es muß dem Jungen schwergefallen sein, an die Schule zu glauben, und er begriff – wie Pope –, daß er sich selbst würde erziehen müssen. Doch Popes kränkliche Selbsterziehung stellte auch den genußsüchtigen Rückzug eines Bücherwurms dar, und brachte am Ende einen Mann von ausgedehntem und gründlichem Wissen hervor. Sternes private Studien waren weitaus radikaler; er wollte Dinge erfahren und sich Kenntnisse aneignen, die niemandem sonst verfügbar waren. Doch obwohl er seine Einzigartigkeit kultivierte, gibt sich Sterne nie selbstgefällig oder prahlerisch. Ein Kult der Originalität deutet vielleicht bloß darauf hin, daß man den herkömmlichen Bahnen nicht folgen will. Sterne scheint auf dem eigenen Weg zu beharren, zum Teil, um sich seiner Existenz zu versichern, zum Teil, weil er häufig der Anregung durch das Werk eines anderen bedurfte, um seine Erfindungsgabe anzuregen.*

Es ist paradox, daß ein so ausgeprägt erfinderischer Schriftsteller wie Sterne so häufig Muster und lebendige Vorbilder benötigte, um Gebrauch davon zu machen. Gelegentlich hat man sein Kopieren als Teil seiner Schwindelei angesehen, Grund genug, ihn zu verdammen. So hat sich, zum Beispiel, Mrs. Thrale mit Wonne auf das Buch *The Life and Memoirs of Mr. Ephraim Tristram Bates, commonly called Corporal Bates, a broken-hearted Soldier* (1756) gestürzt und festgestellt, es sei »eben jener Roman, aus dem Sterne seine erste Anregung bezog: die Gestalt des Onkel Toby, das Benehmen des Corporal Trim, ja sogar der Name Tristram schein fürwahr aus dieser dümmlichen Geschichte des Corporal Bates entlehnt zu sein«.[14]

Niemand würde leugnen, daß Sterne dieses Buch kannte oder daß ihm Einzelheiten daraus im Gedächtnis geblieben waren. Es ist nichts weiter als eine der ungezählten kleinen Anleihen, die zum größten Teil unbemerkt in Sternes Werk eingingen. Die Verfolgung dieser Spuren wird für Wissenschaftler immer ein hübsches Spiel sein. Doch die erfolgreichen Jäger sollten sich davor hüten, dem, was sie aufstöbern, allzu viel Bedeutung beizumessen. Theodore Baird hat zweifelsfrei festgestellt, daß Sterne *The History of England* von Rapin de Thoyras zur Hand hatte, als er Onkel Tobys militärische Laufbahn schilderte. Doch dieser *coup* veranlaßte ihn, den Nachweis zu versuchen, daß es im *Tristram Shandy*, einem Buch, »das in der Regel als ein Chaos von Schrulligkeiten und Anstößigkeiten gilt, ein sorgfältig geplantes und ausgearbeitetes Zeitgefüge gibt«.[15] Alles, was sich jedoch daraus ableiten

* In *Reise des Herzens* muß Yorick einen Brief an eine Dame schreiben. Doch er ist nicht in Stimmung. Er wirft die Feder hin, und La Fleur, sein Diener, offeriert ihm einen von ihm verfaßten. Yorick »schöpfte den Rahm sauber davon ab, richtete ihn auf meine eigene Weise zu« und schickte ihn an die Dame. (*Reise des Herzens*, S. 71)

läßt, ist, daß die Familienangelegenheiten im *Tristram Shandy*, wenn man sich denn die Mühe macht, sie zu entwirren, größtenteils folgerichtig und plausibel erscheinen. Festzustellen, daß es im *Tristram Shandy* ein »Zeit-Schema« gibt und es mit der Begründung zu erklären, daß »Sterne von Locke das Geheimnis der Zeit gelernt hat, die sich im Bewußtsein des Individuums langsam oder rasch vollzieht: ihre Geschwindigkeit hängt nämlich von der Schnelligkeit der Abfolge von Vorstellungen ab«[16], bedeutet nicht mehr als die emsige Beschreibung einer Sackgasse.

Weitaus interessanter ist die Frage, ob Sterne die neun Bücher des *Tristram Shandy* für ein abgeschlossenes Werk gehalten hat oder nicht. Der führende Vertreter der Ansicht, daß »das Buch, das er abschloß, die Vollendung eines Planes darstellte, den er, wie umrißhaft auch immer, von Anfang an im Kopf hatte«[17], ist Wayne Booth gewesen. Er räumt ein, daß es sehr wenige schlüssige äußere Hinweise auf Sternes Einstellung zu Buch IX des *Tristram Shandy* gebe und bezieht sich auf Andeutungen, die sich im Text finden. So betrachtet, scheint Buch IX ziemlich mühsam zu Ende geführt zu sein. Es erzählt die Geschichte von Onkel Tobys *amour*, jenes Ereignisses also, auf das in den vorangegangenen Büchern am häufigsten hingewiesen wird; es schließt mit der Versammlung aller Gestalten und mit dem »cock and bull«-Motiv*, das als Urteil über das ganze Werk verstanden werden kann. Es gibt außerdem einen deutlichen Hinweis auf Resignation beim Autor. So schlägt er in Kapitel 24 von Buch IX dem Leser vor, die »Geschichte fallen zu lassen«: »denn wenn ich auch die ganze Zeit her auf diesen Teil von ihr [der Geschichte] mit so viel ernsthaftem Streben zugehastet bin, weil ich gut weiß, daß er der auserlesenste Bissen von allem ist, was ich der Welt zu bieten habe, so ist mir doch jetzt, da ich zu ihm vorgerückt bin,

---

* »cock-and-bull story«: in dieser Form seit etwa 1700 als Bezeichnung für eine alberne oder unglaubwürdige Geschichte in Gebrauch; etwa Ammenmärchen, Lügengeschichte, Geschichte ohne Lösung. [A. d. Ü.]

jedermann willkommen, der meine Feder nehmen und für mich die Geschichte weitermachen will.«[18]

Doch es besteht ein entscheidender Unterschied zwischen der Annahme, daß Sterne in Buch IX mit Bedacht zum Stillstand kam und der These, daß er die ganze Zeit über den Plan des *Tristram Shandy* im Kopfe hatte. Man braucht das Buch bloß zu lesen, um zu bemerken, wie oft Sterne nicht wußte, wie es weitergehen sollte. Die Tatsache, daß die aufeinanderfolgenden Bücher einander nur selten widersprechen, ist kein Beweis dafür, daß Sterne von Anfang an neun Bücher geplant hatte oder daß in diesen neun Büchern subtile Mechanismen am Werk wären, ganz gleich wie improvisiert sie dem Leser vorkommen mögen.

Die Bemerkung am Schluß von Buch IX hat nicht mehr Bedeutung als der letzte und beste Witz, mit dem ein Komödiant von der Bühne geht oder die dankbare Ansprache an das Publikum, mit der ein Schauspieler seinen Rücktritt verkündet. Komödianten stehen am nächsten Abend wieder auf der Bühne, und wenige Schauspieler haben sich an das gehalten, was sie selbst als die Freuden des Ruhestandes umschrieben haben. Buch IX des *Tristram Shandy* als Beweis für ein größeres Formbewußtsein zu nehmen, gibt Sterne lediglich der unausweichlichen Kritik preis, daß viele andere Teile des *Tristram Shandy* in der Form katastrophal sind. Man unterschätzt Sterne ernsthaft, wenn man glaubt, er wäre, hätte das Schicksal es ihm erlaubt, nicht in der Lage gewesen, die Arbeit am *Tristram Shandy* mit der gleichen Verbindung von Brillanz und Nachlässigkeit wieder aufzunehmen. Es ist ebenso irreführend, wenn man annimmt, daß er sich über viele Jahre hinweg ernsthaft mit dem Plan des *Tristram Shandy* beschäftigte. Eben das möchte indessen Professor Booth beweisen; der Zweck seines Aufsatzes »Vollendete Sterne den *Tristram Shandy?*« sei, dafür zu sorgen, daß »Fragen nach der Form dieses ›formlosen Werkes‹ … nunmehr zum ersten Male einer angemessenen Betrachtung unterzogen werden können«.[19] Ich glaube, daß man Sterne einen schlechten Dienst erweist, wenn man das Element des Opportunismus in seinem Leben und Werk unterschlägt. Sternes Schöpferkraft ist elementar, aber passiv: sie nimmt wie eine Flüssigkeit die Gestalt jedes Gefäßes an, in das sie gegossen wird. Wenn er sich jemals ein formales Behältnis vorgestellt hat, dann war es das Hirn eines Lesers. Sein »Plan« besteht nicht darin, eine literarische Form zu schaffen, sondern sein Werk der menschlichen Neugier und Heiterkeit ebenso einzuprägen wie dem Widerstreben und der Verblüffung. Er hatte für diese seelischen Schlupfwinkel einen derart feinen Instinkt, daß man fast sagen kann, er habe den Leser erfunden.

Ganz gleich wie hoffnungsvoll Sterne seine Nähe zu Lockes *Versuch über den menschlichen Verstand* ausposaunte, es ist gleichwohl wirklichkeitsfremd, sich vorzustellen, daß er sich verbissen daranmachte, Lockes Untersuchung in der Form eines Romans zu demonstrieren. Sein Egoismus machte ihn von Ratgebern ebenso unabhängig wie er ihn im Leben davon abhielt, zu enge persönliche Beziehungen einzugehen. Wenn Sterne Lockes Werk betrachtete, sah er das, was er sehen wollte. Der nüchternen Verallgemeinerung menschlicher Beziehungen entgegenwirkend, liebte es Sterne, einen prosaischen, grellen Vorfall aus dem Wirrwarr des Alltagslebens herauszugreifen, um Lockes Theorie der Assoziation von Gedanken zu verdeutlichen: wenn nämlich Obadja berichtet: »Mein junger Herr in *London* ist tot!«, ist der erste Gedanke in Susannas Kopf bloß »ein grünseidener Morgenrock meiner Mutter... *Locke* könnte ganz gut ein Kapitel über die Unvollkommenheit von Wörtern schreiben«.[20] Er fühlte sich zu Locke hingezogen, weil er auf eine Beweisführung nicht mit dem Intellekt, sondern rasch und gefühlsmäßig reagierte.*

---

* »Ich wollte, Sie sähen mich, wie ich halb von meinem Stuhl aufspringe, mit welcher Zuversicht ich, während ich die Armlehne umklammere, nach oben sehe – die Idee haschend, manchmal sogar, bevor sie mich halben Weges erreicht –
Ich glaube wahrhaftig, ich fange manchen Gedanken weg, den der Himmel einem anderen zugedacht hat.« (*Tristram Shandy*, Buch VIII, Kapitel 2, Seite 622)

Wenn wir annehmen, daß Sterne mit der Schnelligkeit las, mit der er angeblich schrieb, kann er das Buch Lockes nur durchgeblättert haben; ohne es mit dem Verstand zu begreifen, spürte er, daß dort eine komplizierte Beweisführung einer Schlußfolgerung zustrebte, die er, Sterne, instinktiv vorausahnte – daß der Austausch von Gedanken nicht der klassische Weg zur Aufklärung war, sondern einfach die Gelegenheit, sich selbst auszudrücken. Mit anderen Worten: man sprach, um sich selbst zu verstehen. Folglich sagte John Traugott über die Verwandtschaft zwischen Locke und Sterne:

»Locke entwarf ein rationales System, um Ideen zu vergleichen und Sprache zu determinieren. Sternes System ist ein anderes, aber indem er die Möglichkeiten der Verwirrung oder Absurdität in Lockes rationalem System durchspielte, hat Sterne ein dramatisches Werkzeug geschaffen, das Situation und Figur kontrolliert. Die Figuren sind so konstruiert, daß sie, Lockes Prämissen folgend, seine rationale Methode der Kommunikation vollständig zunichte machen. Und in der konsequenten Isolation der Persönlichkeiten wird die Lebendigkeit der Situationen durch die komischen Versuche dieser Personen aufrechterhalten, auf irgendeine Art miteinander zu kommunizieren. Der Reiz des *Tristram Shandy* liegt nicht in der Verschrobenheit, mit welcher die menschliche Natur gesehen wird, sondern in der effektvollen Demonstration des leichthin merkwürdig, grillenhaft oder exzentrisch genannten Charakters, der zwangsläufig erkennen muß, daß es nicht nur schwierig ist, mit einer fremden Seele in Verbindung zu treten, sondern auch die eigene zu erforschen.«[21]

Darum ist Sterne in der Bibliothek nicht der abwägende, gewissenhafte Forscher, weder ein Gelehrter noch ein schlauer Dieb, sondern ein Schriftsteller mit geschärftem Bewußtsein, dessen Intellekt gezügelt, dessen Instinkt jedoch unfehlbar ist. In der ersten seriösen Untersuchung der Sterneschen Plagiate, *Illustrations of Sterne*, sagte John Ferriar klipp und klar: »Mögen auch einige Beispiele von Plagiaten gegen ihn sprechen, werden sie gleichwohl seinem Genius keinen Abbruch tun; den imponierenden Anschein von Gelehrsamkeit, den er sich zuweilen gab, an der es ihm aber in Wirklichkeit mangelte, werden sie freilich abschwächen.« Obwohl Sterne stiehlt – und es verbergen sich in seinen Werken vermutlich Diebesgüter, die noch nicht entdeckt sind –, so offenbart sich im Diebstahl eher die vertrackte Eigenart literarischen Eigentums als eine gewinnsüchtige Absicht. Immer wieder verbreitet er sich über etwas, das er entlehnt hat oder gibt neckische Hinweise auf den Fundort. Das verwegenste Beispiel dieser Art hat Ferriar ausfindig gemacht. Im 1. Kapitel von Buch V hebt Sterne die endlose Wiederverarbeitung von Material in Büchern hervor: »Sollen wir auf ewig neue Bücher machen, wie die Apotheker neue Mixturen machen, indem wir aus einem Gefäß ins andere gießen? Müssen wir auf ewig das gleiche Seil drehen und wieder aufdrehen? auf ewig im gleichen Gleis – auf ewig im gleichen Trott?«[22] Hier beutet Sterne sowohl Gedankengänge wie Metaphorik von Robert Burtons *Anatomie der Melancholie* aus, das eines seiner Lieblingsbücher war. Diese Art des Scherzes ist zugleich ein sehr gewitzter Kommentar zur Frage der literarischen Identität und scheint auf Jorge Luis Borges' außergewöhnliche Geschichte *Pierre Menard, Autor des Quijote* vorauszudeuten, deren Held den Ehrgeiz entwickelt, »ein paar Seiten hervorzubringen, die – Wort für Wort und Zeile für Zeile – mit denen von Miguel de Cervantes *Don Quijote* [auch eines von Sternes Nachttischbüchern] übereinstimmen sollten«. Borges stellt fest, daß die zweite Version der von Cervantes tatsächlich überlegen ist.*

---

* *Pierre Menard* ist ein Scherz mit sehr ernstem Hintergrund. Es gelingt der Geschichte, den Anspruch der Literatur satirisch zu beleuchten und zugleich die Möglichkeiten des Erzählens zu erweitern. Daß diese beiden Wirkungen einander nicht aufheben, ist der beste Tribut zu der Theorie, die Borges »Menard« zuschreibt: »Denken, Analysieren, Erfinden« (schrieb er mir ebenfalls) »sind keine anomalen Tätigkeiten; sie sind der normale Atmungsvorgang der Intelligenz. Die gelegentliche Erfüllung dieser

Dem Wunsch, so zu wirken, als sei er mit den Werken anderer Autoren vertraut, entsprach Sternes späteres Verlangen, in London mit Berühmtheiten, großen und kleinen, vertrauten Umgang zu haben. Es kam jedoch zu keiner echten Beziehung.

1765, als Buch VII des *Tristram Shandy* veröffentlicht wurde, war Sterne zu folgendem Schluß gelangt:»Was mich angeht, so bin ich entschlossen, nie irgendein anderes Buch zu lesen als das meine, solange ich lebe.«[23] Kein anderer Schriftsteller konnte ihn ernstlich beeinflussen, schon allein deshalb nicht, weil er es nie gewagt hätte, seine ungesicherte intellektuelle Identität aufs Spiel zu sezten.

Wenn Sterne davon überzeugt war, daß er im *Tristram Shandy* nach Belieben schalten und walten könne, geschah das ohne Eitelkeit und kaum mit einem Blick auf die wirkliche Qualität seiner eigenen Prosa. Die Verbindung von Kunstverstand und Leichtgläubigkeit, die das Lesen und das Schreiben eines Buches einschloß, entzückte ihn und gestattete ihm, sich mit einer beispiellosen Autorität an einen Leser zu wenden. Er schrieb nicht, um Geschichten zu erzählen; seine Behandlung der Erzählform ist häufig eine bewußt zersprengende, sie provoziert Unterbrechungen und überläßt sogar fragmentarische Geschichten dem gerade geweckten Interesse des Lesers. Seine ganze Bemühung zielt darauf, dieses Interesse zu erobern; Sterne hatte dafür ein so feines Gespür wie, sagen wir, Garrick, der das aufmerksame »pst!« des Theaterpublikums geschätzt haben muß.

Ist es nicht besondes auffallend, daß ein so ursprünglicher Schriftsteller so lange damit wartete, seine Herrschaft über die Leser auszuüben? Für diese Verzögerung gibt es nur ei-

---

* Funktion zu glorifizieren, altvergangene und fremde Gedanken zu horten, sich ungläubigen Staunens voll dessen, was der *Doctor universalis* dachte, zu erinnern heißt nur, unsere Geistesträgheit oder unsere Barbarei einzugestehen. Jeder Mensch muß aller Gedanken fähig sein, und ich glaube zu wissen, daß er es eines künftigen Tages sein wird.« (Jorge Luis Borges: *Die zwei Labyrinthe. Lesebuch.* Zitiert nach der Übersetzung von Karl August Horst, bearbeitet von Gisbert Haefs. München 1986.)

nen Grund: die extreme persönliche Schüchternheit, den
Mangel an Selbstvertrauen und die ihn isolierende Zurück-
haltung, die es ihm so lange erlaubte, in seinem eigenen Kopf
zu leben.

Das Ende der Geschichte
von Roger Sterne

Im Jahr der Abreise Laurence Sternes zur Schule nach Halifax ging das 34. Regiment in andere Hände über. Thomas Chudleigh nahm seinen Abschied, und im Februar wurde das Regiment von Robert Hayes erworben, der seit 1715 bei den 34ern Offizier gewesen und zum Rang eines Oberstleutnants aufgestiegen war.[1] Der Besitzerwechsel änderte an Rogers Status nichts, muß jedoch die Hoffnungslosigkeit seiner Position am Fuße der Hierarchie der Offiziere unterstrichen haben. Welche Hoffnungen er bei seinem Eintritt in die Armee auch gehegt haben mag, es bleibt festzuhalten, daß weder seine noch die Familie seiner Frau ihm jene Geldsumme angeboten haben, mit der man im allgemeinen eine Beförderung erkaufen konnte.

1723 wurde das Regiment nach Londonderry verlegt und dort wurde ein weiteres Kind, Catherine, geboren, die ihrem Bruder viel Ärger bereiten sollte. Obgleich Roger Sterne und seine Familie vier Jahre in Londonderry geblieben zu sein scheinen, wissen wir nichts über ihr dortiges Leben. Falls die Familie mit ihrem Sohn korrespondierte, sind die Briefe nicht erhalten; es gibt auch keinen Hinweis, daß man einander besucht hätte.

1727 wurden die 34er nach Gibraltar geschickt, um die dortige Garnison zu verstärken. Gibraltar war 1704 besetzt worden und nach dem Frieden von Utrecht in englischem Besitz geblieben, jetzt erwies sich aber die Halbinsel als ebenso verwundbar wie nützlich. Im Februar 1727 belagerte eine 20 000 Mann starke spanische Armee den Felsen. Rasch wurden Verstärkungen, darunter das 34. Regiment, herbeigeschafft und die Besatzung der Garnison auf etwa 5500 Mann erhöht. Doch die Aktionen blieben auf ein wechselseitiges Arfeuer beschränkt. Ende Juni einigte man sich mit den Spaniern. Es war eine Auseinandersetzung, die glimpflich ausging: auf Seiten der Briten verzeichnete man 74 tote Männer und Offiziere und 361 auf der Seite der Spanier.[2]

Das aus unserer Sicht interessanteste Ereignis fand innerhalb der Familie statt. In Gibraltar wurde Roger Sterne »von Captain Phillips in einem Duell mit dem Degen durchbohrt (der Streit war wegen einer Gans entstanden). Er kam mit dem Leben davon, wenn auch mit einer geschwächten Konstitution«.[3] Gänse sind streitlustige Geschöpfe – Sterne selbst erlebte ein hitziges Abenteuer mit einigen Gänsen –, doch nicht viele Männer würden ihretwegen ihr Leben aufs Spiel setzen. Unabhängig von der Ursache des Streits, soll das Duell in einem Zimmer stattgefunden haben. Roger wurde nicht nur durchbohrt, sondern an eine Gipswand genagelt. Trotz seiner Verwundung war der Fähnrich munter genug, seinen siegreichen Kontrahenten zu bitten, die Spitze seines Degens zu säubern, bevor er ihn herauszog.

Roger überlebte, doch er hat sich vielleicht gewünscht, der Degen hätte besser gezielt, denn sein nächster Einsatzort war dazu angetan, den gesündesten Soldaten umzubringen. Tatsächlich war er als der Friedhof der Armee berüchtigt: ein Ort mit tropischer Hitze, Dschungel, Fieber und wilden Eingeborenen.

Anfang 1731 wurden das 34. und das 39. Regiment von Gibraltar nach Jamaika verschifft, wo die englischen Siedler durch die Guerillaaktivitäten von etwa 500 Buschnegern, die in den Bergen lebten, belästigt wurden. In den Bergen waren Baracken errichtet, indische Spurensucher von der Moskitoküste angeheuert und Hundemeuten bereitgestellt worden, um die Aufständischen zu überwältigen. Aber ohne Erfolg.

Die Schiffsreise über den Atlantik verlief überraschend glatt. Am 14. Februar 1731 berichtete Colonel Hayes aus Port Royale, man habe »auf der ganzen Strecke sehr gutes Wetter gehabt und die Regimenter bei sehr guter Gesundheit hergebracht«.[4] Doch an Land ging es den Männern bald schlechter. Von Regimentern auf Jamaika wurde erwartet, daß sie für sich selber sorgten und sich wegen Verpflegung und Unterbringung mit den örtlichen Behörden einigten, so gut es ging. Dem Regiment standen wöchentlich für Offiziere 20 Shilling (1 Pfund) und für Mannschaften 5 Shilling (25 Pence) zur Verfügung. Nach ihrer Ankunft befand der Quartiermeister des Regiments, daß die vom Gouverneur und der gesetzgebenden Versammlung Jamaikas bereitgestellten Quartiere unzumutbar seien. Die Soldaten blieben auf ihren Schiffen, wurden jedoch, als die Krankheitsrate anstieg, an Land gebracht, so daß die Ladung gelöscht werden konnte.[5]

Das 34. Regiment kam nie mit den Buschnegern in Berührung, Krankheiten und die Entbehrungen der Insel übermannten die Männer. Colonel Hayes berichtete: »Ganz gewiß ist kein Ofen so heiß; die Hitze setzt meinen Augen zu, ich leide sehr stark an Harngrieß und meine Beine schwellen an.«[6] Da es an geeigneten Quartieren mangelte, wurden die Regimenter über die ganze Insel verteilt. Hayes hielt die Buschneger für einen Schwindel; keiner hatte sie gesehen oder gehört. Auch jammerte er darüber, wie unvorteilhaft es sei, in Westindien ein Regiment zu haben und beklagte sich, daß er nicht mehr Sold bekomme als ein Fähnrich. In einem Brief vom 11. März sagte Hayes voraus, daß sein Regiment binnen dreier Monate auf die Hälfte zusammengeschrumpft sein werde, und erwartete »sehr bald einen miserablen Mannschaftsstand ... wenn nämlich einer der Männer krank wird, gibt es keine Hilfe für ihn, denn wir haben hier keinen Wundarzt, der von Quartier zu Quartier geht«.[7]

Doch am 17. März starb Hayes selbst, und drei Hauptmannsstellen waren unbesetzt. Gouverneur Hunter empfahl Beförderungen, und so kam es, daß zu guter Letzt der 39jährige Roger Sterne in den Rang eines Leutnants erhoben wurde.[8] Ironischerweise konnte er sich dieses Privilegs nur vier Monate erfreuen. Er starb am 31. Juli 1731 in Port Antonio »am landesüblichen Fieber, das ihm zuerst den Verstand raubte und ihn kindisch werden ließ; einen oder zwei Monate später dann ging er fortwährend ohne zu klagen umher, bis zu dem Augenblick, da er sich in einem Lehnstuhl niederließ und seinen letzten Atemzug tat«.[9]

Die Nachricht dürfte Laurence etwa um die Zeit erreicht haben, da er, ungefähr achtzehn Jahre alt, die Schule beendete. Was mag er über diesen erbärmlichen Soldaten gedacht haben, der von fiebriger Unrast besessen war und starb, sobald er zur Ruhe kam? Verglichen mit den Verunglimpfungen, die er Agnes Sterne zuteil werden ließ, ist Laurences Requiem für Roger Sterne liebevoll und wehmütig:

»Mein Vater war ein kleiner eleganter Mann, im höchsten Grad aktiv in all seinen Unternehmungen und geduldig im Hinnehmen von Mühen und Enttäuschungen, die ihm Gott reichlich zuzumessen beliebte. Er besaß eine etwas heftige und vorschnelle Art, aber einen freundlichen, liebenswerten Charakter, in dem kein Falsch war, und seine Absichten waren so unschuldig, daß er niemandem mißtraute; man hätte ihn zehnmal am Tag hereinlegen können, wenn man mit neunmal noch nicht genug gehabt hätte.«[*][10]

Das ist eine glänzende Skizze, rasch hingeworfen, aber eindringlich, das Bild eines Charakters, das Sterne oft auch von sich entwarf: ohne Falsch, impulsiv und unglücklich. Doch diente es vermutlich als ein Beispiel, dem man besser nicht nacheiferte. Das einzige Bild, das wir von Roger Sterne, dem Soldaten, haben, ist jenes, das Thackeray in *Henry Esmond* entworfen hat. Es ist ein liebevolles Porträt, das verrät, welch unwiderstehliche Faszination Sterne auf Thackeray ausübte. Im

---

[*] … und so nackt und wehrlos stand er vor Ihnen (wenn eine Belagerung aus seinem Kopf heraus war), daß Sie hinter irgendeinem ihrer Schlangenpfade hätten stehen und meinem Onkel Toby zehnmal am Tag durch seine Leber hätten schießen können, wenn neunmal nicht genügt hätte.« (*Tristram Shandy*, Buch VI, Kapitel 29, Seite 525)

Esmond, wie auch in Sternes *Memoirs*, ist Roger Soldat im Regiment von Handyside, »und der tapferste kleine Mann, der je einen Degen trug« und »der auf seine ungezügelte Weise spricht, Sinn und Unsinn mischend«.[11] Aber bei Thackeray nimmt Roger am wildesten Angriff der Schlacht von Malplaquet teil, weil er versucht, der Tochter des Marketenders zu entrinnen, bei dem er verschuldet ist. Doch »er ging so rücksichtslos auf die französischen Linien los«, daß er befördert wurde. »Um den Schulden und der Heirat zu entfleuchen«, schreibt Thackeray in einer Walter-Shandy-würdigen Nebenbemerkung, »ging er auf die feindlichen Hellebarden los; und da diese ihn nicht umbrachten, sah er sich zurückgeworfen auf den anderen Stachel seines Dilemmas.«[12]

Ungeachtet aller ermüdenden zeitgeschichtlichen Detailmalerei, gestattet Thackeray seinem Helden im *Esmond* einen Blick aus dem 19. Jahrhundert auf die Schrecken von Marlboroughs Krieg und läßt ihn aussprechen, was ein zeitgenössischer Autor damals wohl kaum geschrieben hätte:

»Mr. Esmond lernte eine andere Seite des Militärdienstes kennen; unsere Truppen drangen in das Land des Feindes ein und verwüsteten alles mit Feuer und Schwert; brennende Gehöfte, verheerte Felder, schreiende Frauen, hingemetzelte Söhne und Väter, betrunkene Soldaten, fluchend und zechend inmitten von Tränen, Schrecken und Mord. Warum breitest du, prächtige Muse der Geschichte, die Du Dich an den Gemälden von der Tapferkeit der Helden und am Glanz der Eroberungen weidest, den Mantel des Schweigens über diese Szenen, die so viehisch, gemein und erniedrigend sind und doch bei weitem den größeren Teil des Kriegsdramas ausmachen?«[13]

Diese Frage hätte Onkel Toby nachdenklich gestimmt; trotz seiner Weichherzigkeit gegen individuelles Leid, blieb er ein Connoisseur des Blutdurstes und wäre nie auf die Idee ge-

gekommen, daß Krieg sich vielleicht vermeiden ließe. Selbst in seiner »Verteidigungsrede« – jener sonderbaren Verteidigung des kriegerischen Geistes – werden nur die Soldaten vom Unheil des Krieges heimgesucht:

»– Einerseits, Bruder *Shandy*, riskiert der Soldat sein eigenes Leben – springt als erster in den Graben, wo er mit Sicherheit in Stücke gehauen wird: – andererseits dringt er aus öffentlichem Verantwortungsgefühl und Gier nach Ruhm als erster Mann über die Bresche, – steht er in der vordersten Linie und rückt mit Trommeln und Trompeten und der um die Ohren flatternden Fahne tapfer vor: – einerseits, sage ich, Bruder *Shandy*, tut er dies, – und andererseits, denkt er über die Miseren des Krieges nach; – muß die Verwüstung ganzer Länder sehen und sich die unerträglichen Strapazen und Härten überlegen, die der Soldat als Instrument, das den Krieg bewerkstelligt, gezwungen ist, auf sich zu nehmen, (für sechs Pence pro Tag, falls er sie bekommt.)«[14]

Weder Walter noch Toby Shandy können als ein getreues Abbild Roger Sternes gelten, ganz gleich wie emsig und erfolglos Walter und wie fasziniert von seinen militärischen Sandkastenspielen Toby ist. Die Wahrheit ist, daß beide Shandys, im besten Mannesalter, Tag für Tag dasitzen, kaum mehr tun als gemütlich ihre Pfeifen rauchen, in einem behaglichen Haus diskutieren und als Alternative zum wirklichen Leben ihre ausschweifenden Theorien entwickeln und pflegen. Roger hat eine derartige Muße nie gekannt. Und wenngleich Laurence schon als Zehnjähriger die Kaserne verließ, hat er vermutlich gelernt, zwischen einem wirklichen Soldaten und einem Maulhelden zu unterscheiden. Onkel Toby und Trim sind nicht bloß Überlebende, sondern rührselige Flüchtlinge der Armee und dem Traum von ihrer Romantik so treu, daß sie glauben, irgendeine unüberwindliche Notwendigkeit in ihrem Naturell habe sie zu Soldaten gemacht. Die Realität des

Militärs war für den Roman zu hart. Selbst im 20. Jahrhundert kommt sie im englischen Raum kaum vor.* Sogar als Kind hätte Sterne sehen können, wie schlecht es einem so unbeugsam aufrechten Soldaten wie Onkel Toby ergangen wäre. Doch die Faszination des Militärischen bot den idealen Stoff für eine Komödie; es ist um so bemerkenswerter, daß einer der wenigen englischen Schriftsteller, der die Realität kannte, dennoch imstande war, sie zu transzendieren. Onkel Toby ist das Urbild eines ungeheuren Regiments literarischer Veteranen, die ihren Ruhestand schwatzend damit verbrachten, auf Eßtischen oder Rasenflächen Schlachten zu rekonstruieren – Pfefferstreuer als Kanonen, Orangen als Kavallerie, Blumenbeete als Befestigungsanlagen –, und dennoch hat er in einer stoischen Melancholie, die von einer mißbrauchten Naivität zeugt, noch keine ebenbürtige Entsprechung gefunden. Wie Falstaff ist Toby zugleich eine komische und eine tragische Gestalt. Es kann zu unserem Bild von Sterne beitragen, wenn wir erkennen, daß durch Tobys Leben ein Grundmotiv Sternes exemplifiziert wird: die Enttäuschung freimütiger, aufrechter Tugend.

---

* Dennoch ist vielleicht Evelyn Waughs Apthorpe Tobys passendster Waffengefährte. Apthorpe ist eine Gestalt aus dem Roman *Sword of Honour* (1965; dt. u. d. T. *Ohne Furcht und Tadel*, 1979). [A. d. Ü.]

»In solcher Düsterheit«

I n seinen *Memoirs* behauptet Sterne, er habe gegen Ende 1731 die Schule beendet und sei im folgenden Jahr in das Jesus College, Cambridge, eingetreten. Doch die College-Akten besagen eindeutig, daß er erst im Juli 1733 aufgenommen wurde. Folglich gibt es eine Lücke – weder die erste noch die letzte in seinem Leben – von achtzehn Monaten, über die wir nichts wissen.

Vielleicht ist der junge Mann durch Halifax gestreift, eine Stadt, über die der umtriebige Defoe bemerkte, in ihr habe sich erstmals der Übergang von ländlichen Siedlungsformen zur industriellen Verstädterung abgezeichnet, die im Lauf der folgenden hundert Jahre für den Norden Englands eine so grundlegende Bedeutung gewinnen sollte. Halifax, sagte Defoe, »mitsamt seiner näheren Umgebung hat in England nicht seinesgleichen«. Die Gemeinde sei »ein Ungeheuer«, und man habe ihm erzählt, sie habe 100000 Einwohner und Königin Elizabeth 12000 Soldaten gestellt.[1]

Handel und Wandel scheinen Sterne nicht interessiert zu haben, wie sehr sein Onkel sie auch gepriesen haben mag. Bisher hatte sich Laurence über Geld keine Gedanken gemacht: es war für ihn etwas Selbstverständliches und hatte mit Arbeit nichts zu tun. Was also sollte man mit ihm anfangen? Und sei es nur, weil diese Zeit für die Familie Sterne ereignisreich war, ist es wahrscheinlich, daß man sich auch über Laurences Zukunft Gedanken machte. Nicht nur, daß die Nachricht von Roger Sternes Tod im Sommer 1731 die Familie erreichte. Im Oktober 1732 starb im Alter von zweiundfünfzig Jahren Richard Sterne, Laurences tatkräftiger Gönner. Wie sein Vater Simon wurde Richard in Halifax beerdigt, wo er den größten Teil seines Leben verbracht hatte. Sein Testament läßt erkennen, wie wohlhabend die Familie Sterne war. Seinem Sohn aus erster Ehe, Richard, hinterließ er seine Besitzungen in Elvington, Kexby, Ovenden, Halifax, Hipperholme, Sowerby und Norland. Den Wert seines Vermächtnisses können wir der Tatsache entnehmen, daß Richard seinen Sohn anwies, seinen Schwestern Mary und Anne je 2000 Pfund auszuzahlen. Timothy, seinem Sohn aus seiner zweiten Ehe mit Esther Booth, vermachte er seine Besitzungen in Skircoat und Otley. Timothy war gehalten, seinen beiden Schwestern, Dorothy und Frances, jeweils Beträge in Höhe von 1000 Pfund zu zahlen.[2]

Es gab eine Fülle weiterer Verfügungen. Mrs. Elizabeth Haigh, möglicherweise eine Haushälterin, vermachte er die Pachterträge seines Landgutes in Midgley, solange sie unverheiratet bliebe; er gestattete ihr auch, ein Jahr lang mietfrei in Lower Woodhouse Hall zu wohnen. Mary, seiner Tochter, vermachte er das gesamte Mobiliar eines Hauses, das er in York besaß, während sie sich mit Anne das goldene und silberne Tafelgeschirr ihres Vaters teilen mußte. Richard, Mary und Anne erbten gemeinsam den Anteil ihres Vaters an einem Bergwerk und Timothy erhielt fünfzehn Anteile an den Wasserwerken von Hamstead. Alles übrige, was sein Vater möglicherweise vergessen hatte, sollte Richard zufallen.[3] Laurence Sterne wurde im Testament nicht erwähnt.

Richard, Timothy und Laurence Sterne trennte jeweils ein Altersunterschied von etwa sieben Jahren: 1732 war Richard 25, Laurence 18 und Timothy 12 Jahre alt. Wenn sie auch keine Spielkameraden gewesen sein konnten, hatten sie doch viel Zeit in Woodhouse Hall zusammen verbracht, und die Vettern aus Yorkshire waren ohne Zweifel begierig, Geschichten über Soldaten zu hören, an die Laurence sich erinnern oder die er erfinden konnte. Sowohl zu Hause wie in der Schule muß ihm seine Herkunft eine Aura des Plebejischen, Unkonventionellen verliehen haben. Es war eben diese ambivalente Wirkung, die Sterne später im Leben hervorzurufen liebte. Dennoch dürfte er sich völlig im klaren gewesen sein, wie großzügig ihr Vater in seinem Testament für die Zukunft seiner Cousins gesorgt hatte. Wenn er auch Kapital daraus schlug, daß er als nicht ganz ehrenhaft galt, beneidete er zweifellos die Erben einer makellosen Ahnenreihe. Hundert Jahre später wäre ein Schriftsteller in Sternes Lage vielleicht ein sozialkritischer Satiriker geworden. Doch Sterne empfand über sein Unglück nie Bitterkeit, so wie er auch nie selbstgefällig oder habgierig war, wenn er Erfolg hatte

Wie immer die Beziehung zwischen Laurence und seinen Vettern auch beschaffen war, Sterne sollte später anerkennen, in welchem Maße seine Karriere von der Gönnerschaft und Bereitwilligkeit seines Vetters Richard abgehangen hatte.

Der ältere noch lebende Sterne, Onkel Jaques, »weigerte sich strikt, mir eine Unterstützung zukommen zu lassen«, vielmehr war es Richard, »dessen damaliger Protektion ich es hauptsächlich zu verdanken habe, was ich nun bin ... ohne *seine* [Hilfe] wäre ich nackt in die Welt hinausgestoßen worden, jung wie ich war, und hätte, so gut ich es vermochte, für mich selber sorgen müssen«.[4]

Jaques scheint zu diesem Zeitpunkt nicht willens gewesen zu sein, sich mit den Angelegenheiten der Familie seines Bruders zu befassen. Sowohl Laurence als auch dessen Mutter Agnes wies er ab. Roger dürfte, außer einigen wenigen militärischen Erinnerungsstücken, wenig zu vererben gehabt haben. Die irischen Behörden hatten Agnes am 18. August 1732 mitgeteilt, daß sie über den Nachlaß verfügen könne. Doch, wie ihr Sohn schreibt, kam Agnes

»unmittelbar nach seinem [Rogers] Tod nach England. Es gab Schwierigkeiten mit ihrer Witwenrente und sie wollte Euch [Jacques] bitten, Euren Einfluß ihre Sache betreffend bei den englischen Behörden geltend zu machen.

Doch ich entsinne mich sehr wohl, daß sie sich zur Rückkehr gezwungen sah, ohne daß ihr die Gunst zuteil wurde, zu

Euer Gnaden vorgelassen zu werden, ja man erlaubte ihr
nicht einmal, nach York zu kommen.«[5]

Tatsächlich dauerte es bis zum Februar 1736, ehe Agnes ihre
Pension in Höhe von 20 Pfund pro Jahr erhielt. Sollte sie Laurence im Laufe ihres Besuches in England aufgesucht haben,
gab es gleichwohl nichts, was sie hätte tun können, um ihrem
Sohn zu helfen. Vielleicht hat sie gedacht, er stehe bereits
ganz unter dem Einfluß der unbarmherzigen Yorkshire-Ster-
nes. Es ist auch möglich, daß der junge Laurence, durch das
Wiederauftauchen seiner Mutter peinlich berührt, sie kurz
abfertigte. Der Tod seines Vaters und der Besuch von Agnes
in Yorkshire, werden den respektablen Sternes Laurences an-
rüchige Herkunft um so stärker ins Gedächtnis gerufen haben.

Die offensichtliche Verzögerung, mit der Sterne nach der
Entlassung aus der Schule zur Universität überwechselte, läßt
sich vielleicht durch die Tatsache erklären, daß sein Vetter,
vor Freude über sein Erbe außer sich, erheblich zugänglicher
war als Onkel Richard. Nachdem der Plan eines Universitäts-
besuches einmal gutgeheißen war, gab es wenig Zweifel, daß
ein Sterne das Jesus College, Cambridge, besuchte. Immerhin war der Erzbischof einer seiner berühmtesten Lehrer gewesen; sein Sohn Simon war dort gewesen, wenn auch ohne
eine Graduierung zu erlangen. Jaques Sterne hatte dort den
Grad eines B. A. erworben, und Vetter Richard war dort im
Juni 1725 als zahlender Student aufgenommen worden. Zwei
Jahre später war ihm ein Stipendium zuerkannt worden,
doch wie sein Großvater Simon hatte er keinen Grad erworben. Es stand außer Frage, daß Jesus auch das College der
Shandys wurde.

Als Tristram Shandy ins Jesus College kam, um aufgenommen zu werden, wurde er von seinem Vater begleitet, Laurence hingegen hatte nur einen Vetter als Gönner. Darüber
hinaus kam er spät auf die Universität: Gibbon, zum Beispiel,

war noch nicht fünfzehn Jahre alt, als er sich im Magdalen College, Oxford, einschrieb; David Hume war erst 12, als er 1723 die Universität Edinburgh bezog; selbst Sternes Vetter Richard war achtzehn, als er nach Jesus kam. Sterne war fast zwanzig, als er am 6. Juni 1733 als Stipendiat zugelassen wurde.

Das Verzeichnis des College weist aus, daß die Zulassung in Abwesenheit Sternes und *cum consensu Magistri & Sociorum* erfolgte. Es war die Regel, daß Stipendiaten zuvor geprüft und bestätigt werden mußten, und daß bei ihm eine Ausnahme gemacht wurde, zeigt, in welchem Maße die Familie ihren Einfluß zu seinen Gunsten geltend machte. Gleichwohl, Laurence war Stipendiat, stand also auf der untersten Stufe der akademischen Leiter und erst im Juli 1734 wurde er für eines jener Stipendien ausersehen, die sein Urgroßvater dem College gestiftet hatte. Diese Stiftung war für Studenten aus Yorkshire und Nottinghamshire bestimmt, so daß ein weiteres Mal eine Regel zugunsten Sternes durchbrochen wurde.

Sternes erstes Jahr in Cambridge kann nicht erfreulich gewesen sein. Stipendiaten waren gewöhnlich die Söhne armer Pfarrer und Kleinbauern, manchmal sogar von Händlern oder Handwerkern; zwar brauchten sie nicht mehr davon zu leben, was die Fellows ihnen übrigließen, doch immer noch wurde von ihnen erwartet, daß sie bei vielen Anlässen als Diener tätig waren. Ihre finanzielle Lage war ihre beständige Sorge. Charles Churchill, der Pfarrer und Dichter, mußte aus Geldmangel sein Studium in Cambridge abbrechen, und Sterne sah sich gezwungen, Geld zu leihen. In seinem Brief aus dem Jahr 1751 an Onkel Jaques legt er dar, alles, was die Sternes ihm zukommen ließen, werde vermerkt und anschließend von ihm zurückverlangt: »die ganzen Aufwendungen für meine Schulausbildung, Kleidung etc. für die Dauer von insgesamt neun Jahren, wurden mir angelastet, sobald ich imstande war, sie zu bezahlen. – Dazu ein großer Teil der Kosten für meine Ausbildung auf der Universität, von meinem

Vetter Sterne mit nur 30 Pfund im Jahr allzu karg bestritten, wobei das letzte Jahr nicht bezahlt wurde.«[6]

Ungeachtet aller finanziellen Nöte, können wir uns über die Qualität der Ausbildung, die Sterne in Cambridge zuteil wurde, nur wundern. Die Universitäten befanden sich zweifellos in einer Phase größter Stagnation. 1737 stellte Hogarth auf seinem Bild *Scholars at a Lecture* geistesabwesende, angetrunkene und schlafende Studenten dar. Gibbon bezeichnete seine Monate auf der Universität als »die untätigsten und nutzlosesten meines ganzen Lebens«.[7] Gray verglich Cambridge mit Babylon und klagte, es gebe dort nichts außer Rauchen und Trinken.[8] Sogar Pfarrer Woodforde füllte sein Tagebuch mit Schilderungen von Trinkgelagen in Oxford; er berichtet von einer Wette, bei der ein Mann drei Pints Wein innerhalb einer Spanne von drei Stunden trinken und anschließend Verse aus der Bibel niederschreiben sollte. Er trank den Wein, »konnte aber nicht mehr ein Wort zu Papier bringen«.[9] Die *History of Jesus College* räumt ein: »Selbst in den dunklen Tagen von Edward VI. und Mary, als Gelehrsamkeit wenig geschätzt und die Sittlichkeit heruntergekommen war, gelang es dem College nicht tiefer herabzusinken, sowohl was die Zahl der Studenten als vielleicht auch was die Reputation angeht.«[10]

Seit 1660 war die Anzahl der Zulassungen und Graduierten am Jesus College wie auch in Cambridge überhaupt erschreckend zurückgegangen. Um 1740 hatte Jesus jährlich im Durchschnitt nicht mehr als vierzehn B.A.'s aufzuweisen; die anderen Studenten gaben sich mit dem Zeugnis des College zufrieden, das offenbar ohne Unterschied jedem erteilt wurde.

Wie in der Schule war auch hier Latein von allergrößter Wichtigkeit, und man erwartete von einem Studenten, daß er imstande war, sich in dieser Sprache über moralische und philosophische Themen zu verbreiten. Geschichte, Naturwissenschaft, Mathematik und die englische Sprache wurden kaum berührt. Viele Fellows hielten nie Vorlesungen, sondern saßen behaglich in ihren Colleges; sie waren versorgt und es war unwahrscheinlich, daß man ihre wissenschaftliche Befähigung auf die Probe stellen würde. Trevelyan sagte von ihnen, sie seien ebenso hilflos gewesen wie Mönche des 15. Jahrhunderts.[11] Um ihre Graduierung zu erlangen, mußten die Studenten den Prüfern zwei Verteidigungen und zwei Verwerfungen einer These vortragen und ansonsten den größeren Teil von zehn Semestern anwesend sein.* Der Student wählte drei Themen aus, auf deren Verteidigung er sich vorbereitete, verlas dann am festgesetzten Tag einen lateinischen Aufsatz über eines der drei Themen und erörterte dann die Einwände, die man gegen seine Thesen vorbringen konnte. Im Kern lief diese Ausbildung also lediglich auf formales Lernen und Redegewandtheit hinaus.

Zwar gab es Unterrichtsstunden, doch waren sie nicht dazu bestimmt, Tutoren oder Studenten zu belasten. Viele der »Dons«** waren in dem Lehrstoff unbewandert, den zu lehren sie beabsichtigten, dagegen aber sehr zufrieden mit dem Status eines »Fellow«, dessen Vorzüge sie ein Leben lang genießen konnten. Während seiner ersten Wochen in Oxford suchte Gibbon getreulich die Unterrichtsstunden auf, »da sie jedoch gleichermaßen des Nutzens wie des Vergnügens entbehrten, sah ich mich einmal versucht, das Experiment einer förmlichen Entschuldigung für mein Fehlen zu wagen. Die Entschuldigung wurde mit einem Lächeln quittiert: ich wiederholte die Kränkung etwas weniger höflich, doch die Entschuldigung wurde mit derselben Nachsicht akzeptiert: der

---

* »Vier Jahre an seinen *Prüfungen* und *Verwerfungen* (gearbeitet) – die schöne Statue liegt noch immer mitten im Marmorblock, – und nichts ist geschehen, als daß seine Werkzeuge geschärft sind, sie herauszumeißeln! – 's ist eine bedauerliche Verschleppung!« (*Tristram Shandy*, Buch V, Kapitel 42, Seite 466)
** »Dons«: Universitätslehrer, Fellow oder Tutor. Einmal graduiert, konnten sie ein Leben lang Mitglied des College bleiben und waren zu keiner akademischen Arbeit verpflichtet, konnten jedoch eine kirchliche Pfründe annehmen. Die Professoren befaßten sich selten mit Lehraufgaben. [A.d.Ü.]

fadenscheinigste Vorwand, ob Trägheit oder Unwohlsein, die unwichtigste Nebenbeschäftigung im Haus oder im Freien, wurden als triftiges Hindernis gewertet, und mein Tutor schien weder meine Anwesenheit noch mein Fehlen zur Kenntnis zu nehmen«.[12]

Es ist wahrscheinlich, daß die Sternes bereits hatten durchblicken lassen, daß eine Laufbahn in der Kirche ratsam sei. Wäre das der Fall gewesen, hätte Sterne – nach Daniel Waterlands *Advice to a Young Student* – damit begonnen, Predigten zu exzerpieren und zu kürzen – eine Aufgabe, der er sich, wie seine eigenen Predigten zeigen, getreulich unterzogen haben dürfte. Dann wird er Philosophie, klassische Philologie und Theologie studiert haben. In seinem vierten Jahr erwartete man von ihm »einen allgemeinen Überblick über die zahlreichen Kontroversen, die im Gange waren, zu gewinnen«, indem er Werke wie das von Pearson über das Glaubensbekenntnis und von Barnet über die Glaubensartikel las. Die für das Studium der Moralphilosophie und Metaphysik vorgeschriebenen Bücher umfaßten Berkeleys *Drei Dialoge zwischen Hylas und Philonous* und die *Abhandlung über die Prinzipien der menschlichen Erkenntnis*, Thomas Hobbes' *Leviathan*, die Werke von Locke – insbesondere der *Versuch über den menschlichen Verstand*, Newtons *Optik*, Pufendorfs *Naturrecht* und Tillotsons *Predigten*.[13]

Wenn ein Student seine Zeit mit Lektüre verbrachte, konnte er daraus vielleicht Nutzen ziehen, doch die Organisation des Studiums war, wenn nicht unglaublich unproduktiv, so doch unzulänglich. Direktor des Jesus College während Sternes Studienzeit war Dr. Charles Ashton, ein patristischer Theologe und Hochkirchen-Tory. Sein erster Tutor war Charles Cannon, der 1735 starb, danach Lynford Caryl. Wenn Sterne am 14. Januar 1737 auch das Bakkalaureat erhielt, so muß man doch offen aussprechen, daß der prägende Einfluß der Universität auf Sterne gering war, außer daß sie seinen Sinn für die lächerlichen Seiten ernsten Studierens ver-

stärkte. Etwa fünfundzwanzig Jahre später ließ Sterne durchblicken, welche Dumpfheit er im College hatte ertragen
müssen; in einem Vers kommentierte er die Wirkungen des
großen Walnußbaums, der im Hof des College wuchs:

> Sein Schatten reicht wohl tief und weit
> Und folglich taucht er dann und wann
> Ein jedes Hirn in Düsterheit,
> Daß es das Licht nur ahnen kann.[14]

Es trifft wahrscheinlich eher zu, daß Sterne in Cambridge
Locke, Swift, Berkeley, Rabelais und Cervantes gelesen hat –
um sich Quellen zu erschließen, die einige Bestandteile seines
eigenen Stils und Tonfalls enthielten. Diese Art der Entwicklung mag gefördert worden sein durch die sich bietenden Gelegenheiten, mit anderen feurigen, aber gelangweilten jungen Männern in Kontakt zu treten. Das Bild von Sterne, das
die *Crazy Tales* wiedergeben, zeigt ihn und seinen Freund
John Hall, wie sie im »wissenschaftlichen Schatten« des Wal-
nußbaumes in Jesus College sitzen und sich Späße aus Rabelais erzählen. Da Sterne es im späteren Leben fertigbrachte,
sich so oft außerhalb der Regeln und Amtspflichten zu tum-
meln, ist es wahrscheinlich, daß er sich im Jesus College mit
größtem Vergnügen außerhalb der Mauern bewegte. John
Hall, fünf Jahre jünger, jedoch wesentlich wohlhabender als
Sterne, könnte sein wirksamster Tutor gewesen sein. Er war
der Sohn der Erbin von Skelton Castle in Yorkshire; es ist
möglich, daß er und Sterne vor ihrer Begegnung in Cambridge vage voneinander gehört hatten. Wie es scheint, hat
Hall von früher Jugend an über genügend Mittel verfügt,
um so müßig und ausgelassen zu leben, wie er es wünschte.
Daß er in der Geschichte als der einzige Freund Sternes bekannt ist, macht lediglich deutlich, welch ein einsamer Mann
Sterne war.

Man kannte in Cambridge keine anderen Vergnügungen

als Angeln, Schießen und Besuche im Kaffeehaus, wenn man von denen absieht, die die Studenten sich selbst zu verschaffen wußten. Gelegentlich fanden sich auch Mädchen im College, doch diesen Luxus konnten sich nur wenige Studenten leisten. Für Prostituierte stellte sich Cambridge als ein sehr lukrativer Markt dar, und in den folgenden Jahrzehnten war die Stadt »sehr von sündhaften Weibern geplagt, die ebenso durch unsere Straßen streifen wie in Fleet Street oder Ludgate Hill«.[15]

* * *

Angesichts seiner Mittellosigkeit, hatte Laurence Sterne keine andere Wahl als die einer kirchlichen Laufbahn. Die Armee wird ihn wohl nicht mehr gelockt haben, und um sich im Geschäftsleben zu versuchen, fehlte es ihm an Kapital. Im Rückblick kann man sich vielleicht eine Karriere beim Theater vorstellen, doch 1737 hätte das so bizarr gewirkt, daß die Sternes es kaum hätten zu mißbilligen brauchen. In dieser Zeit muß Sterne stark unter ihrem Einfluß gestanden haben. Ihre Mitglieder waren seine Wohltäter, er schuldete ihnen Geld und während der Jugendjahre, die er in ihrer Mitte verbrachte, muß ihn ihr behagliches und gesichertes Leben ebenso angezogen haben, wie es ihm die aufsässigen Züge seines Charakters bewußtmachte. Vermutlich hatte man Laurence bereits für die kirchliche Laufbahn bestimmt, bevor man ihn auf das College schickte: andernfalls wäre eine solche Investition sinnlos gewesen. Ein ruhiges Leben in der näheren Umgebung würde den jungen Mann etablieren und ihn für die möglichen kommunalen Interessen der Sternes verfügbar machen. Die Kirche war einerseits als Unterstützung wichtig, wenn es um Patronatsrechte auf dem Lande ging, andererseits war sie ein Geschenk des Himmels, wenn junge Männer unterzubringen waren, die es zwar verdienten, aber mittellos waren.

Weniger als zwei Monate nach seinem Bakkalaureat, am 6. März 1737, wurde Sterne von Richard Reynolds, Bischof von Lincoln, zum Diakon geweiht.*[16] Die Zeremonie fand in der Kapelle von Buckden Palace in Huntingdonshire statt, und Sternes erstes Amt war das eines Kuraten in St. Ives, nur ein paar Meilen entfernt. Es gibt kein Zeugnis Sternes über seine Ordination oder über das Jahr in St. Ives. Doch was immer ihm dort widerfuhr, er war von der Hauptstraße nach London und York nicht allzu fern und zweifellos über die letzten Neuigkeiten im Bilde. Wahrscheinlich sah er auch einer weiteren Beförderung begierig entgegen. Aus dem Folgenden können wir schließen, daß sein Onkel Jaques sich inzwischen für den jungen Geistlichen interessierte und lediglich darauf wartete, daß für seinen Neffen eine geeignete Stelle in der Umgebung von York frei wurde. In der Kirche wie in der Politik waren Verpflichtung und Gefälligkeit miteinander verknüpft: diese Kombination war Teil der Vernünftigkeit, auf die das 18. Jahrhundert so stolz war. Heutzutage, da die Konvention vorschreibt, daß Gönnertum und Korruption im geheimen wirken, mögen wir darauf hinabblicken, doch im Jahr 1738 hielt man das für schicklich und vernünftig. Es war immer ein natürliches Streben gewesen, vorwärtszukommen, und das 18. Jahrhundert förderte gern den Lauf der Natur.

Am 18. Februar begab sich Sterne nach York, um die Erlaubnis zu erhalten, in Catton, sieben Meilen südöstlich der Stadt und nahe Elvington, als Kurat amtieren zu können. Am 20. August 1738 erfolgte seine Ordination zum Pfarrer, die der Bischof von Chester in der dortigen Kathedrale vornahm[17], und vier Tage später wurde er als Vikar nach Sutton on the Forest berufen, ein Ort, der etwa acht Meilen nördlich von York lag. Dieses Amt sollte Sterne mehr als zwanzig Jahre lang bekleiden – diese Phase seines Lebens ist Gegenstand des zweiten Teils dieses Buches.

---

* Sterne wurde »Deacon«, Geistlicher des dritten (niedersten) Weihegrades der anglikanischen Kirche; dann wurde er »Curate«, Hilfspfarrer, dann »Priest«, Pfarrer und schließlich Vikar. [A. d. Ü.]

Teil II
»In einem abseitigen Winkel«
1738 - 1759

Shandy Hall in Coxwold. Sternes Pfarrhaus, das vom Laurence Sterne Trust restauriert wurde.

Als Laurence Sterne im Jahr 1760 mit einiger Verspätung
in die große Welt aufbrach, sprach er davon, er sei aus
»einem abseitigen Winkel des Königreichs«[1] gekommen, als
wollte er das anspruchsvolle London mit einem Schwall
Landluft bezaubern. Doch das Leben, das er zwischen 1738
und 1759 führte, war alles andere als ereignislos. Er hatte
Zeit, sich zumindest im lokalen Bereich den Ruf der Wunderlichkeit, Witzigkeit und Unbekümmertheit zu erwerben. Tatsächlich durfte er 1759 mit Recht erwarten, daß sein Ruf in
York für eine lebhafte Nachfrage nach seinem *Tristram Shandy*
sorgen würde. Während der 50er Jahre scheint er weniger aktiv gewesen zu sein, vielleicht weil seine verschiedenen Anstrengungen, zu Ruhm, Amt und Geld zu kommen, nicht
gefruchtet hatten und vielleicht einer tieferen Krise wegen,
über die wir nichts wissen. Ich zweifle nicht, daß Sterne als
junger Mann seine Laufbahn in der Kirche ernsthaft und
hoffnungsvoll begann. Doch wenige Monate vor der Veröffentlichung des *Tristram Shandy* antwortete er auf den Rat, mit
seinem freimütigen Buch vorsichtig zu sein: »Aber angenommen, meine Beförderung läßt lange auf sich warten (wenn
ich mich nicht täusche, kann es noch bis zur Auferstehung
von den Toten dauern) und ich liege die ganze Zeit über in
den Wehen – wie soll ich dann meine Schmerzen ertragen?«[2]

Sterne beklagte sich über den »abseitigen Winkel«, weil er
von sich glaubte, für eine ländliche Pfründe zu temperament-
voll zu sein.

Wenngleich diese zentrale Phase seines Lebens Sterne als
einen Mann zu zeigen scheint, der sich genötigt sah, ein anerkanntes Mitglied der traditionellen englischen Gemeinde
zu werden, ist das ein Bild, das er selber gemalt hat. Losge-
lassen auf London oder den Kontinent, sollte er sich weder
zufriedener noch weniger unbehaglich fühlen. Doch es war
einzig das beklemmende Gefühl, in der Provinz dahinzusie-
chen, das ihn in den 50er Jahren dazu bewog, aus seiner ein-
zigartigen Lebhaftigkeit für eine Karriere Kapital zu schla-

gen und so die Depressionen ländlichen Lebens zu verscheu-
chen.

Machen wir uns nichts vor: er war ein sonderbarer Geistlicher, um so mehr wegen der Wonne, mit der er seine eigene
Frevelhaftigkeit ausbeutete. Die Entfremdung des englischen Landpfarrers von den Realitäten des Lebens beginnt
im 18. Jahrhundert. Als die Intensität im Streit der Lehrmei-
nungen sich abschwächte, wurde der Pfarrer zu einem Symbol in den Träumen der Mittelklasse. Er wurde als ein Totem
des Konservativismus angesehen, wenn ihm auch oft die Mittel fehlten oder er zu viele Skrupel hatte, um wirklich am Leben dieser selbstgerechten Gesellschaft teilzunehmen. Was
konnte beruhigender sein, als diesen guten, barmherzigen
und zurückhaltenden Mann in der Mitte des zielstrebigen
Eigeninteresses zu wissen? Selbst Pope brachte es fertig, sich
den Landpfarrer inmitten einer heuchlerischen Idylle vorzustellen – ein zufriedenes Geschöpf mit seiner stets vorsorgen-
den Frau, einem Pferd, Wintervorräten, Tabak, dem Zehnten
und einer Guinea fürs Begräbnis:

> Wer all das hat, lebt nur zum Zeitvertreib,
> Trinkt mit dem Squire und küßt sein Weib,
> Predigt sonntags und ißt seinen Schlag
> Und fastet freitags – wenn er mag.[3]

Die Wirklichkeit bot zuweilen ein weniger behagliches Bild:
einsame, mißachtete oder ungeeignete Männer versahen
einige der ländlichen Pfarreien bei sehr magerem Einkommen. 1760 veröffentlichte das *Gentleman's Magazine* den Bericht eines Pfarrers, der von elf Pfund im Jahr eine Frau und
neun Kinder ernähren mußte.[4] Das war ein Ausnahmefall,
doch Charles Churchill sah sich gezwungen, seine klerikale
Laufbahn aufzugeben, da sie ihm nicht mehr zu bieten hatte,
»als zu beten und Hungers zu sterben, für vierzig Pfund im
Jahr«.[5]

Ein solcher Mann wurde von der ländlichen Gesellschaft

mehr als einmal in Verlegenheit gebracht, insofern als er zwischen der Armut seiner Gemeindemitglieder und der selbstgerechten Gleichgültigkeit der ländlichen Gentry eine unerquickliche Mittelstellung einnahm. 1819 beschrieb Keats die Zwangslage eines Geistlichen mit einer Deutlichkeit, die Sternes gehobene Stimmung unzweifelhaft gedämpft hätte:

»Ein Landpfarrer ist im Salon ein Lamm und ein Löwe im Kirchenvorstand. – Die Spielregeln der Gesellschaft erlauben ihm nicht, seinen Gefühlen in irgendeiner Form freien Lauf zu lassen... Er spielt unaufhörlich eine Rolle. – In Gedanken ist er gegen jedermann, und jedermann ist gegen ihn. – Dem Gläubigen ist er ein Heuchler und dem Ungläubigen ein Feigling. – Er muß entweder ein Schurke sein oder ein Idiot.«[6]

Für einen mittellosen Mann war die Kirche ebenso ein Notbehelf wie die Armee. Doch für einen präsentablen Kandidaten mit etwas Geld, einflußreichen Freunden und himmelwärts gerichteten Augen war es ein erstrebenswerter Stand, der um so leichter erreichbar war, wenn man über Takt und Mäßigung verfügte. Das bezeugt dieses Bekenntnis von William Warburton*, Bischof von Gloucester und eine berühmte Persönlichkeit in Sternes späterem Leben:

»Ich tue mein Bestes – und ich glaube, das würde ich auch tun, wenn ich ein schierer Heide wäre –, um das Leben angenehm zu machen. Wenn wir immer nur sein Elend bejammern oder immer nur seinen Freuden nachjagen, führt uns das gleichermaßen weg von dem Streben nach unserem Seelenheil. Und obwohl ich überaus sorgsam darauf achte, wel-

---

* Warburton (1698-1779), studierte Jura, bevor er die kirchliche Laufbahn einschlug. Er verfügte über fette Pfründen in Nottinghamshire und Lincolnshire, veröffentlichte 1736 *Alliance between Church and State* und zwischen 1737 und 1741 *Divine Legation of Moses*. Er war Hauskaplan des Prinzen von Wales und wurde 1755 einer der Pfründer von Durham. Ende 1759 wurde er Bischof von Gloucester.

cher Richtung in der Religion ich folge, ist mir andererseits jede Philosophie recht, und der ehrliche Sancho Pansa ist mir so lieb wie jeder andere; dieser wurde, als er nach einem wichtigen Auftrag zurückkehrte, von seinem Herrn gefragt, ob sie den Tag mit einem *schwarzen* oder einem *weißen* Stein kennzeichnen sollten; er erwiderte: »Meiner Treu, Sir, wenn ich zu sagen hätte, mit nichts anderem als gutem *braunen Ocker*.«[7]*

Als Sterne nach London ging, machte man Bemerkungen über seinen feschen schwarzen Rock; vielleicht fand er schlichten braunen Ocker langweilig und kompromittierend. Doch man hatte Sterne einen guten Start seiner kirchlichen Laufbahn ermöglicht und wäre er von Natur aus zu Kompromissen geneigt gewesen, hätte er daraus mehr Vorteil ziehen können. Obgleich er, der Familientradition folgend, gern mit der örtlichen Gentry verkehrte und häufig zu Besuchen in York weilte, konnte er nie überzeugend die pflichtgetreue Gesetztheit eines selbstbewußten Pfründenjägers aufrechterhalten. Mochte er auch offenbar zu den bessergestellten Klerikern gehören, beklagte er sich dennoch über das viele Geld, das er für die Pfarrei in Sutton aufwenden mußte und über die großen Ausgaben für seine Mutter. Das wahre Bild klerikaler Armut müssen wir in dem Kuraten sehen, den Sterne nach 1760 verpflichtete, um für einen Bruchteil von Sternes Einkommen für dessen Gemeindemitglieder in Sutton und Stillington zu sorgen. Was den Lebensstandard anging, war ein Pfarrer, der wie Sterne über Ehrenämter und mäßiges Einkommen verfügte, auf einem Niveau, das ihn für den Squire und den erfolgreichen Landwirt akzeptabel machte. Das gewöhnliche Gemeindemitglied – im wesentlichen Landarbeiter – litt unter so großer Armut, daß es gar keine andere Wahl hatte, als diese Diskrepanz den unerforschlichen Wegen Gottes zuzuschreiben.

---

* Vermutlich auch Wortspiel: »Ochre« = brauner Eisenocker = derber Wollstoff für Kutten, bedeutet auch »Moneten«, »Goldfüchse«. [A.d.Ü.]

So wie viele Philanthropen eine Erziehung nur für gewisse gesellschaftliche Schichten empfahlen, so dachten auch viele Landpfarrer sehr pragmatisch über die Nützlichkeit der Erlösung. Jane Austens Mr. Collins wußte wohl zu schätzen, was seine Gönnerin für ihn tat, und als er verkündete, er halte es für seine Pflicht, »die Segnungen des Friedens in allen Familien, die im Bereich meines Einflusses liegen, zu fördern und zu verankern«,[8] ist jeder Zweifel ausgeschlossen, welche Familien er damit meinte. Mit dieser Vorstellung übernahm auch Sterne die Pfarre von Sutton on the Forest, hielt jedoch Kontakt mit dem Mann, der sie ihm verschafft hatte, seinem Onkel Jaques, der nahe genug am Münster von York wohnte, um jede Glocke schlagen und jedes Gerücht zirkulieren zu hören.

York lag kaum mehr als acht Meilen südlich von Sutton, und obwohl der Forst von Galtres nördlich von York damals stellenweise noch sehr dicht und die Ebene häufig sumpfig war, konnte Sterne dennoch ohne allzu große Beschwerlichkeit in York leben und nach Sutton hinausreiten, um sonntags Gottesdienst zu halten. 1740 beauftragte er sogar einen Kuraten, Richard Wilkinson, mit der Wahrnehmung der alltäglichen Angelegenheiten des Sprengels, um selber mehr Zeit in der Nähe der Quelle seiner Wohltaten verbringen zu können. Tatsächlich führte Wilkinson während der Jahre 1739 und 1740 das Personenstandsregister von Sutton. Ironischerweise sollte er Sterne im Wettlauf um Beförderungen überholen. 1742 wurde er Hilfspfarrer in Kilburn, anderthalb Meilen nördlich von Coxwold. Dort machte er so großen Eindruck auf den dortigen Landbesitzer Lord Fauconberg*, daß er 1753 für die Kuratenstelle in Coxwold empfohlen wurde und so Sternes Vorgänger wurde. Doch zunächst blieb Wilkinson in Sutton, versorgte die Gemeinde und pflanzte zahl-

---

* Thomas Belasyne (1699-1774), 4. Vicomte Fauconberg, seit 1756 Earl Fauconberg of Newburgh. Er wohnte nahe Coxwold in der Priorei von Coxwold. Das Pachtland von Newburgh reichte zu dieser Zeit bis Sutton.

reiche Ulmen im Garten und auf dem Kirchhof, die ein Geschenk von Philip Harland* waren. Falls sie als Präsent für
den neuen Vikar gedacht waren, ist mit Sternes Orientierung
nach York vielleicht der Beginn der unerquicklichen Beziehung zwischen ihm und dem Squire von Sutton bezeichnet,
dessen prächtiges Haus der Kirche genau gegenüber lag.

Während der ersten Hälfte des 18. Jahrhunderts hatte
York etwa 12000 Einwohner. Erst nach 1760 begann die
Bevölkerung zuzunehmen und stieg bis zum Ende des Jahrhunderts auf über 16000. Daraus könnte man leicht schließen, daß York dem Muster der anderen Städte im Norden
entsprach, die sich während des 18. Jahrhunderts vergrößer-
ten. Doch angesichts der industriellen Konzentration im süd-
westlichen Teil Yorkshires suchte es eine Sonderstellung zu
bewahren. Die Stadt orientierte sich lieber an Harrogate,
Scarborough und den Hochmooren, die etwa 20 Meilen
nördlich begannen, als an Sheffield, Halifax oder Bradford,
die allesamt zu Sternes Zeit beträchtlich größer waren als
York. Gesellschaftlich gesehen, war York stolz darauf, die
Hauptstadt des Nordens zu sein und emsig bemüht, ein Zentrum der Muße und kleinstädtischen Kultur zu sein. Der
durchtriebene und witzige Klatsch seiner engen Gassen spielt
in Sternes Werken eine sehr kleine Rolle, doch die Ereignisse
zeigten, wie leicht der für Eindrücke empfängliche junge
Mann sich dem neuen Zentrum seiner Aktivitäten anpaßte.

Die Zeit von Sternes Ankunft in York, war eine Phase um-
fangreicher Verbesserungen und Ausschmückungen der
Stadt. 1732 hatten die Arbeiten an der New Walk begonnen,
einer eleganten baumbestandenen Promenade am Ufer der
Ouse. In welchem Maße in York Anstand und Sitte herrsch-
ten, können wir der Tatsache entnehmen, daß das Nackt-
baden in der Ouse verboten wurde, nachdem es Mode ge-

---

* Philip Harland (1708-1766), Sohn von Richard, der 1751 starb. Als eingefleischte Tories und Landjunker werden die Harlands mit Pfarrer Sterne kaum auf einer Linie
gelegen haben.

worden war, dort auf der New Walk zu promenieren. Der Amtssitz des Bürgermeisters wurde zwischen 1725 und 1730 erbaut, und 1731 begann die Arbeit am Gesellschaftsgebäude nach einem Entwurf von Burlington. Ein paar Jahre später, 1736, wurde in Mint Yard ein neues Theater erbaut und das Straßenpflaster vor dem Münster, das von den Puritanern arg zugerichtet worden war, durch ein neues ersetzt, das Kent und Burlington entworfen hatten. 1745 begann man mit dem Bau des County Hospitals und 1745 schuf William Carr eine Haupttribüne für die neue Rennbahn, die auf einem speziell trockengelegten Gelände auf Knavesmire angelegt wurde. Pferderennen war eine Leidenschaft der Bürger von York, und die Rennwoche im August war ein großes Ereignis, das jeden Tag mit einem Ball in den Gesellschaftsräumen ausklang.

Offenbar wurde ein großer Teil der Geldmittel und Erfindungsgabe der Aufgabe gewidmet, York zu einem Ort zu machen, wo man angenehmer leben konnte. Wenn auch voll von Kaufleuten, Händlern und Ladenbesitzern, verfügte York gleichwohl über keine eigenen Industriebetriebe und stand allen fremden Fabrikanten in der Stadt feindlich gegenüber.[9] Diese Fremdenfeindlichkeit war neu. Robinson Crusoes Vater – ein Kaufmann aus Bremen – hatte sich kurz vor 1632 in York niedergelassen und es dort zu Wohlstand gebracht, wenngleich sein Sohn es für klug gehalten hatte, seinen Namen zu ändern und aus Kreutznaer Crusoe zu machen. Defoe merkte an, York habe »keinen Handel, außer jenem, der vom Zusammenströmen der Gentry abhängt«.[10] Die Läden der Stadt dürften ihr Angebot ganz auf die Bedürfnisse der wohlhabenden Familien zugeschnitten haben, die Stadthäuser in York besaßen; während des ganzen 18. Jahrhunderts mußte die Stadtverwaltung gegen diese Bauten ankämpfen, die in Form von Erkerfenstern, Vorhallen, Treppen und Geländern in die engen Gassen vordrangen. Defoe mißbilligte die Verantwortungslosigkeit, die mit Yorks sozialer Protzerei einherging:

»Gute Gesellschaft gibt es dort im Überfluß, und es leben dort viele vornehme Familien, weil es dort eine gute Gesellschaft gibt und man billig lebt; man verkehrt da mit aller Welt mit ebenso viel Gewinn wie in London; Gesellschaften zu pflegen, wurde in York von der jüngeren Gentry zum ersten Mal zur Mode gemacht, etwas, was andere Schriftsteller als Eigenart eines guten Landes und einer angenehmen Stadt mächtig herausstreichen; ich habe darüber freilich eine etwas andere Ansicht und betrachte es als eine Methode, die Moral der Nation zu verderben, welche uns im Moment um so mehr bedroht, je mehr Erfolg sie hat.«[11]

In einer solchen Umgebung neigte die Kirche dazu, sich durch gewandte und kultivierte Kleriker vertreten zu lassen, von denen viele in stattlichen Häusern wohnten – Defoe nannte sie »kleine Paläste« –, die das Münster umringten. Lancelot Blackburne, zum Beispiel, war so gewandt, daß er Gerüchte erstickt hatte, er sei Kaplan eines Freibeuters gewesen, um Bischof von Exeter und, 1724, Erzbischof von York zu werden. Blackburne vernachlässigte seine Diözese, verbrachte kaum mehr als drei Monate jährlich in York und führte ein leichtfertiges Leben. Es ist mit einiger Sicherheit auf Blackburnes Gleichgültigkeit zurückzuführen, daß Sternes Ordination dem Bischof von Chester überlassen wurde. Selbst Konfirmationen übernahm er nicht gern; doch bei einem dieser Anlässe, als ihm keine andere Wahl blieb, rief er einen Skandal hervor, als er sich Tabak und Getränke bringen ließ, um sich während der ungewohnten Arbeit zu erfrischen.

Blackburne starb 1743, ihm folgte Thomas Herring, ein Graduierter des Jesus College. Herring machte früh Karriere: Im Alter von dreiunddreißig Jahren wurde er zum Kaplan von Georg II. ernannt und ging, nachdem er nur vier Jahre in York gewesen war, nach Canterbury. Sein Nachfolger in York war Matthew Hutton, ein weiterer ehemaliger Student von Sternes College. Vom Jesus College aus folgte Hutton Herring über Bangor, York und Canterbury von einem Bischofssitz auf den nächsten, jede neue Station seinem Gönner verdankend. Herring war ein tatkräftiger Mann und arbeitete während seines kurzen Aufenthaltes in York sehr viel, um Blackburnes Versäumnisse wiedergutzumachen; doch die Schilderung seiner Berufung nach York von Edmund Pyle spricht für seine Routiniertheit: »Ich bin gerade im Begriff ... Zeuge zu werden, wie der Bischof von Bangor dem König für das Erzbischoftum York die Hand küßt, welcher Hauptpreis in der Lotterie der Kirche ihm, wie alles andere auch, in den Schoß gefallen ist.«[12] Was Hutton angeht, so hinterließ er, als er 1758 starb, etwa 50000 Pfund, »die er im Lauf von zwölf Jahren der Kirche entzogen hatte, ohne auch nur einen Penny für gute Zwecke oder wohltätige Einrichtungen ausgegeben zu haben«.[13]

Es kann Sterne nicht gekränkt haben, daß seine kirchlichen Vorgesetzten dieser Zeit dasselbe College wie er absolviert hatten. Betrachteten doch Herring und Hutton York lediglich als ein Sprungbrett, wenn auch als ein berühmtes, profitables und angenehmes. Sterne baute viel mehr auf den guten Willen seines Onkels. Dieser hatte eine Erbin geheiratet, nämlich Catherine Goodricke, deren Familie die Trinity Gardens besaß, einen der hübschesten offenen Plätze in York; überdies verfügte Jaques Sterne über die Pfründen von Rise und Hornsea-cum-Riston, zwei kleinen Kirchspielen an der Ostküste zwischen Bridlington und Hull. Als Pfründner des Yorker Münsters bezog er Einkünfte aus Ulskelf und als der von Southwell aus South Muskham. 1745 gab er Ulskelf auf und wurde Kantor von York und Erzdiakon von Cleveland. 1742 kaufte er den größeren Teil von Great House in Minster Yard, das er einige Jahre später, 1757, für 2000 Pfund wieder verkaufte. Sein Jahreseinkommen lag bei ungefähr 800 Pfund. Doch hielt ihn das nicht davon ab, den Herzog von Newcastle, der es verstand, bei der Vergabe politischer und kirchlicher Ämter entscheidend mitzuwirken, um weitere Protektionen anzugehen. 1749 schrieb Jaques Sterne an New-castle und bat ihn um die Pfründe von Westminster, die frei geworden war, da Thomas Hayter Bischof von Norwich ge-worden war:

»Ohne Zweifel werden Eure Gnaden für diese Pfründe viele Bewerber haben, doch falls Euer Gnaden geneigt wären, die-ses Mal mir die Ehre zuteil werden zu lassen, so wird sich recht bald wieder eine Gelegenheit ergeben – da Dr. Man-ninghams* Gesundheitszustand sehr schlecht ist –, auch eine andere Person, der Euer Gnaden geneigt sind, zu beden-ken.«[14]

Newcastle war ihm nicht gefällig, und 1752 unternahm Jaques Sterne einen neuen Vorstoß, in einer sonderbaren Mi-schung aus Gejammer und Prahlerei, die sein Neffe unwider-stehlich lächerlich gefunden haben würde:

»Ich hoffe, daß Euer Gnaden der Ansicht sind, daß es nicht in meiner Natur liegt, mit meinen Bitten lästig zu sein; und tat-sächlich bin ich das um so weniger, als ich die Ehre hatte, auf so freundliche Weise Euer Gnaden unmittelbarer Protektion teilhaftig zu werden. Als ich indessen auf meiner Fahrt nach Bath in dieser Stadt vom Tode des Bischofs von Glocester er-fuhr, bin ich zu hoffen geneigt, daß man mich nicht für un-verschämt halten wird, wenn ich Euer Gnaden mitteile, daß eine Pfründe in der Kirche von Durham, wo deren zwei va-kant sind, zumal sie in der Nähe meiner anderen Ämter liegt, mir ebenso angemessen wäre wie eine solche in Westminster, Windsor oder Canterbury; doch überlasse ich dies gänzlich Euer Gnaden Urteil und Neigung und gestatte mir lediglich die Hoffnung, daß ich, der ich nunmehr 35 Jahre lang ge-

---

* Ein anderer Pfründner von Westminster, der im folgenden Jahr starb.

treulich – und mit einem Aufwand, wie ihn wohl kein anderer
Geistlicher vorzuweisen hat – der Krone gedient habe, jetzt
durch Euer Gnaden Freundschaft und Güte ein Zeichen kö-
niglicher Gunst empfangen sollte, zu einer Zeit, da in verschiedenen Kirchen so viele Stellen unbesetzt sind.«[15]

Schließlich erhielt Jaques Sterne den Chorherrenstuhl in
Durham, was ihm weitere 550 Pfund jährlich einbrachte. Es
ist leicht, diese Ämterhäufung zu kritisieren; für Laurence
Sterne mag eine solche offenkundige, aggressive und humor-
lose Scheinheiligkeit ein unwiderstehliches Angriffsziel gewesen sein. Doch zunächst wartete er ab, welches Kapital sich
aus einem so mächtigen Wohltäter noch schlagen ließe.

Es ist vielleicht sogar Jaques Sterne gewesen, der Laurence
mit seiner zukünftigen Gattin zusammenbrachte. Natürlich
war der Klerus von York auch gegen Liebesaffären nicht im-
mun. Jaques selbst hatte den Ruf, ein »bon-vivant«[16] zu sein
und scheint allerlei Wege gefunden zu haben, die Tatsache zu
kompensieren, daß seine Gattin sechzehn Jahre älter war als
er. Man erzählte sich eine Geschichte über eine Auseinandersetzung zwischen Jaques Sterne und Richard Warneford, einem Yorker Geistlichen. Warneford hatte offenbar mehrere
Gottesdienste im Münster versäumt und Sterne ihn zur Rede
gestellt. Warneford erwiderte: »Ich begab mich nach Acomb,
wo meine Gattin sehr krank darniederlag, *meine eigene* Gattin,
Mr. Präzentor.«[17]

Edmund Pyle, der in York zu Herrings Gefolge gehörte,
hat später die Versuchungen beschrieben, denen sich ein junger Mann ausgesetzt sah, der im Münster einen auffallenden
Platz, einen Chorherrenstuhl, einnahm: »In York hätte ich
leicht mein Herz verlieren können. Es ist schrecklich, in der
Kirche einen solchen Platz einzunehmen, wie ich es tue; –
nichts als Damen, Dutzende (und dazu sehr hübsche), zu meiner Rechten, zur Linken oder vor mir. Da ich aber, Gott sei
Dank, Gottesdienst zu halten hatte, war ich zumindest ge-

zwungen, nicht nur auf das Rot ihrer Wangen, sondern auch auf das der Titelbuchstaben zu blicken!«*[18]

Entweder im Münster oder in dessen Nähe war Laurence Sternes Auge auf Elizabeth Lumley gefallen. Ein Jahr jünger als Sterne,** war sie die Tochter von Robert Lumley, dem Vikar von Bedale, einer der reichsten Gemeinden in Yorkshire, und Lydia Kirke. Lydia Kirkes Mutter, Elizabeth Clarke, war zweimal verheiratet gewesen; zuerst mit Anthony Light, Lydias Vater und dann mit Thomas Robinson, Sohn von Sir Leonard Robinson, Großvater von Elizabeth Robinson***, die Edward Montagu, einen Enkel des 1. Earl of Sandwich heiratete.

Elizabeth Montagu, »Blaustrumpf« und führende Gastgeberin in London, war also eine Cousine Elizabeth Lumleys, wenngleich sie später für Laurence Sterne mehr freundschaftliches Verständnis aufbrachte als jemals für seine Frau.

Sternes Heirat erwies sich als ein Fehlschlag; doch obgleich ihre Folgen Sterne oft deprimiert haben mögen, ist nicht klar, ob sie ihn ernsthaft verändert haben. Eheliche Unzuverlässigkeit kann durchaus lediglich das Zeichen für einen im Kern unsteten Charakter gewesen sein. Schließlich wissen wir auch nicht, was er von einer Heirat erwartete. Für Elizabeth Lumley ist die Heirat möglicherweise wesentlich wichtiger gewe-

---

*   Auch Sterne dürfte diese Versuchungen gekannt haben; 1760 feierte Boswell den Landpfarrer Sterne mit folgenden Zeilen:

> Die süße Ruh' will ich versuchen
> Der kleinen Sue, so frisch und blank
> Vor meiner Kanzel in der ersten Bank,
> Weil deren sanfte Sternenaugen
> So himmlisch zur Verwirrung taugen.

(Frederick A. Pottle *Bozzy and Yorick*, Blackwood's Magazine, Vol. CCXVII, 1925, S. 305)

**   Jahre später, 1767, schrieb Sterne an Eliza Draper, daß seine Frau ihn über ihr Alter getäuscht habe und sie zehn Jahre älter sei als er; d. h. »sie ist fast sechzig«. Elizabeth Lumley mag ein paar Jahre unterschlagen haben, doch Sternes Überraschung wurde mehr im Interesse Elizas als in seinem eigenen geäußert. (*Tagebuch für Eliza*, Seite 161)

*** Elizabeth Montagu (geborene Robinson) (1720-1800)

sen. Zwar verfügte sie über ein bescheidenes Erbe, doch waren ihre Eltern bereits gestorben und ihre jüngere Schwester schon mit John Botham verheiratet, dem Sohn des Vikars von Clifton-Campville in Staffordshire. Im übrigen war Elizabeth Lumley unter den jungen Frauen nicht gerade die hübscheste, wenn wir der Aussage ihrer Cousine Elizabeth Montagu trauen wollen.

Dieser kritische Punkt im Leben einer jungen Frau – ob und wie sie heiraten soll – ist für den Inhalt des frühen englischen Romans von großer Bedeutung. Richardsons *Pamela*, geschrieben, als Sterne vermutlich um Elizabeth Lumley warb, ist ein nach wie vor spannendes Werk über dieses Thema: »Ich wäre ein schlechtes und gottloses Geschöpf, wenn ich mir um Reichtümer oder Vorteile willen, meinen guten Namen verscherzen würde«,[19] sagt dort eine kluge junge Frau, die entschlossen ist, ihren Herrn zu heiraten. Sicherlich bestand einer der Hauptgründe für den Erfolg von *Pamela* in der versteckten Andeutung, daß Sexualität eine gesellschaftliche Waffe sei, so wie Spannung und Identifikation literarische Mittel waren.

Wenn, auf subtilere Weise, diese Beschäftigung mit den moralischen Implikationen von Ehe und Sexualität den klassischen englischen Roman von Jane Austen bis Henry James charakterisiert, so ignoriert Sterne diese Themen von Grund auf und schafft mit der *Reise des Herzens* das erste der wenigen englischen Werke, in denen sexuelle Verantwortungslosigkeit gepriesen wird. Freilich ist er zugleich auch einer der wenigen Schriftsteller, der einen ernsthaften Blick in die Innenwelt einer Ehe wirft – die sich bei Walter und Elizabeth Shandy als eine Dauerfehde darstellt. Wo Jane Austen eine Heirat an den Schluß setzt und mit der geheimen, jedoch altjüngferlichen Zuversicht schließt, jedermann werde glücklich werden, erkundet Sterne tatsächlich die Auswirkungen. Nicht daß er die ungreifbare, niederschmetternde Verzweiflung entdeckte, die Henry James in *Bildnis einer Dame*, beispielweise, zwischen Isabel und Osmond, mühsam zu benennen sucht. Im Gegensatz dazu ist die englische Ehe bei Sterne grotesk: jeder Partner lebt sein eigenes Leben und hält den anderen in der Konversation auf Distanz, eine Vorausdeutung auf jene Ehepaare bei Beckett oder Pinter, welche die Gegenwart des anderen gleichgültig läßt.

Doch im Jahr 1740 könnte sich Elizabeth Lumley Pamela sehr verwandt gefühlt haben. Ian Watt hat die sich verändernde Stellung der Frau mit Richardsons Roman in Beziehung gesetzt:

»… der Übergang zu einer individualistisch fundierten sozialen und ökonomischen Ordnung brachte eine Krise der Ehe mit sich, die für den weiblichen Teil der Bevölkerung besonders schwerwiegende Folgen hatte. Umfassender als zuvor hing die Zukunft der Frauen von ihrer Fähigkeit ab, zu heiraten und von der Art der Ehe, die sie eingingen, während es zur selben Zeit für sie immer schwieriger wurde, einen Ehemann zu finden.«[20]

Doch was kann Sterne sich von einer Ehe erhofft haben? Wie seine Gattin war er eigentlich eine Waise und hat sich vielleicht durch die Gründung einer eigenen Familie ein wenig Stabilität für sich selber erhofft. 1740 war er sechsundzwanzig Jahre alt, befand sich also in einem Alter, in dem, wie er später sagt, Yorick »seinen Kurs in ihr [der Welt] etwa so gut zu steuern wußte wie ein verspieltes, ahnungsloses Mädchen von dreizehn«.[21]

Das ist ein schlagender Beweis für seine Unreife, der vermuten läßt, daß Sterne nicht zuletzt aus Enttäuschung über eine andere zerbrochene Beziehung geheiratet haben könnte. Denn im November 1739 schrieb er aus Skelton, wo er sich bei John Hall aufhielt, an einen Freund, den Reverend John Dealtry:

»... Du hast nunmehr einen Brief von einem der elendsten und unzufriedensten Geschöpfe auf Erden empfangen; seit ich Dir zum letzten Male schrieb, bin ich mit Miss C. in einen Briefwechsel getreten: in dessen Verlauf bin ich, nicht zuletzt wegen der Festigkeit, mit der sie mir seit Beginn dieser Affäre entgegengetreten ist, zu der Überzeugung gelangt, daß sie den unabänderlichen Entschluß gefaßt hat, niemals zu heiraten; und da die ganze Summe des Glückes, das ich mir je vorstellte, auf dieses eine Ziel gerichtet ist, sehe ich nichts, was mir im Augenblick bleibt, außer einem Schauspiel voll Unbehagen und Schmerzen.«[22]

Wir wissen nicht, wer diese Miss C. war, aber die Folgerung ist unvermeidlich, daß Sterne zu eben jener Zeit mit ihr intime Beziehungen unterhielt, als er um Elizabeth Lumley warb. Wie er seiner Tochter nämlich später erzählte, hatte Sterne seiner Frau zwei Jahre lang den Hof gemacht – »sie gestand mir, daß sie mich liebe, aber nach ihrer Meinung war sie nicht reich genug und ich zu arm für eine Verbindung – sie begab sich zu ihrer Schwester nach Staffordshire, und ich schrieb ihr oft«.[23]

Vier dieser Briefe sind erhalten, und einer davon ist wegen der Art und Weise berühmt geworden, in der er eine Passage aus dem *Tagebuch für Eliza* nachzuahmen scheint, jener fiebrigen Rhapsodie über eine verzehrende Liebe, die Sterne 1767 an Eliza Draper schrieb. Sternes frühe Interpreten glaubten, er sei, trotz der Glut der Briefe an Eliza, kaltblütig genug gewesen, die frühen Briefe aufzubewahren und sie für seine brieflichen Zärtlichkeiten noch einmal zu benutzen. Ursprünglich steckte in Sterne genug von einem Plagiator, um diese These plausibel erscheinen zu lassen. Doch ein exakter Vergleich macht die Sache verdächtig. Wenn Sterne sich bei der Abfassung seiner Predigten von anderen etwas auslieh, machte er sich in der Regel die Mühe, ansatzweise zu verschleiern, was er ihnen verdankte. Er war von Natur aus kein

Abschreiber. Selbst wenn man einräumt, daß er bei der Abfassung des *Tagebuchs für Eliza* vom Gefühl der eigenen Spontaneität nicht überwältigt war, glaube ich nicht, daß Sterne die Geduld besaß, mehr als fünfundzwanzig Jahre alte Sätze unverändert zu belassen. Das *Tagebuch* ist aus einem Guß, und jede übernommene Passage wäre überarbeitet und umgeformt worden, bevor sie darin auftauchte.

Tatsächlich erinnert der Stil des ersten Briefes viel stärker an den des *Tagebuchs* als der seiner drei vermeintlichen Gefährten. Die anderen drei übernehmen mit ihren Bezügen auf die konventionellen Symbole der Liebe in stärkerem Maße die traditionelle romantische Manier:

»Meine L[umley]! Du bist ganz umgeben von der melancholischen Düsterkeit des Winters; wärst Du allein, dann könnte Deine Zurückgezogenheit angenehm sein. – Enttäuschter Ehrgeiz blickt vielleicht neidisch auf einen solchen Zufluchtsort, und enttäuschte Liebe möchte ihn gerne ausfindig machen. – Überfüllte Städte und menschliche Geschäftigkeit entzücken vielleicht den Gedankenlosen und Leichtlebigen – aber die Einsamkeit ist die beste Nährmutter der Weisheit. – Ich meine jetzt mein nachdenkliches Mädchen im Garten vor mir zu sehen, wie es das allmähliche Nahen des Frühlings beobachtet. – Bemerkst Du nicht mit Entzücken, wie die ersten Knospen des Frühlings, das Schneeglöckchen, die Primel, diese frühen und willkommenen Besucher, zu Deinen Füßen aus dem Boden sprießen? – Flora und Pomona betrachten Dich schon lange als ihre Dienerin, und bald werden sie Dich mit ihren süßesten Gaben beladen. – Das Geschlecht der Gefiederten ist Dir ganz zugetan und wird bald beginnen, Dich auf Deinen Morgen- und Abendspaziergängen mit natürlichen Harmonien aufzuheitern. – So reizend das auch sein mag – komm zurück, komm zurück; die Vögel von Yorkshire werden ihre Flöten stimmen und ebenso melodisch singen wie die von Staffordshire.«[24]

Solche sangesfreudigen Wesen hausen gewöhnlich in Arka-
dien, zusammen mit »melancholischer Düsterkeit«, den »ersten Knospen des Frühlings«, Flora, Pomona und »natürlichen Harmonien«. Jedenfalls ruft dieser Brief wenigstens
das Bild der Geliebten ins Leben, selbst wenn sie darin ein wenig idyllischer erscheint als jene Elizabeth Lumley, nachdem
sie ihren Namen geändert hatte und Sterne hieß. Der umstrit-
tene Brief hingegen ist nicht nur wegen seines raffinierten
Schwelgens im Unglück einzigartig, sondern auch weil er sich
statt auf die ferne Geliebte, auf den gequälten Sterne konzentriert:

»Noch in derselben Stunde, als Du D'Estella* verließest, begab ich mich zu Bett. – Ich wurde von allen möglichen Fiebern geschüttelt, aber am meisten von jenem Fieber des Herzens, das mich, wie Du weißt, in den letzten beiden Jahren
ständig gequält hat und das mich weiterhin quälen wird, bis
Du S[taffordshire] wieder verläßt. Da die gute Miss S. auf
Grund der Ahnungen ihres unübertroffenen Herzens annahm, ich sei krank, bestand sie darauf, daß ich zu ihr käme.
Was ist wohl der Grund, meine liebe L[umley], daß ich dieser
unserer gemeinsamen Freundin nie ins Gesicht blicken
konnte, ohne das Gefühl zu haben, ich müßte zerspringen?
Ich mußte eine Stunde bei ihr bleiben, und in dieser kurzen
Zeit brach ich wohl dutzendmal in Tränen aus – und in solche
Ergüsse zärtlicher Leidenschaft, daß sie gezwungen war, das
Zimmer zu verlassen und sich in ihrem Ankleidezimmer ihrem Mitgefühl hinzugeben. – ›Ich habe um euch beide Tränen vergossen‹, sagte sie im Ton süßesten Mitleids, ›denn ich
kenne das Herz der armen L[umley] schon lange – ihr
Schmerz ist ebenso heftig wie der Ihrige, ihr Herz ebenso
zärtlich, ihre Standhaftigkeit ebenso groß, ihre Tugend
ebenso heldenhaft – der Himmel hat euch nicht zusammen-
geführt, damit ihr gequält werdet‹. Ich konnte ihr nur mit ei-

* Bezeichnet wahrscheinlich das Haus von Elizabeth Lumley [A.d.Ü.]

nem freundlichen Blick und einem tiefen Seufzer antworten und ging heim in Deine Wohnung (die ich bis zu Deiner Rückkehr gemietet habe), um mich meinem Elend zu überlassen. Fanny hatte mir ein Abendessen zubereitet – sie ist mir gegenüber die Aufmerksamkeit selbst –, aber ich saß mit Tränen davor; eine bittere Tunke, meine L[umley], doch ich hatte keine andere, denn in dem Augenblick, da Fanny den kleinen Tisch für mich deckte, verzagte mein Herz. – Ein einsamer Teller, ein Messer, eine Gabel, ein Glas! – Ich warf tausend wehmütige, eindringliche Blicke auf den Stuhl, den Du während unserer stillen und gefühlvollen Mahlzeiten so oft geziert hast – dann legte ich Messer und Gabel hin, zog mein Taschentuch hervor, bedeckte damit mein Gesicht und weinte wie ein Kind. – Das gleiche tue ich in diesem Augenblick, meine L[umley], denn wenn ich jetzt meine Feder in die Hand nehme, beschleunigt sich mein armer Puls, mein blasses Gesicht glüht, und Tränen tropfen auf das Papier, da ich das Wort L[umley] hinschreibe.«[25]

Ein feuchter Fleck könnte die Stelle geziert haben, ein unentwirrbares Gemisch aus echten und literarischen Tränen.* Doch dieser Autor, wenn auch tränenreich, ist nicht verzweifelt. Wie er selbst zugibt, beschleunigt sich sein Puls, wenn er die Feder in die Hand nimmt; statt in eine Frau ist er ins literarische Schaffen verliebt – das sich auf Dauer vielleicht als verläßlicher erweisen wird. Was als ein Versuch beginnt, das Herz einer Frau zu rühren, wirkt schließlich rührend auf den Verfasser selbst. Alle häuslichen Details wie Möbel, Krug und Besteck werden zu einem einzigen Symbol romantischer Enttäuschung. Sterne brachte sich so oft selbst in Wallung, daß wir folgern müssen, daß er auf diesen Kunstgriff vertraute

---

* Trims Tränen lassen sich unterscheiden: »Der Corporal wurde rot bis in seine Fingerspitzen – eine Träne empfindsamer Verschämtheit – eine andere der Dankbarkeit gegen meinen Onkel Toby – und eine Träne des Kummers über meines Bruder Mißgeschicke traten in seine Augen und rannen sanft seine Wange hinunter…« (*Tristram Shandy*, Buch IX, Kap. 5, Seite 699)

und ein Mittel darin sah, sich von seiner eigenen Aufrichtigkeit und seinen Gefühlen zu überzeugen. Professor Curtis
hat auch darauf hingewiesen, daß der Gebrauch des Wortes
»sentimental«* gegen eine frühe Datierung dieses Briefes
spricht. Er erinnert daran, daß Lady Bradshaigh das Wort
1749 »unverständlich« fand, obgleich es »bei den Gebildeten
so sehr in Mode« war.[26]

Obwohl wir das genaue Datum und den Ursprung dieses
Briefes nicht kennen, stimme ich mit Curtis überein, daß er
vermutlich von Sternes Tochter Lydia kopiert und den anderen drei Briefen an Miss Lumley hinzugefügt wurde. Wie wir
gesehen haben, scheute sich Lydia nicht, ein paar Briefe zu erfinden, um die Sammlung der Briefe ihres Vaters anzurei-
chern. Allerdings ist auch diese Auffassung problematisch:
Wir wissen nicht, ob Lydia Zugang zum *Tagebuch* hatte, und es
ist weiterhin unklar, warum sie nur einen einzigen künstli-
chen Brief ihres Vaters hätte verfassen sollen. Doch ich
glaube nicht, daß Sterne seine nervöse Leidenschaft bereits
1740 so vollendet zu formulieren wußte. Seine wirklichen
Liebesbriefe sind in ihrem Eifer und der der ernsthaften
Überzeugung ihres Verfassers durchaus konventionell.

Sterne erzählte seiner Tochter später, er glaube, die Liebesbriefe seien überflüssig gewesen:

»Ich glaube, daß sie damals halb entschlossen war, mich zu
nehmen, aber sie wollte es nicht sagen. Nach ihrer Rückkehr
erkrankte sie an der Schwindsucht, und als ich eines Abends
mit fast gebrochenem Herzen, weil ich sah, wie krank sie war,
bei ihr saß, sagte sie zu mir: ›Mein lieber Laurey, ich kann nie
die Deinige sein, denn ich glaube wirklich, daß ich nicht mehr
lange zu leben habe. Aber ich habe dir jeden Schilling meines

* Oben mit »gefühlvoll« übersetzt. Verbreiteter ist die Übersetzung »empfindsam«, die
auf Lessing zurückgeht, der sie dem Übersetzer J.J. Bode 1768 vorgeschlagen hatte.
Nach dem *Oxford Dictionary of English Etymology* taucht das Wort in Sternes *Sentimental
Journey* (1768) zum ersten Mal auf; es heißt dort auch, Sterne habe das Wort »angeblich 1739/40 in einem Brief benutzt«. [A.d.Ü.]

Vermögens vermacht.‹ Daraufhin zeigte sie mir ihr Testament. Diese Großzügigkeit überwältigte mich. – Es gefiel Gott, sie wieder gesund werden zu lassen, und ich heiratete sie im Jahre 1741.«[27]

Diese Bereitwilligkeit, dem Eigennutz nachzugeben, ähnelt ein wenig Robinson Crusoes Eingeständnis seiner Schwäche, als er auf das Geld stößt.* Mochte die Gesundung auch Gottes Wille gewesen sein, ist doch wahrscheinlich, daß es Sterne in späteren Jahren lieber gewesen wäre, er hätte mit dem Erbe nichts zu tun gehabt. Wie es scheint, haben er und Elizabeth Lumley ziemlich schnell geheiratet. Sie plauderten eines Tages im Ballsaal miteinander**, als »sie ihm selbst die Frage stellte, und sie verließen auf der Stelle den Saal und heirateten«.[28] Es ist durchaus möglich, daß man bei einem so beredten Bewerber, wie Sterne es war, am Ende ein wenig nachhelfen mußte. Wie groß seine Begeisterung auch gewesen sein mag, jedenfalls wurde das Paar am 30. März 1741 (Ostermontag) im Münster von Richard Osbaldeston***, Dechant von York****, getraut. Die Nachricht von der Heirat verbreitete sich, und die Reaktionen darauf geben uns wertvolle unvoreingenommene Schilderungen von Braut und Bräuti-

---

*   »Als er das Schiffswrack nach Brauchbarem durchsuchte, stieß Crusoe auch auf Geld: ›Du Gift‹, sagte ich laut, ›wozu bist du nun gut? Für mich bist du nicht einmal so viel wert, daß ich dich vom Boden aufhebe. Eines von diesen Messern ist so viel wert wie dieser ganze Haufen; ich habe keine Verwendung für dich, bleibe, wo du bist, und geh unter als eine Kreatur, die nicht wert ist, gerettet zu werden!‹ Ich überdachte die Sache noch einmal und nahm das Geld doch mit und wickelte es in ein Stück Segeltuch.« (Daniel Defoe, *Romane*. Band 1. München 1974. Seite 78; Übersetzung: Hannelore Novak)

**   John Croft berichtet in *Scrapeana*, daß es im Ballsaal ein berühmtes »Liebeseckchen« gegeben habe. (*Scrapeana*, 2. Auflage. York 1792, Seite 6)

*** Osbaldeston (1690/91 - 1764) war ein Cambridge-Absolvent, der später Bischof von Carlisle (1747) und von London (1762) wurde. Er und Sterne pflegten weiterhin gute Beziehungen. Osbaldeston besuchte den gerade berühmt gewordenen Autor im Juni 1760 in Coxwold.

**** In Sutton verbreitete sich das Gerücht, Sterne sei am ersten Sonntag nach seiner Heirat auf die Kanzel gestiegen und habe gesagt: »Wir haben uns die ganze Nacht

gam. Im April 1741 schrieb Matthew Robinson aus Bath an
seine Schwester Elizabeth und teilte ihr mit,

»daß unsere Base Betty Lumley einen Pfarrer geheiratet hat,
der sich früher der Auschweifung hingab, dessen Amt ihm
im Jahr ungefähr 100 Pfund einträgt und der gute Aussichten hat, mehr zu erhalten. Welche Hoffnung unsere Verwandte hegt, das Gemüt eines launischen und wankelmüti-
gen Mannes zur Ruhe zu bringen, weiß ich nicht, aber ich
stelle mir vor, daß sie sich bei dieser Aufgabe nicht auf die
Macht ihrer Schönheit, sondern auf eine energische Hand
verlassen wird. Andererseits halte ich diese Verbindung nicht
für einen Fehler; keine Frau, die über einen ausreichenden
Vorrat an gutem Willen verfügt, sollte sich auf das Wagnis einlassen, eine alte Jungfer zu werden.«[29]

Der letzte verächtliche Seitenhieb deutet auf die spätere
Disharmonie zwischen Sterne und seiner Frau hin. Doch es
ist ebenso schwer, Elizabeth Sterne zu charakterisieren wie
die anderen Mitglieder der Familie Sterne. Die Robinsons
scheinen für die Lumleys nicht viel Zeit übrig gehabt zu haben. Elizabeth Robinson hatte im August 1740 an ihren Vater
geschrieben: »Lady Andover schrieb mir neulich, daß
Mrs. Botham [Lydia Lumley] zu einem sehr ernsten Mädchen
herangewachsen ist und eine überaus arbeitsame und vorzügliche Hausfrau geworden ist; wenn das zutrifft, dürfte
Mr. Botham zu Hause ebenso gut zu predigen verstehen wie
auf der Kanzel.«[30] In der Tatsache, daß Laurence Sterne

abgeplagt und nichts zustande gebracht.« Curtis fand diese Geschichte »empö-
rend«, brachte es jedoch nicht über sich, sie wegzulassen. Warum klingt sie so
glaubwürdig? Ich denke, weil wir glauben, daß Sterne über die Bereitwilligkeit des
Komödianten verfügte, für einen Lacher Ehre und Würde zu opfern. Möglicherweise ist die folgende Anekdote aus den *Scrapeana* von der gleichen Provenienz:
»Am Tag nach seiner Hochzeit trifft Mr. S. eine Dame auf der Straße; sie wünscht
ihm viel Spaß. Darauf S.: »Ich danke ergebenst, Madame, aber davon habe ich
mehr als genug gehabt.« John Seward *The Spirit of Anecdote and Wit*. London 1823,
Vol. IV, S. 239-40; *Scrapeana*, S. 32)

kaum zu Hause gepredigt haben dürfte, ist vielleicht der Grund zu sehen, daß Elizabeth Robinson sich später seiner Gesellschaft erfreute.

Sie scheint von der neuen Mrs. Sterne einen begeisterten Brief erhalten zu haben, denn mit übermütiger Boshaftigkeit schrieb sie an ihre Schwester Sarah:

»Einen spaßigeren Brief als den meiner Base habe ich nie zu Gesicht bekommen. Ihr Herz und ihr Kopf sind voll vom Ehestand. Ich bitte Dich, findest Du es etwa erholsam, an die Freuden des Ehestandes zu denken?... Mr. Sterne verfügt über hundert Pfund im Jahr und hat gute Aussichten befördert zu werden. Er war ein großer Wüstling, hat sich aber, nachdem er sich ein wenig aufpoliert und geheiratet hat, einen neuen Charakter zugelegt. Ich verstehe nicht, was meine Base meint, wenn sie von ihren kleinen Wünschen spricht. Wenn sie hungrige Mägen meinte, hat sie vielleicht an eine finanzielle Unterstützung gedacht, aber wenn Leute nicht genug haben, um ihren Lebensunterhalt zu bestreiten, was verschlägt es dann, wenn sie ohne Überfluß und Luxus auskommen müssen? Meint sie etwa, sie müsse eine Kutsche und sechs Pferde und vier Diener haben? Welch wundervollen Gebrauch machte sie von der Zeit der jungen Liebe, daß ihr davon weder die Muße noch die Neigung geblieben sind, an etwas anderes zu denken. Ich wünsche ihnen, daß sie gut miteinander auskommen.«[31]

John Croft erinnerte sich 1795, daß Mrs. Sterne in einem vornehmen Haus aufwuchs, »das ihr eine vorzügliche Erziehung vermittelte. Obwohl sie nicht gerade eine ansehnliche Frau war, hatte sie gleichwohl viele Verehrer, da es hieß, sie verfüge über ein stattliches Vermögen; und sie besaß einen erstklassigen Verstand.«[32] Das Vermögen dürfte wohl mehr ein Gerücht als eine Tatsache gewesen sein. 1741 hatte Elizabeth zusammen mit ihrer Schwester eine Liegenschaft in

Leeds geerbt, die im Jahr sechzig Pfund einbrachte. Zusätzlich zu dem, was vom Erbe ihres Vaters übrig war, brachte sie also dreißig Pfund Jahreseinkünfte mit in die Ehe. Dieses zusätzliche Erbe scheint beträchtlich gewesen zu sein, denn vor ihrer Ehe hatte Elizabeth mit einem Dienstmädchen in Little Alice Lane nahe dem Münster gewohnt.

Sterne war mittlerweile recht gut versorgt, was er vor allem seinem Onkel Jaques zu verdanken hatte. Es war vielversprechend, daß er zwei Monate vor seine Heirat im Haus des Domkapitels von York als Pfründner für Givendale eingesetzt wurde. Diese Stellung trug ihm jährlich 66 Pfund ein, so daß Sterne in dieser Zeit über ein jährliches Einkommen von etwa 150 Pfund verfügt haben dürfte. Und es bestand Aussicht, daß sich diese Summe erhöhen würde.

Seine Hoffnungen ruhten auf einer dauerhaften engen Beziehung zu seinem Onkel; aber kaum ein Jahr nach der Heirat geriet diese Beziehung in eine ernste Krise. Zu Sternes Pech gab es 1741/42 eine Wahl, die in York einen Aufruhr verursachte und Sternes Streben nach Beförderung eine Grenze setzte. Daran waren weniger die Ereignisse, sondern eher Sternes Unbeständigkeit schuld. Es scheint beinahe so, als habe er es satt gehabt, von seinem Onkel abhängig zu sein, denn er ging wider alle Vernunft dazu über, ihn zu kränken.

Die Wahl von 1741 war entscheidend für das Land, denn sie signalisierte den Fall Walpoles, der 19 Jahre lang die Regierung innegehabt hatte.* Ob nun Walpole im Interesse der Whigs, der Hofpartei, oder einfach in seinem eigenen handelte, darüber kann man streiten. Die Whigs, so darf man annehmen, traten für die Thronrechte des Hauses Hannover, für niedrige Steuern, Frieden und das Wachsen persönlichen

* Robert Walpole (1676-1745), später Earl of Oxford, wurde 1721 Lordschatzkanzler, de facto erster Premierminister Englands. Er sicherte die Machtposition der Whigs (später: »Liberals«) am Hof und im Parlament. In den Grafschaftsverwaltungen ließ er den Tories (später: »Conservatives«) und der »established church« ihre Vormachtstellung und sicherte so den inneren Frieden. Die politische Führungsspitze organisierte er nach seinen Vorstellungen, wobei ihm jedes Mittel recht war. [A. d. Ü.]

und nationalen Wohlstandes ein und wandten sich gegen die
Restauration der Stuarts. Doch Dr. Johnson, ein Tory, definierte *Whig* als »Name einer Splittergruppe« und einen *Tory*
als jemanden, der »im Gegensatz zu einem Whig an der alten
Staatsverfassung und der apostolischen Hierarchie der Kirche von England festhält«.[33] Walpoles herausragende Stellung bestand darin, daß er, im großen und ganzen die Politik
der Whigs vertretend, so lange an der Macht war, daß er anfing, sie auszuhöhlen und zu diskreditieren. Er war nicht nur
der erste »Premierminister«, sondern schuf, zusammen mit
Newcastle*, ein nationales System von Gönnertum und Amts-
mißbrauch; dieses war für ihn um so nützlicher, als die meisten seiner Mitglieder dieselbe Meinung vertraten und um so
effektiver, als sie alle auf Gedeih und Verderb von Walpole abhängig waren.

Jeder, der wie Walpole so lange an der Spitze einer solchen
Hierarchie steht, wird schließlich an die Dauerhaftigkeit des
status quo glauben und sich kaum etwas anderes vorstellen
können. Dieses Stadium hatte Walpole kurz vor 1741 erreicht. Die Steuern waren angehoben worden, spanische Frei-
beuter machten sich in wachsendem Maße seine diplomati-
sche Trägheit zunutze und seine Mehrheit war im Schwinden. Am schlimmsten war, daß sein gutes Verhältnis zum
Königshaus 1737 unwiderruflich zerstört wurde: Königin
Caroline, seine größte Verbündete, war gestorben und Fried-
rich Ludwig, Prinz von Wales, hatte »Leicester House« zum
Mittelpunkt einer Opposition gemacht. Der physisch so kraftvolle Walpole muß sehr müde gewesen sein.

Doch hielt das die Whigs nicht davon ab, 1741 eine fieberhafte Aktivität zu entfalten. Nirgendwo waren sie reger als in
York, wo das Münster, aus Überzeugung und Verpflichtung,
fast ganz in den Händen der Whigs war. Die Lage in York

---

* Thomas Pelham Holles, Herzog von Newcastle (1693-1768), 1724 Außenminister, bestimmte nach Walpoles Sturz zusammen mit seinem Bruder als Premier (1754-62) die
  politische Szene. [A.d.Ü.]

wurde kritisch, als Cholmley Turner, der gegenwärtige Parla-
mentsvertreter der Grafschaft, im April erklärte, er werde zu
der für Mai anberaumten Wahl nicht wieder antreten. Yorkshire war mit zwei Abgeordneten im Parlament vertreten,
und zwischen den Whigs und den Tories gab es das Arrangement, daß jede Partei einen Kandidaten benannte. Wenn
aber die Whigs keinen geeigneten Nachfolger für Turner fanden, würden die Tories nicht zögern, einen weiteren Mann
aus ihren Reihen ins Rennen zu schicken. Der gegenwärtige
Tory-Abgeordnete, Sir Miles Stapylton, hatte sich schon bereit erklärt, wieder zu kandidieren. Turners Platz wurde jetzt
von Viscount Morpeth eingenommen, und er und Stapylton
wurden im Mai erwartungsgemäß und einstimmig gewählt.
Doch am 9. August verstarb Morpeth an Tuberkulose, und
die Wahl war wieder offen,

Die politischen Kreise der Grafschaft schlugen George Fox
vor, einen Grundbesitzer aus Leeds, der irischer Abstammung
war. Am 29. August versammelten sich die Whigs, Kleriker
und Grundbesitzer, im George Inn, um einen Kandidaten zu
küren. Ihr führender Kopf war Jaques Sterne, der bereits bei
den Wahlen 1734 als Organisator eine Rolle gespielt hatte. Als
Gefolgsmann hatte er seinen Neffen, Laurence Sterne. Als sich
niemand finden wollte, ihre Nominierung zu unterstützen,
verfiel die Versammlung abermals auf den abwesenden und
unwilligen Cholmley Turner. Seine Nominierung wurde umgehend öffentlich gemacht, um Turner vor vollendete Tatsachen zu stellen. Wie auch immer Turners Sinneswandel zustande kam, binnen einiger Tage hatte er widerwillig zugestimmt.[34]

Doch angesichts eines alles andere als begeisterten Kandidaten und mit der Aussicht auf einen knappen Ausgang der
Wahl, waren die Whigs besonders darüber besorgt, daß die
Zeitung Yorks, der *Courant*, in den Händen eines Tory war,
nämlich von Caesar Ward.* Folglich gründete Jaques Sterne

---

* Caesar Ward, 1711 geboren, starb wenige Monate bevor *Tristram Shandy* in seiner
  Druckerei hergestellt wurde. Seine Witwe beaufsichtigte den Druck.

selber eine Zeitung, den *Gazetteer.* Dieses Konkurrenzblatt hatte es sich zum Ziel gesetzt, nicht nur »ausführlich und unvoreingenommen über auswärtige und inländische Ereignisse« zu berichten, sondern auch »dem wöchentlichen Gift des *York Courant* entgegenzuwirken«.[35] Es zählte auf die Unterstützung all jener, die für Freiheit und Protestantismus, die Ziele der Whigs, eintraten. Sein Hauptpropagandist war Laurence Sterne.

In seinen *Memoirs* führte Sterne den späteren Streit mit seinem Onkel auf die Tatsache zurück, daß »ich keine Zeitungsartikel schreiben wollte. Er war ein Parteimann, ich aber nicht, und ich verabscheute eine solche schmutzige Arbeit, die ich für unter meiner Würde hielt.«[36] Es ist klar, daß Sterne niemals ein Mann war, der sich an eine Partei band. Abgesehen von dieser kurzen politischen Betätigung, äußerte er in seinem späteren Leben so gut wie nie eine ernsthafte politische Ansicht und hatte für Politik kaum mehr als ein flüchtiges Interesse. Vielleicht fand er, daß die Politiker zu ernst und politische Angelegenheiten zu prosaisch waren, um seine Aufmerksamkeit zu verdienen. Es ist auch möglich, daß er es nach 1741 vorzog, die Welt glauben zu machen, er sei für derartige Dinge zu feingeistig. Doch die Tatsachen der Wahl von 1741 in York belegen, daß er anfänglich bereit war, sich die Hände schmutzig zu machen und daß sein Onkel, nachdem das Ganze vorüber war, gute Gründe gehabt haben dürfte, auf seinen Neffen wütend zu sein. Ein weiterer Grund für Sternes Ekel könnte gewesen sein, daß er bei diesem polemischen Schlagabtausch einige Prügel bezog.

Nachdem die Kandidaten angenommen worden waren, wurde ein Feldzug gestartet, um die Widersacher zu beschimpfen und unglaubwürdig zu machen. Das erste Zeichen dieser Auseinandersetzung ist ein am 8. September im *Courant* abgedruckter Brief, der sich darüber empörte, daß man Handzettel in Umlauf brachte, die den Zweck verfolgten, Fox wegen seiner irischen Herkunft anzuschwärzen. Fox' irische

Abstammung, so wurde suggeriert, sorge nicht nur für eine katholische Einfärbung seiner Tory-Gesinnung, sondern lasse auch auf eine Bereitschaft schließen, sich eher für die Wollindustrie in Irland als für die in York stark zu machen.

Der Brief, der Fox verteidigte, war mit den Initialen »J.S.« gezeichnet. Falls Sterne nicht der Verfasser der Flugblätter war, dürfte er bei ihrer Herstellung mitgewirkt haben. Auch ist es wahrscheinlich, daß er der Urheber zahlreicher wütender Briefe an den *Courant* war, in denen ein gewisser J. Wainman den geheimnisvollen J.S. beschimpfte. Caesar Ward rückte am 29. September eine Notiz ein, des Inhalts, er habe nicht die Absicht, sich »durch unechte Briefe mißbrauchen zu lassen«, es sei denn, »der wirkliche Verfasser hält es für angemessen, mit *seinem eigenen Namen* zu unterzeichnen«.[37]

Dennoch veröffentlichte ein zunehmend selbstbewußter Ward am 20. Oktober sowohl einen Artikel von J.S., der Turner angriff und versicherte gleichzeitig, er sei »bereit, die Unparteilichkeit beizubehalten, welche er fortwährend beachtet« habe, indem er sein Blatt für eine Erwiderung der Whigs zur Verfügung stelle, unter der Voraussetzung, daß diese »den Anstand und die guten Manieren beachten«.[38]

Einer solchen Herausforderung konnte man nicht widerstehen, und am 27. Oktober brachte der *Courant* eine längere Erwiderung auf J.S., ungezeichnet, doch in Wirklichkeit von Sterne verfaßt. In einer späteren Phase des Wahlkampfes gab Ward Sternes Verfasserschaft preis, indem er darüber berichtete, auf welche Weise, nämlich durch einen Mittelsmann, die Briefe an den *Courant* gelangt seien:

»... es gab da einige Passagen, gegen die ich Einwände hatte, worauf der Bote fortging, mit dem Manuskript zurückkehrte, aus dem diese anstößigen Stellen getilgt waren, worauf ich einer Veröffentlichung in der nächsten Nummer zustimmte: Doch am selben Abend kam der oben erwähnte Mr. Sterne zu mir und sagte, ihm seien in dem Brief, den er mir am Abend gesandt habe, ein paar Fehler unterlaufen, namentlich was den übermäßigen Gebrauch des Wortes ›Nicht‹ betreffe; worauf ich ihm seinen Brief gab und er einige weitere Änderungen vornahm.«[39]

Die Vorstellung ist faszinierend, wie der besorgte und gehetzte Verfasser die Heimlichkeit aufgibt, nur weil er um die Form seines Werkes besorgt ist; doch der Brief selbst rechtfertigt diesen Aufwand kaum. Er bietet kaum mehr als oberflächliche Rhetorik, verteidigt Turner ziemlich lahm und schließt mit einer Attacke auf Fox' Verbindung mit Irland, die wohl darauf zielte, bei der ohnehin ausreichend geschützten Wollindustrie Yorkshires Zustimmung zu finden: »Frage 17: Hat nicht Mr. Fox erst kürzlich im Interesse der irischen Manufakturen gestimmt, als es um das Gesetz zur Einfuhr irischer Wolle nach England ging und damit den Ruin der Wollkämmer und Spinner dieses Landes in Kauf genommen?«[40]*

Am 3. November zahlte es ihm J.S. mit schärferer Münze zurück: Um Sterne schlecht zu machen, benutzte er ein paar Zeilen aus Popes *Epistle to Dr. Arbuthnot*. Der Streit war nun in das Stadium einer persönlichen Beschimpfung getreten, doch J.S. scheint sein Opfer gut gekannt zu haben:

> Was L-y kritzelt, das hat kein Mark,
> Es ist nicht mehr als trüber Quark.
> Satire? Nein, laßt L-y schwatzen,
> Wer schießt schon mit Geschütz nach Spatzen?[41]

Eine Woche später gestand Sterne, daß »ich mich mit einiger Schwierigkeit habe dazu bewegen können, die Feder zu er-

---

* Dieser Brief erschien unter dem Titel *Query upon Query* separat als Schmähschrift. Collyer hat nachgewiesen, daß die Veröffentlichung das Werk von Jaques Sterne war, der ein paar Veränderungen im Text vornahm, die den jungen Autor beleidigt haben dürften. (Collyer, »Laurence Sterne and Yorkshire Politics: Some New Evidence«. *Proceedings of the Leeds Philosophical and Literary Society*, Vol. VII, 1952, S. 83–87)

greifen, um *ernsthaft* auf einen der unflätigsten und unbarmherzigsten Briefe zu antworten, der jemals in einem zivilisier-
ten und christlichen Lande ans Licht kam«.[42] Doch abermals
lobte er Turner und schalt Fox. Er war durch den Angriff in
Popescher Manier tief getroffen und antwortete mit einer
Kanonade im Stil Swifts:

»Da J. S. im letzen *Courant* einige Anzeichen von Furcht und
Zerknirschung gezeigt hat, indem er seinen Namen verschwieg und versprach, nie wieder beleidigend zu werden,
wäre es fast ein Akt der Grausamkeit, den Mann weiterhin zu
verfolgen; da er jedoch die Arena mit einem Schwall übler
Nachrede verlassen hat, werde ich ihm einen letzten Schuß
nachschicken, der, dessen bin ich sicher, zu gut gezielt ist, um
ihn zu verfehlen.

Wie Herodot berichtet, gibt es in Ägypten ein bestimmtes
häßliches Tier, von dem er sagt: Wenn es sich nicht mehr verteidigen und nicht mehr fliehen kann, läßt es, teils aus Bösartigkeit, zum Teil aus Schlauheit, gegen seinen Widersacher
einen gewaltigen Wind fahren und deckt dadurch seinen
Rückzug mit den Schwaden seiner üblen Gerüche und Aus-
scheidungen.

Da diese Kreatur von Natur aus sehr ohnmächtig ist und
seine hauptsächliche Sicherheit darauf beruht, daß es bei solchen Gelegenheiten zu einer ausreichenden Entladung fähig
ist, so treibt es die Selbsterhaltung zu einem bestimmten Ge-
wächs an den Ufern des Nils, das es, wie die Naturforscher
versichern, für alle Notfälle mit einer ausreichenden Menge
neuen Stoffes versorgt. Ich bin

der Ihre, L. S.«[43]

Dies war das erste Mal, daß Sterne sich zu seiner Rolle in der
Auseinandersetzung bekannte. Nach J.S.'s gereimter Epistel
blieb ihm keine andere Wahl, als sich der bekannten Form seines Namens zu bedienen. Sterne war vielleicht ein wenig im

Nachteil, weil er nicht mit Sicherheit wußte, wer sich hinter »J. S.« verbarg. Er scheint im *Gazetteer* James Scott* beschuldigt zu haben, doch dieser veröffentlichte am 24. November ein ernsthaftes Dementi. Dieser Wirbel um Identitäten und persönliche Beleidigungen hatte inzwischen die Wahl selbst in den Schatten gestellt. Am 15. Dezember meldete sich J. S. abermals mit der Stimme Popes zu Wort:

>*Mr.* Pope *nochmals gegen* L. S.

Ein Wicht, der nicht lesen kann, sondern nur buchstabiert;
Ein Wortklauber, der Silben frißt und neue gebiert.
Beschämt man diesen Schmierer, wie? Reiß nur sein Netz
    entzwei,
Schon spinnt er selbstgefällig es aufs neu;
Deck seinen Trug und Schwindel auf – es ändert nichts
Am schmutzgen Werke des nimmermüden Wichts;
Er thront inmitten seiner trüben Ränke,
Stolz auf die Legionen seiner dürftgen Schwänke.

Von seinem untertänigen Diener
J. S.«[44]

Unter diesen Schlägen geriet Sternes Stellung nun gefährlich ins Wanken. Am 15. Dezember brachte der *Gazetteer* einen Brief seines Druckers, John Jackson, in dem alle Vertreter der Gegenseite als Lügner bezeichnet wurden, was darauf hindeutete, das die Wahl näherrückte. Zwei Tage vor Weihnachten erteilte der Sprecher des Unterhauses den Auftrag zum Vollzug der Wahl. In diesem letzten Stadium, als beide Seiten ihre Hilfskräfte zusammentrommelten, griff das Schicksal ein und linderte Sternes Schmerzen. Robert Hitch, der Pfründner von North Newbald erhitzte sich, während er für die Whigs trommelte, »am 26. 12. in diesem Streit so sehr, daß

---

* James Scott (1700-1782), Vikar von Bardsey, drei Meilen nordöstlich von Leeds. Collyers These, es sei Jaques Sterne gewesen, der Scott als Übeltäter denunzierte, klingt sehr einleuchtend. Dieser Irrtum dürfte Sternes Groll noch vergrößert haben.

er von einem tödlichen Fieber niedergeworfen wurde«.[45] Hitch starb, und am 5. Januar erhielt Sterne die Pfründe von North Newbald.

Am selben Tag vermeldete der *Courant* dieses Glück in Versen, die zwar nicht von Pope inspiriert waren, jedoch den Ton von J. S.'s Spottgedichten aufwiesen:

»Neujahrsgeschenk *für* L-y

Alte Legenden sagen – man braucht's nicht zu beweisen –,
Daß der Heilge Lawrence schmorte auf 'nem Rost von Eisen;
Doch unser junger Lawrence ist so dürr, ich will's verraten,
Daß er, ich wett', dort eher brennen würd' als braten.
Und wollt' man ihn gar rösten – ihm mangelts so an Mark und
    Kraft,
Daß er nur Tinte von sich gäb und keinen Tropfen Saft.«[46]

Im Laufe des Januar wurden die Stimmen registriert, als die Grundbesitzer trotz des strengen Winters nach York reisten. Allein schon wegen des außerordentlich kalten Wetters hätte der Wahlkampf hitzig sein müssen. Im September und Oktober und dann wieder vom 1. bis zum 22. Dezember fiel Schnee, und die Ouse fror zu, so daß die Brücke über den Fluß in Gefahr geriet, zu bersten.

Am Ende waren mehr als 15 000 Stimmen abgegeben, und am 21. Januar wurde Cholmley Turner mit einem Vorsprung von fast 1000 Stimmen zum Wahlsieger erklärt.* Es ist übrigens interessant, daß von achtzehn Grundbesitzern aus Sutton neun für Turner und neun für Fox, dem von dem Friedensrichter Philip Harland in Sutton unterstützten Kandidaten stimmten.

Doch mochten die Whigs in York auch triumphieren, in

---

* Zu dieser Zeit hatte Sterne »J.S.« bereits ausfindig gemacht. Im *York Gazetteer* vom 19. Januar findet sich eine fingierte Grabschrift auf John Stanhope, einen Anwalt und Sportsmann: »Er gab, des Streites müd und ohne Sinn, auf einer Fuchs-Jagd das Leben hin.« (*The Winged Skull*, S. 283 f.)

London wurden sie besiegt. Am 3. Februar 1742 trat Walpole zurück und beendete damit eine Ära der Vorherrschaft der Whigs. Im Juli starb Edward Thompson, der Whig-Abgeordnete für die Stadt York und der verhaßte George Fox trat an seine Stelle.

Darum hatte Sterne am Ende inmitten einer Parteiniederlage Glück gehabt. Für seine Bemühungen hatte man ihm North Newbald zugeschanzt, und er war kaum der Mann, vor dem schlechten Ruf zurückzuschrecken, den er sich in York erworben hatte. Möglicherweise hielt er es für klug, sich mit der neuen Macht in der Stadt zu arrangieren. Nachdem er North Newbald erhalten hatte, mag es ihn gereizt haben, seinen arroganten Onkel zu brüskieren. Oder war es einfach jener unwiderstehliche Hang zur Selbstzerstörung, die die Labilität in ihm hervorgebracht hatte und die er in bezug auf Yorick »überlegte Scherzhaftigkeit« nannte?

Vielleicht war eine pathologische Schwäche Sternes dafür verantwortlich, daß er ernsthafte Männer so lange hänselte, bis sie sich gegen ihn wandten. Danach wäre die Launenhaftigkeit nicht zu verhindern gewesen, von der Sterne wie Yorick wußte, daß es keiner »besonderen Arithmetik« bedurfte, »zu behaupten, daß du dir für zehn böse Witze – hundert Feinde gemacht hast; und bevor du nicht so weitergemacht hast und dir der aufgestörte Wespenschwarm um die Ohren saust und du halb zu Tode gestochen bist, wirst du dich nie überzeugen lassen, daß dem so ist.«[47]

Dennoch erscheint es nicht zwingend notwendig, daß Sterne am 27. Juli 1742 meinte, an den *Courant* schreiben zu müssen:

»Sir,
angesichts einiger neuerlicher Ehrenämter erscheint es mir nicht unangemessen, die Seiten zu wechseln. Darum bitte ich Sie um den Gefallen, die Öffentlichkeit davon in Kenntnis zu setzen, daß ich wegen der beleidigenden Artikel, die ich

während der letzten umkämpften Wahl für die Grafschaft York schrieb, um Entschuldigung bitte und daß ich Mr. Fox für seine Wahl von Herzen Glück wünsche.

Tempora mutantur & nos mutemur in illis.

Ich bin, Sir, Euer bußfertiger Freund und Diener *L. S.*«[48]

Ob nun durch die Wahl bußfertig, besorgt oder bloß nervös geworden, dürften deren Nachwirkungen Sterne wahrscheinlich dazu bewogen haben, mehr Zeit in Sutton zuzubringen. Das Taufregister Suttons für das Jahr 1740, vermerkt Sterne handschriftlich, sei »durch die Fahrlässigkeit des Gentleman, der Kurat war, unzulänglich«. Richard Wilkinson dürfte dieses Pflichtversäumnis zum Verhängnis geworden sein: 1743 hatte Sterne keinen Kuraten und widmete sich selbst den Angelegenheiten des Sprengels. Darüber hinaus scheint er York nicht so häufig besucht zu haben, wie während seiner ersten vier Jahre als junger Geistlicher.

Doch die Kränkung seines Onkels blieb unvergessen. John Croft glaubte, daß es nicht nur die leichtfertige Einstellung des Neffen zu politischen Dingen war, welche die beiden Sternes auseinanderbrachte, sondern daß sie sich

»wegen einer Geliebten seines Onkels zerstritten, die von Laury ein Kind bekam; die Ursache ihrer Streits ist heute noch [1795] am Leben. Man sagt der Lady nach, sie sehe Sterne sehr ähnlich, wenngleich er zum Zeitpunkt ihres Bruches in einem Kaffeehaus erklärte, es sei dazu gekommen, weil er für seinen Onkel nicht länger habe Zeitungsartikel schreiben wollen. Jedenfalls schwelte ihr Streit weiter, und sein Onkel hat sich nie wieder mit ihm versöhnt.«[49]

Der *York Courant* enthält ein delikates Stückchen Klatsch, das auf Jaques Sternes Liebesleben anspielt. Im November 1744 bat ein gewisser W. Charnley, dieses »Epigramm« abzudrukken:

Ad Prae – em quendam,
Phillida amas, Bacchis sobolens convicia jactat,
Ne spera ambabus posse placere diu.
Ah! Bacchis nondum didicit spectare lacunar:
Sed dudum hanc artem vir suus edidicit.[50]

Am 4. Dezember hatte Thomas English aus Northallerton
sich an eine Übersetzung gewagt:

»Molly liebt er: der eifersüchtgen Sarah ist es nicht zum
    Lachen;
Schwer ist's, es zwei verliebten Seelen gleichermaßen recht
    zu machen.
Ach, Sarah, tu die Augen auf und sieh, was jeder sehen kann:
Auf diese Kunst versteht schon lange sich dein Mann.«[51]

Die gleiche Ausgabe des *Courant* enthielt diese »Antwort« auf
die lateinische Fassung:

Das Epigramm mit Fleiß besingt
Die Irrtümer der Schönen mit Geschmack;
Denn weil's nicht ganz nach Unzucht klingt,
Verfiel ich nie auf einen Jaques.[52]

Dieses Wortspiel ist zu offensichtlich, um es Sterne mit letzter
Sicherheit zuschreiben zu können; gleichwohl enthüllt es den
fatalen und unumstößlichen Makel im Bild eines Mannes,
der sich ebenso wie Jaques Sterne Achtung verschaffen
wollte. Die besagte »Sarah« ist vermutlich Sarah Benson, die
Haushälterin des Kantors. Jaques Sternes Gattin war im Januar 1742 gestorben, und alles deutet darauf hin, daß er am
Ende mit Sarah zu einem *modus vivendi* kam. Als er 1759
starb, vererbte er ihr in einem bereits 1746 gemachten Testament seinen gesamten Besitz.
    Der Austausch von Versen im *Courant* ist um so interessan-

ter, weil er so außergewöhnlich ist. Die drei Verse wurden tatsächlich noch drei weitere Male abgedruckt – am 16. April, am 30. April und am 7. Mai 1745 –, so daß man nach Lektüre von Sternes Lebensbeschreibung den Verdacht hegen könnte, der *Courant* sei fortwährend mit den Anzüglichkeiten und Beleidigungen örtlicher Zänkereien angefüllt gewesen.

Doch die einzigen persönlichen und privaten Auseinandersetzungen, die zwischen 1738 und 1760 im *Courant* auftauchen, betreffen die Sternes. Ob nun Laurence bei diesem holprig gereimten Kreuzfeuer seine Hand im Spiel hatte oder nicht, jedenfalls wird klar, welch hervorragende Rolle die Sternes in den örtlichen Auseinandersetzungen spielten. Jaques wird es kaum behagt haben, daß man seinen Spaß mit ihm trieb, doch sein Neffe mag an der Rolle des örtlichen Clowns Gefallen gefunden haben.* Es ist beileibe nicht der letzte Auftritt Sternes als selbsternannter Spaßmacher.

Doch wir greifen vor. Im Augenblick hatte Sterne dringendere Probleme als seinen Onkel. Kurz nach seiner Heirat im Jahr 1741 war Agnes Sterne, zusammen mit ihrer halbwüchsigen Tochter Catherine, aus Irland in England eingetroffen. Über die folgenden Ereignisse sind wir im wesentlichen durch einen Brief informiert, den Sterne 1751 seinem Onkel schrieb, um die Behandlung, die er seiner Mutter zuteil werden ließ, zu rechtfertigen. Sterne bittet um Entschuldigung, daß der Brief »lang und hastig geschrieben«[53] sei, doch in Wirklichkeit stellt er einen mit großem Bedacht konzipierten Versuch dar, sich reinzuwaschen; er bezeugt auch, daß Sterne, wenn es notwendig war, praktisch, logisch und klar schreiben konnte.

---

* Es ist wahrscheinlich, daß Sterne gerade jetzt als ein Charakter galt, dem man Anekdoten zuschrieb. Die »Tatsachen« seines Lebens sind unentwirrbar mit wenig stichhaltigem Klatsch verwoben. John Crofts *Scrapeana*, zum Beispiel, enthalten viele Anekdoten über Sterne oder Mr. S., wie die folgende: Als Sterne im Ballsaal eine Dame traf und sie nach ihrem Namen fragte, gab sie zur Antwort, sie heiße Hobson. »Von Hobsons Wahl habe ich schon gehört«, sagte er, »aber ich habe sie nie gesehen«. (S. 25) (»Hobson's Choice« = Nehmen müssen ohne Wahl) [A. d. Ü.]

Ihrem Sohn zufolge, war Agnes Sterne eilig nach England gekommen, sobald sie von seiner Heirat mit Elizabeth Lumley, »einer vermögenden Frau«, hörte. Obgleich sie während des Wahlkampfes angelangt sein dürfte, eilte Sterne, »sobald ich die Kunde von ihrem Eintreffen in Liverpool erhielt,... zu ihr, um sie daran zu hindern, mir noch näher zu kommen, blieb drei Tage bei ihr und brachte alle schicklichen Argumente vor, um sie dazu zu bewegen, nach Irland zurückzukehren und ihre Tage bei ihren Verwandten zu beschließen«.[54]

Sterne machte Agnes klar, daß er außer den Zinsen vom Vermögen seiner Frau nur hundert Pfund im Jahr hatte, wovon er den Kuraten Wilkinson zu bezahlen hatte. Dazu kam, daß Sterne jetzt beträchtliche Mittel aufwendete, um das »große, verfallene Haus« in Sutton für frisch Verheiratete wohnlich zu machen. Im Register von Sutton findet sich eine von Sterne verfaßte Aufstellung, die das Ausmaß dieser Reparaturen zeigt:

»Einbau von Schiebefenstern	12 Pfund	0	0
Estrich und Stuck für die Halle	4	16	0
Ausbau des Treppenhauses	5	0	0
Schornstein im Salon	3	0	0
Abtritt	2	3	0

Ausgaben für Ausstattung der Zimmer, Mörtel, Grundierung & Trinkgeld – ich weiß nicht, für was noch – «[55]

In diesem einen Jahr scheint er mindestens dreißig Pfund für sein Haus ausgegeben zu haben, zehn Pfund mehr als die Pension betrug, die, wie er seiner Mutter versicherte, in einem »billigen Land« wie Irland für sie ausreichen würde. Der sich wehrende Sohn stellte ihr am Schluß »die Unmenschlichkeit einer Mutter vor Augen, die, obgleich sie *fähig* sei, für ihren Lebensunterhalt aufzukommen, auf solche Weise sich selbst als Last einem Sohn aufbürden wolle, der kaum in der Lage sei, für seinen eigenen Lebensunterhalt aufzukommen, ohne die Mittel für die künftige Versorgung einer anderen Person anzugreifen, die mir, wie sie sich vorstellen könne, viel näher stehe«.[56]

Einer Mutter gegenüber eine recht unbarmherzige Antwort, doch Sterne schlägt einen so ernsten Ton an, daß er sich selbst überzeugt zu haben scheint. Trotzdem machte er seiner Mutter zwanzig Guineen zum Geschenk, die »zusammen mit den Kleidern etc., die ich ihr am Tag zuvor geschenkt hatte, meines Erachtens zweifellos die gewünschte Wirkung haben würden«.[57] Doch wenn schon viele Außenstehende Sterne für einen Mann hielten, der weitere Beförderungen anpeilte, mag es für die Mutter nicht schwer gewesen sein, den Ehrgeiz in den Augen ihres Sohnes zu erkennen. In der Tat brachte die Pfründe von North Newbald, die er anstelle von Givendale ein Jahr nach seiner Heirat erhalten hatte, jährlich 158 Pfund ein. Mit diesen Einkünften, denen aus Sutton, den Zinsen seiner Frau und dem Geld, das er für Predigten im Yorker Münster erhielt, kann Sternes Jahreseinkommen von 250 Pfund nicht weit entfernt gewesen sein. Doch Agnes ließ sich nicht einschüchtern:

»Sie sagte mir mit einem Ausdruck grenzenloser Unverschämtheit, sie sei, was ihre Rückkehr nach Irland betreffe, entschlossen, mir diesen Gefallen nicht zu tun; sie habe festgestellt, daß ich eine Frau geheiratet hätte, die mir ein Vermögen in die Ehe gebracht habe, und sie habe sich dafür entschieden, ihren Anteil davon zu genießen und den Rest ihrer Tage entweder in York oder in Chester angenehm zu verbringen.«[58]

Das brachte Sterne in Rage, und er verabschiedete sich mit dem kalten Satz, »ich würde nicht vergessen, daß ich ein Sohn sei, wenn sie auch vergessen habe, daß sie eine *Mutter* sei«.[59] Unmittelbar darauf reiste Agnes mit ihrer Tochter Catherine von Liverpool nach Chester. Obgleich er keine Einzelheiten nennt, behauptet Sterne, ihnen dabei geholfen zu haben:

»Wir taten mehr für sie, als in unseren Kräften stand und wir vor uns selber verantworten konnten und es kam uns bitter genug an, daran zu denken, daß wir sowohl sie als auch meine Schwester darin unterstützten, die Freuden und Vorzüge eines Lebens in der Stadt zu genießen, das wir uns selbst aus Gründen der Schicklichkeit versagten; immerhin waren wir schwach genug, es insgesamt fünf Jahre so zu halten, wenn auch nicht, wie ich bekenne, ohne ständige Ermahnungen meinerseits und fortwährender Klagen ihrerseits.«[60]

Dieses Bild von Sternes ländlicher Selbstverleugnung wird freilich von der Tatsache aufgewogen, daß er etwa um diese Zeit in York sich der »Freuden und Vorzüge« von Sarah Benson erfreute, der Geliebten seines Onkels. Nicht nur das: Im Februar 1744 wurde durch den Tod von Richard Musgrave die Pfründe von Stillington vakant, einem anderthalb Meilen nördlich von Sutton gelegenen Dorf. Es war eine angenehme Zugabe zu Sternes eigener Pfründe; von seinem Garten aus konnte er bequem durch die Felder nach Stillington gehen. Auf die Unterstützung seines Onkels konnte Sterne in diesem Fall nicht zählen, doch er brauchte sie nicht: »Mit Hilfe meiner Frau erhielt ich die Stelle in Stillington: einer ihrer Freunde aus dem Süden* hatte ihr für den Fall, daß sie einen Geistlichen in Yorkshire heiraten würde, versprochen, daß er ihr die Pfarrpfründe überlassen wolle, sobald die Stelle frei werde.«[61] Am 25. Februar bekundeten drei Geistliche, mit denen er bekannt war – William Dodsworth, William Berdmore und Thomas Harrison – schriftlich, daß Sterne über einen »guten Lebenswandel und Umgang« verfüge, und am 14. März wurde er in die Pfarre eingeführt. Stillington vergrößerte sein jährliches Einkommen um vierzig

* Offenbar Lord Thomas Fairfax.

Pfund, so daß es inzwischen etwa das Zehnfache der Summe betragen haben muß, mit der seine Mutter auskommen mußte.

Vielleicht weil sie von dieser neuerlichen Verbesserung erfahren hatte, schickte Agnes ihre Tochter Catherine nach York, »damit sie Euch [Jaques Sterne] ihren Kummer anvertraue und Euch dazu bewege, uns gegen die unsinnigen Forderungen, die man an uns stellt, zu unterstützen«.[62] Das war vielleicht ein geschickter Schachzug von Agnes, da ihr ja schon früher einmal, nach dem Tode von Roger Sterne, von Jaques Sterne verboten worden war, ihm ihre Aufwartung zu machen. Tatsächlich erinnerte sich Sterne, sein Onkel habe damals vom »lärmenden und habgierigen Naturell«[63] seiner Schwägerin aus Irland gesprochen. Catherine scheint erheblich mehr Anklang gefunden zu haben. Sie war damals gerade zwanzig Jahre alt und nach den Worten von Richard Greenwood, einem Dienstboten in Laurence Sternes Haus, »eine der hübschesten Frauen, die ich je sah«.[64]

Obwohl sie gegen ihren Bruder Böses im Schilde führte, wohnte Catherine während ihres Aufenthaltes in York bei Laurence Sterne und »wurde von uns mit aller Freundlichkeit empfangen«.[65] Als sie nach Chester zurückkehrte, geschah es auf Sternes Kosten und sie hatte fünf Guineen in der Tasche, dazu »ein Silberstück, das meine Frau ihr in die Hand drückte, als sie in die Kutsche stieg«. Sterne und seine Frau versuchten sogar, Catherine dazu zu überreden, eine Laufbahn einzuschlagen, die geeigneter und lohnender war:

»Als wahrstes Zeichen unserer Freundschaft in einer solchen Lage scheuten meine Frau und ich, während sie bei uns weilte, keine Mühe, sie mit dem Gedanken vertraut zu machen, sich auf ihre eigenen Fähigkeiten zu besinnen, wobei wir ihr jeden möglichen Beistand anboten. Zuerst schlugen wir ihr vor, sie solle das Geschäft einer Manteau-Macherin erlernen; sobald sie sich ausreichend damit vertraut gemacht

habe, solle sie einen Umhang für sich selber nähen und sich
dann auf eigene Beine stellen – Wir würden ihr dreißig
Pfund geben, damit sie sich etablieren und erhalten könne,
bis das Geschäft floriere – Sollte sie aber lieber in ein Putzma-
chergeschäft in London eintreten wollen, verpflichtete
meine Frau sich nicht nur, sie in einem solchen Geschäft unterzubringen, wo sie einen Lohn von zehn Pfund jährlich erhalten würde, sondern sie überdies mit Kleidern etc. auszu-
statten, die ihrer Stellung angemessen seien; oder aber, wenn
ihr das besser gefalle, wollte meine Frau, welche die Möglichkeit dazu hatte, sie einer Familie empfehlen, die zu den ersten
unseres Adels gehöre – Sie schlug vor, ihr dort eine achtbare
Stellung zu verschaffen, wo sie nicht weniger als acht bis zehn
Pfund im Jahr neben anderen Vergünstigungen erhalten
werde. – Meine Schwester schien gegen keinen der beiden
letzten Vorschläge etwas einzuwenden zu haben, bis meine
Frau auf ihre Briefe in einem Falle eine günstige Antwort, im
anderen ein sofortiges Angebot erhielt. – Es dürfte Sie erstaunen, Sir, wenn ich Ihnen sage, daß sie diese Angebote mit der
äußersten Verachtung zurückwies; – sie sagte mir, ich möge
doch meine eigenen Kinder, wenn ich denn welche hätte, zu
Dienstboten machen.

Was sie angehe, wolle sie, da sie die Tochter eines Gentleman sei, *sich nicht erniedrigen*, sondern wolle wie die Tochter eines Gentleman leben.«[66]

Eine so temperamentvolle Antwort auf solche hochmütigen
Empfehlungen ist nicht ganz so erstaunlich, wie Sterne
meint. Schließlich war Catherine ganz die Schwester ihres
Bruders, und wenn er das Leben eines Gentleman führte,
warum sollte sie nicht hoffen, ihm darin nachzueifern? Es ist
bezeichnend für die Aufsteigermentalität im 18. Jahrhundert, daß es Sterne beliebte, seine Schwester als die Tochter
einer irischen Händlerin und sich selbst als Mitglied einer Familie aus dem Landadel Yorkshires hinzustellen. Die Grau-

samkeit, die in dieser Abgrenzung liegt, sollte man im Auge behalten, wenn man die Bilder betrachtet, die Sterne zu gern ausmalte, nach denen er gleichermaßen unbekümmert mit Lords und Bettlern umging.

Doch wie scheinheilig Sterne seine irische Familie auch behandelt haben mag, er sollte am eigenen Leibe das erleiden, was Heuchler am meisten fürchten – öffentliche Zurschaustellung. Und er kann kaum überrascht gewesen sein, als eine verstoßene Mutter und ein im Stich gelassener Onkel sich gemeinsam verschworen, Dinge über ihn in Umlauf zu setzen, die wenig schmeichelhaft waren. 1747 erlangte Agnes endlich Zutritt zu Jaques Sterne. Glaubt man ihrem Sohn, hielt seine Mutter es für besser, die zahlreichen Geschenke und Zuwendungen, die er ihr gemacht hatte, nicht zu erwähnen. Er hatte sich auch bereit gefunden, ihr, solange er lebte, acht Pfund jährlich zukommen zu lassen, doch auf Jacques' Anraten bestand Agnes darauf, daß Sternes Frau die Zahlung dieser Summe übernahm.* Sterne war eisern entschlossen, seine Frau nicht auf diese Weise zu belasten:

»Ich weiß, daß ich nicht die Macht habe, das zu tun – aus Gründen der Billigkeit und des Gewissens; und in ihrem Namen will ich hinzufügen: bedenkt man, wie viel sie, als beste aller Frauen, meinen Händen anvertraut hat, sollte ich wirklich fähig sein, in welch grausamer Weise man mich auch bedrängt, ihr und ihres Kindes Brot aufgrund des Lärms fortzugeben, den du und meine Mutter erzeugt haben? Dann wäre ich nicht allein der schwächste, sondern der schlimmste Mann, dem eine Frau sich je mit allem, was sie besaß, anvertraut hat.«[67]

Wie wir sehen werden, ist Sarah Benson nicht der einzige Grund für Gerüchte, welche diese Aussage Sternes betreffen.

---

* Das könnte als Hinweis verstanden werden, daß man Sternes Gesundheit bereits als prekär einschätzte.

In dieser Phase dürfte auch Elizabeth Sterne über ihren Gatten nicht mehr viele Illusionen gehabt haben. Richard Greenwood glaubte, es sei Sternes Frau gewesen, die ihn davon abgehalten habe, seiner Mutter und seiner Schwester zu helfen, und die zahlreichen Hinweise auf seine Pflicht gegenüber seiner Frau in dem Brief aus dem Jahr 1751 sprechen dafür, daß sie Druck auf ihn ausgeübt hat. Auf welche Art auch immer, Agnes und Jaques Sterne scheinen Lärm geschlagen zu haben. Und in der Gestalt von Gerüchten und Klatsch ist die Geschichte von Sterne und seiner Mutter auch überliefert worden. 1776, einige Jahre nach dem Tod aller Beteiligten, erzählte Daniel Watson, Vikar in Leake in Yorkshire, seine Version der Geschichte George Whateley, Schatzmeister des Findlings-Hospitals in London: »Soll ich Ihnen die Wahrheit über den Skandal in York verraten? Er bestand namentlich darin, daß Sterne, der über Pfründe von 300 Pfund jährlich verfügte, zehn Pfund nicht zahlen wollte, um seine Mutter aus dem Ousebridge-Gefängnis zu befreien, wo doch ihre einzige Schuld in ihrer Armut bestand; sie hatte einen so guten Charakter, daß zwei ihrer Nachbarinnen sich zusammentaten, ihr zur Freiheit ... und zu einem Lebensunterhalt als Wäscherin verhalfen.«[68] John Croft behauptete, daß Agnes nie aus dem Gefängnis entlassen worden sei: »Sternes Mutter starb in erbärmlichem Zustand im Gefängnis von York oder bald nach ihrer Entlassung. Man rechnete es ihm als unverzeihlich an, daß er sie nicht befreite, da er doch die Mittel dazu hatte, so daß zu diesem Zweck eine Spendensammlung ins Werk gesetzt wurde... Kein anderer beharrte in der Theorie mehr auf Humanität, doch es scheint nicht, daß er viel davon in die Praxis umsetzte.«[69]

Wir wissen weder, ob Sternes Mutter ins Gefängnis kam, noch ob sie dort verstorben ist. Das *Memoir* des Sohnes ist in bezug auf seine Mutter sehr zurückhaltend, doch die geschwätzigen Erklärungen in dem Brief aus dem Jahr 1751 wurden sicherlich durch ein ernstes Ereignis provoziert. Die

fieberhafte Selbstverteidigung dieses Briefes offenbart einen
Mann, der sich im Innersten seines Gefühls getroffen sieht:

»Kürzlich berichteten mir einige meiner Freunde, daß die Gerüchte über mich noch immer im Umlauf seien und daß ein
Anschlag von einzigartiger Bösartigkeit gegen einen wehrlosen Mann gerichtet werde, der zurückgezogen auf dem
Lande lebt und wenig Gelegenheit hat, die Welt eines Besseren zu belehren, daß weiterhin meine Mutter an eben jenem
Ort untergebracht sei, wie man gefühllos berichte, was mir
(als Priester) vielleicht zum allergrößten Nachteil gereichen
kann – kurz, durch den Rat meiner Freunde wurde ich dazu
ermuntert, auf Mittel und Wege zu meiner Verteidigung zu
sinnen; ich gestehe, daß ich unverzüglich hätte zur Tat schreiten und der Welt meine Geschichte erzählen sollen, ungeachtet der daraus folgenden Unannehmlichkeit: ich könnte mir
nämlich auf diesem Wege nicht Gerechtigkeit verschaffen,
ohne mir zugleich einen Schaden zuzufügen, indem ich die
Dürftigkeit meiner Umstände offenlegte, was mir, soviel ich
weiß, in der Meinung der halben Welt mehr Mitleid eingetragen hätte, als Verständnis, das ich möglicherweise durch die
denkbar offenherzigste Verteidigung von der anderen
Hälfte gewonnen hätte.«[70]

Diese Passage verrät eine bestürzende Gefühllosigkeit und
Berechnung, die mir für Sterne charakteristisch zu sein
scheint. Gefühl ist hier etwas, das zitiert, aber nicht erlebt
wird, und die verzweifelten Verrenkungen, die Meinung zu
beeinflussen, verraten eine wahrhaft instabile Persönlichkeit.
Darüber hinaus bedenke man, daß dieser Brief an einen
Feind gerichtet war, der durchaus dazu fähig war, Sternes Bekenntnisse auszuposaunen. Es scheint, als sei Sterne kaum bewußt gewesen, wie vernichtend diese Geständnisse waren.
Die Verbindung von Erfindungsgabe und Berechnung kann
nur mit dem Blick auf den sozialen Aufstieg erklärt werden,

den Sterne in nahezu vierzig Jahren vollzogen hatte. Dieser Brief ist verwirrender, als sein Verfasser je begriff.

Wie endete die Geschichte? Im September 1758 schrieb Sterne kryptisch an John Blake, einen Freund: »Ich hoffe, die Angelegenheit meiner Mutter ist jetzt zu unsrer/meiner und ich glaube auch zu ihrer Zufriedenheit beendet.«[71] Im Dezember desselben Jahres spricht er davon, er müsse auf einem Abstecher nach York seine Mutter besuchen. Inzwischen dürfte Agnes das sechzigste Lebensjahr überschritten haben. Das Jahr 1758 war das letzte, in dem sie ihre Pension in Höhe von zwanzig Pfund als Soldatenwitwe empfing, und am 5. Mai 1759 wurde eine »Mrs. Sterne« in der Kirche von St. Michael le Belfrey gegenüber dem Münster beigesetzt. Sternes Schwester Catherine soll John Croft zufolge in London einen Gastwirt geheiratet haben. In seinen Erinnerungen sagt Sterne, sie sei noch am Leben, erwähnt sie aber ansonsten kaum noch. So stellt sich denn die Lage so dar, daß er, bevor er sich selber der Welt präsentierte, seine Schwester verjagt und seine Mutter begraben hatte.

* * *

Wenn nun Mutter, Schwester und Onkel sich mit Laurence Sterne zerstritten, was hielt seine Ehefrau von ihm?

Obgleich Sterne gern von »dem zärtlichen und süßen Gefühl« träumte, »daß sich immer in die Freundschaft zwischen Menschen unterschiedlichen Geschlechts mischt«,[72] zuckte er bei dem Wort *Weib* zusammen. – »Das Wort *Weib* ... ist an sich schon ein schriller, durchdringender Klang.«[73] Mrs. Walter Shandy ist das einzige »Weib« in Sternes Roman, und es wäre keine Übertreibung, sie die Zielscheibe des *Tristram Shandy* zu nennen, würde uns nicht mitgeteilt, daß sie »nicht mehr (begriff) als ihr Hinterteil, was mein Vater damit meinte«.[74] Sie ist gleichgültig gegenüber dem Humor ihres Gatten und, was seine höchst kniffligen und systematischen Beweisführungen angeht – zum Beispiel bei der Frage, wann und wie man einen Knaben in Hosen stecken solle –, ist sie »unbeteiligt, ob etwas auf diese oder jene Weise getan werde, – vorausgesetzt, es wurde überhaupt getan«.[75] Ihr größter Fehler besteht darin, kein Gefühl für Stil zu haben und im Besitze eines verstockten und prosaischen gesunden Menschenverstandes zu sein. Mrs. Shandy sind die schrulligen Bemerkungen ihres Gatten ebenso gleichgültig wie Margaret Drummond die Faseleien Grouchos. Doch die Shandy-Komödie richtet sich in hohem Maße gegen Mrs. Shandys unerschütterliche geistige Leere. Diese Art von Frauenporträt könnte die Folge jahrelangen Mißverstehens sein, und vielleicht tut sich der Abgrund in Sternes Eheleben in der grübelnden Stimme auf, welche die Glut der Leidenschaft mit der Frage unterbricht: »*Sag doch, mein lieber Mann ..., hast du auch nicht vergessen, die Uhr aufzuziehen?*«[76] Falls Elizabeth Sterne – Mrs. Shandys Mädchenname war Elizabeth Mollineux – sich jemals im Buch ihres Gatten wiedererkannt hat, dürften sie die komischen Katastrophen anläßlich von Tristrams Geburt aus der Fassung gebracht haben.

Sie gehörte nicht zu den Frauen, die mit ihren Geburten viel Glück gehabt hatten; was das anging, dürfte es auch nicht viele Pfarrersfrauen gegeben haben, die sich auf solch widerspenstige Gatten verlassen mußten.

Mrs. Shandys frühere Scheinschwagerschaft hatte Tristram dazu verurteilt, unter schwierigen Umständen auf einem Dorf zur Welt zu kommen, doch soweit wir wissen, erfreute sich Mrs. Sterne keines Vertrages mit ihrem Gatten, der vorsah, daß sie in London oder gar in York niederkommen solle. Elizabeth Sterne wurde Anfang 1745 schwanger. Brachte sie da eine tüchtige Hebamme ins Gespräch oder sagte ihr Sterne wie Walter Shandy, »als sie nachher noch ernsthaft im Bett miteinander plauderten und beredeten, was kommen würde«,[77] sie müsse das Kind in Sutton bekommen? Eine Tochter wurde geboren, am 1. Oktober auf den Namen Lydia getauft und am folgenden Tag beerdigt.

Dieses traurige Ereignis ist in den Kirchenbüchern von Sutton und Stillington eingetragen, als habe Sterne den Wunsch gehabt, seine Enttäuschung in beiden Sprengeln zu verewigen. Wie locker der Geistliche Sterne auch gelegentlich erscheinen mag, sollte doch mögliche Skepsis über seine religiösen Grundüberzeugungen dadurch abgeschwächt werden, daß er die sterbende (wenn nicht gar bereits tote) Lydia unverzüglich taufte. Die Taufe gehört zu jenen anglikanischen Praktiken, die sich am hartnäckigsten gehalten haben, und W. Henderson betont in *Folklore in the Northern Counties:* »Ich habe alte Leute von kränkelnden Säuglingen sagen hören: ›Ach, das wird sich bessern, wenn man's zur Kirche bringt; Kinder gedeihen erst dann, wenn sie getauft worden sind.‹«[78]

Wir kennen keine Einzelheiten über Lydias Tod, doch es war nicht ungewöhnlich, daß ein Kind so jung starb. An Lydias Todestag wurde in Stillington ein weiteres Kind beerdigt, das nur einen Tag älter war als sie, während in Sutton im Jahr 1738 dreijährige Zwillinge starben. Etwa um die Mitte des 18. Jahrhunderts begann die Bevölkerung Englands stetig zuzunehmen. Erst Ende der 50er Jahre begannen die jährlichen Taufen in York die Gesamtzahl der Todesfälle zu übersteigen. In der ersten Jahrhunderthälfte waren dafür nicht nur Epidemien verantwortlich, harte Winter und schlechte Ernte können die Raten gleichermaßen beeinflußt haben. In den Jahren von Sternes Amtsführung in Sutton, für die verläßliche Unterlagen existieren, liegt zwischen 1738 und 1756 die Zahl der Taufen etwa zehn Prozent höher als die der Beerdigungen (241 zu 220). In acht dieser Jahre gab es mehr Beerdigungen als Taufen. Die durchschnittliche Lebenserwartung war damals beträchtlich geringer als heute, doch wir sind auch auf Personen getroffen, die über achtzig Jahre alt wurden. In Sutton starben 1749 zwei Männer im Alter von siebenundachtzig bzw. fünfundneunzig Jahren, während 1760 in Stillington ein Mann starb, der behauptet hatte, 112

Jahre alt zu sein: alt genug, um Cromwell miterlebt zu haben.[79] Wenn sie erst einmal die Kindheit überstanden hatten,
war es für die Wohlhabenden nicht so schwer, ein gehöriges
Alter zu erreichen. Die durchschnittliche Lebenserwartung
war deshalb so gering, weil die Säuglingssterblichkeit bei den
ärmeren Schichten aus Mangel an Hygiene und tatsächlicher
Hungersnot so hoch war. Dazu kamen häufig wirtschaftliche
Krisen.

Während der 40er Jahre erwiesen sich die Sternes als besonders anfällig. Neben Sternes Tochter starben sein Vetter
Richard (1744; siebenunddreißig Jahre alt), Richards Tochter Mary (1745; zehn Jahre alt), und Sternes anderer Vetter,
Timothy (1746; fünfundzwanzig Jahre alt).[80] Rogers Sippe
war von sehr schwacher Gesundheit gewesen.

Zwei Kinder Sternes starben bei der Geburt oder kurz danach*, und seine Tochter Lydia war Asthmatikerin, die nur
wenig mehr als dreißig Jahre alt wurde. Immerhin wurde ein
weiterer Vetter, Frances, sechsundachtzig Jahre alt und starb
erst 1801, und Sterne selbst, der sich seiner Gebrechlichkeit
bewußt war, brachte es auf vierundfünfzig Jahre.**

Zufällig lebte einer der zahlreichen englischen Ärzte, die
allmählich die Praxis der Medizin verbesserten, zu dieser Zeit
in York. Doch John Burton war kein Freund Sternes.

Die Geschichte einer Begegnung der beiden Männer auf
dem Hofe des Münsters zeigt, wie leicht Burtons streitlustige

---

* Richard Greenwood, Anfang der 40er Jahre Sternes Diener, soll gesagt haben, daß
  Elizabeth »mehrere Kinder« gebar, von denen lediglich Lydia am Leben blieb. Er
  fügte hinzu, ein weiteres Kind sei ein Junge gewesen, der nach drei Wochen starb;
  Sterne sei über seinen Tod untröstlich gewesen, habe sein Zimmer aufgesucht und
  es eine Woche lang nicht verlassen. Wir haben dafür keinen Beweis, und es scheint
  unwahrscheinlich, daß Sterne es versäumt hätte, die Geburt in die Kirchenbücher
  einzutragen. (Kuist, a.a.O., S. 549)

** Obwohl Sterne öffentlich von seiner Kränklichkeit sprach und diese allgemein bekannt war, muß doch angemerkt werden, daß von den zeitgenössischen Schrifstel-
   lern Smollett, Goldsmith und Fielding jünger starben als er; Boswell und Gibbon
   wurden nur ein paar Jahre älter.
   Sterne (1713-1768); Smollett (1721-1771); Goldsmith (1728-1774); Fielding (1707-
   1754); Boswell (1740-1795); Gibbon (1737-1794). [A.d.Ü.]

Ernsthaftigkeit und Sternes um keine Replik verlegener Witz aneinandergeraten konnten. Burton, in der Hoffnung, eine Streitfrage vorweg zu entscheiden, sagte: »Sir, ich mache niemals einem Narren Platz!« Doch Sterne erwiderte bloß: »Ich freilich immer, Sir« und bedeutete dem Arzt, vorbeizugehen.[81]

Den Höhepunkt dieser Feindseligkeit bildete die Tatsache, daß Sterne im *Tristram Shandy* Burton als Vorbild für Dr. Slop* benutzte: »... eine kleine gedrungene, ungeschlachte Gestalt..., vom Boden gemessen ungefähr viereinhalb Fuß hoch, mit einem so breiten Buckel und so unmäßig dickem Wanst, daß er einem Sergeanten bei der Leibgarde Ehre gemacht hätte.«[82]

Burton war gewiß eine pompöse Erscheinung, doch er wurde nicht aufgefordert, Mrs. Sterne bei der Geburt beizustehen. Unter den Karikaturen im *Tristram Shandy* gehörte Dr. Slop zu denen, die am deutlichsten zu erkennen waren, nicht zuletzt deshalb, weil die Animosität zwischen Burton und den Sternes seit einigen Jahren allgemein bekannt war. Doch Slop ist eine Karikatur, die Burton nicht gerecht wird. In Wahrheit war er ein bemerkenswerter Arzt, der 1751 – jenes Jahr, in dem Elizabeth Sterne eine Fehlgeburt erlitt – *An Essay towards a complete new System of midwifery* veröffentlichte.** Außerdem hatte er bei der Gründung eines Armenhospitals in York eine führende Rolle gespielt.

Burton war ein Tory und, wie manche sagten, ein Papist; doch seine mildtätigen Aktivitäten lassen den vorgeblichen

---

* Arthur Cash hat nachgewiesen, wie genau die Beschreibung von Tristrams Geburt Burtons geburtshelferische Schriften nachahmt. Tatsächlich hatte Burton in einer Auseinandersetzung mit Dr. William Smellie (Verfasser von *Treatise on the Theory and Practice of Midwifery*) den Kürzeren gezogen. (Cash, *The Birth of Tristram Shandy: Sterne and Dr. Burton*, Studies in the Eighteenth Century, Canberra 1968: S. 149-150)

** Burton (1710-1771) wurde als Sohn eines Londoner Kaufmanns in Colchester geboren. 1727 besuchte er St. John's College, Cambridge, und studierte später bei Boerhave in Leiden. 1758 veröffentlichte er den ersten Band von *Monasticon Eboracense*; der Mißerfolg verhinderte das Erscheinen des zweiten Bandes, den er angekündigt hatte.

Liberalismus der Whigs von Yorkshire in einem schlechten Licht erscheinen. »Als ich nach York kam«, schrieb Burton, »sah ich täglich das Elend, dem die armen Leute ausgesetzt waren, viele von ihnen starben, nicht nur weil es ihnen an Beratung und Medikamenten fehlte, sondern auch weil es an gemeinnützigen Einrichtungen mangelte; darum plante ich den Bau eines Krankenhauses«.[83] Dank einer Stiftung in Höhe von 500 Pfund von Lady Elizabeth Hastings* wurde das Hospital 1742 errichtet; Burton war einer der dort tätigen Ärzte. Der Erfolg dieser Einrichtung erhellt aus der Tatsache, daß das Hospital in den ersten drei Jahren 1335 Heilungen und nur 52 Todesfälle zu verzeichnen hatte.

Der einzige Sterne, der für das Hospital etwas spendete, war Richard, Laurences Vetter. Jaques und Laurence waren geschworene politische Feinde Burtons und damit aller Projekte, die er anpackte. Burton und Jaques Sterne hatten während der Wahl von 1734 die Klingen gekreuzt, als der Tory es sich zur Aufgabe machte, eines der Wahllokale zu beschützen, um zu »verhindern, daß sich viele auf ungesetzliche Weise in die Wahllisten eintrugen«.[84] Doch 1741 drang Burton noch tiefer in Jaques Sternes Interessensphäre ein, als er dessen Plan enthüllte, die Posten der Kirchenvorsteher mit willfährigen Whigs zu besetzen, um auf diese Weise kirchliches Geld für politische Zwecke zu verwenden. Burton schaffte es sogar, daß die *London Evening Post* die Geschichte druckte und war

* Lady Elizabeth Hastings (1682-1739) war eine außerordentlich wohltätige *grande dame*, die auch der Trinity Church in Leeds und der Gesellschaft für die Verbreitung christlicher Erkenntnis je 1000 Pfund stiftete. Gleichzeitig war sie bei der Verteilung ihres Reichtums realistisch genug, mit dem Entzug ihrer Stiftung für das Hospital in York zu drohen, als das Projekt schleppend vorangetrieben wurde. Sie starb im Dezember 1739, und der *York Courant* berichtete, daß sie »etwa sechs Stunden vor ihrem Tode befahl, ihre gesamte Dienerschaft in ihr Krankenzimmer zu rufen, wo sie jedem in höchst rührender Weise Anweisungen für die künftige Lebensführung gab. – Ein Beispiel, das ebenso selten wie der Nachahmung wert ist.« Genau das muß sich auch Richardson gedacht haben. Am Anfang von *Pamela* – geschrieben zwischen November 1739 und Januar 1740 – steht eine sehr ähnliche Szene, in der Lady B. Pamela der Obhut ihres Sohnes empfiehlt – ein Vorschlag, den dieser freudig annimmt. (*York Courant*, 1. Januar 1740)

sicher, kein aufrechter Mann könne jetzt noch die Whigs unterstützen. Vielleicht war die Empörung nur gespielt, und
Burton scheint ein gehässiger Mann gewesen zu sein. Nichtsdestotrotz ist sein Zorn auf den Walpoleschen Whig-Klüngel
typisch für die Entrüstung der Tories und entbehrt nicht der
Grundlage: »Dürfen diese Leute sich Whigs nennen, Vertei-
diger der Freiheit? Haben diese Leute es verdient, daß man
ihnen in irgendeiner Form Vertrauen schenkt, welchen Anspruch sie auch immer erheben? Schaut sie euch gründlich
an, und ihr werdet immer feststellen, daß sie nur ihre eigenen
Interessen im Auge haben; und solange sie ihre eigenen
Zwecke erfüllt sehen, kümmert es sie nicht, ob ihre Nachbarn
betteln gehen müssen.«[85]

Die Zeit der Rache an Burton kam für Jaques Sterne während der Aufstände im Jahr 1745, einem Ereignis, das ganz
York in große Aufregung und Verwirrung versetzte.*

Die Kirche von York war fest in den Händen der Whigs,
und die Wahl von 1741 hatte im Umland eine spürbare Tendenz zu den Whigs gezeigt; doch einst hatte York den Ruf besonderer Toleranz gegenüber den Römisch-Katholischen besessen. Die Nachricht vom jakobitischen Aufstand rief in York
große Aufregung hervor – die Hochland-Armee sollte in der
Tat bis Derby, 50 Meilen südlich von York, vorrücken, so daß
die Besorgnis nicht unbegründet war. Abergläubische haben
vielleicht darauf hingewiesen, daß im Juli 1745 ein Blitz einen Spitzturm des Münsters zerschmettert hatte.[86] Nach einem Monat kam die Nachricht, daß die Hochländer viertau-
send Mann im Felde hatten und Fort Augustus belagerten.

Sir John Cope war gegen sie aufgeboten worden, war jedoch bei Prestonpans geschlagen worden. Als der Erzbischof
Herring davon erfuhr, hielt er eine mitreißende Predigt und

---

* Die aufständischen Jakobiten waren die Anhänger des 1688 vertriebenen Stuart-Kö-
nigs Jakob II. und seiner Nachkommen. 1715 wurden die Jakobiten in Schottland geschlagen, am 17. Januar 1746 errangen sie einen Sieg bei Falkirk. Am 16. April 1746
wurde der letzte jakobitische Aufstand unter dem »young Pretender« Karl Eduard,
»Bonnie Charles«, bei Culloden Moor blutig niedergeschlagen. [A. d. Ü.]

rief zur Aufstellung einer Streitmacht aus Freiwilligen auf.
Zeitgenössische Drucke lassen unterschiedliche Deutungen
dieser Aktion zu: auf einigen Flugblättern ruft Herring »Religion! Freiheit! Mein Land!«, doch auf anderen »Meine
Mitra, meine Ländereien, mein Gold, meine Kirche«.[87] Im
September brüstete sich der Pretender, er werde Weihnachten in London sein. Eine Vereinigung zur Verteidigung Yorks
wurde ins Leben gerufen, als Verstärkung trafen in der Umgebung Yorks Truppen ein und im *York Courant* wurde ein
Brief abgedruckt, der die Verteidigung »der besten Verfassung und der reinsten Religion unter dem Himmel« for-
derte.[88] Ein wenig lebensnäher war ein Vers, der die Runde
machte, als die Hochländer Carlisle einnahmen: darin wurde
Cope auf Rope (= »Seil, Strick«) gereimt.

Laurence Sterne scheint sich während dieser Aufregung in
Sutton aufgehalten und sich um die Pflege seiner Frau nach
der Geburt gekümmert zu haben; er versuchte jedoch seinen
Diener, Richard Greenwood, dazu zu überreden, sich einem
Kavallerieregiment anzuschließen, das gegen die Rebellion
aufgestellt wurde. Es gibt keinen Hinweis, daß er bei der an-
schließenden Verfolgung Burtons* durch Jaques Sterne ir-
gendeine Rolle gespielt hätte, wenngleich Cross glaubt, daß
Laurence Sterne während dieser Zeit immer noch politische
Artikel schrieb.[89]

Burton war in einer Zwickmühle. Er war kein Katholik,
doch innerlich stand er loyal zu den Stuarts und dürfte die
Berichte von den vorrückenden Hochländern mit gemisch-

---

* Dennoch hat Kenneth Monkman kürzlich über einen Brief berichtet (im *Protestant
York Courant* vom 1. Juli 1746), der möglicherweise von Sterne stammt und in dem
»der Handlanger des Papismus« attackiert wurde. Monkman berichtet auch über einen weiteren, möglicherweise von Sterne stammenden Brief (*Protestant York Courant*
vom 3. November 1747), der ein faszinierendes Schlaglicht auf einen Mann wirft, der
seinen eigenen Charakter zu begreifen sucht: »Ich will so aufrichtig sein, Ihnen zu bekennen, daß ich ein paar Eigenarten habe... Gleichwohl billigen ihnen meine
Freunde zu, sie seien sehr verzeihlich, da ich in den Anwandlungen größter Leidenschaft nie darüber hinausgehe, eine Pfeife zu zerbrechen oder meinen Hut und
meine Perücke durch das Zimmer zu schleudern.«

ten Gefühlen gehört haben. Am 22. November gelangte die Nachricht nach York, die Rebellenarmee stehe in Kendal. Alles hing davon ab, ob sie auf der westlichen oder auf der östlichen Seite der Penninischen Berge weitermarschieren würde. Burton verfügte westlich von York, in Birkwith und South House, über ein wenig Land, und erbat vom Stadtrichter von York die Erlaubnis, sich sofort dorthin begeben zu dürfen, um seinen Besitz zu schützen. Das war ein kluger Kompromiß: falls die Hochländer stark schienen, konnte er sich ihnen anschließen, falls nicht, hatte er sich ein Alibi verschafft.

Der Stadtrichter mochte sich nicht festlegen – »es war ein so delikater Fall, daß er kaum wußte, welche Anordnung er treffen sollte«[90] –, doch Burton reiste ab. Schlechtes Wetter hielt ihn auf, und in Settle hörte er, daß die Hochländer durch Lancashire vorrückten. Er begab sich nach Hornby, etwa 15 Meilen südöstlich von Kendal und saß gerade auf dem Stuhl eines Barbiers, als eine Abteilung von Rebellen auftauchte. Nach Burtons Darstellung passierte nichts, das den Seifenschaum an seinem Kinn hätte in Unordnung bringen können. Jedoch »ein Halunke aus Settle (der mehr von Böswilligkeit und Arglist als von Sanftmut und Wahrheitsliebe erfüllt war)«[91] meldete nach York, daß Burton fraternisiert habe.

Als Burton nach York zurückkehrte, ließ Jaques Sterne ihn als »eine der Verschwörung gegen Seiner Majestät Regierung verdächtige Person« festnehmen. »Burtons Schuld scheint außer Frage zu stehen«, jubelte Sterne gegenüber Lord Irwin, dem Vertreter der Krone in Ost-Riding.[92]* Burton wurde in York Castle eingekerkert, und die wankelmütige *London Evening Post* brachte Berichte über seinen Sturz, die unzweifelhaft Jaques Sterne lanciert hatte. In der Tat rettete ihn das Fehlen jeglichen Beweises für seine Schuld, doch zuvor brachte man ihn nach London und hielt ihn dort ein Jahr

* Riding ist einer der drei Bezirke von Yorkshire. [A. d. Ü.]

lang gefangen. Doch ebenso wie Robinson Crusoe verbrachte er seine Zeit nicht mit Müßiggang. Er unterhielt sich mit zahlreichen Jakobiten, die mit ihm zusammen inhaftiert waren und veröffentlichte anschließend *A Genuine and True Journal of the Most Miraculous Escape of the Young Chevalier.*

Es hat den Anschein als handle es sich um eine alberne Geschichte blinder Bosheit. Doch die Ängste in York waren nicht hysterisch gewesen, und nicht alle kamen so unbeschadet davon. Zwei Rebellen, James Mayne und William Connolly, wurden hingerichtet und ihre Köpfe blieben acht Jahre lang auf Micklegate Bar aufgespießt, ehe ein Schneider sie 1754 herunternahm und eines Nachts beerdigte. Zu dieser Zeit war der Jakobitismus ein abgeschlossenes Kapitel. Im gleichen Jahr bot man dem entlasteten Burton das Ehrenbürgerrecht der Stadt an.* Er lehnte ab und lebte noch bis 1771, und wurde vermutlich von jedermann als Vorbild des Dr. Slop erkannt, unauslöschlich durch die Sternes gebrandmarkt.

Das Ganze hat uns ein wenig von Laurence Sternes Eheleben entfernt, aber kein Buch über Sterne kann John Burton auslassen, und Abschweifungen sind der »Sonnenschein des Lesens«.

Sternes einziges überlebendes Kind aus seiner Ehe wurde am 1. Dezember 1747 in Sutton geboren. Es war abermals eine Tochter, und, ungeachtet ihres vorangegangenen Unglücks, nannten ihre Eltern sie ebenfalls Lydia.

Elizabeth Sterne erlitt mindestens noch eine weitere Fehlgeburt. Sterne schrieb irgendwann im Jahr 1751 an Theophilus Garencieres, einen Apotheker in York: »Meine Frau leidet außerordentlich unter Hämorrhoiden, was in ihrem Zustand sehr gefährlich ist, wenn das Übel nicht umgehend, vor der Entbindung, die jede Stunde erfolgen kann, beseitigt

---

* Ironischerweise bot Jaques Sterne im Dezember 200 Guineen und ein Porträt des Herzogs von Cumberland an, wenn man ihm das Ehrenbürgerrecht verleihe. Der *York Courant* bemerkte, dieser »großherzige und uneigennützige Vorschlag« sei nicht angenommen worden.

wird.«[93] Was Garencieres ihr auch verabreicht haben mag, es half nicht und ein paar Tage später berichtete Sterne: »Mrs. Sterne hat letzte Nacht ein totes Kind zur Welt gebracht: Sie ist sehr schwach, und ich glaube, irgendein stärkendes Mittel, das sie alle zwei, drei Stunden einnimmt, wäre vonnöten.«[94]

Diese Totgeburt markiert möglicherweise das Ende ihrer ehelichen Beziehungen: Im Mai 1767 erklärte Sterne: »Ich habe in den letzten fünfzehn Jahren keinen Verkehr mit Frauen gehabt, nicht einmal mit meiner Gattin.«[95]

Da diese Verteidigung durch einen Anfall dessen, was die Ärzte »venerische Krankheit« nennen, ausgelöst war, kann es sein, daß diese Bemerkung sich genaugenommen nur auf seine Frau bezog.

Sternes Umgangston Frauen gegenüber war immer zweideutig – zuweilen plump, doch bezeichnender war, daß er einen enormen emotionellen Druck ausüben konnte. Die Geschichten über Sternes außereheliches Leben enthüllen das Bild eines sehr kundigen Lüstlings. Es sei daran erinnert, daß Elizabeth Montagu davon gehört hatte, er habe vor seiner Heirat ein ausschweifendes Leben geführt. Der Streit mit seinem Onkel hatte sich dadurch zugespitzt, daß der Neffe sich Jaques' Mätresse bemächtigt hatte. John Croft läßt durchblicken, daß Sternes instinktive Jagd nach dem Weiblichen seine Ehe rasch in Unordnung gebracht habe: »Später lebten sie nicht auf gutem Fuß und in Harmonie zusammen, was hauptsächlich darauf zurückzuführen war, daß er seiner Frau untreu war... Einmal überraschte sie ihn mit der Magd und zerrte ihn aus dem Bett auf den Fußboden.«[96] Das erinnert in hohem Maße an eine Szene aus einem Stück von Feydeau, in welcher die gekränkte Frau als Witzfigur dargestellt wird. Sternes Diener, Richard Greenwood, porträtierte ihn als einen unersättlichen Lüstling:

»Er pflegte seinen Herrn zu begleiten, wann immer Sterne nach York fuhr; und wenn er dort war, verbrachte er selten eine Nacht ohne ein Mädchen oder zwei, die Richard ihm zu beschaffen pflegte. Er versprach Richard, ihn dafür zu belohnen, daß er diese privaten Amouren geheimhielt, vor allem vor Mrs. Sterne. Richard sagt, Sterne habe sein Versprechen gehalten und was ihn, Richard, angehe, so habe er über diese seinen Herrn betreffenden Dinge nie gesprochen. Sterne war auch fortwährend hinter seinen weiblichen Dienstboten her.«[97]

Daß Sterne so viel Frauen hatte, kann zweierlei bedeuten: entweder war er unersättlich oder nur wenige Frauen konnten ihn auf Dauer ertragen. Es scheint, daß die getrennten Leben, die er und seine Frau nach dem Erscheinen des *Tristram Shandy* so lange Zeit führten, ihren Ursprung in einer Zeit hatten, die lange zurücklag. Croft sagt, daß die Untreue ihres Mannes Elizabeth Sterne um den Verstand brachte. Doch das ist eine maßlose Übertreibung, und falls sie Mrs. Shandy ein wenig ähnlich war, wäre sie eher dazu bestimmt gewesen, gekränkt, als wahnsinnig zu bleiben. Croft entwirft ein fast groteskes Bild, in dem eine in Illusionen befangene Mrs. Sterne sich für die Königin von Böhmen hält und der amüsierte Sterne den Narren spielte, um sie zu erheitern:

»Tristram, ihr Gatte, schlug, um sie zu erheitern und ihr frische Luft zu verschaffen, eine Hetzjagd vor, wie man sie in Böhmen praktiziert; zu diesem Zwecke beschaffte er Blasen, füllte sie mit Bohnen und befestigte sie an den Rädern eines einfachen Wägelchens. Darin fuhr er Madame auf das Stoppelfeld und durch die Bewegungen des Gefährts begannen die Bohnen in den Blasen zu rattern und zu klappern; das schreckte die Hasen auf, und die Jagdhunde konnten sie pakken.«[98]

Welche Wirkung dieses Spielchen auf die Einbildungen Mrs. Sternes auch immer hatten, die nervöse Empfindlichkeit ihres Gatten dürfte durch eine so hektische und lärmende Fortbewegung gewiß besänftigt worden sein. Was »Böhmen« angeht, so ist dieser Name für das unmittelbar südlich an Sutton angrenzende Gebiet noch immer in Gebrauch, so daß Mrs. Sternes königliche Ambitionen vielleicht gar nicht so verwegen waren, wie sie dargestellt worden sind.

Elizabeth Sterne scheint nicht zu jenen Frauen gehört zu haben, die ihren Verstand ihrem Kummer unterwarfen. Sie mag in besonderem Maße unkongenial mit ihrem Gatten gewesen sein, weil bei ihr wie bei Mrs. Shandy »ein gemäßigter Blutstrom ... in allen Monaten des Jahres und während aller kritischen Augenblicke des Tages und der Nacht durch ihre Adern« floß.[99] Es gibt Hinweise, daß Mrs. Sterne eine abgeklärte, praktische Art entwickelte, mit Sterne umzugehen, die ihm so etwas wie Respekt einflößte. Immerhin überstand sie seine Abwesenheit, erwies sich als fähig, in Frankreich für sich und ihre Tochter zu sorgen und konnte diese Erkenntnis auch ihrem Gatten vermitteln. »Was den Ehestand betrifft, müßte ich ein Unmensch sein, wollte ich darüber schimpfen, denn mein Weib ist nachsichtig – jedoch die Welt ist das nicht – und wäre ich ihr nur eine Sekunde länger ferngeblieben, wäre das eine ungeheure Schande gewesen – andernfalls, so erklärt sie, wäre sie ohne mich glücklicher – doch das hat sie nicht im Zorn gesagt, sondern daraus hat ihr klarer, nüchterner Verstand gesprochen, der sich auf solide Erfahrung gründet.«[100]

Vielleicht war es einfach der klare, nüchterne Verstand, auf den festgelegt zu werden Sterne nicht ertragen konnte. Sicher ist, daß Sterne und seine Frau während der 50er Jahre jeder für sich agierte. 1758 spricht Sterne in Briefen an John Blake*

---

* John Blake (1723-1784) war einer der engeren Freunde Sternes. Er war Oxford-Absolvent, der 1756 zum Pfarrer von Catton ernannt wurde, jener Gemeinde, in der Sterne 1738 für kurze Zeit tätig war. 1757 folgte Blake seinem Vater Zacharias als Rektor der Royal Grammar School in York.

von sich und seiner Frau wie von Menschen, die zwar gemeinsam nach York reisen, sich aber wie Fremde unterwegs kaum unterhalten: »wie ich schon sagte, ist meine Frau verhindert und da ich allein komme, habe ich freie Bahn«;[101] oder: »Ich werde am Sonntag gegen elf Uhr bei Ihnen und meinem Freund in York sein – meine Frau spricht davon, am selben Tag einen Wagen nach York zu nehmen – Doch wenn Sie's tut, ist das für die Angelegenheit nicht von Bedeutung.«[102] Bei einer anderen Gelegenheit erzählte er Blake, er habe »den unteren Teil Ihres Briefes abgerissen, bevor ich ihn meine Frau lesen ließ, um mir eine Lüge zu ersparen«,[103] – nur damit sie den zerfetzten Rand bemerkte, als sei alles so arrangiert, um sie zu foppen.

Alles deutet darauf hin, daß sie gegensätzliche Charaktere waren, die nicht dazu geschaffen waren, »gut miteinander auszukommen«.[104] Sterne liebte es, wenn man ihn gern hatte, und erwartete, daß man seine Schwächen übersah, und sei es nur, weil sie in seinen Augen so unbedeutend waren wie alles andere in seinem Leben. Doch Elizabeth Sterne war, wie Elizabeth Montagu erkannte, »gewiß übellaunig«,[105] und Sterne selbst vertraute seinem Freund Hall-Stevenson einmal auf Lateinisch an, »sed sum fatigatus & aegrotus de mea uxore plus quam unquam«.[106]*

In einem Brief an Elizabeth Montagu sprach Sternes Frau davon, sie sei »auf das Grausamste von allen meinen Freundinnen getrennt«. Das war nur zwei Wochen vor dem Tod ihrer Schwester Lydia Botham. Nicht, daß die beiden Frauen eine rege Korrespondenz unterhalten hätten. Tatsächlich beklagte sich Elizabeth Sterne darüber, daß sie von den Kindern ihrer Schwester nicht mehr als das Geschlecht und die Namen kenne und bedauerte »den Mangel an vertrauterem Verkehr mit ihrer Verwandtschaft«.[107] Die Zwangslage Elizabeth Sternes spiegelt die Verwundbarkeit der Frauen ihrer Zeit.

Die wenigen direkten Zeugnisse, die wir über sie besitzen,

* »… doch ich bin meiner Frau müder und überdrüssiger denn je«.

lassen an eine einfache, spröde, aber scharfsichtige Frau denken. Doch von ihrem Leben ist so wenig überliefert, daß
unser Bild von ihr in starkem Maße von der Sicht beeinflußt
ist, in der ihr Mann sie sah.

Begreifen wir ihn als einen fröhlichen, gutherzigen Burschen, würde sie sich im Nu in einen Hausdrachen verwandeln. Nehmen wir jedoch an, Sterne habe auch nur einen Teil
der Lüsternheit, die seine erotische Prosa grundiert, in die
Praxis umgesetzt, kommt sie uns vielmehr wie eine Stoikerin
vor.

Wir haben ein paar Beispiele, die zeigen, wie beharrlich ein
schlechter Ruf in sexuellen Dingen sich mit Sterne verknüpfte und welchen Zerreißproben sich deshalb seine Frau
ausgesetzt sah, wenn sie das Gesicht wahren wollte. Ein kürzlich entdeckter Brief Sternes an eine Gemeindemitglied von
Sutton, geschrieben im März 1758, enthält die empörte Zu-
rückweisung von Behauptungen, Sterne habe eine Mrs.
Sturdy des Ehebruchs angeklagt. Sterne hatte die Sturdys
1755 getraut. Zweieinhalb Jahre später wird ein »skandalöses
Gerücht« in Umlauf gesetzt, Sterne habe Mrs. Sturdy des
Ehebruchs bezichtigt. Darauf schreibt Sterne an den angeblich betrogenen Ehemann, weil »ich es für notwendig erach-
tete, Ihnen einen Brief zu schreiben, sowohl um die Ehre und
den guten Ruf von Mr. und Mrs. Sturdy wiederherzustellen,
als auch meine eigene Reputation, zumal ich von uns dreien,
wie ich glaube, am meisten verunglimpft worden bin«.[108] Er
macht als Urheber des Gerüchts einen Mann namens Young
ausfindig, einen Makler Lord Fauconbergs, der behauptete,
die Geschichte von einer »Gruppe nichtsnutziger Deicharbei-
ter« gehört zu haben. Sterne stellte Young umgehend vor
Zeugen zur Rede, beschuldigte ihn und erreichte ein volles
Geständnis:

»Hiermit bestätige und beglaubige ich, daß die Behauptung,
Mr. Sterne habe durch gewisse Äußerungen Mr. Sturdy in

Unehre bringen wollen, jeglicher Wahrheit entbehrt... Darüber hinaus erkläre ich feierlich, daß alle Gerüchte dieser Art nach meiner Meinung von böswilligen Leuten einzig zu dem Zweck in Umlauf gebracht worden sind, um zwischen Mr. Sterne und Mr. Sturdy Zwietracht zu säen. Dies bestätige und unterzeichne ich aus freiem Willen auf Wunsch von Mr. Sterne und zur Rechtfertigung seines guten Rufes, der durch die oben erwähnte Verleumdung schändlich verunglimpft und verletzt worden ist.«[109]

Sterne, wie er leibt und lebt und umsichtig seine Verteidigung arrangiert. So umsichtig, daß wir erkennen, wie allgegenwärtig seine Unsicherheit ist. Denn sobald er seinen Zweck erreicht hat, gerät Sternes Selbstgerechtigkeit ins Wanken:

»Ich möchte nicht schließen, ohne Ihnen mitzuteilen, daß zur selben Zeit das Gegenstück zu erwähntem Bericht verbreitet wurde, freilich mit derselben niederträchtigen Gesinnung wie der erste. Ich solle nämlich – in Anbetracht eines Gefallens, den ich einem armen hiesigen Bauern erwies, indem ich ihm einen Hof verschaffte – mit dessen Frau geschlafen haben; Ort und Zeit waren angegeben – Diese Verleumdung wurde gütigerweise meiner Frau hinterbracht, die sich darüber bloß lustig machte, ebenso wie der vermeintliche Hahnrei, da beide wußten, aus welcher Quelle das Gerücht stammte...«[110]

Die Lustigkeit könnte gespielt gewesen sein. Es ist interessant, daß es in und um Sutton »böswillige Leute« gab, die darauf aus waren, Sterne schlechtzumachen. Doch es ist bemerkenswert, wie dieser Mann im selben Brief ein Gerücht zerstreute und ein zweites offenbarte. Die Wirkung solcher Sorglosigkeit in einer ländlichen Gemeinde muß um so mehr Entrüstung hervorgerufen haben. Will man Richard Greenwoods Bericht von den Belustigungen seines Herrn in York Glauben

schenken, dann könnte Sterne der Vater jedes Bastards im gesamten Kirchspiel sein.*

Im weiteren Verlauf des Jahres 1758 gibt es einen zweiten
merkwürdigen Vorfall, der vermuten läßt, daß Sterne in eine
Affäre verstrickt war. Wir haben bereits gesehen, wie Sterne
John Blake zu seinem Komplizen machte, um seine Frau zu
hintergehen. Wie es scheint, hat die Kompliziertheit des Sterneschen Ehelebens jetzt eine neue Dimension erreicht. Etwa
um dieselbe Zeit korrespondierte Mrs. Sterne ebenfalls mit
John Blake, und verließ sich auf sein Taktgefühl und Still-
schweigen. Der Anlaß ist nicht klar. Auch das genaue Datum
dieses Briefes von Elizabeth Sterne an Blake kennen wir
nicht, doch könnte der Brief aus der Zeit stammen, da Blake
selbst, der erfolglos um eine junge Dame in York warb, bei
den Sternes Unterstützung suchte. Mrs. Sternes Brief enthüllt eine komplizierte Verschwörung, zu der wir keinen Zugang haben:

»Ich danke Ihnen tausendmal für die Freundlichkeit, die Sie
mir bewiesen haben. Sie haben mir meinen Gatten in einer
Verfassung heimgeschickt, die mich auf bessere Zeiten hoffen läßt. Darum nicht ein Wort über unsere Unterhaltung zu
T-r oder einem anderen Menschen, denn das könnte alle
meine Hoffnungen zunichte machen. Im übrigen meine ich,
daß er Mr. T-r das Schlimmste nicht erzählt hat; da er jedoch
in alle Maßnahmen eingewilligt hat, die man billigerweise erwarten darf, um sie zufriedenzustellen, wünschte ich, man
würde ihn nicht weiterhin bedrängen. Darum raten Sie ihm,
wenn Sie mit Mr. Taylor gesprochen haben, ein wenig zur Vorsicht, damit man keinen Verdacht schöpft, von wo die Kenntnis stammte. Ich hoffe, daß ich bald Gelegenheit haben

---

* Erwiesen ist, daß Jane Harbottle während Sternes Amtszeit in Stillington zwei unehe-
liche Kinder hatte. 1753 wurde ihr eine formelle Buße auferlegt. Auch an Robert Jep-
son, den vermeintlichen Vater eines ihrer Kinder, erging diese Aufforderung. Er weigerte sich und Sterne exkommunizierte ihn.

werde, Ihnen persönlich zu sagen, wie dankbar ich Ihnen bin; hätte ich im Augenblick die Möglichkeit, wäre ich dazu außerstande, denn mein Herz und mein Kopf sind durch seine außerordentliche Zerknirschung ganz verwirrt.«[111]

Welches Ereignis hat bei Sterne eine derart beunruhigende Reue hervorgerufen und was veranlaßte seine taktvolle Gattin zu der Hoffnung, man würde ihren Gatten »nicht weiterhin bedrängen«? In Sternes Fall liegt immer die Vermutung nahe, daß man dem Schürzenjäger auf die Schliche gekommen war. In einem seiner Briefe an John Blake aus dem Sommer 1758 findet sich folgendes Postskriptum – vielleicht echt, doch vielleicht der Ausbruch eines Mannes, der nicht widerstehen kann, seine eigenen Geheimnisse auszuplaudern: »Entschuldigen Sie bitte, daß Sie Ihre Strümpfe noch nicht zurückbekommen haben, woran die Vergeßlichkeit der Magd schuld ist; sie hat gewiß einen Liebsten im Kopf, der alles andere daraus vertreibt, und dafür haben Sie bestimmt Verständnis.«[112]

Doch hat Mrs. Sterne wirklich in einer Angelegenheit, welche die Untreue ihres Gatten betraf, einen anderen Mann ins Vertrauen gezogen? Ihr Brief an Blake scheint sich auf geschäftliche Dinge in York zu beziehen. Bei den Herren »T-r« und »Taylor« – wenn sie denn eine und dieselbe Person sind – könnte es sich um John Taylor aus York handeln, über den wir zu wenig wissen. Da ist die Rede davon, man werde ihn nicht weiterhin bedrängen und er sei mit allen Maßnahmen einverstanden gewesen, die man erwarten konnte – das deutet auf finanzielle Verhandlungen hin. Wir wissen, daß Blake 1758 in York eine finanzielle Sache für Sterne abwickelte, haben aber keinen Hinweis darauf, welcher Art sie war. Tatsächlich spart die folgende Passage aus einem Brief Sternes an Blake jede konkrete Information so sorgsam aus, daß man schwerlich an Zufall glauben mag:

»Es war sehr freundlich von Ihnen, mir den Brief nach Sutton zu senden, und ich danke Ihnen für diesen wie für alle anderen freundlichen Dienste – Doch möchte ich Ihnen in Zukunft solche Mühe ersparen, es sei denn, etwas *Außergewöhnliches* ließe es ratsam erscheinen. Da Sie ohnehin immer als erster die Abrechnungen durchsehen, bin ich völlig unbesorgt, daß Sie nach Ihrer Kenntnis in meinem Interesse so handeln würden, als wäre es das Ihre. Sie wissen, daß er uns von Zeit zu Zeit schreiben wird, damit wir uns angemessen vorbereiten können, für den Fall, daß das Ereignis eintritt. Je nach der Nachricht, die wir von ihm erhalten, werden wir Zeit genug haben, etwas Besonderes zu planen, das über das bereits Getane hinausgeht. Wenn er mir schreibt, daß es ihm schlechter geht, bleibt Zeit genug, die Angelegenheit mit ihm zu regeln...«[113]

Wir können bloß darüber spekulieren, worum es in diesem Brief geht. Fungiert Blake als Vermittler zwischen Sterne und seiner Mutter oder einer anderen unbekannten Person, der Sterne finanziell verpflichtet war? Was hat es mit dem »Ereignis« auf sich, auf das sich Sterne und Blake so angestrengt vorbereiten, und wer hält beide über den Fortgang auf dem laufenden? Der Brief könnte sich auf Jaques Sterne beziehen, der zu diesem Zeitpunkt nur noch ein Jahr zu leben hatte und mit Sterne möglicherweise über die finanzielle Versorgung von Agnes Sterne verhandelte. (Jaques hatte 1757 seinen Anteil am Great House verkauft, ein Opfer, das er kaum gebracht haben dürfte, wenn es ihm nicht an Bargeld gefehlt hätte.) Aber was hat Taylor mit der Sache zu tun, und wo liegt der unmittelbare Anlaß zu Sternes Zerknirschung? Die Theorie, daß Sterne in schwere Schulden geraten war, findet Unterstützung in einer Äußerung vom Dezember 1758, als er von seinen Bemühungen spricht, »meine Hände und meinen Kopf aus allen lästigen Grafschaftsverpflichtungen (zu) lösen«.[114] Falls er gegen Ende 1758 wirklich in ernsthaften Geldschwierigkeiten war, dann kann die Notwendigkeit, rasch Geld in die Hand zu bekommen, bei der Entstehung des *Tristram Shandy* eine große Rolle gespielt haben. Stimmen wir dieser Hypothese zu, ergibt sich eine hübsche Ironie aus der Tatsache, daß zwischen der Niederschrift und der Veröffentlichung des Buches sowohl Jaques als auch Agnes Sterne starben, die höchstwahrscheinlich für das Schwinden seiner Mittel verantwortlich waren.

Abgesehen von Bemerkungen wie Lydia sei »überaus unartig«,[115] hören wir während dieser Jahre in Sutton wenig von Sterne über seine Tochter. Lydia war zwölf, als der *Tristram Shandy* erschien. Zwar war sie von zarter Gesundheit, besaß jedoch einige der Idiosynkrasien ihres Vaters, wie sich bald zeigen wird. Doch Sternes Humor ist wohl kaum von der Art gewesen, einem Kind Spaß zu machen. Im *Tristram Shandy* gibt es kein Kind, außer dem sprachlosen und wehrlosen Säugling. Daß Tristrams Mißgeschicke uns vom älteren Tristram erzählt werden, macht sie nur um so komischer. Doch zuweilen gibt es zwischen der abgehobenen Stimme des Erzählers und dem in diesem chaotischen Haushalt herumgestoßenen Kind ein irritierende Verfremdung. Ein Jahrhundert später mochte ein Dickens diese Kluft nicht akzeptieren. Daraus konnte ein ganzer Roman hervorgehen. Über den Gebrauch, den Sterne von seiner Kindheit macht, läßt sich lediglich sagen, daß er im *Tristram Shandy* zeitweise energisch darum bemüht scheint, das Defizit nicht zu beachten.

Nicht eine menschliche Beziehung in Sternes Leben scheint reif und dauerhaft gewesen zu sein oder auf Gegenseitigkeit beruht zu haben. So wie Tristrams eigene Erzählung lediglich von den Katastrophen seines Lebens berichtet, so mag auch Sterne gespürt haben, daß er seiner Tochter nicht helfen konnte. Die besondere Intensität der Sterneschen Einbildungskraft war ganz auf seine eigene Person gerichtet. Die einzige Geschichte aus Lydias Kindheit, die wir kennen, bezieht sich auf eine Sparbüchse, in der ihre Eltern

Geld für ihre Erziehung aufbewahrten. Eines Tages überraschte Mrs. Sterne ihren Gatten dabei, wie er den Inhalt der
Büchse an sich nahm.

* * *

Es war nicht nur die Familie, der es nicht gelang, Sterne in seinem Inneren zu berühren oder zu bereichern. Die Politik
hatte ihn bereits enttäuscht. Auch die herkömmlichen Geschäfte eines Landpfarrers erweisen sich als unbefriedigend,
und ich glaube, es ist berechtigt, seine Jahre in Sutton unter
dem Aspekt einer zunehmenden Langeweile und eines be-
drohlichen Gefühls der Trägheit zu sehen. Die Unbeweglichkeit muß an seinen Nerven gezerrt haben.

Seine erste ländliche Tätigkeit bestand in der Landwirtschaft. Mit dieser waren die Landpfarrer seit jeher eng verbunden, sowohl durch Erhebung des Zehnten als auch durch
die Bewirtschaftung des Pfarrlandes, das vielen Pfarren an-
geschlossen war. Nicht, daß diese zusätzlichen Geschäfte die
seelsorgerischen Pflichten des Geistlichen bereicherten. Statt
dessen nahm die Landwirtschaft oft unverhältnismäßig viel
Zeit, Geld und Interesse in Anspruch. Pfarrer Trulliber, zum
Beispiel, eine Figur aus *Joseph Andrews* von Henry Fielding,
war

»ein Pfarrer am Sonntag, aber an allen andern sechs Tagen
konnte er eigentlich mehr als ein Bauer gelten. Er besaß ein
kleines Stück Land zu eigen, zu dem er beträchtliche Grundstücke hinzugepachtet hatte. Seine Frau molk seine Kühe,
verwaltete seine Molkerei und brachte die Butter und Eier
zum Markt: Den Schweinen widmete er seine besondere
Pflege, und wie er sie zu Hause sorgsam betreute, so trieb er
sie auch zu den Jahrmärkten. Bei diesen Gelegenheiten war
er vielen Neckereien ausgesetzt, da seine eigene Gestalt in-
folge vielen Biergenusses dem Vieh, das er feilhielt, an Um-
fang nur wenig nachstand.«[117]

Sterne begann vorsichtig im Garten von Sutton und pflanzte 1742/43 Kirschbäume, Spalieräpfel, Nektarinen, Pfirsiche, Birnen- und Pflaumenbäume und einen Apfelgarten. Nektarinen und Pfirsiche konnten im Klima von Sutton schwerlich gedeihen, und im Mai 1745 notierte Sterne einen Hagelschlag – »die Körner maßen sechs Zoll im Durchmesser. Fast alle Süd- und Westfenster dieses Hauses und meines Pfarrhauses in Stillington gingen zu Bruch.«[118] Hagelkörner dieser Größe haben gewiß der Blüte oder der Frucht geschadet und dürften auch die meisten Lebewesen getötet haben.

1744 kaufte Sterne von William Dawson eine Farm südlich von Sutton und hielt dort sieben Kühe. Doch John Croft zufolge verkauften die Sternes »ihre Butter immer billiger als ihre Nachbarn, da sie nicht die geringste Ahnung von Ökonomie hatten, so daß sie immer Außenstände und Schulden hatten«.[119] Doch später im selben Jahr kaufte Sterne weiteres Land von Richard Harland, dem Friedensrichter von Sutton.

Das Bild Sternes als Bauer ist nicht überzeugend, besonders in einem England, das in bezug auf die landwirtschaftlichen Methoden eine tiefgreifende Umwälzung erfuhr. Jethro Tull hatte mit einer völligen Neuorganisation der Landwirtschaft begonnen, die um die Mitte des Jahrhunderts von »Turnip« Townshend und Thomas Coke aus Norfolk weitergeführt wurde. Sie erkannten, daß die Landwirtschaft verbessert und straffer organisiert werden konnte, so wie Robert Bakewell Experimente mit verschiedenen Schaf- und Rinderrassen begonnen hatte, um leistungsfähigere Tiere zu züchten. Mehr Land wurde urbar gemacht, und im Laufe des Jahrhunderts verdoppelte sich die Zahl der Schafe. Am wichtigsten war, daß Landwirtschaft ein Geschäft wurde und nicht bloß ein Mittel zur Selbstversorgung derer, die Boden besaßen oder gepachtet hatten. Daraus erwuchsen zwei außerordentlich wichtige soziale Veränderungen: auf dem Land waren weniger Menschen beschäftigt, und weniger Leute besaßen größere Bodenflächen.

Ein Instrument dieses Wandels war die »Einfriedung«.* Im ersten Jahrzehnt des 18. Jahrhunderts gab es ein Einfriedungs-Gesetz, und im ersten Jahrzehnt des folgenden Jahrhunderts deren 900. Doch diese Beschleunigung begann faktisch erst nach 1750: In den 40er Jahren gab es achtunddreißig, in den 50er Jahren hundertsechsundfünfzig und in den 60er Jahren vierhundertvierundzwanzig Gesetze.[120] Sternes eigene Einstellung zum Land spiegelt sich vermutlich in der Tatsache wider, daß er im Lauf der 50er Jahre Teile seines Landbesitzes aufgab und sich mit anderen Mitgliedern der Gentry an den unternehmerischen Aktivitäten im Zuge der Einfriedung beteiligte. 1756 tat er sich mit Lord Fauconberg von Newbury Priory und Philip Harland – den größten Grundbesitzern der Gegend – zusammen, um die Einfriedung verschiedener Landstücke rund um Sutton zu erreichen.[121]

Sternes Betätigung als Landwirt hat vielleicht mit dem ungeteilten Vertrauen begonnen, das Walter Shandy in eine systematische Planung setzte, bevor er das Interesse verlor, weil die tägliche Mühe und das Risiko von Wetter und Ertrag ihm nicht behagten:

»…denn wenn mein Vater Tinte und Feder zur Hand nahm und sich daranmachte, die reinen Kosten des Abmähens, Abbrennens, Einzäunens &c., &c. – und den sicheren Gewinn auszurechnen, den es ihm einbringen würde – so erwies sich der zweite Posten von so erstaunlicher Wirkung in der Rechnung, daß man hätte schwören mögen, das *Ochsenmoor***

---

* Durch »Enclosure Acts« wurden zwischen 1702 und 1760 ca. 400000 Morgen Land eingefriedet und urbar gemacht (zwischen 1760 und 1820 ca. 590000 Morgen). Das Fruchtwechselsystem trat an die Stelle der traditionellen »Dreifelderwirtschaft«. Es wurden bessere Obst-, Gemüse- und Getreidesorten gezüchtet, der Kartoffelanbau intensiviert und auf Leistung bedachte Viehzucht eingeführt. Pioniere der »Agrarreform« waren u. a. Jethro Tull (1674-1740), Robert Blakewell (1725-1795) und der Minister Charles Townshend (»Rüben-Townshend«). [A. d. Ü.]

** In der Nähe gibt es noch heute ein Gebiet, das als *Ochsenmoor* bekannt ist, südlich der Straße zwischen Stillington und Easingwold gelegen. Jetzt befindet sich dort ein Golfplatz, der ebenso schwer zu bezwingen ist wie das einstige Ackerland.

werde den Sieg davontragen. Denn es war klar, daß mein Vater schon im ersten Jahr hundert Lasten Raps zu je zwanzig
Pfund ernten würde, abgesehen von einem ausgezeichneten
Ertrag an Weizen im Jahr darauf – und wieder übers Jahr, um
in bescheidenen Grenzen zu bleiben, hundert – aber mit aller
Wahrscheinlichkeit hundertundfünfzig – wenn nicht zweihundert Quarter Erbsen und Bohnen zu je einem Viertel-
zentner – abgesehen von Kartoffeln sonder Zahl. – Dann
aber zu denken, daß er diese ganze Zeit über meinen Bruder
aufziehen würde wie ein Schwein, um das alles aufzuessen –
diese Vorstellung stürzte alles wieder um und ließ den alten
Herrn in einem solchen Zustand der Schwebe – daß er, wie er
meinem Onkel *Toby* oft erklärte – nicht mehr als sein Stiefelab-
satz wisse, was tun.«[122]

Das ist Shandysche Unentschlossenheit, doch die entspricht
dem Naturell eines Mannes, der leichtgläubig Projekte in Angriff genommen hat, von wirklichen Äckern jedoch in
Schrecken versetzt wurde. 1767 vertraute Sterne einem
Freund an, er habe als Landwirt versagt und aus eigener Tasche 200 Pfund zugesetzt.[123] Noch ein Jahr vor der Veröffentlichung des *Tristram Shandy* war er mit der Landwirtschaft beschäftigt und während des ganzen Sommers 1758 bedauerte
er, daß er nicht nach York komme, weil er die Ernte der Ger-
ste beaufsichtigen müsse. Im Dezember 1758 ärgerte er sich
mit hartnäckigen Dreschern herum, wurde unter der Last
der Arbeit halb wahnsinnig und dachte nur noch an Vergnügen. An John Blake schrieb er:

»Doch ich danke Gott dafür, daß ich die meisten meiner Angelegenheiten geordnet habe – ich habe mein Freilehen einem vielversprechenden Pächter übergeben, habe ihm in
dieser Woche gleichfalls den allergrößten Teil meines Zehnten verpachtet und werde meine Hände und meinen Kopf
aus allen lästigen Grafschaftsverpflichtungen lösen; lediglich

über Ländereien, die zehn Pfund im Jahr abwerfen, und
über den Getreidezehnten, der sieben Pfund einbringt, habe
ich gegenwärtig noch nicht verfügt, aber das soll in aller Umsicht und Eile geschehen. All dies sichert mir und den Meinen
ein ruhigeres, zurückgezogeneres Leben und wird uns, hoffe
ich, sowohl reich als auch glücklich machen…«[124]

Obgleich Sterne an der Landwirtschaft kaum Freude hatte,
gelang es ihm zweifellos, seiner Familie ein angenehmes Leben zu ermöglichen. Als er durch die Honorare seines *Tristram Shandy*, seiner Predigten und die Einkünfte aus seiner
Pfarre in Coxwold gut bei Kasse war, blickte er auf die vorangegangenen Jahre zurück und räumte ein:»Ich war voll Zufriedenheit, denn ich war ohne Neid und ohne Mangel; ja es
mangelte mir an so wenigem, daß ich niemals einen Gedanken oder ein Wort daran verschwendete.«[15] Da zeigt sich wieder der Sterne, der, geblendet vom Grün der aufgegebenen
Felder, wehmütig der ländlichen Genügsamkeit gedenkt. Jedenfalls kann man den Eindruck gewinnen, daß seine Jahre
in Sutton eine Zeit ohne finanzielle Sorgen waren.

Die dreißig Jahre vor der Veröffentlichung des *Tristram
Shandy* wiesen eine bemerkenswerte Preisstabilität auf, was im
Hinblick auf die zunehmende Vielfalt und Qualität vieler Wa-
ren besonders erstaunlich ist.

Zum Beispiel betrug der Durchschnittspreis für einen Vier-
telzentner Weizen auf dem Markt von York im Jahr 1760
24 Shilling, verglichen mit 30 Schilling im Jahr 1730. Dazwischen schnellten die Preise plötzlich in die Höhe, so 1740
(51 Shilling) – ein Jahr mit einem harten Winter – und 1757
(50 Shilling); doch der Durchschnittspreis für den gesamten
Zeitraum lag ein wenig über 30 Shilling. Und doch war der
Weizen besser und wurde in solcher Menge produziert, daß
man bei den Sternes fast nur noch Weizenbrot anstelle von
Roggenbrot aß.

Rind- und Hammelfleisch waren für 3 Pence das Pfund

und frische Butter für 5 Pence zu haben. Ein Viertelliter Starkbier kostete 4, zehn Pfund Kartoffeln 1 und der beste Käse 3 Pence das Pfund. Portwein* wurde in York für 5 Shilling Sixpence pro Gallone verkauft. Auch die Speisekarte wurde reichhaltiger: Tee und Kaffee kamen zunehmend in Gebrauch, und aus den im Krieg eroberten Gebieten gelangten tropische Früchte nach England.[126]

Wir können Sternes Lebensstandard an der Tatsache messen, daß sein Einkommen zehnmal größer war als das der meisten Landarbeiter, die immer noch gut genug lebten, um fremde Besucher in Erstaunen zu versetzen.

Doch es gab immer mehr Dinge, für die eine Familie wie die Sternes ihr Geld ausgeben konnte: Möbel, Kleidung, Tapeten und Bücher, alles, um den bürgerlichen Geschmack zu befriedigen.

Jethro Tulls *Horse-Hoeing Husbandry* wurde für 6, Johnsons *Dictionary of the English Language* für 4 Pfund 10 Shilling verkauft. Der *York Courant* erschien einmal in der Woche, und kostete 2 Pence; während Sternes Leben in Yorkshire nahmen darin Anzeigen für Vieh, Möbel, Grundstücke und die Artikel der Läden in York immer mehr Raum ein.

Auch die Aufwendungen für Unterhaltung in York dürften Sternes Mittel nicht übermäßig beansprucht haben. Der Mitgliedsbeitrag für die montäglichen Zusammenkünfte und die Musik- und Theaterabende beliefen sich 1736 auf 4 Pfund 10 Shilling. Wofür das Theater in Anspruch genommen wurde, war keine Frage der Qualität. 1751, zum Beispiel, gab es eine Aufführung des *Othello* mit Gesang zwischen den Akten und einer Posse im volkstümlichen Geschmack. Ein weiteres Konzert offerierte zur Zerstreuung während der Pause *The Way of the World*. Und falls in York jemand an einen Besuch in London dachte, gab es hin und wieder die Möglichkeit, die Reise, wenn das Wetter es erlaubte, für 2 bis 3 Shilling

---

* Die Familie Croft betrieb einen ausgedehnten Weinhandel und Sterne standen wahrscheinlich die besten Sorten zum Freundschaftspreis zur Verfügung.

pro Meile in zwei Tagen zu machen. Hin- und Rückfahrt kosteten 5 Pfund.

Gegenüber vielen Dingen, an denen man im 18. Jahrhundert Gefallen fand, scheint Sterne sich abstinent verhalten zu
haben. In seinen Büchern oder Briefen erwähnt er das Trinken selten, und er wird zwar fast immer als leicht exaltiert
beschrieben, doch findet sich kein Hinweis auf Trunkenheit.
Einer seiner Diener berichtete, Sterne habe »niemals übermäßig getrunken – gewöhnlich nahm er nach dem Essen ein
Glas Wein, das er halb austrank und dann mit Wasser auf-
füllte«.[127]

Geistern wie Sterne genügten vielleicht ihre eigenen Verrücktheiten, um sich zu berauschen. Was das Rauchen
anging, behauptete Sterne, sein Hirn könne Tabak nicht vertragen, »als nämlich dessen Dämpfe meine Einfälle so ge-
schwind ausbrüten, daß sie sich in Fetzen aufgelöst haben,
bevor ich sie recht ordnen kann«.[128] Die Shandy-Brüder sind
natürlich Pfeifenraucher – und Träumer. Als es Trim schließlich gelingt, Toby von den wahren Motiven der Witwe Wadman zu überzeugen, wird die Pfeife zu einem schönen Symbol für seinen zerstörten Traum von Freundlichkeit:

»Mein Onkel Toby legte seine Pfeife so behutsam auf den Ka-
minsims, als sei sie aus den Fäden einer Spinnwebe gespon-
nen –«[129]

Doch in einem Buch, das größtenteils in häuslichen Innen-
räumen spielt, muß es auffallen, daß wir die Shandys selten
essen sehen, und dabei war das Essen eine der größten Won-
nen des Jahrhunderts, so groß, daß man dafür außerordentliche Leibesfülle und frühes Herzversagen in Kauf nahm.
Pfarrer Woodforde, zum Beispiel, beschrieb ein Essen, in der
Regel ein Mittagessen, das sich jedoch, wie vor allem gegen
Ende des Jahrhunderts üblich, in den Nachmittag hineinzog
– das er 1770 für fünf Gäste gab:

»Ich setzte ihnen eine feine Schleie vor, die ich am Morgen im Teich meines Bruders gefangen hatte, des weiteren Schinken, drei gekochte Hühner und einen Plumpudding; zwei gebratene Enten, einen gebratenen Schweinenacken und zum Nachtisch Pflaumentorte, Apfeltorte, Pfirsiche, Äpfel und Nüsse, Weißwein, Rotwein, Bier und Cider. Am Abend gegen sechs Uhr dann Kaffee und Tee. Zum Abendessen hatten wir aufgewärmtes Huhn, Ente, Eier und Kartoffeln. Mit dem Mittagessen begannen wir um vier und mit dem Abendessen um zehn Uhr.«[130]

Francis Drake sagte, das »gesellige Prassen bis zum Übermaß [sei] in York sehr stark im Schwange… Diese Freßsucht und ihr ständiger Verzehr von kräftigem Fleisch sind der Grund, daß in York nur wenige Einwohner lange leben; es gibt nicht viele Beispiele, daß Leute dort ein sehr hohes Alter erreichen.«[131] Das kann Sternes Mäßigung und seine Abneigung gegen das Rauchen erklären. Denn obgleich es für seine Yorker Jahre nur wenige Hinweise auf Krankheit gibt, ist es wahrscheinlich, daß er jederzeit damit rechnete, krank zu werden.

Sternes Gesundheit ist ein wichtiges Thema, und sei es nur wegen der traditionellen Verbindung von Lungenkrankheit und nervöser Labilität. Aber bei Sterne finden sich allzu wenige Hinweise auf die Art seiner Krankheit, und die Schwindsucht kann in vielen verschiedenen Formen auftreten. Wir kennen keinen seiner Ärzte und nur wenige Berichte über seinen Gesundheitszustand, ausgenommen jene, die vom Patienten selber stammen. Wie bei vielen anderen Aspekten von Sternes Leben müssen wir uns statt mit dem medizinischen Befund mit der emotionalen Beschreibung seines Gebrechens befassen. Die ausführlichste Schilderung seiner Schwindsucht findet sich in einem Brief, den Sterne 1762 aus Toulouse an Hall-Stevenson schrieb; darin beschreibt er einen Anfall, den er in ähnlicher Form etwa fünfundzwanzig Jahre früher in Cambridge erlitten hatte:

»... hatte ich das gleiche Unglück, das ich schon in Cambridge hatte: es platzte mir ein Blutgefäß in der Lunge. Das geschah in der Nacht, und ich blutete das ganze Bett voll, und da ich am anderen Morgen spürte, daß ich verbluten würde, schickte ich unverzüglich nach einem Arzt, der mich an beiden Armen zur Ader ließ; dies rettete mich, und nachdem ich drei Tage lang stumm auf dem Rücken im Bett gelegen hatte, erholte ich mich; der Riß verheilte, und eine Woche später stand ich wieder auf.«[132]

Dieses blutüberschwemmte Bett könnte man auf den ersten Blick für eine Sternesche Übertreibung halten, zumal er danach noch sechs Jahre lebte. Doch die Schwindsucht entwickelt sich nicht immer so rapide wie im Fall von John Keats, den sie binnen eines Jahres nach seinem ersten schweren Blutsturz dahinraffte. Auch war ein solcher Blutverlust nicht unbedingt tödlich, wenngleich er wie ein Schock gewirkt haben muß. Tschechows Schwindsucht begleitete ihn während des größten Teils seines Lebens, und er notierte jedes Jahr zwei schwere Blutstürze. Tschechow trug noch zusätzlich die Last, selber Arzt zu sein, und daß seine Selbstdiagnose seine Angehörigen beruhigen mußte. Obgleich der Blutsturz ihn erschreckte – »so unheimlich wie das rote Glühen eines Feuers« –, behauptete er, er sei nicht notwendigerweise tödlich:

»An sich ist ein Abfluß von Blut aus den Lungen nichts Ernstes: Manchmal fließt Blut einen ganzen Tag lang aus den Lungen, es tröpfelt einfach heraus, der Patient und die Familie sind entsetzt, aber alles endet damit, daß der Patient sich wieder erholt – zumindest ist das öfter der Fall als das Gegenteil ... Wäre mein Blutsturz beim Bezirksgericht ein Symptom für eine beginnende Schwindsucht gewesen, wäre ich längst tot – das ist meine Überzeugung.«[133]

Bei Tschechow traten diese Symptome so häufig auf, daß er
sich selber beruhigen mußte. Im Fall Sternes jedoch finden
wir zwischen dem Anfall von Cambridge etwa 1736 und der
Krise in Paris 1762 keinen Hinweis auf eine Blutung. Es ist
möglich, daß Sterne, wenngleich er immer unter Bronchial-
beschwerden litt, eine so lange Pause vergönnt war. Bei
George Orwell lag eine Lungentuberkulose vor, bei der eine
Läsion ebenfalls jahrelang keine Beschwerden verursachte.
Im Falle Orwells dauerte die Pause nur zehn Jahre, und die
Strapazen, denen er in Katalonien ausgesetzt war, scheinen
(wie Sternes ungewohnte Anstrengungen in der feinen Gesellschaft) genügt zu haben, um die Wunde aufbrechen zu lassen.

Doch Sternes medizinischem Bericht dürfen wir nicht zu
viel Bedeutung beimessen, und es ist nützlicher und interessanter, die sachliche Entschlossenheit zu bedenken, die aus einem Brief Orwells spricht, den er ein Jahr vor seinem Tod geschrieben hat:

»Ich fragte die Ärztin neulich, ob ich nach ihrer Meinung
überleben würde, und sie mochte nicht mehr sagen als ›ich
weiß es nicht‹. Sollte die ›Prognose‹ nach der Röntgenauf-
nahme schlecht sein, werde ich einen zweiten Arzt befra-
gen… Sie können nichts tun, da man mich nicht operieren
kann, aber ich möchte einen Experten fragen, wie lange ich
noch zu leben habe. Ich hoffe sehr, daß die Leute jetzt nicht
anfangen, auf mich einzureden, ich solle in die Schweiz gehen, die angeblich magische Eigenschaften hat. Ich glaube,
daß es egal ist, wo man lebt, und eine Reise wäre mein Ende.
Die einzige Chance zu überleben, glaube ich, besteht darin,
sich ruhig zu verhalten.«[134]

Wie Orwell wurde auch Sterne in seinen letzten Jahren empfohlen, ins Ausland zu reisen. Über den Teil Yorkshires, in
dem Sterne lebte, schrieb Drake indessen: »Zwar sagt man,

die Flachheit der Stadt und des umliegenden Landes mache die Luft ungesund, doch ist wohlbekannt, daß unser Klima keinerlei Krankheiten begünstigt, welche die Ärzte Infektionskrankheiten nennen; im Gegenteil, man weiß, daß unser mildes Klima Kranken, insbesondere Schwindsüchtigen, überaus zuträglich ist.«[135] In späteren Jahren jedoch nannte Sterne das ungesunde Klima der Gegend als Grund für seine Reisen nach Südfrankreich. Zwar fand er, daß Toulouse und Montpellier ihn gleichermaßen erschöpften, doch schaffte er es trotz einiger Anfälle »als echter Shandy« hin- und zurückzureisen. Sterne hatte eine anfällige Lunge, doch kann er nicht so schwächlich gewesen sein, wie er manchmal behauptete. Vielleicht antizipierte er in seinem Inneren das wirkliche Siechtum und seine Krankheit war sowohl ein Symptom der Ungewißheit als auch der physischen Krankheit.

Besuche bei Ärzten und Apothekern dürften Sterne lediglich davon überzeugt haben, daß er krank war. Es erscheint pervers, einen Patienten zur Ader zu lassen, dem gerade ein Blutgefäß geplatzt ist. Und einige der erhältlichen Patent-Medizinen müssen die Abgehärtetsten auf eine harte Probe gestellt haben. Der *York Courant* annoncierte »Die höchst Unvergleichlichen und Nieversagenden Chemischen Tropfen«, die fertig wurden mit Husten, Erkältungen, Asthma, Keuchen, Kurzatmigkeit, Auszehrung und Katarrhen, »denn sie machen sanft die Brust frei und verschaffen umgehend freien Atem, ohne jede Gefahr einer Erkältung… Preis 1 Shilling die Flasche«. Daffeys' Elixier – »der größte Retter der Menschheit« – dürfte in York nach Tinte geschmeckt haben, seit der Drucker Caesar Ward die Erlaubnis hatte, ein Viertelliterfläschchen für 1 Shilling 3 Pence zu vertreiben. Vielleicht griff man besser zu einem nahrhaften Absud, den Joseph Spence 1758 gegen eine Erkältung der Lungen empfahl: »Man koche zwei Handvoll Kleie in einem halben Liter Wasser, bis die Kleie sich aufgelöst hat, füge ein Pfund Rosinen und ein halbes Pfund Feigen hinzu und süße mit Kandiszucker«.[136]

Sterne sagte, daß »unser Arzt« in Sutton »ein sehr scharfsinniger Mann« sei[137], doch zog er es vor, zur Behandlung des Asthmas seiner Tochter einen Arzt aus York zu rufen. Von sich selber sagt er lediglich, seine Gesundheit sei »nicht gerade sehr gut« und er bleibe im Winter wegen des Wetters und der schlechten Straßen zu Hause: »Ich weiß, daß Sie uns an einem so schrecklichen Tag wie heute unmöglich erwarten... der Tag zieht sich über unseren Köpfen immer schlimmer zusammen, und der Himmel verdüstert sich auf allen Seiten und bietet keine Aussicht als die auf ein trübes Kommen und Gehen... So bleibt uns nichts anderes übrig, als ins Bett zu kriechen.«[138] An einem solchen »sehr regnerischen Tage« wie diesem – am 26. März 1759 – notierte Sterne, er schreibe am 21. Kapitel des Ersten Buches von *Tristram Shandy*.

Sterne hielt sogar fest, »daß diese seltsame Unregelmäßigkeit in unserem Klima, die eine so seltsame Unregelmäßigkeit in unseren Charakteren erzeugt – uns dadurch einigermaßen schadlos hält, indem sie uns etwas gibt, das uns fröhlich macht, wenn das Wetter es uns nicht erlaubt, vors Haus zu gehen«.[139] *Tristram Shandy* ist die Flucht aus der nervtötenden Untätigkeit eines Mannes, der während der scheußlichen Winter in Yorkshire an das Haus gefesselt ist: Dunkelheit von vier Uhr nachmittags bis acht Uhr morgens; sechzehn Stunden Dunkelheit und glanzloses winterliches Tageslicht, von Nebel und Gewölk verhangen, das jedermann von der übrigen Welt zu isolieren schien.

Wenn das Wetter besser war, gab sich Sterne den herkömmlichen ländlichen Beschäftigungen hin. Er pflegte mit Hund und Flinte über die Felder zu spazieren. Im Sommer ist Yorkshire ein hübscher Landstrich: Zahlreiche Bäume unterbrechen die Ebene und verleihen der Gegend Liebreiz und Heimeligkeit. Zwischen den dichten Büschen kann man unbemerkt wandern. Zu Sternes Zeit dürften die Wälder noch dichter gewesen sein und so undurchdringlich, daß nach Einbruch der Dunkelheit auf den Türmen und Spitzen Yorks Laternen angebracht wurden, damit späte Reisende sich daran orientieren und sich den Weg durch die Bäume ertasten konnten.[140] Croft zufolge ging Sterne einmal »an einem Sonntag quer über die Felder, um in Stillington zu predigen, als sein Vorstehhund* unversehens einen Schwarm Rebhühner aufscheuchte; daraufhin ging er schnurstracks nach Hause, um seine Flinte zu holen und ließ seine Schäfchen in der Kirche warten«.[141]

Da Sutton und Stillington ein wenig abseits und in einer sumpfigen Gegend lagen, dürfte der Zustand der Straßen für Sterne ein ständiger Anlaß zur Besorgnis gewesen sein. Der Name Sutton geht auf »sut« (= morastig) zurück. Das Land rings um das Haus der Shandys war derart lehmig, daß es gleich war, ob man eine oder zwei Meilen zurücklegte, um wie Dr. Slop »in der ganzen Pracht des Schlammes« dort anzukommen. Selbst die Straße von Sutton nach York wurde gelegentlich unpassierbar, so daß sich im Juni 1757 Sterne, Stephen Croft, Francis Cholmley und Philip Harland beim Straßenaufseher beklagten: »Falls Sie nicht umgehend den Reitweg oder die Straße vom Wald bis in unsere Stadt gründlich instand setzen und die zahlreichen morastigen Stellen im Wald für Fuhrwerke passierbar machen (jetzt, da das Wetter gut ist), können Sie darauf rechnen, bei der nächsten Sitzung des Grafschaftsgerichtes angeklagt zu werden.«[142]

In Zeiten wie diesen, muß die Abgelegenheit Suttons um so niederdrückender auf Sterne gewirkt haben, denn er schrieb mit dem Gestus einer Hinterwäldlers an John Blake in York:

---

* In den *Scrapeana* (Seite 90) findet sich die Geschichte von einem »Rev. Mr. —«, der einen Vorstehhund besaß, den er Sancho nannte. Als er eines Tages mit dem Hund in den Feldern war, schoß er ihm unglücklicherweise den Schwanz ab; daraufhin nannte er den Hund *San-cu*. Der Witz und die Anspielung auf einen Lieblingsschriftsteller Sternes könnte darauf hindeuten, daß er der Gegenstand dieser Anekdote war.

»Wenn Sie drei oder vier der letzten Nummern des *York Courant* haben, dann schicken Sie sie uns bitte, denn wir wissen so wenig von den Dingen, die sich bei Ihnen ereignet haben, wie wenn wir in einem Bergwerk in Sibirien lebten.«[143] Im Hause versuchte sich Sterne als Maler und Musiker und schrieb zweifellos viel mehr Briefe, als erhalten sind. So wie zwischen den Mitgliedern der Shandy-Familie Briefe gewechselt wurden, so schrieben sich auch, wie Croft berichtete, Sterne und seine Frau immerzu Briefe, um Streitigkeiten auszuräumen, Kränkungen zu besänftigen oder Schweigen zu brechen.

In Sutton selbst gab es nicht allzu viel Gesellschaft. Doch in Stillington war Sterne im Haus von Stephen Croft immer ein willkommener Gast, vor allem nachdem sich sein Verhältnis zu den Harlands in Sutton abgekühlt hatte. Ein anderer Freund war John Hall-Stevenson, Sternes Kommilitone am Jesus College. Der damalige John Hall hatte seinen Namen im Februar 1740 verlängert, als Sterne ihn mit Anne Stevenson traute; sie war die Tochter und Erbin* von Ambrose Stevenson aus Lanchaster in der Nähe von Durham. Die Hall-Stevensons wohnten auf Skelton Castle, etwa 35 Meilen südlich von Sutton, jenseits der öden Hochmoore von North York.

Hall-Stevenson scheint den Verfall und die Eigentümlichkeit seines Hauses kultiviert zu haben, so wie der Rückgriff auf die Gotik zu einer unechten Altertümlichkeit und Vergangenheitsverklärung reizte. In den *Crazy Tales* beschrieb er sein Schloß als eine Wohnstätte, die zu Macbeth gepaßt hätte:

> Zahllose Krähen steigen auf und schwirren
> Wie große Heere verdammter Seelen,
> Schwarz wie Kohlen, die nicht mehr schwelen,
> Die den Himmel verdüstern und verwirren.[144]

---

* Dem *York Courant* zufolge besaß sie ein Vermögen von 25 000 Pfund.

Doch er fand sich auch bereit, eine malerische Ansicht vom Verfall des Schlosses zu geben:

> Auch ein Türmchen ist nicht mehr ganz,
> Sein Glanz verschwunden wie ein Traum,
> Gleicht eher einem Hühnerschwanz,
> Zerplustert an des Bächleins Saum.[145]

Sterne und Hall-Stevenson, sagte Croft, waren »elementar miteinander verbunden«, so daß sie nach ihrer gemeinsamen Studienzeit »ihr Leben lang unzertrennlich blieben«.[146] Hall-Stevenson war eine grobe und schwerfällige Version Sternes; für jedes Buch über Sterne ist er nützlich, weil er die besondere Qualität des heiteren und leicht erregbaren Sterneschen Genius illustriert. Sein Auftauchen im *Tristram Shandy* als jener Eugenius, der Yorick rät, vorsichtiger zu sein, ist ebenso irreführend wie alle Beziehungen zwischen Gestalten in Sternes Leben und ihren Vettern in seinen Büchern. Stevenson war so reich, daß er es sich leisten konnte, Vorsicht außer acht zu lassen. Auf Skelton »hielt er eine reichbesetzte Tafel und trat die Treppe zu seinem Weinkeller aus. Sein offenes Herz zog die unterschiedlichste Gesellschaft in seinen Speisesaal.«[147] In den *Crazy Tales* stellt er sich voller Optimismus so vor:

> Bin weder Fischer noch Jäger, sag ich allen,
> Bin keinem Manne untertan, doch jeder Frau,
> Find ich nur einen Weg, ihr zu gefallen.[148]

Der unterhaltsame und spontane Pfarrer aus dem Dorf hinter dem Hochmoor muß eine willkommene Bereicherung von Hall-Stevensons Kreis gewesen sein, wann immer er sich die Reise ermöglichen konnte. Ohne Frage hat Sterne auf Stevenson eine stimulierende Wirkung gehabt: Nach Sternes Erfolg warf er zahlreiche zotige Veröffentlichungen auf den

Markt und war kurzzeitig daran interessiert, eine Biographie Sternes zu schreiben. Zweifelhafter ist freilich, wie tief der Eindruck war, den Stevenson auf Sterne machte. Skelton bot Sterne Unterhaltung und Zerstreuung, ein Ausbrechen aus dem eng begrenzten Kreis des Lebens in Sutton. Doch Sterne wurde von keinem seiner Bekannten geprägt; keine Bindung in seinem Leben scheint die gegenseitige Bereicherung durch eine Freundschaft gehabt zu haben, wie sie zwischen, sagen wir, Boswell und Johnson oder Horace Walpole und Gray existierte. Während seine Beziehungen zu Frauen ihn stärker geprägt haben, scheint Sterne eine Schar von Freunden zwar benötigt zu haben, doch darauf bedacht gewesen zu sein, sie auf Distanz zu halten.

Jedoch haben einige Biographen den Einfluß Skeltons und des dortigen Kreises auf Sterne als beträchtlich veranschlagt. Wegen des forciert ausschweifenden Lebens, das Stevenson auf Skelton oder »Crazy Castle«, wie er es gern nannte, organisierte, glaubt man das gerne. Nach Cross vereinigte »der Herr von Skelton seine lebenslustigen Freunde aus Yorkshire zu einem geselligen Club, genannt die ›Besessenen‹, eine Nachahmung der Rabelaisschen Mönche von Medmenham Abbey, die damals in Südengland für einen Skandal sorgten«.[149] Doch was ist das für eine Verworfenheit, die auf Nachahmung angewiesen ist?

Medmenham war der Zufluchtsort von Sir Francis Dashwood, Schatzkanzler unter Bute*, der für seine Freunde Versammlungen in der alten Abtei unter einem Rabelais entnommenen Motto (»*Fay ce que vouldras*«) abhielt, das später von dem »großen Untier« Aleister Crowley übernommen wurde. Dieses Schlagwort ist oft mißverstanden worden, in erster Li-

---

* John Stuart, Earl of Bute (1713-1792), Günstling von König Georg III., war von 1761 bis 1763 Premierminister. In *Gargantua und Pantagruel* von Francois Rabelais (1494-1535) läßt Garantua die Abtei von Thelem erbauen, eine Laien-Abtei, in der junge Leute, ohne das Gelübde abzulegen, im Evangelium unterrichtet und auf Berufe vorbereitet wurden. Das Motto der Thelemiten war: »Tu, was Du willst.« [A.d.Ü.]

nie von denen, die sich gern aufspielten. Man glaubte früher,
Dashwoods weltliche Bruderschaft – zu der Sir William Stanhope, Lord Melcombe und John Wilkes gehörten – sei ein Zir-
kel gewesen, der Orgien feierte, doch kürzlich hat Betty
Kemp den Ruf dieser Männer wiederhergestellt; sie zeich-
nete ein Bild erwachsener Männer, die sich als Mönche ver-
kleideten, das ein wenig komischer, aber glaubwürdiger ist.
Was man auf Skelton trieb, beschreiben die *Crazy Tales* so:

> Manche geigten und flöteten ohne Makel,
> Andere jagten und fischten, welch ein Debakel,
> Andre vollführten disputierend Spektakel
> Oder befragten diverse Orakel.[150]

Es gibt mit Sicherheit wenige Schauspiele, die deprimierender sind als jenes, das frustrierte Männer bieten, die sich zusammenfinden, um Frevel zu begehen. Es liegt auch nicht im
Charakter Yorkshires, südenglische Skandale nachzuahmen.
Es muß zu dieser Zeit nicht wenige gutgestellte, intelligente
Männer gegeben haben, die genügend Zeit, Verstand und
Geld zu verschwenden hatten, um der Langeweile zu entfliehen. Sterne war Mitglied des Kreises, obwohl er die Treffen
weniger regelmäßig besuchte als die meisten anderen Männer. Dazu gehörte auch Stevensons jüngerer Bruder, Charles
Lawson Hall, Charles Lee, ein Hauptmann der Armee, und
der Reverend Robert Lascelles, Pfarrer und Jagdfanatiker,
der später das Buch *Angling, Shooting and Coursing* veröffentlichte.

1762 veröffentlichte Hall-Stevenson die *Crazy Tales*, vermutlich eine Sammlung von Versgeschichten, die aus dem
Skelton-Kreis stammten. Das Buch ist kaum geeignet, Neid
zu wecken. Es wird Sterne nicht schwergefallen sein, zum Mittelpunkt des Interesses zu werden, ohne sich jedoch dort sonderlich heimisch zu fühlen. Im späteren Leben dachte er an
Hall-Stevenson wie »an eine Banknote in einer Eckschublade

meines Schreibtisches – Ich weiß, daß sie da ist (ich wünschte,
ich wüßte es) – und daß sie ihren Wert behalten hat, wenngleich ich selten einen Blick darauf werfe.«[151] Seine lebendig-
ste Erinnerung an Skelton war die an leichte Kutschen, die,
ein Rad in der Gischt, über den Strand um die Wette rasten.
Als er die *Crazy Tales* zu Gesicht bekam, schrieb Sterne aus
Toulouse dem Verfasser vom Zauber »unseres elterlichen Sitzes« und er blickte zehnmal am Tag auf ein Bild Skeltons »mit
einem *quando te aspiciam?*«.[152] Doch das Unerreichbare hat
Sterne stets erregt, während die Erfüllung ihn enttäuschte.
Die beste Geschichte über Sterne in Skelton zeigt ihn, wie er
die Wetterfahne manipuliert, um Stevenson zu täuschen, der
ein solcher Hypochonder war, daß er sich nie aus dem Bett erhob, wenn der Wind aus der falschen Richtung wehte.[153] Das
ist ein Streich, den die Shandy-Brüder vielleicht als Knaben
ausführten.

Wie John Croft sagte, war Sterne »nicht stetig in seinem
Zeitvertreib oder seiner Erholung.* Wenn es ihm gerade in
den Sinn kam, ging er so lange auf die Jagd, bis ihm etwas vor
die Flinte kam, dann wieder nahm er den Pinsel in die Hand
und malte Bilder. Hauptsächlich kopierte er Porträts. Er
hatte ein gutes Auge für die Linienführung, doch vom Mi-
schen der Farben verstand er gar nichts.«[154]

R. F. Brissenden hat den Einfluß der Malerei auf Sternes literarische Themen betont und darauf hingewiesen, daß er
theoretische Werke wie *Analysis of Beauty* von Hogarth und
Leonardos *Buch von der Malerei* benutzte; er hat ihn sogar als
einen Exponenten des Rokoko bezeichnet, »der ›Schönheit
des Unregelmäßigen‹ verpflichtet«.[155] Das erscheint mir als
ein sehr fruchtbarer Ansatz, zumal er mit der nervösen, »romantischen« Unordnung in Sternes Schreibweise in Einklang steht. Doch damit ist Sterne nur unvollständig erfaßt;

---

* Auch Tristrams Steckenpferde wechseln: »… da ich zufällig in gewissen Zeitabstän-
den und Mondwechseln Geiger oder Maler bin, je nachdem mich der Hafer sticht«
(Buch I, Kap. 8, S. 16)

sein pathologischer Individualismus entzieht sich bewußt jeglicher Einordnung in eine bestimmte Kategorie. Es ist ergiebi-
ger, das Augenmerk auf die Präzision zu richten, mit der
Sterne das Bildhafte als narratives Element einsetzt.

Es trifft zu, daß er häufig in die Terminologie der Malerei
verfällt, sich auf die gängige Theorie der Malerei bezieht und
oft ein Bild heraufzubeschwören scheint. Vor dem Auge des
Lesers entwirft er verblüffende Gemälde, von denen wohl
keines reizvoller ist als die folgende Momentaufnahme aus
der *Reise des Herzens*:

»Es war ein schöner, stiller Abend gegen Ende des Monats
Mai. Die hochroten Fenstervorhänge (die dieselbe Farbe wie
die Bettvorhänge hatten) waren zugezogen; – die Sonne nä-
herte sich dem Untergang und warf einen so warmen Farb-
ton auf das schöne Antlitz des Kammermädchens: – ich bildete mir ein, sie errötete; – der Gedanke daran ließ mich
selbst erröten; – wir waren ganz allein, und das trieb mir nun
eine zweite Röte ins Gesicht, noch ehe die erste Zeit fand, sich
zu verflüchtigen.«[156]

Diese Passage wird durch die kunstvolle Kumulierung von
Reizen bestimmt – das Ausmalen eines realen Bildes ist nur
ein Vorwand, der es Sterne gestattet, sich auf das Subtile und
menschlich Zarte zu konzentrieren, um hochrotes Licht und
Erröten in eine verwirrende Beziehung zu setzen. Das hat
auch den komischen Effekt, daß dieses eingebildete Erröten
zu einem wirklichen führt. Entscheidend ist jedoch das, was
ausgelassen ist: das Kammermädchen hat keinen Anteil am
Spiel von Farbe und Licht. Die Komplexität des Augenblicks
wird ihr niemals klar, sondern sie bringt einfach im richtigen
Moment ihre Wange in die richtige Stellung, um die Reaktion
des hypersensiblen Liebhabers auszulösen. Auf höchst phan-
tasievolle Weise wird hier angedeutet, daß Yorick durch die
Illusion des Lichtes getäuscht wird. Er ist distanziert genug,

um es als das zu nehmen, was es ist, doch liebt er seine Einbildungskraft zu sehr, um nicht auf sie zurückzugreifen.

Das »Erröten« ist das Vorspiel zu einer der glänzendsten erotischen Szenen in Sternes gesamten Werk – das fügsame Mädchen spielt seine Rolle vollendet und erregt Yorick auf entzückende Weise. Sein Gewissen zerrt ihn hin und her. Sie halten sich bei den Händen: Er kann sie nicht loslassen – »beim bloßen Gedanken daran fühlte ich, daß meine Beine und jedes meiner Glieder zitterten«.[157]

Der Ausdruck »jedes meiner Glieder« zeigt, wie durchtrieben Sterne auf dem Höhepunkt der Erregung sein kann. In diesem Taumel der Gefühle sinken beide auf das Bett. Dann zeigt ihm das arglose Mädchen die Börse, »die ich heute für Ihre Krone gemacht habe«. Das Kammermädchen bemerkt, daß an Yoricks Halskrause ein paar Stiche aufgegangen sind und beginnt sie anzunähen; während ihre Hand sich hin und her bewegt, »fühlte ich den Lorbeerkranz erzittern, den mir meine Phantasie schon ums Haupt gewunden hatte«. Am Schuh des Mädchens ist etwas zu richten. Yorick hebt ihren Fuß – mit dem Erfolg, daß er »unweigerlich das schöne Kammermädchen aus dem Gleichgewicht« brachte, so daß es auf das Bett zurückfiel... »und dann«?[158]

Nun, und dann sammelt sich Sterne wieder und fragt, warum Leute »mit eiskaltem Kopf und lauwarmem Herzen« die Oberhand über die Leidenschaften gewinnen sollten. Doch dem Mädchen gibt er bloß einen Kuß auf die Wange und schickt es fort. Wie immer kopulieren weder Yorick noch Sterne wirklich mit der willigen Frau: Es handelt sich nur um einen weiteren, wenn auch höchst kunstvoll getarnten, *coitus interruptus*. Er hatte ja bereits vorausgesagt: »der Gedanke daran ließ mich selbst erröten« – und das genügte ihm.

Es ist typisch für Sternes Erzählen, daß das Visuelle darin niemals ein organisches Element, sondern eher eine Szenerie in seiner Vorstellung darstellt. Der Gedanke, den *Tristram Shandy* zu illustrieren, liegt auf der Hand, doch die Figuren des Buches sind so unwirklich und körperlos, daß vielen späteren Ausgaben des Buches auffallenderweise fade »Genre-Szenen« beigegeben wurden. Mehr als jeder andere Romancier seiner Zeit macht sich Sterne über die Vorstellung lustig, für den Leser werde eine imaginäre, aber dennoch »reale« Welt geschaffen, in der er leben könne.

Einer der Gründe, warum Sterne manchmal als sonderbar empfunden wurde, liegt in der körperlosen, nicht sichtbaren Beschaffenheit seiner Figuren, obwohl sie in unserer Vorstellung ein gewaltiges Ausmaß gewinnen und sich eines außerordentlich ausgeprägten fleischlichen Äußeren erfreuen. Es ist, als existiere Sternes Welt in einer Finsternis, und die Anwesenheit von Personen sei nur durch Atemzüge wahrzunehmen, durch die schweren Seufzer der Anstrengungen, mit denen Menschen versuchen, sich ihrer selbst und ihres Körpers zu versichern. An einer Stelle gibt Sterne vor, einem Illustrator eine klare und hilfreiche Anweisung zu geben, in jener Szene nämlich, in der Corporal Trim die Predigt vorträgt, die sich in einem Buch von Stevinus fand:

»Er stand da, – ich wiederhole es, um das Bild von ihm mit einem einzigen Blick aufzunehmen, mit leicht schwingendem Oberkörper und etwas vorgebeugt, – auf dem rechten Bein ruhend, das sieben Achtel seines ganzen Gewichts trug, – den Fuß des linken, dessen Gebrechen seiner Haltung keinen Abbruch tat, ein bißchen vorgeschoben, – nicht seitlich, nicht nach vorn, sondern in einer Linie dazwischen; – das Knie gebeugt, aber das nicht sehr, – sondern so, daß es sich innerhalb der Grenzen der Schönheitslinie hielt;* – und, füge ich hinzu, auch in der physikalischen; – denn bedenken Sie, es hatte ein Achtel von seinem Körper zu tragen; – so daß in diesem Fall die Stellung des Beins bestimmt ist, – weil der Fuß nicht weiter vorgestellt oder das Knie mehr gebeugt werden konnte, als

* Ein Hinweis auf Hogarth, dessen Konzeption von »Schönheit« eine verlängerte S-Linie zugrunde lag.

ihm nach der Mechanik zugestanden war, um ein Achtel des
Gesamtgewichts aufzunehmen – und auch zu tragen.

☛ Dies Bild empfehle ich den Malern; – brauche ich hin-
zuzufügen, – den Rednern! – Ich glaube nicht; denn wenn sie
es nicht so in die Tat umsetzen, – müssen sie auf ihre Nase fallen.«[159]

Doch jeder, der versuchte, sich an dieser Beschreibung zu
orientieren, würde gleichermaßen auf die Nase fallen. Sterne
dringt auf eigentümliche Weise so tief in jedes Detail der Mechanik ein, daß er zum Schluß an einem toten Punkt anlangt.
Trotz all ihrer offensichtlichen Akribie macht die Beschreibung die Ungewißheit nur um so grotesker. Hogarth hat
diese Szene tatsächlich für die zweite Ausgabe illustriert, freilich auf eine oberflächliche und anekdotische Weise. Statt zu
versuchen, die Unwahrscheinlichkeit wiederzugeben, die der
aufragenden Positur Trims eignet, konzentriert er sich auf
die Wirkung, die Trims Vortrag auf die Zuhörer hat. Der
Blick des Betrachters richtet sich geradewegs auf Dr. Slop
und die Shandy-Brüder, die in tiefer Aufmerksamkeit versunken sind, während Trim dem Betrachter den Rücken zu-
wendet. Sterne selbst hätte eine solche sachliche und reizvolle
Wirkung nie angestrebt. Das zeigen seine Anmerkungen zu
einem Bild von Trim.
  Die Vorstellung des Stillstandes an sich, von Illustrationen
ganz zu schweigen, wird unter seinem zwanghaft sezierenden
Blick ins Lächerliche gezogen. In dieser Beschreibung findet
sich kaum ein Hinweis auf Trims Charakter, sondern eher
eine profunde Unzufriedenheit mit allen Formen der Kör-
perlichkeit. Zum Teil ist es die Vorstellung der Bewegungslo-
sigkeit, die Sterne erschreckt; er kann sich diesen Zustand
kaum anders vorstellen, als zugleich an Lähmung zu denken.
Man soll beim Lesen die Schmerzen des verkrümmten Körpers des Korporals spüren. Bewegung zerstört die Vorstellung von einer Illustration, und das will die fieberhafte Ge-

schwindigkeit der Feder andeuten. Als er anläßlich der zweiten Auflage der ersten beiden Bücher des *Tristram Shandy*
»Hogarths geistreiche Stichel«[160] herbeiflehte, wollte er nur
seinen Wunsch nach beglaubigtem Ruhm befriedigen. Um
sich in Sternes Welt zu Hause zu fühlen, erscheint Hogarth
als ein zu naiver Künstler.

Kein als echt beglaubigtes Bild von Sternes Hand hat sich
erhalten, als habe er sich nicht die Mühe machen wollen, sie
aufzubewahren. Was also sollte ein solcher Mann ohne Beharrlichkeit und Fleiß, mit einem Sinn für die Linie, nicht
aber für die Harmonie, ein Mann, der alle Winkel auf der Suche nach seinem Talent und seiner Identität durchstöberte –
was sollte ein solcher Mann im streng geordneten Bereich der
Kirche anfangen? Pfarrer Woodfordes Tagebuch verdeutlicht, mit welchem Seelenfrieden ein Landpfarrer im
18. Jahrhundert ausgestattet sein mußte, wollte er sich auf
den niedrigen Standard vieler seiner Schäfchen einstellen
und mit der Langeweile zurechtkommen, die große Teile seines eigenen Lebens beherrschte. Kein Wunder, daß manche
Landpfarrer privaten Interessen nachgingen: So beobachtete Gilbert White mit unendlicher Geduld die Flora und
Fauna von Selbourne. Woodforde betrieb gelegentlich ein
Wandballspiel an der Kirchenmauer, so wie Sterne eine Gemeindeversammlung vergaß, während er Rebhühner jagte.

* * *

Aufgrund der Antworten Sternes auf Erzbischof Herrings
Visitations-Fragebogen aus dem Jahr 1743 besitzen wir einige
offizielle Informationen über seine Tätigkeit als Pfarrer. Damals hatte Sterne in Sutton etwa 120 Familien zu betreuen,
wovon fünf den Quäkern angehörten. Sonntags hielt er zwei
Gottesdienste und erteilte fünfmal im Jahr die Sakramente.
Den Katechismus lehrte er »während der Fastenzeit jeden
Sonntag in meiner Kirche, erläutere hingegen unsere Religion den Kindern und Dienstboten meiner Gemeindemit-

glieder während der Fastenzeit jeden Sonntag von sechs bis neun Uhr abends in meinem Hause. Ich erwähne die Länge der Zeit, weil sie mich veranlaßt, den Unterricht nicht in der Kirche zu halten.«[161]

Diese schlichten Tatsachen können dank der Analyse der 1743 eingegangenen Antworten des Domherren S. L. Ollard in die rechte Perspektive gerückt werden. Von 836 Pfarrstellen verfügten 393 nicht über einen am Ort wohnenden Pfarrer und 266 Gemeinden hatten keine Schule aufzuweisen, wogegen es in Sutton zwei Schulen gab, in denen etwa vierzig Kinder unterrichtet wurden. Von 711 Geistlichen waren 335 Inhaber mehrerer Pfründen; in 453 Kirchen gab es nicht jeden Sonntag zwei Gottesdienste, und 208 hielten weniger als viermal jährlich Abendmahlsgottesdienste ab.[162] Mit anderen Worten: Sternes Aktivitäten lagen ein wenig über dem Durchschnitt. Doch zeigen die Zahlen insgesamt nur die Erschlaffung der Kirche. Herrings Befragung war an sich schon etwas Neues. Blackburne, sein Vorgänger, hatte seine Diözese in neunzehn Jahren zweimal »besucht«, einmal persönlich und einmal hatte er den Bischof von Gloucester geschickt.

Es ist offensichtlich, daß die Zerrüttung der Kirche von oben nach unten erfolgte, doch es ist bemerkenswert, mit welcher Geschwindigkeit sich nach der feurigen Verbundenheit des 17. Jahrhunderts der Zynismus ausbreitete. Etwa um die Mitte des 18. Jahrhunderts ging die anerkannte Hohlheit der religiösen Observanz als unausgesprochene Widersprüchlichkeit in das englische Leben ein. Dieser Wertewandel kommt in einem Gespräch zwischen Johnson und Boswell zum Ausdruck, das letzterer 1772 aufzeichnete:

»Ich erwähnte die Petition, die darauf ziele, die Verpflichtung auf die 39 Artikel* abzuschaffen. Darauf erwidert er:

---

* 1549 erschien zusammen mit dem *Book of Common Prayer*, der Bekenntnis- und Kirchenordnungsgrundlage der anglikanischen Kirche, ein Katalog mit 42 Glaubensartikeln, der, mehrfach revidiert, später auf 39 reduziert wurde (39 Articles). [A. d. Ü.]

›Sie wurde rasch verworfen, Sir. Sie reden davon, die Burschen auf der Universität dürfe man nicht dazu veranlassen,
etwas zu unterschreiben, das sie nicht verstehen. Aber sie sollten sich daran erinnern, daß unsere Universitäten gegründet
wurden, um Mitglieder der Kirche von England heranzuzie-
hen, und wir dürfen unsere Feinde nicht mit Waffen aus unserem eigenen Arsenal ausstatten. Nein, Sir, wenn sie unterschreiben, ist es nicht wichtig, daß sie alle Artikel auch ganz
begreifen, sondern daß sie Mitglieder der Kirche von England werden.‹«[163]

Dies von einem Mann, der ein ergebenes Mitglied dieser Kirche war – und der Sternes Predigten als »bloßen Schaum auf
der Oberfläche«[164] des Kelches der Erlösung abtat. Doch
Johnsons selbstgefällige Ironie über die Artikel konnte wegen ihrer Nachsicht von der beklagten Körperschaft hingenommen werden. In *Joseph Andrews* läßt sich Mr. Adams mit
einem Schankwirt auf eine Debatte über den Besuch der Kirche ein; dieser glaubte, typisch für die religiöse Observanz
des 18. Jahrhunderts, daß Himmel und Hölle Dinge seien,
»die allein in die Kirche gehörten«. Adams fragte den Mann,
warum er in die Kirche gehe, und er bekommt zur Antwort:
»Um meine Andacht zu verrichten und fromm zu leben.«
»Und zitterst du dann nicht«, schreit Adams, »bei dem Gedanken an die ewige Verdammnis?« Antwort: »Was das betrifft, Herr… so habe ich nicht ein einziges Mal daran gedacht: Aber was nützt das, über Dinge zu sprechen, die so
weit weg liegen? Der Krug ist leer, soll ich einen frischen bringen?«[165]
    Kein Wunder, daß Sterne in einer Welt, die auf diese Weise
zwischen dem Entfernten und dem Nahen unterschied, von
Shandyismus als von seinem 40. Artikel sprach. Sternes Gegner haben ihn durchweg um so heftiger angegriffen, weil er
ein Geistlicher war, also einen Beruf ausübte, für den in England in sonntäglichen Skandalblättern allemal ein Plätzchen

reserviert ist. Doch vielleicht verdeutlicht diese Reaktion lediglich die besondere Sensibilität, mit der Sterne seine Af-
fronts während seiner Zeit als Landpfarrer kalkulierte. Es
gibt keinen Grund, an seiner relativen Pflichttreue zu zweifeln, wie sie sich im Fragebogen von Herring niederschlägt;
und für seine Jahre in Sutton gibt es so viele Beweise für
Pfründenhäufung und Pflichtvernachlässigung in der Kirche, daß er einigen Verdienst für sich in Anspruch nehmen
kann.

Die größere Schuld liegt bei der Kirche als einer Institution, die zunehmend an Realität verlor. Ohne Bagehots Ver-
dikt des *Tristram Shandy* zuzustimmen, muß man einräumen,
daß er in bezug auf Sterne und seine Kirche ein stichhaltiges
Argument eingeführt hat: »Wenn ein Geistlicher seine Predigten veröffentlicht, *weil* er ein anstößiges Buch geschrieben
hat – ein Buch, das durch und durch heidnisch ist, das außerhalb christlicher Vorstellungen steht, so daß sein Verfasser
schwerlich von ihnen erfüllt gewesen sein kann – wenn ein so
beschaffener und so gutsituierter Mann *als solcher* es unternimmt, christliche Predigen zu veröffentlichen, ist das Chri-
stentum gewiß ein Scherz und ein Traum.«[166]

Da Selbstgerechtigkeit und Scheinheiligkeit die Kirche
zum Verstummen brachten, wurde es wichtiger, auf die Ein-
haltung der traditionellen guten Sitten zu achten. Unter diesen Umständen ist es nicht überraschend, daß einige seiner
Pfarrkinder ihn für »verrückt« oder »hirnrissig« hielten;
gleichwohl ist es wahrscheinlich, daß solche Vorwürfe aus den
Kreisen der Bessergestellten oder der sozialen Aufsteiger kamen. In Sternes Gemeinde mag es viele gegeben haben, die
für die Verschrobenheit eines Geistlichen kaum einen Blick
hatten, nachdem sie einmal gelernt hatten, ihre eigenen Le-
bensbedingungen als einen Teil der göttlichen Weisheit zu akzeptieren.

Es ist anzunehmen, daß Sterne diesen Leuten mehr prakti-
schen als geistlichen Trost zu bieten hatte. Allerwenigstens

muß er sie zum Lachen gebracht haben. Richard Greenwood sagte, Sterne habe mit Vorliebe zugunsten ärmerer Leute Fälle bei den vierteljährlichen Tagungen des Kriminalgerichtes übernommen und dort »den Rechtsgelehrten in Grund und Boden geredet«. Doch liegt es auf der Hand, daß solche Aktivitäten ihm nicht nur Freunde, sondern auch Feinde machten. Greenwood beschreibt auch, wie Sterne einen ortsansässigen Ladeninhaber gegen den Friedensrichter Harland unterstützte – »und danach sprach er nie mehr mit den Harlands«.[167]

Es ist nur allzu leicht, Sternes Glauben »hohl« zu nennen, wenn es auch, alles in allem, völlig blauäugig wäre, zu glauben, daß »er eher willens war, auf die großen Wahrheiten des Christentums hinzuweisen als sie auszulegen; aber daß er diese Wahrheiten akzeptierte, ist eindeutig«.[168] Im Gegenteil: Sterne war ein Außenseiter in einer Institution, die von Kompromissen lebte. Sein ganzer Tonfall verrät, daß er Wahrheiten mißtraut und Frömmelei verachtet. Bei einem so skeptischen Lehrer dürften nur wenige ängstliche Seelen Trost im Sinne der Lehre gefunden haben. Doch viel bewegender ist die Art und Weise, in der er sich über die menschliche Natur verbreitet. Seine Fröhlichkeit – genauer gesagt, soweit sie mit der christlichen Botschaft völlig übereinstimmt – ist um so bewunderungswürdiger, wenn man bedenkt, welche unübersehbaren Schwierigkeiten er hatte, sie zu bewahren.

Um einen Eindruck von seelsorgerischem Missionsdrang zu bekommen, müssen wir einen Blick auf die Methodisten* werfen und auf einen Mann wie den humorlosen William Grimshaw aus Haworth, einen Zeitgenossen Sternes, der »der Herold der Evangelischen Erneuerung in Nordengland«[69] genannt wurde. Grimshaw kam 1742 nach Haworth,

---

* Diese Freikirche war ursprünglich eine Erneuerungsbewegung innerhalb der Kirche von England. Die Methodistenbewegung wurde 1738 von den Prediger-Brüdern John (1703-91) und Charles Wesley (1707-88) begründet und 1760 von der Kirche von England aus der Staatskirche ausgeschlossen. [A.d.Ü.]

und da er die dortige Kirche zu klein fand, predigte er auf
dem Kirchhof, bis das Geld für eine Vergrößerung aufge-
bracht werden konnte. Darüber hinaus zog er einmal im Monat durch seinen Sprengel, versammelte mehrere Familien in
einem Haus und hielt Predigten aus dem Stegreif. Doch er
beschränkte sich nicht nur auf seinen eigenen Sprengel oder
Distrikt. Er zog kreuz und quer durch West Riding und predigte zwanzigmal die Woche, um der neuen Bewegung der
Wesley-Brüder Zulauf zu verschaffen. Doch was Grimshaw
und Sterne höchst eindrucksvoll voneinander trennt, ist einmal mehr der Tonfall. Hier ist Grimshaw, der sich wegen seines Müßigganges geißelt: »Heute habe ich Nichtigkeiten getrieben. Den heutigen Tag habe ich vertrödelt und wenig, ich
fürchte gar, viel zu wenig getan, um Gottes Ruhm zu mehren.
Möge dieser Tag aus meinem Leben getilgt werden. Schäme
dich, o meine Seele, vor deinem Herrn, da du die Zeit, die
Gott dir gab, so verschleudertest.«[170]

Eben weil so viel Zeit, die er in seinem geistlichen Amt zubrachte, Blei für sein quecksilbriges Temperament war, hat
Sterne den *Tristram Shandy* geschrieben. Wir könnten seine
Unlust nur dann kritisieren, wenn wir willens wären, ohne
das Buch auszukommen.

Die Art von innerer Überzeugung, die Grimshaw verbreitete, ist intensiv, aber sehr eingeschränkt; es ist schlechterdings unmöglich, das Absurde der menschlichen Existenz zu
erkennen, wie Sterne es tat, und dennoch so überzeugt zu
sein wir Grimshaw. Jeden Schritt, den er tat, zog Sterne auf
eine solche Weise in Zweifel, daß es ihm unmöglich war, sich
auf eine apostolische Reise einzulassen.

Statt dessen sollten wir Sterne eher als eines der frühesten
Beispiele eines besonderen Typus in der Anglikanischen Kir-
che sehen: als den ruhelosen Geist, den die Trägheit des Kör-
pers verwirrt. Immerhin brachte die Kirche Sterne zum
Schreiben; und als er eine seiner Predigten in das Zweite
Buch des *Tristram Shandy* einfügte, erschien es ihm als ein Ge-

bot der Rechtschaffenheit, zuzugeben, daß er damit »die Gelegenheit gewinne, Sie zu unterrichten – Daß sich, falls der
Charakter von Pfarrer Yorick und dieses Muster seiner Predigten gefallen, – im Besitz der Familie Shandy so viele befinden, daß sie einen hübschen Band zur allgemeinen Bedie-
nung abgäben...«.[171]

Das Schreiben, Lesen und Veröffentlichen von Predigten
wurde im 18. Jahrhundert sehr ernsthaft betrieben. Sie wurden nicht nur von anderen Geistlichen gekauft (auch Sterne
besaß eine große Bibliothek gedruckter Predigten, um sie zu
benutzen), sondern gehörten auch zu den bevorzugten Lese-
stoffen junger Leute. 1767, zum Beispiel, befragte Fanny
Burney Lady Sarah Penningtons *An Unfortunate Mothers's Advice to Her Absent Daughters*, das die Predigten von Hoadley,
Seed, Sherlock, Fordyce und Sterne empfahl.[172] Doch dieser
Auszeichnung zum Trotz und obwohl Zeitgenossen eine gute
Meinung von Sternes Predigten hatten (Gray lobte an ihnen
»eine sehr starke Bildlichkeit und ein fühlsames Herz«[173]), ist
er häufig wegen der Art angegriffen worden, mit der er sich
Formspielereien hinzugeben schien. Der *Monthly Review* war
über den Taschenspielertrick entsetzt, mit dem Sterne »Yoricks« Predigten veröffentlicht hatte:

»... wir glauben, es steht uns wohl an, einige kritische Anmerkungen über die Art ihrer Veröffentlichung zu machen, die
wir für die gröbste Verletzung des Gefühls und Anstands halten, die seit der Begründung des Christentums begangen
worden ist – eine Freveltat, die man in den Tagen des Heiden-
tums schwerlich hingenommen hätte.

Wären diese Abhandlungen gemäß der Titelseite als die
Predigten von Mr. Yorick in die Welt geschickt worden, muß
sich jeder ernsthafte und vernünftige Leser durch die Anstö-
ßigkeit verletzt gefühlt haben, mit der ein solcher Verfasser
vorgetäuscht wird. Denn wer ist dieser *Yorick*? Von Yorick haben wir auch in einem unzüchtigen Roman gelesen. – Aber

sollen uns die feierlichen Gebote der Religion von Possenrei-
ßern und lächerlichen Romanschreibern verkündet werden?
Würde irgend jemand glauben, daß ein Priester es ernst
meint, der im Gewande eines Harlekins auf die Kanzel
steigt?«[174]

Wenn Sterne auch niemals so farbenfroh gekleidet in Sutton
oder Stillington die Kirche betrat, dürfte er gleichwohl die
theatralischen Möglichkeiten, welche die Kanzel bot, ausge-
nutzt haben. Die Bezeichnung »dramatisch« zur Charakteri-
sierung seiner Predigten prägte er selbst.[175] Über Sternes Art
zu predigen, gibt es widersprüchliche Berichte, doch deuten
sie darauf hin, daß er auf diesem wie auf vielen anderen Gebieten über Fähigkeiten verfügte, die über dem Durchschnitt
lagen. Es lohnt sich, auf Sternes Predigten näher einzugehen,
weil sie von so manchen, die über Sterne geschrieben haben,
unvernünftigerweise mißbilligt worden sind und weil die Situation als Redner so viel zum Tonfall und zum Duktus von
Sternes Romankunst beiträgt.

Das allgemeine Urteil des 19. Jahrhunderts über Sternes
Predigten drückt sich einerseits in Bagehots Lob aus, es
handle sich um »wohlformulierte, kraftvolle, moralische Essays«,[176] und gipfelt auf der anderen Seite in H. D. Traills
blindwütiger Verdammung, sie seien »von der abgedroschen-
sten Art; phrasenhaft, genährt von den Phrasen von tausend
Kanzeln und geistlos durch die *crambe repetita* von hundert-
tausend Homilien«.[177] Es gibt in den Predigten – wie auch im
Tristram Shandy – lähmende Passagen, doch sind sie unendlich
reicher und enthüllender als diese Urteile zu erkennen geben.

John Croft behauptete, daß »wenn die Reihe an Sterne
kam, im Münster zu predigen, die Hälfte der Gemeinde gewöhnlich die Kirche verließ, sobald er die Kanzel bestieg, weil
sein Vortrag und seine Stimme so unangenehm waren«.[178]
Auf der anderen Seite sagte Richard Greenwood, daß

»er die Zuhörer immer sehr ergötzte, wenn er predigte; und in Sutton predigte er nie, ohne daß die halbe Gemeinde in Tränen aufgelöst war – Das Münster war überfüllt, wann immer man wußte, daß er predigen würde – er pflegte oft aus dem Stegreif zu sprechen. Einmal hatte er es übernommen, in einem Ort zu predigen, der ein paar Meilen von Sutton entfernt war, wo er bei seiner Ankunft feststellte, daß er seine Predigt vergessen hatte – er bat bloß um eine Bibel und verfertigte eine höchst vorzügliche Predigt, die er von einem Stück Papier vortrug, das nicht größer war als seine Hand.«[179]

Das Letztere scheint wahrscheinlicher, denn wir wisssen, daß Sterne häufig im Münster predigte, nicht nur aus eigenem Recht, sondern auch als Vertreter von Francis Blackburne, dem Archidiakon von Cleveland und als Vertreter seines Onkels. Für jede Predigt im Münster erhielt er 1 Pfund. Sterne nahm diese Gelegenheiten gern wahr und predigte sehr oft zwanzigmal im Jahr. 1747 und 1750 ließ er sogar zwei seiner Predigten veröffentlichen, eine davon auf dringende Veranlassung von Sir William Pennyman, dem Sheriff von Yorkshire und der Grand Jury der Grafschaft Yorkshire. Diese fanden »weder Käufer noch Leser«, dürften Sterne jedoch zu einem der besser bekannten Prediger gemacht haben, in dessen Gegenwart die hübschen jungen Damen nach Meinung Edmund Pyles die Augen zu senken hatten. Im Münster wurden Esprit und Gefühl bewundert und vielleicht ist Sterne dort sogar deshalb geschätzt worden, weil er nach Grays Zeugnis den Eindruck vermittelte, er bewege sich »hart am Rande des Gelächters und sei fähig, den Zuhörern seine Perücke ins Gesicht zu schleudern«.[180] Doch allzusehr mit den Gefühlen der Gemeinde zu spielen, hat auf dem Lande vielleicht Anstoß erregt. Religiöser Enthusiasmus wurde mißbilligt, besonders wenn er von der Kanzel aus verbreitet wurde, weshalb die Methodisten vor allem wegen ihres Enthusiasmus verdammt wurden. Ein Briefschreiber an den

York Courant nahm im November 1739 heftigen Anstoß an der
Schnelligkeit, mit der die Methodisten die armen arbeitenden Leute in die Lage versetzten, aus der Bibel zu zitieren
und fragte, ob »jene Gefühle und leidenschaftlichen Aufwal-
lungen, über welche die Methodisten zu verfügen vorgeben,
der Geist Gottes oder der Geist der Verblendung sind«?[181]
   Sternes Predigten waren zumindest kürzer als die der meisten seiner Zeitgenossen,* was die Begeisterung seiner Zuhörer gesteigert haben muß. Er schrieb an George Whateley,
der ihn 1761 eingeladen hatte, im Findlings-Hospital in London zu predigen:

»So gewiß der Tag kommt, und so gewiß das Findlings-Hospital steht, werde ich – (das heißt, gesetzt ich stehe ebenfalls),
mein Gewissen von dem Versprechen erleichtern, welches ich
Ihnen gab, bei Ihnen zu predigen – nicht eine halbe Stunde
(nicht eine kümmerliche halbe Stunde), denn ich könnte nie
so lange predigen, ohne mich und meine Gemeinde zu Tode
zu langweilen – aber eine kurze Predigt werde ich Ihnen halten und Ihnen auf meine Weise einen *Klaps* versetzen: – Predigen (müssen Sie wissen) ist ein theologischer Klaps auf das
Herz, so wie das Anmahnen eines Versprechens ein diploma-
tischer Klaps ist, den man dem Gedächtnis versetzt.«[182]

Dieses Abzielen auf das Herz wird durch Yoricks Haltung be-
kräftigt: »Predigen, um die Breite unserer Belesenheit oder
die Feinheiten unseres Witzes darzutun – vor den Augen der
Masse mit der bettelhaften Darstellung von ein bißchen Gelehrsamkeit zu paradieren, die mit ein paar glitzernden Worten herausgeputzt ist, aber kein Licht und noch weniger
Wärme gibt... Dies heißt nicht das Evangelium predigen –
sondern uns selbst – Ich für mein Teil... würde lieber fünf
Worte schußgerade auf das Herz richten.«[183]

* Hammond vergleicht Sternes Predigten (durchschnittliche Länge: 3160 Worte) mit
  denen anderer Prediger des 18. Jahrhunderts, darunter Blackall (11850 Worte), Stil-
  lingfleet (9500), Tillotson (5600) und Swift (3750). (Hammond, a.a.O., S. 101 f.)

Es ist genau diese intime Kenntnis des gewöhnlichen menschlichen Interesses, welche Sternes Predigten so eindrucksvoll macht. Viele Jahre lang wurden diese Predigten größtenteils als Plagiate abgetan, anstatt sie als Präliminarien zu Sternes Erzählprosa einer angemessenen Betrachtung zu würdigen. Hammonds akribische Untersuchung über Sternes Entlehnungen aus vorhandenen Predigt-Bibliotheken enthüllt zweierlei: daß die Predigt als hybride Form einzigartig ist und daß Sternes »Nachahmungen«, Entlehnungen und Diebstähle seiner Originalität keinen Abbruch tun.

Im Vorwort zu den ersten beiden Bänden seiner Predigten riet Sterne dem Leser angesichts »alter und abgedroschener Gegenstände nicht nach neuen Gedanken zu suchen – es ist genug, wenn er eine neue Sprache vernimmt«.[184] Das wäre ein Grund, bewußt originelle Predigten zu erwarten, doch tatsächlich ist ihre Sprache gelassener, musikalischer und gedämpfter als die des Romans. Es ist die Qualität des Didaktischen, die sie so interessant macht.*

Nach Sternes Meinung befaßten sich seine Predigten »in erster Linie mit der Menschenliebe und den ihr verwandten Tugenden, auf denen das Göttliche Gesetz und die Propheten beruhen; ich bin überzeugt, daß sie wegen der ihr innewohnenden Wahrheiten nicht weniger gebilligt oder schlechter aufgenommen werden, wenn sie mehr aus dem Kopf denn aus dem Herzen kommen«.[185] Im Hinblick auf dogmatische Reinheit und religiöse Inspiration sind die Predigten fast apologetisch. Oft lösen sie sich von der herkömmlichen Form der Predigt, doch als Darlegungen der Auseinandersetzung des menschlichen Geistes mit seinen eigenen moralischen Problemen sind sie subtil, sensibel und scharfsinnig und weisen alle jene wohltuenden Eigenschaften auf, die Sterne dem wahren Shandyismus zuschrieb.

---

* Natürlich dürfte Sterne sich nicht immer an den gesprochenen Text gehalten haben. Er war nicht der Mann, sich einem neuen Gedanken, der ihm in den Kopf kam, zu widersetzen.

Kaum eine andere Predigt ist so typisch für Sterne wie die
über den Verlorenen Sohn; diese biblische Urgestalt wird in
Sternes Darstellung wunderbar erneuert. Sterne kann kaum
verhehlen, daß nach seiner Meinung die Bibel dieser Gestalt
kaum Gerechtigkeit hat widerfahren lassen: »Der Bericht ist
kurz: die fesselnden und pathetischen Passagen, die notwendigerweise zu einer solchen Geschichte gehören, muß jeder
in seinem Herzen hinzufügen.« Die Moral der Geschichte
geht natürlich »so deutlich aus dem Ereignis selbst hervor,
daß es nicht notwendig ist, durch ermüdende Erklärungen
Verwirrung zu stifen«. Statt dessen ergänzt Sterne einige der
Szenen, die in der Heiligen Schrift weggelassen sind. »Kein
Zweifel«, so Sterne, »sind bei dieser Gelegenheit viele ernste
Vorhaltungen von den Lippen des Vaters gekommen.«[186]
Und so fährt er fort mit der ganzen Begeisterung jenes ande-
ren großen Popularisators biblischer Stoffe – Cecil B. de
Mille:

»Warnen würde er seinen Sohn vor der Torheit eines so über-
eilten Unternehmens, indem er ihm die Gefahren der Reise
vor Augen stellte, – die mangelnde Erfahrung seiner Jugend,
– die Gefahren, denen sein Leben, sein Vermögen, seine Tugend ausgesetzt wären, ohne einen Beschützer, ohne einen
Freund: er würde ihm von den vielen Fallstricken und Versuchungen erzählen, die er vermeiden oder bei jedem Schritt
zu überwinden trachten müsse, – die irdischen Verlockungen, die ihn an jedem Hofe bedrängen würden, – das geringe
Wissen, das er erwerben würde , ausgenommen das um das
Böse: er würde von der verführerischen Kraft der Frauen
sprechen – ihren Reizen – ihren Giften… Ich sehe das Bild
dieses Auszuges… der Verlorene Sohn steht mit gezwunge-
ner Gelassenheit im Vordergrund, wie er gegen das zitternde
Gefühl der Freude ankämpft, die er ob seiner Befreiung vom
Zwang empfindet…«[187]

Es erscheint nur recht und billig, daß Sterne in einer Institution, die in Konventionen erstarrt war, den Drang nach Befreiung artikulierte. Weit davon entfernt, sich auf die Robinson-ähnliche Rücksichtslosigkeit des Sohnes oder auf den Großmut des Vaters einzulassen, treibt es ihn auf einen Pfad, der weniger oft beschritten wird, aber seinem Herzen näher ist. Er schreibt von jener »verhängnisvollen Leidenschaft, die ihn leitete, – und so viele Tausende, die seinem Beispiel folgten – *alles, was er besaß, zusammenzuraffen und sich auf die Reise in ein fernes Land zu begeben*«.[188] Für einen Augenblick preist Sterne »die Liebe zur Abwechslung oder die Neugier, neue Dinge zu sehen«,[189] und verweilt bald darauf bei den Städten Europas und »jeder Station zwischen Calais und Rom«.[190] Obwohl diese Predigt erst nach seinem Tode veröffentlicht wurde, ist es sehr wahrscheinlich, daß sie viele Jahre zu seinem Repertoire gehörte. Falls die veröffentlichte Version die Details von Reisen enthielt, die er bereits gemacht hatte, ist eine frühere Form – bevor er wirklich reiste* – vielleicht als ermutigender Vorgriff auf die Zukunft zu verstehen, so als habe er ins Auge gefaßt, die Rolle des Verlorenen Sohnes selbst zu spielen.

Obwohl der »Verlorene Sohn« wegen seiner Originalität eine Sonderstellung einnimmt, zielen diese Predigten im Kern darauf ab, sich bei ihrer Botschaft kurz zu fassen und der Psychologie und der Erzählung größeren Raum zu gewähren. So klingt die Schlußfolgerung aus »Suche nach dem Glück« eher oberflächlich – »fürchte Gott und halte seine Ge-

---

* Unternahm Sterne 1762 die erste Reise auf den Kontinent? Im *Tristram Shandy* (Buch I, Kapitel 11) hören wir von »meiner Reise durch Dänemark« und »den größten Teil Europas«, die er 1741 mit »Mr. Noddys ältestem Sohn« unternahm. Bei den vielen Lücken in Sternes Leben ist das durchaus möglich, doch 1741 scheint kaum als die geeignetste Zeit. Nicht nur deshalb, weil er im März heiratete, sondern auch weil er im Herbst mit der Wahl beschäftigt war. Mr. Noddys Sohn war vielleicht der junge Earl of Aboyne. Das *Dictionary of National Biography* und Cross nehmen an, daß er den jungen Edelmann im Sommer 1741 auf einer Reise begleitete. Als Sterne die Pfründe von Stillington bekommen sollte, wurde er dem Earl als »Kaplan« beschrieben. (Cross, S. 57 f.)

bote«.[191] Doch der eigentliche Inhalt der Predigt besteht in der glänzenden Skizzierung der gegensätzlichen Definitionen von »Glück«, vorgetragen von einem Geizkragen, einem Epikureer und einem Philosophen. Was Sternes Interesse erregt, ist das schwer faßbare Wesen des Glücks in einem solchen Wirbel verschiedener Auffassungen: »Wenn wir die Summe ziehen wollen, erkennen wir, daß alles lediglich in der Vorstellung seinen Platz hat. – Je heftiger er es verfolgte, desto rascher floh ihn das Phantom – und, um den satirischen Vergleich mit den Wagenrädern zu benützen – sie rasen zwar dahin, so rasch sie können, doch immer müssen sie den gleichen Abstand bewahren.«[192] Wir brauchen nicht an Sternes Wagenrennen mit Hall-Stevenson zu erinnern, um deutlich zu machen, daß darin eine philosophische Illusionslosigkeit angesichts der gegenwärtigen Zufriedenheit liegt, eine amüsierte Befassung mit der verlockenden Vorstellung von Glück.

Aber es ist die Predigt über »Selbsterkenntnis«, in der Sternes Gespür für die menschliche Einsamkeit die deutlichsten Bezüge zur Aufklärungsphilosophie aufweist. In der folgenden Passage erblicken wir nicht nur jene Auffassung vom Verstand als einer Maschinerie, sondern erkennen auch, wie begrenzt der geistliche Trost war, den Sterne überhaupt von der Kanzel herab spenden konnte. Zwar hat man Sterne deshalb so heftig kritisiert, weil er ein respektloser Mann Gottes gewesen sei, doch ich glaube nichtsdestotrotz, daß er durch die Ausarbeitung seiner Predigten zu intellektueller Ernsthaftigkeit vorstieß:

»Wir leben mit einer Abfolge von Gedanken, Wünschen, Verpflichtungen und Eitelkeiten, welche beständig zur rechten Zeit und in rechter Ordnung zu uns zurückkehren – laßt uns, ich bitte euch, einen kleinen Teil des Tages dazu bestimmen und verwenden, Einzug in uns selbst zu halten, laßt uns die dunklen Winkel und Abseiten des Herzens erforschen und achthaben auf das, was dort vorgeht. Wenn ein Mensch es fertigbringt, sich dieser Aufgabe mit einem neugierigen und unparteiischen Auge zu unterziehen, wird er rasch erkennen, daß ihn seine Einsichten für seine Zeit und Mühe mehr als entschädigen werden. Er wird in seinem Inneren zahlreiche Ungehörigkeiten und ungeahnte Leidenschaften entdecken, derer er sich nie bewußt war: – er wird bei seiner Suche auf viele geheime Biegungen und Windungen seines Herzens stoßen, die ihm bislang unbekannt waren und die sich ihm nun, bei näherer Betrachtung, allmählich öffnen und enthüllen; in diesen Labyrinthen wird er viele verborgene Quellen und Beweggründe für viele seiner mit höchstem Beifall bedachten Handlungen aufspüren, die ihn nun, anstatt mit Stolz, mit Kummer und Scham erfüllen werden.«*[193]

So eindrucksvoll diese Passage auch ist, in einer mit Menschen gefüllten Kirche mag sie nach Selbstbespiegelung geklungen haben. In Wirklichkeit spricht Sterne zu sich selbst, und das hat ihn vielleicht gelegentlich zu einem wenig überzeugenden Prediger gemacht. Sternes Hang zur Meditation steht im Gegensatz zur herkömmlichen Auffassung von einer Predigt, die eine Gemeinde als Ganzes ansprechen soll. Die Erkenntnis der intellektuellen Einsamkeit, der isolierenden

---

* Hammond hat nachgewiesen, daß es sich bei dieser Passage um ein Beispiel für Sternes umformenden Umgang mit Material aus anderen Predigten handelt. In diesem Fall hat er Elemente aus Swifts Predigt »Die Schwierigkeit, sich selbst zu erkennen« verarbeitet. Ein Vergleich beider Texte ist faszinierend, denn er zeigt die Bedeutsamkeit von Sternes eigenständiger Auswahl und Verarbeitung. Zum Beispiel hat Sterne sicherlich Swifts »durchdringendes und unparteiisches Auge« auf sehr charakteristische Weise erweitert, indem er »durchdringend« durch »neugierig« ersetzte. Swift behandelt das Thema mit nüchterner Rationalität – »So möge also jedermann mit einem durchdringenden und unparteiischen Auge in die einzelnen Winkel seines Herzens blicken; und ohne Zweifel werden sich ihm bei näherer Betrachtung viele Häßlichkeiten und Ungehörigkeiten, an die er nie dachte, öffnen und erschließen.« Das ist kühl und distanziert. Sternes Fassung jedoch ist teilnehmend, und die Prosa selbst scheint die Vorbehalte des Lesers sanft auszuräumen – »er wird bei seiner Suche auf viele geheime Biegungen und Windungen seines Herzens stoßen, die ihm bislang unbekannt waren und die sich ihm nun, bei näherer Betrachtung, allmählich öffnen und enthüllen; in diesen Labyrinthen...« (Hammond, a.a.O., S. 153f.)

Eigenschaft der Kräfte des Verstandes, bestimmen Sternes natürliche Seinsweise: entweder er schreibt Prosa oder er führt Monologe. Von einem Pfarrer wird erwartet, daß er sich mit seiner Gemeinde beschäftigt, und dennoch erläutert Sterne hier, welche großen Hindernisse sich echtem Mitgefühl in den Weg stellen. Viele Predigten Sternes behandeln diese Auffassung vom menschlichen Verstand und verweisen auf das einzigartige Interesse, das im *Tristram Shandy* dem lebendigen Eigenleben des Buches selbst gezollt wird.

Es gibt ein weiteres Werk – kaum mehr als ein Bruchstück –, das Sternes literarische Experimente vor dem *Tristram Shandy* aufzeigt. Das Prosastück heißt *A Dream* und beschreibt, wie der Erzähler nachts in einen Obstgarten, wie ihn Sterne in Sutton selbst angelegt hatte, hinausgeht. Während er dort umherwandert, betrachtet er die Sterne und philosophiert über die Relativität dieses Schauspiels:

»Die Bewohner des unbedeutendsten Planeten, der den unbedeutendsten Stern umkreist, den ich aus der ungeheuren Anzahl herausgreifen kann, betrachten *ihre Welt,* ich schwör's, als die einzige, welche existiert. Sie halten sie für die Mitte des Universums und glauben, das ganze Himmelsgewölbe drehe sich um sie, sei geschaffen und bewege sich einzig und allein um *ihretwillen.*«[194]

Es ist nicht überraschend, daß ein Mann mit einem so fragilen Selbstgefühl, sich dem Traum überläßt, als sei dieser nur eine andere Form des Bewußtseins. In seinem Traum reist der Erzähler durch den Weltraum und kehrt zur Erde zurück. Er wird wegen seines Berichtes ausgelacht, doch »zu dieser Zeit begann man auf der ganzen Welt in den Himmeln ein ungeheures Krachen und Bersten zu vernehmen, als nähere sich die ganze Natur ihrer Zerstörung«.[195] Die Welt wird in Aufregung versetzt – »man erwartete nichts weniger als den Weltuntergang. Was darauf folgte, weiß ich nicht. Plötzlich, ich weiß nicht wie, fand ich mich in meinem Bett, als sei ich just aus tiefem Schlaf erwacht.«[196] Die folgende Beschreibung der Ungewißheit des Erzählers, ob er sich in der Welt des Traums oder in der Realität befinde, ist eines Borges würdig. Und ihr halluzinatorischer Charakter gestattet uns einen Einblick in Sternes »reales« Leben in Sutton, wie er es sah:

»Ich erinnerte mich an mein Bett, meine Vorhänge, mein Zimmer, an meine Gedanken in der vergangenen Nacht, an den ganzen Ablauf meines früheren Lebens. Scheinbar war alles dazu angetan, mich glauben zu machen, ich hätte mich in einem Traum befunden. Andererseits kam mir meine eigene Existenz in ihrem gegenwärtigen Zustande so gering und unbedeutend vor, während sie in dem anderen Zustande, in dem ich Tausende von Jahren zugebracht hatte, so viel Festigkeit und Ordnung aufzuweisen schien, daß ich schlechterdings nicht glauben mochte, der Traum sei vorbei.«[197]

Vielleicht war es Sterne möglich, Yorick als einen sanftmütigen Doppelgänger einzuführen, indem er sich selbst davon überzeugte, am Rande des Traums zu leben. Im Ersten Buch des *Tristram Shandy* versicherte Sterne seinen Lesern, daß »bei seinen verschiedenen Ritten durch seinen Sprengel ... der solchermaßen ausstaffierte Pfarrer ... allerlei zu hören und zu sehen bekam, das seine Philosophie vor dem Einrosten bewahrte«.[198] Aber Yorick ist eine geisterhafte Gestalt, die bereits im Ersten Buch stirbt, um den Mißerfolgen von Sternes eigenem Leben als Pfarrer die Absolution zu erteilen. Yorick ist das Porträt einer Gestalt, die Sterne immer im Blick hatte – ein Bild des Mannes, der er hätte sein können, eine Entschuldigung dessen, was er sein mußte und, nicht zuletzt, ein Partner, mit dem man sprechen konnte. Wenn Sterne keine andere Wahl blieb, als ein sehr geschickter Schürzenjäger zu sein, dann ist es Yorick, der in der *Reise des Herzens* ganz nach dem Geschmack des bürgerlichen Publikums ein delikates amouröses Gepländel beginnen kann. Und wenn Sterne, in der ländlichen Einöde schmachtend, gepeinigt vom eigenen ehelichen Versagen, den wenig befriedigenden Segnungen des Christentums nachsann, dann war Yorick eine Gestalt, dem seine Fehler anmutig gerieten und sich durch Wunderlichkeit entschuldigen ließen:

»Tatsache war: – Daß er, statt das kalte Phlegma und die strenge Regelmäßigkeit von Verstand und Gemüt zu zeigen, die man bei einem Manne von solcher Abstammung vermutet hätte, – im Gegenteil ein so quecksilbrig und sublimiert zusammengesetztes Wesen – und in allen seinen Neigungen so wunderlich war – mit so viel Lebendigkeit, Launenhaftigkeit und *gaieté de coeur*, wie sie nur das günstigste Klima in ihm hätte erzeugen und vereinen können.«[199]

Freilich ist wahre Exzentrizität eine Erscheinung, die Zuschauer beobachten und nicht ein Charaktermerkmal, das man sich einfach beilegen kann. Sterne war gezwungen, Yorick als eine Art »Ablenkungsmanöver« zu erfinden – für sich und für andere –, Yorick war philosophisch, wenn Sterne aufgewühlt, er war humorig, wenn Sterne verzweifelt war. Yorick war ein Spaßvogel mit Priesterweihen, eine Figur, die es Sterne vielleicht erlaubte, mit falsch berechneten Scherzen und unwillkommenen Vertraulichkeiten heil davonzukommen. Und Tristram sagt von Yorick: »Ich hege von der edlen und zarten Gesinnung dieses ehrwürdigen Herrn die höchste Vorstellung«[200] – als sei diese Traumfigur von einer Seelenruhe erfüllt, um die Sterne sie beneidete. Kein Wunder, daß Yorick stirbt, »erschöpft von den Drangsalen des Kampfes«, den er gegen eine geheimnisvolle Verschwörung feindlicher Elemente des Dorfes und der Kirche führt. Die Verschwommenheit jener Boshaftigkeit und von Yoricks Reaktionen lassen auf eine gewisse Paranoia bei Sterne schließen. Vielleicht verschleiert er auch eine bislang noch nicht entdeckte Krise in seinem Leben Ende der 50er Jahre:

»Der ganze Angriffsplan wurde, genau wie *Eugenius* vorausgesagt hatte, auf einmal ins Werk gesetzt, – mit so wenig Erbarmen von Seiten der Verbündeten, – und gegen so wenig Argwohn bei Yorick, was gegen ihn in Gang war, – daß, als er dachte – guter, argloser Mensch! – seine Beförderung im Amt sei in bester Reife, – die anderen bereits die Wurzel des Pflänzchens abgetötet hatten und er stürzte, wie mancher würdige Mann vor ihm.«[201]

»Ach, armer Yorick«, der erste große Gefühlsausbruch in seinem Werk, ist darum ein Requiem auf einen Teil seiner selbst. Dies waren die ersten Tränen einer neuen befreiten Persönlichkeit, die elegant und brillant auf dem Reynold-Porträt erscheinen und Yorick in London und auf dem Festland zu neuem Leben erwecken sollte, ein tändelnder, gefühlvoller Bekenner, der sich wohl darauf verstand, junge Mädchen zu umschmeicheln.

Yorick stirbt, um den Wintern in den sumpfigen Feldern Suttons zu entfliehen und jenem »schmutzigen Dorf«, das über ihn klatschte. Obgleich wir über den Bruch in Sternes Leben in den 50er Jahren nichts Genaues wissen, deuten verschiedene Fakten darauf hin: die mißliche Lage, auf die in den Briefen an Blake hingewiesen wird, die körperliche und emotionale Unsicherheit seiner Familie, der faktische Verzicht auf das Führen des Kirchenbuches von Sutton nach 1756* und das Ausbleiben von Sternes Mitgliedsbeiträgen für seinen Club in York in den Jahren 1750 bis 1756.**

---

   * 1754 gibt es die ersten Lücken. Nach 1756 hören die Einträge auf und setzen erst 1760 wieder ein, als Sutton einen Hilfspfarrer bekam. Von 1756 wurden in Stillington die Trauungen von Thomas Donnyson vorgenommen, dem Hilfspfarrer von Crayke.

  ** Diese Jahre waren nicht notwendigerweise die einzigen, in denen sich Sterne vom geselligen Leben Yorks fernhielt. Die Liste der zahlenden Mitglieder wurde im *York Courant* veröffentlicht, und nur diese Jahre können herangezogen werden.

Nehmen wir an, daß Sterne sich in ständiger Unsicherheit befand, sich in seinem »so geringen und unbedeutenden Leben« unaussprechlich langweilte, ist das Grund genug, ihn ins Träumen zu zwingen. So wird sein Schreiben zur Sublimierung eines unbefriedigenden und unzureichend wahrgenommenen Lebens. Trotz aller seiner Fehler als Mann, Gatte, Vater und Geistlicher, besaß Sterne ein »neugieriges und unparteiisches Auge«, womit er seiner Zeit weit voraus war. Er hatte im Romanschreiben nicht nur eine Unterhaltung gesehen, sondern ein schöpferisches Modell, ein Mittel, das es ermöglichte, mit sich selber zu sprechen. Die Predigt über den »Verlorenen Sohn« beginnt:

»... Lehren der Weisheit üben erst dann die rechte Macht über uns aus, wenn sie sich mit Hilfe des Fundaments einer Geschichte, welche die Leidenschaften beflügelt, geradewegs in unseren Herzen einnisten: kommt es daher, daß wir aus Eisen sind und erst erhitzt werden müssen, bevor wir geschmiedet werden können? Oder ist das Herz so sehr in die Täuschung verliebt, daß wir, wo ein getreuer Bericht es nicht erreicht, es mit einer erfundenen Geschichte hinters Licht führen müssen, um die Wahrheit verkünden zu können?«[202]

Weil er erkannte, daß in Traum und Täuschung eine Wahrheit lag, warf sich Sterne aufs Erzählen, und sein Zugriff ließ den Gebrauch, den andere von dieser Form machten, als ein zaghaftes Unterfangen erscheinen. Denn anders als Fielding oder Richardson, ließ Sterne seinen Ruf, seine Gefühle, seine Identität restlos in den Roman einfließen. Das rettete ihn nicht nur vor einer unbedeutenden Existenz, sondern eröffnete ihm die Möglichkeit, sich in Yorick neu zu erfinden, jenem Landpfarrer, der »ein tumber und in der Welt unerfahrener Mann« war. Im Ersten Buch des *Tristram Shandy* entwirft Sterne ein unsterbliches und köstliches Gemälde von Yorick und seinem Dorf. Sterne wird Yorick in Wirklichkeit mitnichten ähnlich gewesen sein, außer in seinen eigenen Augen, doch die Passage vermittelt nichtsdestoweniger die ganze Enttäuschung nach seiner zwanzigjährigen Tätigkeit als Landpfarrer. Während das Dorf gleichsam erstarrt, als Yorick vorbeireitet, scheint diese Unbeweglichkeit wie ein unerbittliches Gewicht auf der besessenen Mobilität von Sternes Geist und Tatendrang zu lasten. Sterne ist hier Darsteller und Zuschauer zugleich:

»Um die Wahrheit zu sagen, er konnte nie in ein Dorf einreiten, ohne die Aufmerksamkeit von Alt und Jung zu erregen. – Die Arbeit stockte, wenn er vorbeiritt, – der Wassereimer blieb halben Wegs im Brunnen hängen, – das Spinnrad vergaß, sich zu drehen, – und sogar die Kinder, die beim Münzenwerf- und Hutschüttelspiel waren, rissen Maul und Augen auf, bis er außer Sicht war; und da seine Vorwärtsbewegung nicht zu den schnellsten gehörte, hatte er gewöhnlich genügend Zeit, seine Beobachtungen zu machen, – das Seufzen ernster Leute zu hören, – und das Gelächter Mutwilliger; – was er alles in außerordentlicher Gemütsruhe ertrug. – Sein Charakter war von der Art, – daß er einen Scherz aus Herzensgrund liebte, – und weil er sich selbst aus dem richtigen Gesichtswinkel der Lächerlichkeit sah, pflegte er zu sagen, er könne auf andere nicht ärgerlich sein, wenn sie ihn in einem Licht sähen, in dem er sich selbst so deutlich sehe.«[203]

Das ist die durchgeformte Beschreibung eines Wachtraums. Der wirkliche Sterne hatte zuweilen bei seinen Pfarrkindern andere Reaktionen ausgelöst. Eines Winters lief er auf dem zugefrorenen Dorfteich von Stillington Schlittschuh, als das Eis brach. Niemand kam dem paddelnden Pfarrer zu Hilfe. Ein anderes Mal hatten sich ein paar Dorfgänse auf den Kirchhof von Sutton verlaufen und Sterne hätte sie sich angeeignet, wären nicht die Dörfler »drauf und dran gewesen, sich zusammenzurotten und über Laurie herzufallen«.[204]

Pfarrer Sterne war geschickt genug, ein unschuldiges Gesicht
zu machen, wenn es nötig war. Und Pfarrer Yorick war ein
Deckmantel, der ihn nach London, Paris tragen würde, in die
Kutschen freudig erregter Damen und schließlich in die Geschichte selbst. Und wie ein Mann mit Gepäck in beiden Händen, reiste er gefährlich, nicht immer im Gleichgewicht.

* * *

1759 war ein bedeutsameres Jahr, als selbst stolzen Engländern jener Zeit bewußt war. In der ganzen bekannten Welt erwiesen sich die Briten im Siebenjährigen Krieg als siegreich.
»Unsere Glocken sind vom vielen Siegesläuten dünnwandig
geworden«, schrieb Horace Walpole.[205] Im August besiegte
Boscawen eine französische Flotte vor Lagos und Ferdinand
von Braunschweig gewann die Schlacht von Minden. Im folgenden Monat erstieg Wolfe die Hochebene von Abraham in
Kanada, um Montcalm zu besiegen. Im November zerschlug
Hawkes eine weitere französische Flotte in der Quiberon-
Bucht (Bretagne). In Indien vertrieb Clive die Franzosen aus
Bengalen. Es war die Krönung eines sich ausbreitenden kon-
tinentalen und kolonialen Krieges, in dem Pitts erfolgreiche
Strategie England, ein wenig unabsichtlich, zum Herrscher
eines Weltreiches machte. 1759 war auch, für wenige Tage,
das Jahr der Veröffentlichung des *Tristram Shandy*. »Doch nun
zu ihrem Wunsch, den Grund zu erfahren, weshalb ich unter
die Schriftsteller gegangen bin. Nun, ich habe es ehrlich satt,
mein Gehirn zum Nutzen anderer Leute einzusetzen«,
schrieb Sterne im November 1759 an eine Bekannte.[206] Von
einem Mann, der wie Sterne seinem Instinkt folgte, war wohl
kaum eine gedankenvollere Antwort zu erwarten. Und das
Jahr 1759 markiert gewiß Sternes Übergang von einem Gele-
genheitsschriftsteller in der Provinz – der Predigten, Briefe
und lokalpolitische Pamphlete schrieb – zu einem Autor, der
darauf versessen war, sich in der weiten Welt einen Namen zu
machen.

Wenn es ein einzelnes Ereignis gab, das Sterne letztlich dazu trieb, nach einem größeren Publikum Ausschau zu halten, waren es die Umstände, die seinen letzten Beitrag zu Streitfragen in der Diözese begleiteten: *A Political Romance*.

Der einschlägige Streit betraf zwei bemerkenswerte Figuren der Yorker Gesellschaft: Dr. Francis Topham und Dechant John Fountayne. Topham, mit Sterne gleichen Alters und Cambridge-Absolvent, war ein Rechtsanwalt und Freund von Jaques Sterne. Wie Jaques übernahm Topham jedes erreichbare Amt und war unter anderem Beauftragter und Generalbevollmächtigter des Schatzkammer- und des Nachlaßgerichtes von York. Fountayne war ein Jahr jünger als Sterne, ebenfalls Cambridge-Absolvent, und 1747 als Dechant nach York gekommen.

Es scheint, daß Sterne, nachdem er sich mit seinem Onkel zerstritten hatte, alles tat, um mit dem neuen Dechanten ein Bündnis zu schließen. Gelegentlich predigte er für den Dechanten im Münster, und als Fountayne 1751 der Dr. theol. zuerkannt wurde, war es Sterne, der eine lateinische Predigt, *Concio ad Clerum*, verfaßte, die dieser dankbar vortrug. Curtis[207] hat nachgewiesen, daß sich Sterne erst nach Fountaynes Ankunft in York wieder kirchlichen Angelegenheiten widmete, in der Hoffnung auf künftige Beförderung. Und im August 1751 wurde er mit dem Amt eines Kommissars am Peculiar Court von Pickering und Pocklington* belohnt. Finanziell war die Stellung unergiebig, doch es war eine Position von beträchtlicher lokaler Bedeutung und in der Hierarchie des Aufstiegs eine anerkannte und geachtete Stufe. Sternes Hauptwidersacher beim Kampf um dieses Amt war Francis Topham gewesen, der behauptete, Fountayne habe es ihm zugesagt. Ein wenig später stellten Fountayne und Sterne anläßlich eines Essens Topham zur Rede und hatten die Genugtuung, ihn als einen geschlagenen Mann aus dem Haus zu

---

* Peculiar Court = Kirchliche Gerichtsbarkeit einer Gemeinde, die nicht der Gerichtsbarkeit eines Bischofs unterstellt ist. [A. d. Ü.]

treiben. Der Streit ruhte ein paar Jahre und flammte 1759 wieder auf. Topham gab sich selbst eine Blöße, indem er versuchte den neuen Erzbischof, John Gilbert, dazu zu überreden, seine Bestallung zum Beauftragten und Generalbevollmächtigten des Schatzkammer- und Nachlaßgerichtes auszuweiten, damit sie nach seinem Tode auf seinen Sohn übergehen könne.

Die Sache wurde rasch allgemein bekannt, und Sterne hoffte, sich Fountaynes Gunst zu erschmeicheln, indem er *A Political Romance* verfaßte, eine dürftig verhüllte Parodie des Vorfalls. Das Werkchen selbst ist von geringem Wert, doch sobald es sich auf Ereignisse und Personen in York bezieht, amüsant und einfallsreich. Es ist ein recht gewitzter Einfall Sternes, den Streit in einer Kathedrale in ein belangloses Dorfgezänk und das angestrebte Amt ebenso konkret wie spöttisch in einen behaglichen warmen Überrock zu verwandeln. Fountayne erscheint als *John* – »er war eher eine Ehre für sein Amt, als daß das Amt etwas zu seiner Ehre getan hätte«[208] –, Topham als *Trim* – »ein kleiner, schäbiger, unbedeutender, kleinkrämerischer, doppelzüngiger Geselle«[209] – und Sterne selbst als *Lorry Slim*, ein »unglücklicher Wicht«.[210]

Damals muß *A Political Romance* in der Tat »den Pöbel zum Lachen gebracht und jedermann in die beste Laune versetzt haben, ausgenommen Trim, der sehr langsam mit jener unbiegsamen Grazie davonwatschelte, in der es nur ein einziges Tier der Schöpfung mit ihm aufnehmen und worin keines ihn übertreffen kann«.[211] Doch vorsichtige Stimmen rieten Sterne von der Veröffentlichung ab und obgleich das Werk Anfang 1759 gedruckt wurde, ist ungewiß, wie viele Exemplare in die Öffentlichkeit gelangten. Die meisten der 500 Exemplare wurden verbrannt. Wichtiger war freilich, daß Dechant Fountayne, den die Komödie seines Helfers womöglich in eine peinliche Lage versetzte, nichts tat, um Sternes Lage zu verbessern. Von zwei Gönnern enttäuscht, dachte Sterne, es sei besser, fortan sein Gehirn zum eigenen Nutzen einzu-

setzen. Die Episode hatte zu einer wichtigen Erkenntnis geführt, denn »vor der Vollendung seines ›Watchcoat‹*, sagte
er, habe er kaum gewußt, daß er überhaupt schreiben könne,
noch weniger mit Humor, um seine Leser zum Lachen zu
bringen«.[212]

Doch wie ließ sich aus Lachen Kapital schlagen? Wenn
Sterne sich anschickte, für ein allgemeines Publikum zu
schreiben, welcher Art sollte das Buch sein, das zu schreiben
er in der Lage war? Unsrer heutigen Auffassung von diesem
Buch können wir uns nur nähern, wenn wir fragen, welche
Art von Buch der *Tristram Shandy* bei seinem Erscheinen war.
Ist *Tristram Shandy* ein Roman, der seinen Platz in der Ge-
schichte des Romans finden muß, oder ist das Buch eher ein
Stück Erzählprosa?

In seinem 1755 veröffentlichten *Dictionary* definierte Johnson den Roman als »eine bescheidene Erzählung, die im allgemeinen von Liebe handelt«. Wenn wir die Geringschätzung
dieser Definition außer acht lassen, leistet sie gleichwohl
recht gute Dienste. Die meisten jener Werke, die als Romane
veröffentlicht werden, befassen sich mit Liebe, sie sind bescheiden – im Hinblick auf Ambition und Länge – und es sind
Erzählungen, das heißt, Bücher, die auf ihrem erzählenden
Gehalt beruhen.

Nach diesem Kriterium ist der *Tristram Shandy* alles andere
als ein Roman, und es wäre genauso fahrlässig, diese Definition auf Werke wie, sagen wir, *Robinson Crusoe, Tom Jones* oder
Clarissa Harlowe anzuwenden. Einer der interessantesten
Aspekte des Erfolges dieser Bücher bei ihrem Erscheinen
war die Unsicherheit, mit der ihre Leser die neue literarische
Form betrachteten. Der Frohsinn, die lebensechten Gestalten
und die totale »Unterhaltung« galten in bestimmten Kreisen
als suspekt, von der Unzüchtigkeit ganz zu schweigen. Nicht
nur *Tristram Shandy* wurde wegen seiner Unmoral kritisiert.

---

* *A Political Romance* wurde nach Sternes Tod veröffentlicht und unter dem Titel *The History of a Good Warm Watch-Coat* bekannt. [A. d. Ü.]

Johnson bedauerte, daß eine junge Dame meinte, das Buch
über jenes Muster robuster Gesundheit lesen zu müssen, *Tom
Jones* – »Ich kenne kaum ein verderbteres Werk«.[213] Lady
Mary Wortley Montagu offenbarte den Zwiespalt der Gefühle, den die neue Form hervorrief, als sie sagte: »Dieser Richardson ist ein sonderbarer Geselle. Ich verachte ihn von
Herzen und lese ihn eifrig, mehr noch, ich schluchze bei der
Lektüre seiner Werke in höchst schockierender Weise. Die ersten beiden Bücher von *Clarissa* gingen mir ans Herz, weil sie
mich allzu sehr an meine Mädchenzeit erinnerten. In den Gestalten von Sir Thomas Grandison und seiner Lady finde ich
das, was ich von meiner Mutter gehört und an meinem Vater
beobachtet habe.«[214]

Dieser Eindruck, die Erzählung spiegle das Leben haarge-
nau wider, war eine der Reaktionen, die am weitesten verbreitet waren und gestattet uns, den Effekt des »Realismus« in
der Erzählenden Literatur des 18. Jahrhunderts richtig ein-
zuschätzen. Über diesen Effekt sprach Johnson 1750 in *The
Rambler*: »Die Erzählwerke, welche die heutige Generation in
besonderes Entzücken zu versetzen scheinen, geben vor, das
Leben zu zeigen, wie es ist, lediglich durch Ereignisse ab-
wechslungsreich gestaltet, die täglich in der Welt vorfallen
und beeinflußt durch Leidenschaften und Eigenschaften, die
wirklich im menschlichen Verkehr zu finden sind.«[215]

Johnson konnte, wie wir gesehen haben, diese Bücher
kaum gutheißen. Nach seiner Ansicht waren sie »hauptsächlich für die Jungen geschrieben, für die Nichtswisser und
Müßiggänger, denen sie als Anleitung für ihr Verhalten und
als Einführung ins Leben dienen. Sie sind die Unterhaltung
von Geistern, die jeglicher Ideen entblößt und darum für
Eindrücke leicht empfänglich sind.«[216] Johnsons eigene Erzählung *Rasselas*, erschienen 1759, war nicht für jene bestimmt, die »jeglicher Ideen entblößt« waren und gab nicht
vor, das Leben ihrer Leser zu spiegeln. Im Grunde handelt es
sich um eine philosophische Erzählung, die sich einer mythi-

schen Einkleidung und exotischer und repräsentativer Figuren bedient; Rasselas selbst ist ein abessinischer Prinz. Im Sinn der klassischen Tradition ist *Rasselas* im Grunde eine Abhandlung, in welcher die menschliche Natur eher erörtert als demonstriert wird. *Rasselas* ist nur bis zu jenem Grad eine Erzählung, als man *Gullivers Reisen* eine erfundene Beschreibung außerordentlicher Abenteuer nennen kann. *Robinson Crusoe*, wenngleich sprachlich derb und überfrachtet mit der puritanischen Botschaft von der Unabhängigkeit, schlug die Leser wegen seiner scheinbaren Aktualität trotzdem in den Bann. Und Defoe, durch eine Karriere im Geschäftsleben und in der Spionage bereits gebeutelt, hat sich anscheinend selbst einreden müssen, er erzähle eine »wirkliche« Geschichte, obwohl der *Crusoe* des schnellen Geldes willen geschrieben wurde.

Es sind die Detailtreue und die doppeldeutige Berufung auf die Wirklichkeit, die *Robinson Crusoe* zu einem so bedeutenden Meilenstein machen. Doch selbst im Jahr 1759 konnte Johnson noch immer voller Optimismus über sich selbst schreiben:

»Er, dessen Schreiben auf allgemeinen Grundsätzen beruht oder universelle Wahrheiten verkündet, darf hoffen, daß man ihn langelesen wird, weil sein Werk zu allen Zeiten und in jedem Lande gleichermaßen nützlich sein wird. Aber er kann nicht erwarten, daß man seine Werke mit Fleiß aufnimmt oder sie sich rasch verbreiten, weil sich das Verlangen nicht durch flüchtige Reize anspornen läßt; was lange geliebt werden soll, muß nicht mit Leidenschaft, sondern mit Vernunft geliebt werden. Jener Schriftsteller, der seine Mühen an gegenwärtige Gegenstände wendet, findet leicht Leser und verliert sie rasch; denn welchen Wert sollte ein Buch noch besitzen, wenn es seinen Gegenstand nicht mehr gibt?«[217]

Zwischen Johnson und Sterne gibt es einen paradoxen Kontrast. Obwohl nämlich die vorgebliche Bedeutung des *Rasselas* in der These liegt, daß »man nicht anders glücklich sein kann, als durch die Hoffnung auf Veränderung; diese selbst bedeutet nichts; haben wir sie hinter uns, haben wir bereits erneut den Wunsch nach Veränderung«[218], bleibt seine Sprache gemessen, lapidar und gleichmäßig. Sterne hingegen bringt seine Beteuerungen der Heiterkeit und des Optimismus in einem nervenaufreibenden und durchgehend gebrochenen Stil vor. Sterne zeigt die Grenzen von Johnsons Schreiben auf, die darin bestehen, daß Johnson sich den Ängsten und Unsicherheiten entzieht, die Sterne verfolgten. Es gibt eine Episode, in der Rasselas einem weisen Manne begegnet; zuerst fühlt er sich von der kühlen Vernünftigkeit des Weisen angezogen, doch bei einem zweiten Besuch muß er enttäuscht feststellen, daß die ganze Persönlichkeit des Weisen durch den plötzlichen Tod seiner Tochter aus den Fugen geraten ist. Doch Johnson beläßt es dabei, diesen Schicksalsschlag und seine Folge zu registrieren; er vermittelt ihn nicht. Die Sprache läßt den Schluß zu, daß die ursprünglich makellose Vernunft des Weisen Johnsons Ideal mehr entsprach:

»›Ich habe‹, sagte der Prinz bei seiner Rückkehr zu Imlac, ›einen Mann gefunden, der alles lehren kann, was man zu wissen braucht, der von seinem unerschütterlichen Thron befestigter Vernunft auf das wechselnde Schauspiel des Lebens unter ihn herabblickt. Er spricht, und aufmerksam hängt man an seinen Lippen. Er argumentiert, und seine Sätze überzeugen. Dieser Mann soll künftig mein Führer sein. Ich will mir seine Lehren aneignen und seine Lebensführung nachahmen.‹«[219]

Es ist nicht überraschend, daß Johnson, auf diesem Throne sitzend, den *Tristram Shandy* sonderbar fand. Doch als Sterne

bei Robert Dodsley, dem Londoner Verleger,* nachfragte, ob
er sein Buch annehme, schlug er vor, man möge das Buch in
ähnlicher Form herausbringen wie den *Rasselas*. Ich zweifle,
ob es ihm einfach darum ging, das Aussehen des Johnson-
schen Buches nachahmen zu lassen. Der allgemeine Einfluß,
den Locke und Swift auf Sterne hatten, ist im *Tristram Shandy*
sehr deutlich spürbar und trotzdem sind die Szenen zwischen
den Shandy-Brüdern in ihrer Natürlichkeit überaus intensiv.
Ich glaube nicht, daß wir erraten können, was Sterne beab-
sichtigte; anders als Johnson, konnte er zu dem, was er
schrieb, keinen laufenden Kommentar zur Methode und
Zielsetzung abgeben. Der Unterschied ist entscheidend,
denn Johnsons Distanz setzte ihn instand, von Dingen wie
dem »Leben, wie es ist« zu sprechen und zu schreiben. Sterne
ist der erste Erzähler, der glaubte, daß es etwas so Schönes wie
eine objektive und umfassende Wirklichkeit nicht gab. Vielmehr weiß er instinktiv, daß Realität nicht mehr ist als eine Wi-
derspiegelung in seinem Kopf – und wir wissen, was er von
diesem Kopf hielt. Der wahre Gegenstand des *Tristram Shandy*
ist deshalb das Erzählen selbst oder das imaginative Potential
in der Beziehung zwischen Erzähler und Leser.

* * *

Als zwicke er sich selbst, um sicherzugehen, daß er auch wirklich wach sei, hat Sterne im Ersten Buch des *Tristram Shandy*
zweimal das Datum festgehalten, an dem er schrieb: 9. und
26. März 1759. Im vorangegangenen Dezember hatte er alles
getan, was in seinen Kräften stand, um seine zahlreichen Verpflichtungen zu reduzieren und vermutlich während des
Winters und im Frühjahr 1759 stetig am *Tristram Shandy* gearbeitet. Es ist schwer, sich den Schriftsteller Sterne anders vorzustellen, als gehetzt, geistesabwesend, als einen Mann, der,

---

* Dodsley (1703-1764) ist ein gutes Beispiel für die Überwindung sozialer Schranken.
Anfangs Diener, hatte er beträchtlichen Erfolg als Dramatiker, ehe er Londons bemer-
kenswertester Verleger wurde. 1759 zog er sich, nachdem er *Rasselas* herausgebracht
hatte, faktisch zurück und übergab den Verlag seinem jüngeren Bruder James.

»wenn er schrieb, oft seine Perücke über ein Auge herabzog und sie hin und her schob«.[220] Diese Ruhelosigkeit war profund. Vermutlich im Lauf des Winters 1759 hat Sterne nach einem Essen mit Stephen Croft in Stillington nach Tisch einige Passagen aus seinem Manuskript vorgelesen. Aber die Gesellschaft »wurde schläfrig, was Sterne so aufbrachte, daß er das Manuskript ins Feuer warf, und hätte nicht Mr. Croft glücklicherweise die angesengten Blätter aus den Flammen gerettet, wäre das Werk der Vergessenheit überliefert worden«.[221]

Nie hatte Sterne mehr Anlaß zur Nervosität und zu seiner eigentümlichen Mischung aus Heiterkeit und böser Ahnung. Das war eine Kombination, welche Diskretion ausschloß. Der erste Entwurf des Buches enthielt vermutlich nicht nur ordinäre Satiren auf Yorker Persönlichkeiten, sondern der Verfasser fügte auch raffinierte Hinweise auf seinen letzten Flirt ein, und zwar einen besonders reizvollen, soweit er die Niederschrift des Buches betrifft. Ein schreibender Frauenheld empfindet vielleicht eine besonders sentimentale Zuneigung zu denen, die sich in entscheidenden Stunden seiner annahmen, und hier ist ein solches Beispiel:

»Na, so hab ich's gern; – wenn wir nicht genau das bekommen können, was wir haben möchten – nie sich mit dem abzufinden, was an Gutem danach zu haben wäre: – nein, das ist über alle Beschreibung jammervoll; – es ist nicht mehr als eine Woche her, vom heutigen Tag ab gerechnet, an dem ich zur Erbauung der Welt dieses Buch schreibe; – was der 9. März 1759 ist, – daß meine liebe, liebe *Jenny*, als sie beim Krämer meine etwas ernste Miene bemerkte, während sie um Seidenzeug feilschte, fünfundzwanzig Shilling pro Yard, – zu ihm sagte, es tue ihr leid, ihn so sehr bemüht zu haben; – und unmittelbar danach hinging und sich einen yardbreiten Stoff zu zehn Pence pro Yard kaufte.«[222]

Diese sparsame Jenny war mit ziemlicher Sicherheit eine Sängerin hugenottischer Herkunft, Catherine Fourmantel, die sich mit ihrer Mutter in York aufhielt, um dort aufzutreten. Doch Jenny dürfte für Sterne kaum mehr gewesen sein, als ein reizvolles Vehikel, das es ihm erlaubte, einige bescheidende Andeutungen über sie fallen zu lassen. Denn ein wenig später im selben Kapitel neckt er die Leserin ihretwegen und bricht mit der alten Lady in der Leserin einen ausgelassenen Streit über seine eigenen Moralvorstellungen vom Zaun:

»Nicht daß ich so eitel oder unvernünftig sein möchte, Madam, zu wünschen, Sie sollten deshalb glauben, daß meine liebe, liebe *Jenny* meine ausgehaltene Mätresse ist; – nein, – das wäre für meinen Charakter im anderen Extrem schmeichelhaft und verliehe ihm ein Air von Leichtigkeit, worauf er, vielleicht, keinerlei Anspruch hat. Alles, worum ich mit Ihnen wetteifere, ist die äußerste Unmöglichkeit, daß Sie oder der scharfsinnigste Geist auf Erden einige Bände lang wissen können, wie es um diese Sache wirklich steht. – Es ist nicht unmöglich, daß meine liebe, liebe *Jenny*!, zärtlich, wie diese Anrede klingt, mein Kind ist. – Bedenken Sie, – ich wurde im Jahr achtzehn geboren. – Noch auch liegt etwas Unnatürliches oder Ausschweifendes in der Annahme, daß meine liebe *Jenny* meine Freundin sein kann. – Freundin! – Meine Freundin. – Gewiß, Madam, eine Freundschaft zwischen den zwei Geschlechtern mag bestehen und gepflegt werden ohne – Pfui! Mr. *Shandy*: – Ohne alles, Madam, außer dem zärtlichen und süßen Gefühl, das sich immer in die Freundschaft zwischen Menschen unterschiedlichen Geschlechts mischt.«[223]

Im Mai war es soweit, daß Sterne sein literarisches Kind Robert Dodsley anbot. Er schreibe ihm, so hieß es, »im Vertrauen auf Ihren guten Charakter und die sehr schöne Empfehlung Mr. Hinxmans«. Dieser war früher bei Dodsley beschäftigt gewesen und hatte sich nun selbständig gemacht. Sterne sagte von seinem Buch, es behandle »alle belachenswerten Dinge, die auf meinem Weg liegen« und fragte, ob Dodsley es für 50 Pfund nehmen wolle.[224] Dodsleys rasche Antwort scheint durch und durch förmlich gewesen zu sein: das Buch werde sich kaum verkaufen lassen und er wolle seinem Bruder kein so unsicheres Unternehmen aufhalsen. Auch am Inhalt des Buches scheint er einiges kritisiert zu haben, denn im Laufe des Sommers 1759 scheint Sterne andere Personen nach ihrer Meinung über sein Werk gefragt zu haben. Er dankte einem Yorker Bekannten für seine Kommentare, welche ihn, »entgegen meiner natürlichen Veranlagung veranlaßt haben, einen halben Tag lang ein ernstes Gesicht aufzusetzen«.[225] Auf Vorwürfe, sein Buch sei leichtfertig, erwiderte Sterne: »Ich werde alle erdenkliche Vorsicht walten lassen, allerdings auch die Vorsicht, daß ich mein Buch nicht verderben werde, das heißt seine Atmosphäre und Originalität, die dem Verfasser ähneln müssen; und ich glaube, es ist die Summe dieser unscheinbaren Eigenheiten, welche die Ähnlichkeit ausmacht und es von allen anderen Büchern der gleichen Art unterscheidet, jene Eigenheiten, die diese unterwürfige Tugend der Klugheit mir zu tilgen auferlegen möchte.«[226] Bis Oktober hatte er einen Entschluß gefaßt. Er schrieb an Dodsley, er schlage ihm vor, in York »auf meine Kosten eine schmale Ausgabe in zwei kleinen Bänden zu drukken, im Format des *Rasselas* und auf dem gleichen Papier und mit der gleichen Schrift, nur damit ich den Puls der Welt fühlen… kann«.[227] Er hoffte, Dodsley werde das Buch in London* vertreiben und begegnete vielleicht einem früheren Einwand, als er schrieb: »Alle lokalen Anspielungen sind aus

---

* In Buch I, Kapitel 9 bittet Sterne die in seiner Dedikation angesprochene Person »die Summe zu Händen meines Verlegers, Mr. Dodsley, zugunsten des Autors anweisen zu lasen«; seine Geschäftspartner nannte er immer gern, wahrscheinlich um sie freundlich zu stimmen.

dem Buch entfernt, die Satire ist allgemein.«[228] Alle Zweifel Sternes bezüglich einer Veröffentlichung in York wurden dadurch beseitigt, daß William Phillips aus York sich bereit erklärte, sich mit 100 Pfund an den Druckkosten zu beteiligen.[229]

Der Herbst war eine hektische Zeit, Sterne eilte hin und her zwischen der Druckerei von Mrs. Ann Ward, der Witwe von Caesar Ward, wo er seine Fahnen bewunderte, und dem Logis von Catherine Fourmantel. Er überhäufte sie mit Geschenken – mit Flaschen süßen portugiesischen Weins und Honigtöpfen –, so wie er seinen Drucker mit späten Korrekturen geplagt haben mag. Angesichts der Tatsache, daß man Sterne und die Sängerin in Yorker Geschäften ein und aus gehen sah, ist es nicht überraschend, daß Mrs. Sterne eine Art Zusammenbruch erlitt. Einzelheiten kennen wir nicht. Doch es hieß, sie habe gegen Ende des Jahres »nach einem Schlagfluß das Bewußtsein verloren«[230], und Lydia war so außer sich, daß sie von einem Fieber befallen wurde. Sterne ließ darum durchblicken, er habe dieses fröhliche Buch »mit höchst bedrücktem Herzen« geschrieben. Es spricht für Sternes Einschätzung des Publikumsgeschmacks, daß er so von seinem Buch überzeugt war. Im November hatte er für seine Frau und seine Tochter ein kleines Haus nahe dem Münster gemietet. Er plante bereits, im nächsten Frühjahr in London zu sein, um sich und sein Buch vorzustellen, und er verpflichtete Marmaduke Callis als Hilfspfarrer für Sutton und Stillington. Als er erfuhr, es gebe Gerüchte über »ein ungewöhnliches Buch«[231], das erscheinen werde, geriet er in Wallung, und konnte vor Aufregung kaum schlafen. Sein verzehrender Enthusiasmus dürfte Catherine Fourmantels Nerven arg strapaziert haben. Er schrieb ihr: »Wenn dieses Billett Sie bereits im Bett überrascht, sind Sie ein faules, verschlafenes kleines Mädchen, und ich bin ein leichtsinniger, alberner, gedankenloser Kerl, weil ich Sie noch so spät am Schlaf hindere.«[232]

In der letzten Dezemberwoche* erschien der *Tristram Shandy* in York und fand »gewaltigen Absatz«[233] – in zwei Tagen wurden 200 Exemplare verkauft. Sterne hatte endlich die Welt erreicht, und sein Buch hatte jene elektrisierende Wirkung, die er vorausgeahnt hatte. Welch eine Zukunft war jetzt möglich geworden: Sterne sah sich jährlich zwei Bände über Tristrams Leben veröffentlichen – jenes Lebens, das sein eigenes verwandeln würde – »was ich, wenn man mich ruhig meine Straße ziehen läßt und wenn ich mit meinem Verleger einen annehmbaren Handel abschließen kann, bis an mein Lebensende weitermachen werde«.[234]

---

* Cross war der Ansicht, das Buch sei von Dodsley in London gedruckt und am 1. Januar 1760 herausgebracht worden. Jedoch geht sowohl aus den Begleitumständen wie aus den akribischen Nachforschungen von Curtis und neuerlich von Kenneth Monkman (der Papier, Drucktype, Wasserzeichen etc. untersucht hat) eindeutig hervor, daß der *Tristram Shandy* zuerst in York gedruckt und Ende Dezember 1759 herausgebracht wurde. Leider fehlt es an einer äußeren Bestätigung aus dieser Zeit, weil für Dezember 1759 keine Exemplare des *York Courant* erhalten sind.
(Lewis P. Curtis, »The First Printer of *Tristram Shandy*«, P.M.L.A., Vol. XLVII, 1932, S. 777-89; Kenneth Monkman *The Bibliography of the Early Editions of Tristram Shandy*, *Transactions of the Bibliographical Society*, März 1970, S. 11-39)

Teil III
»Tristram ist die Mode ...«
1760 - 1768

Portrait Laurence Sterne
gemalt von Luis Carmontelle, Paris 1762

1760

E s sieht so aus, als ob Sterne den ersten Tag des neuen Jahrzehnts damit verbrachte, ein neues Bild seiner Person zu entwerfen. Tristrams Eintritt in die gebildete Welt war ein Unternehmen, um dessentwillen er bereit war, ungewöhnliche Leiden auf sich zu nehmen, obwohl die öffentliche Rolle, die er sich selbst zugedacht hatte, von unstetem, planlosen und fatalistischen Charakter war. Am 1. Januar 1760 begann er ein Briefkopierbuch anzulegen, in der Voraussicht, daß es für eine literarische Berühmtheit vielleicht klug war, alles Niedergeschriebene aufzubewahren. Er fing an, einen Brief zu übertragen, mit dem er sich im Sommer zuvor bei einem Freund, der das Manuskript des *Tristram Shandy* gelesen hatte, für Rat und Vorschläge bedankt hatte. Doch für einen beweglichen Geist ist Abschreiben eine strapaziöse Aufgabe, und Sterne sah jetzt viele Möglichkeiten, den Brief zu verbessern. Es ist schwer zu sagen, ob man daraus auf literarische Akribie oder auf einfache Hingabe an den Augenblick schließen darf. Spontaneität glaubt an ihre geheimnisvolle Komplizenschaft mit dem Bonmot, und wenn Sterne in der Regel schnell schrieb, dann vielleicht, um sich nicht genauer auf jedes Wort oder jeden Gedanken einlassen zu müssen. Und wenn ihm nicht sofort das rechte Wort einfallen wollte, dann genügten ihm »....« oder »*«, um den Zusammenhang herzustellen.

Eine Passage aus diesem Brief, wie sie sich in der erweiterten Transkription darstellt, offenbart Sternes zweideutige Beschäftigung mit seinem Talent. Es liegt gewiß ein verzweifelter selbstzerstörerischer Freimut – viel rücksichtsloser als Ehrlichkeit – in dem Vergnügen, das er dabei empfindet, wenn er enthüllt, wie sein Trick funktioniert:

»Ich weiß nicht, ob ich von jenem Fehler ganz frei bin, den
man Ovid zu Recht ankreidet – er sei ein ›ingenii sui amator‹
– doch der Hinweis ist jedenfalls richtig, denn wenn man zu
sehr mit seinem Witze spielt, führt das zur Übersättigung:
wie die Tändeleien mit einer Geliebten gewährt es dem Verliebten vielleicht eine Befriedigung, den Unbeteiligten jedoch gar keine oder nur wenig; im allgemeinen ist es mir
gelungen, diesen Fehler zu vermeiden und innezuhalten, sobald sich ein Witz oder eine Pointe aufdrängten, aus Furcht,
zu viel zu sagen; und neulich hat ein Gentleman mich in eben-
diesem Punkte für schuldig befunden – doch Ihr Urteil und
das meines Freundes Fothergill* halte ich, was das angeht, für
wahrhaft feiner und angemessener – und man kann in diesem Punkte nicht vorsichtig genug sein.

Alles in allem, ich fürchte, daß der Tristram Shandy mit
hundert Fehlern in die Welt gehen muß – und wenn er dann
so glücklich ist, ein paar überraschende Schönheiten aufzuweisen, werden wohlmeinende und gütige Kritiker Nachsicht
mit ihm haben.«[1]**

Diese Passage enthält viele charakteristische Züge Sternes:
die Hoffnung, die Schönheiten würden die Mängel überwie-
gen; die Vorstellung, es sei zu seinem Vorteil, sich zu seinen
Fehlern zu bekennen und vor allem die sexuelle Metapher
für seine Originalität. Nach der süßsauren Mischung aus Entzücken und Tadel in seinen Briefen an Catherine Fourmantel
zu urteilen, war Sterne nur allzu gern bereit, sich tändelnd
mit ihr in der Öffentlichkeit sehen zu lassen. Miss Fourmantel
trat im Laufe des Winters mehrere Male in York auf und
wurde zweifellos häufig in Sternes Begleitung gesehen. Das
Mädchen wird sich dadurch ebenso geschmeichelt gefühlt
haben, wie Mrs. Sterne gepeinigt war. Doch ob einer von ih-

* Marmaduke Fothergill (gestorben 1778), ein Arzt, war ein Freund Sternes und gehörte zu jenen, die in bezug auf die Niederschrift des *Tristram Shandy* zur Vorsicht rieten.
** Vgl. die Originalfassung des Briefes in: L. S., Briefe und Dokumente, S. 34 [A. d. Ü.]

nen klargewesen ist, in welchem Maße Kitty/Jenny Sternes Gemütsverfassung als Stütze diente, als Objekt, sich seiner Stärke zu versichern?

»Meine liebe Kitty,
    ich habe Ihnen einen Topf mit Süßigkeiten und einen Topf Honig geschickt, keines von beiden halb so süß wie Sie; doch werden Sie darob nicht eitel, aber tun Sie auch nicht so, als ob Sie infolge dieses süßen Charakters, den ich Ihnen zubillige, sauer würden, denn wenn das der Fall ist, werde ich Ihnen (als Gegenmittel) einen Topf Essiggurken schicken, um Sie wieder zu versüßen und zu sich selbst zu bringen. Was Ihnen auch begegnen wird, glauben Sie mir, daß ich unwandelbar Ihnen gehöre und daß ich, wie es in Ihrem Motto, meine liebe Kitty, heißt, ein Mann bin, *qui ne changera pas que en mourant.*«[2]

Doch mit der Betonung der Unwandelbarkeit verband sich eine Absicht. Ebenfalls am 1. Januar entwarf Sterne einen Brief, den seine Geliebte an David Garrick nach London schicken sollte. Der Brief berichtete Garrick von dem »großen Aufsehen«, das der *Tristram Shandy* in York erregt habe – »wenn Sie es noch nicht gesehen haben, dann beschaffen Sie es sich bitte, und lesen Sie es, denn es ist ein geistreiches, witziges Buch von großer Eigenart, und wenn Sie gleichfalls dieser Meinung sind, dann würde Ihre Empfehlung in London dem Verfasser sicherlich sehr zum Vorteil gereichen«.[3] Wieder einmal begegnen wir Sternes einzigartiger Fähigkeit, über sich selbst Gerüchte in Umlauf zu setzen; wenige Männer haben sich so sehr darauf verlassen, daß sich Anrüchigkeit in einen guten Ruf verwandeln ließ. Der Brief an Garrick schließt: »Der Verfasser heißt Sterne, ist ein Herr von Rang und Pfarrer an der Kirche von York, und er genießt in dieser Gegend großes Ansehen als gelehrter und geistreicher Mann; die ernsthafteren Leute sagen allerdings, daß es sich für junge Damen nicht schickte, sein Buch zu lesen – deshalb halten Sie es vielleicht nicht für schicklich, wenn eine junge Dame es empfiehlt –, jedoch der Adel und die großen Leute treten mächtig für es ein und sagen, es sei ein gutes Buch, wenn auch an manchen Stellen ein wenig seicht.«[4]

Sterne rechnete vermutlich darauf, daß es zwischen seiner Kitty und der führenden Gestalt des Londoner Theaters irgendeine Beziehung gab. Sollte es ihm je in den Sinn gekommen sein, daß es vielleicht nur diese Verbindung war, die Kitty für ihn reizvoll gemacht hatte, hätte er wahrscheinlich gelächelt, denn Sterne scheint von sich selbst so hingerissen gewesen zu sein, daß er sogar an seinen Mängeln Freude hatte. Hier ertastet sich ein schüchterner Außenseiter seinen Weg in die Scheinwelt des Ruhms.

Doch vielleicht wäre der Brief gar nicht nötig gewesen. Kaum hatte Sterne nämlich Exemplare seines Buches nach London geschickt, als auch schon eines den Weg zum *Monthly Review* fand. Das Buch wurde sogleich in der Dezemberausgabe 1759 rezensiert, und zwar in einer Weise, die Sterne nicht nur wegen der Komplimente, sondern wegen der Selbstverständlichkeit erfreut haben muß, mit der die Verfasserschaft Tristram Shandy zugeschrieben wurde, als sei er eine reale Person. Wenn wir berücksichtigen, daß Sternes Name in den Büchern selbst nicht aufgetaucht war,* dürfte »Kittys Brief« Garrick um so nützlicher gewesen sein, als er die wirkliche Identität des Verfassers enthüllte. Garrick war bekannt dafür, daß es ihm immenses Vergnügen bereitete, die Gesellschaft mit neuen Moden und Verrücktheiten bekannt zu machen, und Sterne hat vielleicht darauf spekuliert, Garrick werde sich des Buches wegen der Exklusivität seiner Information annehmen.

---

* In den ersten vier Büchern des *Tristram Shandy* erscheint Sternes Name nicht. Doch als die folgenden Bücher erschienen, hatten ihn Fälschungen und Nachahmungen so in Verlegenheit gebracht, daß er Exemplare persönlich über dem ersten Kapitel signierte. Diese beträchtliche Mühe stellt nicht den unbedeutendsten ironischen Einfall seines Lebens dar. Die *Reise des Herzens* wurde »Mr. Yorick« zugeschrieben, und nur die Predigten wiesen auf der Titelseite unter den Titel »Sermons of Mr. Yorick« Sternes Namen auf.

Der *Monthly Review* hieß es gut, daß Sterne das gewohnte »Leben und Abenteuer« durch »Leben und Meinungen« ersetzt hatte, weil Meinungen ihm »aller Wahrscheinlichkeit nach derart viel Stoff zum Schreiben liefern, daß er darüber so alt wie Methusalem werden könnte«. Nach Meinung des Rezensenten bildeten die Abschweifung und Mr. Shandys Neigung, »seinen Lesern, die an der Handlung interessiert sind, bei jeder sich bietenden Gelegenheit zu entwischen«, die einzige Schwäche des Werkes. Gleichwohl wurde trotz dieser Einschränkung anerkannt, daß »er sich im allgemeinen für diesen Umgang mit dem Leser entschuldigt; und obwohl er sich nicht immer mit seiner Geschichte abmüht, läßt er es doch an Eifer nicht fehlen«.[5]

Der *Review* hatte auch das Verliebtsein in den eigenen Witz bemerkt, von dem Sterne gesprochen hatte: »Es zieht sich durch das ganze Buch in der Tat eine gewisse Wunderlichkeit und etwas wie eine übertriebene Vorliebe für übermäßige Witzigkeit. Doch dies ist vielleicht die *Manier* des Verfassers. Wie dem auch sei, ist sie in der Regel von genügend Geist und Humor begleitet, um unterhaltsam zu wirken.«[6] Zusammenfassend wurde Mr. Tristram Shandy als ein Schriftsteller empfohlen, der »unendlich einfallsreicher und unterhaltender ist als jeder andere aus der Schar heutiger Romanschreiber«.[7]

Gegen Ende Januar hörte Sterne von Dr. Henry Goddard, daß Garrick »tatsächlich gut von meinem Buch gesprochen hat«. Über den Erfolg seines Tricks ebenso erfreut wie über das Lob, warf Sterne einen Brief an den Schauspieler aufs Papier, in dem er seine eigene Unentschlossenheit aufbauschte: »Als ich mir das Vergnügen machte, Ihnen die beiden ersten Bände zu schicken, hatte ich die starke Neigung, einen Brief an Sie beizufügen. Zweimal habe ich die Feder in die Hand genommen – zum Henker! – ich werde einen gemeinen Schmeichelbrief schreiben, um Mr. Garrick zu bitten, ein gutes Wort für mein Buch einzulegen, ob das Buch es nun verdient oder nicht – nein, ich tue es nicht – eher soll das Buch zum Teufel gehen.«[8] Das ist ein so einnehmendes Bild launenhaften Stolzes und Schüchternheit, daß es Sterne selbst so gut gefallen haben mag, daß er seine Überarbeitungen des *Tristram* verschwieg und Garrick versicherte, das Buch sei »so heiß, wie es mein Gehirn verlassen hat, und ohne eine einzige Korrektur in die Welt hinausgegangen – es ist jedoch ein Bild meiner selbst, und insofern kann es um so eher den Anspruch erheben, ein Original zu sein«.[9]

Die Nachricht von Garricks Lob hat Sterne vielleicht bestimmt, die Reise nach London zu unternehmen und auf diese Weise das Bild und das Original Seite an Seite zu präsentieren. War es dieser Kontrast, aus dem schließlich das Buch hervorging? Es ist offensichtlich, daß Sterne im Frühling 1760 die Londoner Sensation war und er, wohin er auch ging, als Verfasser »dieses Buches« die Aufmerksamkeit auf sich zog. Er muß mit wenigstens tausend führenden Persönlichkeiten der Londoner Gesellschaft zusammengetroffen und mehr als tausendmal eifrig beschrieben worden sein, denn Sterne gegenüber konnte niemand unbeteiligt bleiben. Obgleich er in geschäftlichen Dingen unerfahren war, sich vielleicht in großen Menschenansammlungen nicht glücklich fühlte und – soweit wir wissen – seinen ersten Besuch in London machte, beeinflußte er Geschmack und Meinung der Stadt auf eine Weise, die bemerkenswert geschickt und modern ist, ohne daß Sterne über einen Presseagenten verfügte. Der springende Punkt bei seinen Auftritten war die fundamentale Unvereinbarkeit, die er in seiner Person verkörperte: daß der Verfasser eines so originellen und spritzigen Buches ein Landpfarrer sein sollte.

Sterne verließ York vermutlich am Montag, den 3. März 1760. Am vorangegangenen Sonntag nahm er an einer Sitzung des Yorker Dom-Kapitels teil, der letzten seines Lebens. Zur selben Zeit erteilte er den Auftrag für eine Anzeige, die im nächsten *Courant* erscheinen sollte: eine Einladung zur

Subskription der in Kürze erscheinenden »Dramatick Sermons of Mr. Yorick«.[10] Die Anzeige war mit »Tristram Shandy« unterzeichnet, und falls das Beiwort »dramatick« gedacht war, um jene Leute in York anzusprechen, die Sterne wirklich predigen hörten, bezeugt dieser Kunstgriff, daß Sternes Vorstoß nach London wohlüberlegt war.

Die Kutschen nach London fuhren täglich, außer sonntags, von Bluitt's Inn in Lendal ab und erreichten die Hauptstadt nach einem ersten Halt in Grantham am Abend des zweiten Tages. Es ist möglich, daß der tatsächliche Zeitpunkt, wenn nicht gar der Anstoß zu Sternes Abreise, dem Zufall überlassen blieb. John Croft berichtet, sein Bruder Stephen, der im Begriff gewesen sei, in Geschäften nach London zu reisen, habe Sterne auf der Straße getroffen und ihn gefragt, ob er mit ihm nach London reisen wolle. Croft bot ihm sogar an, den Fahrpreis für ihn zu bezahlen, »worauf Sterne antwortete, das sei sehr freundlich, aber er könne seine Frau in ihrem gegenwärtigen Zustand nicht allein lassen; Mr. C. erwiderte, da er seiner Frau durch seine Anwesenheit wohl kaum von Nutzen sein könne, solle er ihn besser begleiten, welchselbem Vorschlage Sterne unter der Bedingung zustimmte, daß ihm eine Stunde Zeit eingeräumt werde, heimzugehen und seine besten Hosen einzupacken, was ihm zugestanden wurde; dann brachen sie zusammen auf…«[11]

Die beiden Männer kamen am Abend des 4. März in London an und logierten bei Crofts Schwiegersohn Nathaniel Cholmley in Chapel Street. Als man am nächsten Morgen frühstücken wollte, war Sterne nirgends zu finden. Er hatte bereits einen frühen Morgenspaziergang zu Dodsleys Büro in Pall Mall* unternommen, weil er begierig war, zu hören, wie sein Buch sich verkaufte. Es scheint wahrscheinlich, daß der Vorrat in London sich als viel zu klein erwies, nachdem

---

* Das Haus ist abgerissen; heute steht dort das Haus Nr. 52. Das alte Haus, erbaut 1726/27, war (nach Marcus Tullius Cicero) als »Tullys Head« bekannt. (*Survey of London.* London, 1960, Vol XXIX, S. 335 f.)

der *Monthly Review* und Garrick sich für das Buch eingesetzt hatten. Sterne war entzückt, als man ihm sagte, »das Buch sei in London weder für Geld noch gute Worte zu bekommen«.[12]

Sterne begann auf der Stelle mit James Dodsley zu verhandeln, und als Croft und Cholmley nach dem Frühstück am Büro vorbeikamen, stürzte Sterne heraus und erzählte ihnen,

»daß er Dodsley sein Hirn nur verpfänden werde, wenn dieser ihm zusätzlich 50 Pfund mehr zahle als die angebotenen 600 Pfund für die zwei Bände des Tristram Shandy und für zwei Bände Predigten unter dem Titel Yorick's Sermons, die er im Laufe der nächsten beiden Monate verfassen müsse, vorausgesetzt weiterhin, er verpflichte sich, bis an sein Lebensende jährlich einen weiteren Band des Tristram Shandy zu schreiben; doch er beharre auf den vermaledeiten 50 Pfund, worauf die Gentlemen ihm rieten, nicht länger zu handeln und zu feilschen, sondern den Vertrag mit Dodsley abzuschließen, was er tat; danach kehrte er nach Chapel Street zurück, kam ins Zimmer gehüpft und sagte, er sei der reichste Mann in Europa.«[13]

Zumindest gab es nur wenige Autoren, die es mit ihm aufnehmen konnten. Im Vorjahr hatte Dodsley Johnson für *Rasselas* 100 Pfund und für die zweite Auflage 25 Pfund gezahlt. Gray bemerkte zu den außerordentlichen Honoraren, die Sterne bekam, dadurch werde ein Neid entstehen, der einen Wendepunkt im Verlagsgeschäft darstelle. Dodsley hatte 1751 Grays *Elegy Wrote in a Country Church-yard* herausgebracht. Sie hatte im Laufe eines Jahres vier Auflagen erlebt und dem Verleger etwa 1000 Pfund eingebracht. Gray selbst bekam nichts. – »Er hegte die weltfremde Meinung, es sei unter der Würde eines Gentleman, für seine Einfälle Geld von einem Buchhändler anzunehmen.«[14]

Der formelle Vertrag zwischen Sterne und James Dodsley

wurde erst am 8. März unterzeichnet, wobei Richard Berenger als Zeuge und möglicherweise Garrick als Sternes Berater
anwesend waren. – »Er [Garrick] hat mit den Buchhändlern
verhandelt und wird mir einen hohen Gewinn verschaffen.«[15]

Die Honorare des endgültigen Vertrages kamen den Beträ-
gen sehr nahe, die bei den ersten Verhandlungen vor dem
Frühstück im Gespräch gewesen waren: Sterne erhielt 630
Pfund für vier Bände des *Tristram Shandy* und alle Erlöse der
in York gedruckten Bände, die Dodsley bereits verkauft
hatte. Im Mai, als Sternes erste Bände mit Predigten vor der
Auslieferung standen, wurden die Konditionen verbessert:
Sterne bekam 250 Pfund für die Bände I und II, 380 Pfund
für III und IV und 200 Pfund für die Predigten – insgesamt
also 830 Pfund, ein Betrag, der dreimal so hoch war wie das
Jahreseinkommen des Pfarrers Sterne. Die Tatsache, daß
Sterne der erste *Coup* des gerade unabhängig gewordenen James Dodsley war, ist oft übersehen worden. Die Höhe des
Sterne gezahlten Honorars läßt wohl auf die Hoffnung des
jüngeren Bruders schließen, mit diesem völlig neuartigen
Schriftsteller einen Bestsellerautor gewonnen zu haben.

Dodsleys dringlichste Sorge war, von den ersten beiden
Bänden des *Tristram Shandy* eine zweite Auflage auf den
Markt zu bringen. Sie erschien am 3. April mit einem Frontispiz von Hogarth und einer werbewirksamen Dedikation an
Pitt. Sterne scheint sich gescheut zu haben, sich selbst an Hogarth zu wenden und bat Richard Berenger: »Bitte, eilen Sie
nach Leicester Fields, und wenn Sie an die Tür geklopft haben (denn Sie müssen zuerst anklopfen) und eingetreten
sind, fangen sie folgendermaßen an: ›Mr. Hogarth, ich bin
heute morgen bei meinem Freund Shandy gewesen…‹ Und
dann fahren Sie auf Ihre eigene Weise fort, wie ich es auf
meine Weise tun werde.«[16] Was Pitt anlangt, schrieb Sterne
dem Außenminister aus reiner Höflichkeit weniger als eine
Woche vor dem Erscheinen der zweiten Auflage. Die Dedika-

tion wurde also mit ziemlicher Sicherheit in London verfaßt, räumlich mehr als zweihundert Meilen und geistig noch weiter von jenem »abseitigen Winkel des Königreichs« und dem »entlegenen, strohgedeckten Haus« entfernt.

Während der Monate März, April und Mai war *Tristram* die große Mode und sein Verfasser eine absonderliche Berühmtheit. Waren Garrick, Dodsley und Berenger seine ersten Förderer, hat Sterne selbst zweifellos ungezählte rasche, doch kurze Eindrücke hinterlassen, gleichsam wie die von Fingern in einem Teig. Und wie Teig, der seine ursprüngliche Form rasch wiedergewinnt, war auch London nicht auf Dauer von Sterne beeindruckt. Doch auch ihn berührte die Stadt nicht weiter. Sogar der Ruhm lief auf wenig mehr als auf einen Traum hinaus, und die Freundschaften, die Sterne in London schloß, waren selten mehr als jene Bekanntschaften, die davon abhängen, wen man in der Gesellschaft eines anderen gerade trifft. Aus den Augen, aus dem Sinn: Einzig Sternes leibhaftige Gegenwart vollbrachte das Wunder. Kaum hatte er London verlassen, kursierte das Gerücht, er sei tot. In jenem Frühjahr 1760 wurde er zwar mit all dem Glanz, der einem süchtig machenden Roman anhaftet, weitergereicht, doch seltsamerweise wirkte er selbst nicht suchterzeugend in den Köpfen der Leute, denen er begegnete.

So finden wir denn auch bei ihm kaum Beschreibungen der Stadt oder der Menschen, die er traf. Und wenn er in den kommenden Jahren zuweilen Schwierigkeiten hatte, die Folgebände des *Tristram Shandy* zu füllen, wärmte er lieber seine Frankreichreise wieder auf, als Tristram nach London zu versetzen. Vielleicht hielt er sich für besser geeignet, wie ein Tourist durch Frankreich zu flitzen und war ebenso ängstlich, London zu kränken, wie er sich dazu hatte überreden lassen, deutlich erkennbare Karikaturen Yorker Bürger zu entfernen.

Sterne ist zum Teil deswegen ein so beharrlicher Reisender, weil er in allzu weltlicher Gesellschaft eine Art provinziellen

Unbehagens empfindet. Seine Possenspiele in London mögen deshalb um so ausgefallener, seine Späße besonders unangebracht gewesen sein, weil er sich nach der Aussage von John Croft »in kleinem Kreis von seiner besten Seite zeigte, denn in einem großen war er häufig in Verlegenheit und sprachlos; nahm er das Privileg für sich in Anspruch, ein Witzbold zu sein, äußerte er häufig sehr alberne Dinge und Wendungen und wenn diese beim Publikum nicht den Beifall fanden, den er erwartete, pflegte er wütend und sogar beleidigend zu werden«.[17]

Trotzdem schrieb er am 8. März an Catherine Fourmantel (noch immer in York), er sei »bereits von zehn Adligen und Leuten der besten Gesellschaft zum Essen eingeladen worden«.[18] Er hatte eine Wohnung – »übrigens die vornehmste in der Stadt« – in Pall Mall bezogen, vielleicht um in der Nähe von Dodsleys Geschäft zu sein. Garrick hatte ihn eingeladen, sich im Drury Lane Theatre die Tragödie *The Siege of Aquileia* von Home anzuschauen und reservierte ihm für die ganze Saison eine Loge. John Beard, dem geschäftsführenden Leiter von Covent Garden, war keine andere Wahl geblieben, als Sterne ein ähnliches Vorrecht einzuräumen.

Sternes Wohnung in Pall Mall war ständig »voll von den größten Gesellschaften«. Er speiste mit Lord Chesterfield, »Lord Rockingham, Lord Edgecomb, Lord Winchelsea, Lord Littleton, einem Bischof etc., etc.«[19] –, ein Schachbrett von Würdenträgern, so viele, daß er sich wohl kaum alle Namen merken konnte.

Um sein Entzücken noch zu vergrößern, war Sterne durch seinen Besuch in London in den Besitz einer weiteren Pfründe gekommen, auf die er seit vielen Jahren begehrliche Blicke geworfen haben mag. Tatsächlich schrieb er später in seinem *Memoir* über Coxwold, es sei im Vergleich zu Sutton »ein reizender, abgeschiedener Winkel«. Am 12. März war Richard Wilkinson gestorben, Sternes einstiger Kurat und in der Folge Amtsinhaber der Pfarre von Coxwold. Das Verlei-

hungsrecht für die Stelle lag in den Händen von Thomas
Belasyse, dem Earl von Fauconberg, der eine Meile von der
Kirche Coxwolds entfernt wohnte. Fauconberg hielt sich zur
Saison in London auf und war entzückt, Sterne als Nachbarn
zu gewinnen. Die Pfründe warf jährlich etwa 150 Pfund ab,
und Sterne setzte seine Ernennungsurkunde selbst auf. Um
jedes Mißverständnis auszuschließen, brachte er sie am 28.
zur Unterzeichnung zu Fauconberg und am folgenden Tag
zu Erzbischof Gilbert, der sich in Grosvenor Square aufhielt.

Ein weiterer Bewohner von Grosvenor Square war William
Warburton, der neue Bischof von Gloucester, der gegen seinen Willen von Sternes Glanz angezogen wurde. In Sachen
des Glaubens neigte er, wie wir schon gesehen haben, zum
Konventionellen. In Sternes Leben hat er traditionell als Beispiel eines dem Gespött preisgegebenen Dummkopfes fungiert. Doch er ist eine weitaus interessantere Persönlichkeit,
als man denkt. Er war etwa vierundzwanzig Jahre älter als
Sterne und hatte sich aufgrund seiner nüchternen Gelehrsamkeit und Gründlichkeit einen guten Ruf erworben. Pope,
zum Beispiel, glaubte, daß er »im höchsten Maße dazu
befähigt ist, alle Möglichkeiten eines Gegenstandes zu durch-
denken«.[20] Sein literarischer Ruhm gründete sich auf sein
Buch *The Divine Legation of Moses*, 1738 veröffentlicht, und
obgleich sein Stil einen Beigeschmack von Schwülstigkeit und
Aufgeblasenheit hatte, war er persönlich recht aufgeschlos-
sen. Warburton fühlte sich vermutlich zu Sterne hingezogen,
weil er dessen Onkel gekannt hatte (beide waren in Durham
Präbendare gewesen). Wenn Sterne den älteren Mann trotz
alledem zum Narren machte, geschah das ebenso aus Mutwil-
len wie aus Lust am Witz; alle Äußerungen Warburtons über
Sterne lassen darauf schließen, daß er die verwirrte Seele des
jüngeren Mannes richtig erkannte.

Warburton war anfangs wegen eines Gerüchtes besorgt,
Sterne habe die Absicht, ihn im nächsten Band von *Tristram
Shandy* als Tristrams Erzieher zu karikieren. Wie es scheint,

hat er Garrick gebeten, als Vermittler zu fungieren und das Gerücht aus der Welt zu schaffen. Garrick erwähnte das Gerücht Sterne gegenüber, der mit gespieltem Entsetzen reagierte, so wie er vielleicht ursprünglich den Gedanken geäußert hatte, Warburton in einer Schmähschrift zu verspotten, ohne jemals wirklich diese Absicht zu haben: »Sind wir so arm dran, daß sich kein einziger holzköpfiger, wirrköpfiger, mörtelköpfiger, puddingköpfiger Bursche unter unseren Doktoren finden ließe? Gibt es nicht einen einzigen Wicht von großer Belesenheit und ohne die geringste Bildung unter den vielen Kindern in meiner Mutter Kinderstube, der sich gern um diesen Posten bewerben würde – oder muß ich meine Urteilsfähigkeit beweisen, indem ich einen W[arburton] wähle?«[21]

Der Bischof war erleichtert, zu hören, daß er verschont bleiben würde und »erfreut, daß ich keinen Grund sehe, meine Meinung über einen so liebenswürdigen und originellen Schriftsteller wie Mr. Sterne zu ändern«.[22] Doch als er Sterne begegnete, brachte er Ratschläge als Geschenk mit, Bücher, um Sternes Stil zu verbessern und eine Börse, die mit Guineen gefüllt war. Sterne reagierte auf die Ratschläge wie ein ungezähmtes Pferd und Warburton, ein über siebzig Jahre alter Mann, besaß vermutlich genügend Feingefühl, um den schuldigen Respekt, dem man ihm zollte, als hohl zu erkennen. Wenn seine Annäherung als Versuch gemeint war, Sterne auf seine Seite zu ziehen, hatten die bösen Zungen natürlich um so mehr Grund, den Bischof wegen seiner Ängste zu verspotten. Zumindest für den Rest der Saison mußte der Bischof jedenfalls eine Vielzahl kaum verhüllter Witze ertragen, die auf seine Kosten gemacht wurden.

Wie unangemessen Warburtons Rat Sterne auch vorgekommen sein mag, zeugte er doch von Verstand. Er machte Sterne mit einer Maxime Richard Bentleys bekannt, derzufolge »ein Mann niemals an dem Ruf zu messen ist, den er sich einmal leicht erworben hat, sondern an sich selbst«. Im

späteren Leben mißbilligte Warburton Sterne, »diesen aufge-
blasenen Springinsfeld« entschieden, doch er versuchte
nicht sein fehlgeleitetes Verhalten zu verschweigen, mit dem
er Sterne in die Hände gearbeitet hatte. Er betrachtete vielmehr Sternes Neigung zur Selbstzerstörung weiterhin mit
Mitgefühl und machte, als er von Sternes Tod erfuhr, diese
aufschlußreiche Bemerkung über Sternes Leben und jenes
London, das ihm zugejubelt hatte: »Armer Sterne ... er war
das Idol des höheren Pöbels... Er stieß auf einen starken
Hang der Menge, sich lachend über das Leben hinwegzuset-
zen; und da heutzutage jedermann sich selber erschafft, entschied er sich für die Aufgabe, den Spaßvogel für die Menge
zu spielen. Schmerzlich ist jedoch, daß er sein leichtfertiges
Ziel, das er anstrebte, nie erreichen wird, den Ruf geistiger
Größe, wenn er auch seinen Charakter als Mann, als Gelehrter und als Geistlicher dafür geopfert hat.«[23]

Doch obwohl Sterne der Star eines führenden Verlegers
war, scheint er bei anderen Schriftstellern keinen Anklang gefunden zu haben. Johnson sah in Sternes Erfolg nichts weniger als einen Maßstab für die gedankenlose Londoner Emp-
fänglichkeit für alles Neue.

Goldsmith* bemerkte verächtlich, Sterne sei »so ein lang-
weiliger Kerl«, worauf Johnson bloß erwiderte: »Aber nein,
Sir.«[24] Es braucht uns weder zu überraschen, daß Johnson**
mit Sternes Seltsamkeit nichts anzufangen wußte, noch daß
viele Schriftsteller ihm übelnahmen, wenn er alle Aufmerksamkeit auf sich zog. »Tristram Shandy ist noch immer Gegenstand größerer Bewunderung«, schrieb Gray, »sowohl

---

* Goldsmith (1728-1774) dürfte besonders neidisch gewesen sein. Mehrere Jahre
  lang hatte er sich in London vergeblich abgemüht, der Armut zu entkommen. Erst
  1766 war ihm mit seinem Roman *Der Pfarrer von Wakefield* Erfolg beschieden.
** Johnson (1709-1784) hatte persönlich wenig zu Sterne zu sagen. »Ich war nur einmal in Sternes Gesellschaft, und da bestand sein einziger Versuch zur Erheiterung
  beizutragen darin, daß er eine Zeichnung herumzeigte, die so unglaublich anstößig
  war, daß sie nicht einmal in einem Bordell Entzücken ausgelöst hätte.« (Johnson,
  Works, 1787, Vol. XI, S. 214)

der Mann als auch das Buch. Zu Essen, an denen er teilnimmt, wird man vierzehn Tage vorher eingeladen, sein Porträt wird von Reynolds gemalt.«[25] In der Tat suchte Sterne zwischen dem 20. März und dem 21. April Reynolds achtmal in dessen Haus auf. Reynolds war zu dieser Zeit ein höchst planmäßig arbeitender Porträtist, dem im Laufe eines Jahres mehr als hundert Personen saßen und der, während er Sterne malte, gleichzeitig an Porträts von Garrick und Stephen Croft arbeitete. Ein nach dem Porträt von Ravenet angefertigter Kupferstich wurde als Frontispiz für die Predigten benutzt, die am 22. Mai erschienen.

Das außerordentliche Aufsehen, das Sterne erregte, war zum Teil darauf zurückzuführen, daß der *Tristram Shandy*, bevor Anfang April die zweite Auflage erschien, schwer zu bekommen war. Durch nichts läßt sich die Aufmerksamkeit der gebildeten Welt besser erregen, als durch einen knappen Vorrat des begehrten Artikels. Horace Walpole scheint zu denen gehört zu haben, die ungeduldig auf die zweite Auflage warteten. Als sie auf dem Markt war, schrieb er mit der ganzen Verärgerung enttäuschter Erwartung an Sir David Dalrymple und warf Sterne billige Effekthascherei vor:

»Im Augenblick wird nichts mehr erörtert und bewundert als ein Werk, das ich hingegen nicht anders als sehr langweilig und weitschweifig nennen kann: es ist eine Art Roman mit dem Titel *Leben und Meinungen des Tristram Shandy;* dessen große Verrücktheit besteht darin, daß die ganze Erzählung sich immerfort rückwärts bewegt. Ich kann mir einen Mann vorstellen, der sagt, es sei komisch, ein solches Buch zu schreiben, erkenne in ihm aber nicht die Beharrlichkeit in der Ausführung. Zu Anfang bringt einen das Buch zweimal oder dreimal zum Lachen, doch zur Strafe läßt es uns dann zwei Stunden lang gähnen. Die Figuren sind einigermaßen einheitlich, aber der Humor, um den der Verfasser sich ständig bemüht, mißglückt. Das beste Stück ist eine Pre-

digt, auf merkwürdige Weise mit einigen Unflätigkeiten verbunden, und beides von einem Geistlichen erdacht. In der
Tat war der Mann schon vorher ein wenig verdreht und ist
jetzt durch seinen Erfolg und Ruhm völlig durcheinander geraten.«[26]

War es dieses Schauspiel eines leicht reizbaren Mannes, den
sein Erfolg in einen Taumel versetzte, das Sterne so unterhaltsam machte? Gewiß wurde Sterne mehr als ein gesellschaftli-
ches Kuriosum denn als Schriftsteller wahrgenommen. Lord
Rockingham, der Lord-Lieutenant der Nord- und Ost-Ri-
dings und Besitzer einer Liegenschaft in Malton, nur zehn
Meilen von Sutton entfernt, brachte den Neuling an den Hof.
Am 6. Mai wurden Rockingham und Prinz Ferdinand von
Braunschweig, der Sieger von Minden, in Windsor zu Rittern
des Hosenbandordens ernannt und Sterne hat seinen Aufenthalt in London vielleicht nur deshalb verlängert, um in
Rockinghams Gefolge bei dieser Zeremonie anwesend zu
sein.

Sterne wurde von Prinz Edward Augustus, dem Herzog
von York, »großer Beachtung gewürdigt«, und speiste mit
ihm. Am Hof von Augusta von Sachsen-Gotha, der Witwe
Fredericks, des Prinzen von Wales, ergriff Lord Bathurst die
Gelegenheit, sich mit Sterne bekannt zu machen. Bathurst
war damals sechsundsiebzig Jahre alt und »schon immer ein
Beschützer geistreicher und genialer Männer«. Er erzählte
Sterne, er habe früher Swift und Pope gefördert, sie überlebt
und die Hoffnung aufgegeben, »ihresgleichen je wieder zu
finden«. Darum »habe ich vor einigen Jahren mein Konto ab-
geschlossen und meine Bücher zugeklappt in der Absicht, sie
nie wieder zu öffnen. Doch Sie haben in mir den Wunsch geweckt, sie noch einmal vor meinem Tod zu öffnen, was hiermit geschieht. Also kommen Sie mit heim und essen Sie mit
mir.«[27] Verblüffender noch als diese Begeisterung für Literatur, in die er eine Generation nach ihrem ersten Aufflammen

erneut ausbrach, war die Tatsache, daß der alte Bathurst den neuen Star überleben sollte.*

Ein Fürsprecher bei Hofe verschaffte Sterne die Bekanntschaft mit einem anderen neuen Gesicht in London: Der viel jüngere Aufsteiger, der erst neunzehnjährige Schotte James Boswell, besuchte Sterne in dessen Wohnung und las ihm ein Gedicht vor, das er in Newmarket geschrieben hatte. Sterne nahm es sehr wohlwollend auf und nannte Boswell einen würdigen Nachfolger von Matthew Prior.** Ohne die milde Nachsicht dieses Vergleiches zu beachten, ging Boswell heim und verfaßte, vom Shandyismus besiegt, ein Gedicht auf die Sternesche Dreifaltigkeit: »Eine poetische Epistel auf Doktor Sterne, Pfarrer Yorick und Tristram Shandy«. Ungeachtet der klappernden Reime und des eintönigen Rhythmus entwirft das Gedicht im großen und ganzen ein lebendiges Bild von Sterne – und wird von all dem Respekt getragen, den ein Möchtegern-Star einem echten entgegenbringt:

> Nach neuster Mode ausstaffiert,
> Wird überall er gern hofiert:
> Er eilt dahin von Ort zu Ort,
> Eine Lordschaft hier, eine Ladyship dort,
> Und schmückt den glänzendsten Salon,
> Ein unübertroffner *Beau Garcon*.
> In Ranelaghs erlauchtem Kreis
> Herr Tristram oft zu brillieren weiß;
> Ein Flüstern läuft durch alle Reihn,
> Man zeigt auf ihn: Das muß er sein!
> Es weiß sogleich jeder Lakai,
> Wenn Tristram Shandy geht vorbei:

---

* Bathurst starb 1775 im Alter von einundneunzig Jahren. Er wohnte in Cirencester Park, wo Pope bei der Gestaltung des Gartens als Berater wirkte. Bathurst war ein eingefleischter Lüstling und Vater zahlreicher legitimer und illegitimer Kinder.

** Matthew Prior (1664–1721) war ein Diplomat, der in Weiterführung der Kavaliersdichtung niveauvolle Gelegenheitsgedichte und Epigramme schrieb. [A. d. Ü.]

»Dort, Thomas, schau, er geht da drüben,
Der dies gescheite Buch geschrieben.«[28]

Zwar hatte die Begeisterung für Sterne den jungen Boswell
ganz gefangengenommen, doch daß er die drei Identitäten erkannte, mit denen der Mann aus Yorkshire sich abplagte, bewies einigen Scharfsinn. Je länger Sterne in London blieb, desto mehr machten ihm die Folgen seines Verwirrspiels zu
schaffen. Wer war nun der wirkliche Sterne? Für ihn selbst genügte es schwerlich, diese Frage mit der Bemerkung »Bringen
Sie mich nicht durcheinander«[29] zu beantworten. Rasch begann die Welt, Sterne Identitäten beizulegen, von denen sich
einige als für ihn sehr ärgerlich erwiesen. In den Zeitungen
und auf dem literarischen Markt wimmelte es von Nachahmungen des Shandy-Stiles, betrügerischen Doppelgängern
Sternes und anonymen Ergänzungen des *Tristram Shandy.*

Die Aprilnummer des *Royal Female Magazine* brachte als
Beitrag zum »neuesten Klatsch und Tratsch« einen Artikel
über Sterne, verfaßt von Dr. John Hill*, der vorgab auf
»mündlichen Mitteilungen von Personen« zu beruhen, »die
ihn auf dem Lande kannten oder mit ihm in der Stadt auf vertrautem Fuße gestanden haben.«[30]

Die Einzelheiten des Artikels verbreiteten sich rasch in der
Stadt, und die unvorteilhaften Vergleiche und Tadel wurden
Sterne vorgehalten. Er versuchte den Artikel als belanglos abzutun. Doch es ist besonders interessant, daß viele Leute

---

* Hill (1716?-1775) war Botaniker, Schauspieler, Journalist und Lästermaul gewesen.
  Er war zwar ein streitsüchtiger, offenbar skrupelloser Mann, der jedoch über eine gewisse innere Rechtschaffenheit verfügt haben muß, sonst hätte er sich kaum auf ein
  Unternehmen wie das Werk *The Vegetable System* eingelassen, das er nach 26 Bänden
  abschloß. Sein Bericht über Sterne enthält vieles, das korrekt ist, insbesondere seine
  Darstellung der Geschichte der *Political Romance* 1759. Hill überlieferte auch folgende Äußerung Sternes über die Oberflächlichkeit seines Ruhms: »Er sagte, es ergehe ihm jetzt wie einer allseits umschwärmten Dame, um die jedermann buhle, weil
  es gerade Mode sei; aber vielleicht läuft sie nach vierzehn Tagen schon durch die Stra
  ßen und bittet einen Gaffer vergeblich um eine Einladung zum Essen.« (*Works*, Letters, Vol. I, S. 46)

glaubten, er habe den Artikel selbst geschrieben. Das zeugt nicht nur davon, daß Hills Bild von Sterne gelungen war, sondern beweist auch, daß man Sterne genügend Verantwortungslosigkeit zutraute, sich selbst schlechtzumachen. Hills Artikel zitierte sogar Sternes prahlerische Bemerkung: »Ich bin ein komischer Bursche; doch falls Sie etwas Gutes über mich hören, glauben Sie es nicht.«[31]

Über die Unmenge nachahmender Pamphlete sagte Sterne: »Ich wünschte, man würde hundert von dieser Sorte verfassen.«[32] Und so ergossen sich denn über ihn: *Erläuternde Bemerkungen über Leben und Meinungen des Tristram Shandy.*

Tristram Shandys Bonmots, schlagfertige Antworten, merkwürdige Abenteuer und Humoristische Geschichten.

Eine Predigt über das Lügen, gehalten von Mr. Yorick.

Zwei Lyrische Epistel von John Hall-Stevenson (eines über »meinen Vetter Shandy, der in die Stadt kommt«, das andere über die »Damen von York«), die Gray für »völligen Schwachsinn« hielt. Humor in der Manier Shandys machte rasch Schule, und nicht alle Nachahmungen waren wertlos. *Des Uhrmachers Aufschrei gegen den Verfasser des Tristram Shandy* war ein ungekünstelt heiterer Tadel wegen des Schadens, der durch die Umstände bei Tristrams Zeugung den Uhrmachern zugefügt worden sei:

»Die Zeit ist aus den Fugen; keine Uhr wird aufgezogen zur Nacht: Tristram, der Lüsterne, hat die Uhrmacher brotlos gemacht.«[33]

Nach und nach war Sterne durch das Londoner Getriebe verärgert worden. Es gab viele ungünstige Beurteilungen des *Tristram Shandy* und zahlreiche Leute, die angesichts solch klerikaler Ungehörigkeit zu keinem Kompromiß bereit waren. Im Mai veröffentlichte das *Gentleman's Magazine* ein Gedicht, das die verbreitetsten Einwände gegen Sterne zur Sprache brachte:

Zwar spricht von ihm das ganze Land,
Doch ist nur allzu gut bekannt,
Daß sein Verdienst gering nur ist;
Die Frau mit üblem Gewerbe
Und Rochesters* schlimmes Erbe
Sind Schwester und Bruder des *Shandy*...
Ihr Damen von Schönheit und Ehr
Und ihr Beaus debonnair,
Tut alles, was in eurer Macht,
Daß der Autor sich schäme
Und der Verleger sich gräme,
Der Sechshundert zahlte für den *Shandy*.[34]

Mrs. Sterne beklagte sich aus York, sie sei in Geldnöten. Er war verpflichtet, seine Pfarrstelle in Coxwold so rasch als möglich anzutreten. Kitty Fourmantel war schließlich in London eingetroffen und erwartete, für jenen letzten Brief an Garrick belohnt zu werden. Im März hatte Sterne sie gedrängt, schnell nach London zu kommen. Doch am 1. April bekannte er, wenngleich er bedauerte, daß ihre Abreise sich verzögere: »Ich habe kaum Zeit, Ihnen zu sagen, wie sehr ich Sie liebe, meine teure Kitty.«[35] Als sie schließlich mit ihrer Mutter in London eintraf, war das Angebot, bei Ranelagh zu singen, ins Wasser gefallen. Sterne hoffte vielleicht, seine Schuld zu begleichen, indem er die Sängerin bei John Beard empfahl.

Kitty wohnte in Soho, doch Sterne hatte jetzt wenig Zeit, dort zu verweilen. Er laufe sich »schier die Beine ab, um große Persönlichkeiten aufzusuchen«,[36] so daß er Verabre-

---

* John Wilmot Earl of Rochester (1648-80), Soldat, Günstling von Charles II., Raufbold und Wüstling, war eine der schillerndsten Persönlichkeiten seiner Zeit. Er starb früh, von Alkohol und Geschlechtskrankheit zerstört. Sein schriftstellerisches Werk wurde posthum veröffentlicht. Als Satiriker griff er mit rücksichtsloser Offenheit gesellschaftliche Zustände wie Personen an. Seine Liebeslieder waren für seine Zeit überaus gewagt. Sein Scharfsinn, seine spitze Feder und seine Exzesse waren sprichwörtlich. [A.d.Ü.]

dungen mit Kitty verschieben mußte: »Ich habe ganz vergessen, daß ich bereits seit einer Woche für diesen Tag von einem
Herrn eingeladen bin... Ich werde jedoch alles daransetzen,
meine liebe Freundin um 4 Uhr zu besuchen, obgleich ich das
nicht für besonders klug halte; aber was hat Klugheit, mein
liebes Mädchen, mit Liebe zu tun? Die letztere habe ich nicht
in der Gewalt, jedenfalls nicht halb soviel, wie ich sollte.«[37]
Ein wenig später klagte er, daß er keine Zeit habe, sie zu besuchen und schrieb, daß er sich »genauso wie ein Gefangener
vorkomme«.[38]

Ende Mai fuhr Sterne mit einer Kalesche nach Hause zurück, die er sich gekauft hatte, um angemessen triumphierend in York einziehen zu können. Er scheint Kittys Weg nicht
noch einmal gekreuzt zu haben: Wir können nicht allzuviel
Mitleid für sie empfinden, weil sie in Sternes Leben keine eigene Kontur gewinnt. Wir besitzen lediglich seine Briefe an
sie. Möglicherweise war sie ein fades, unsensibles Mädchen.*
Sie könnte sogar ein Geschöpf seiner Träume gewesen sein,
nach der krassen Gleichgültigkeit zu urteilen, mit der Sterne,
Jahre nachdem er Kitty zu den Akten gelegt hatte, im *Tristram
Shandy* weiterhin von »Jenny« sprach. Eine Geliebte in Gedanken ließ sich, ganz nach Gefallen des Autors, in Anspruch
nehmen und wieder beiseite stellen und warf ihm niemals Gefühllosigkeit oder Mißachtung vor.

Der dreimonatige Aufenthalt in London hatte Sternes Leben verändert. Jetzt hatte er sich der Welt außerhalb Yorkshires verpflichtet; als Schriftsteller hatte er sich nicht unbedingt festgelegt, wohl aber auf die ständigen Verwandlungen
von Sterne, Yorick und Tristram. Nichts offenbart den Umschwung im Inneren Sternes deutlicher, als die Kluft zwischen dem nachsichtigen Lob, mit dem der *Monthly Review*
den *Tristram Shandy* begrüßte und der Empörung, mit der er

---

* Mrs. Henry Weston, in deren Besitz einige Briefe Sternes an Catherine Fourmantel
  übergingen, sagte, die Sängerin sei wahnsinnig geworden und habe in *Reise des Herzens* das Vorbild für Maria von Moulines abgegeben.

auf die kühl kalkulierte Berechnung reagierte, mit der Yoricks Predigten angekündigt wurden. *Tristram Shandy* verdankte seinen allgemeinen Erfolg der Art und Weise, mit welcher sein Verfasser sich zur Schau gestellt hatte. Diese Handlungsweise hatte ebenso viele Leute befremdet wie erobert. Die Freundschaften, die Sterne in London geschlossen hatte, scheinen kurzlebig gewesen zu sein. Boswell war für kurze Zeit in den Bann geschlagen, begegnete seinem Idol jedoch nie wieder. Obgleich Sterne Männer und vor allem Frauen zum Lachen brachte, hat er dafür einen hohen Preis gezahlt, indem er sich selbst für alle Zeiten als leichtfertig abstempelte. Einen Monat nach Sternes Abreise attackierte ihn Goldsmith im *Public Ledger* wegen seiner Angriffe auf die Ernsthaftigkeit. Obgleich bei Goldsmith unzweifelhaft Neid auf Sternes Erfolg im Spiel war, nahm er zielsicher die ausgeprägte Egozentrik des *Tristram Shandy* aufs Korn:

»Er muß von sich selber sprechen und von seinen Kapiteln und von seiner Schreibweise und seiner Beschäftigung, von seiner eigenen Wichtigkeit und der seiner Mutter – und alles mit erbarmungsloser Weitschweifigkeit; hin und wieder bezeugt er seine Verachtung für jedermann, sich selbst ausgenommen, lächelt ohne Anlaß und heuchelt Munterkeit ohne Witz.«[39] Der Bewunderer Sternes sollte diese Ansicht nicht einfach wegen ihrer Feindseligkeit abwerten. Sie formuliert relevante Züge Sternes: Seine Munterkeit ist gekünstelt, vielleicht weil er, um Goldsmiths These weiterzuführen, mehr als nur ein wenig Verachtung für sich selber empfand.

In York war Sterne wieder mit seiner Familie vereint. Seine Tochter Lydia hatte sich während seiner Abwesenheit auf eine Art aufgeführt, die ihren Vater vielleicht erheitert hätte, die jedoch ihre nachlässige Erziehung belegt. In der Schule hatten andere Mädchen sie »Miss Tristram« und »Miss Shandy« gerufen. Um sich zu rächen, hatte Lydia ihnen fingierte Liebesbriefe von Schauspielern des Yorker Theaters geschickt, »und als die meisten dieser Briefe von Eltern oder

Vormündern abgefangen wurden, bezogen viele Mädchen Prügel, andere wurden in dunkle Kammern eingesperrt und streng behandelt, wie man sich vorstellen kann, und das brachte das Theater derart in Verruf, daß es viel weniger besucht wurde«.[40]

Etwa Mitte Juni zog Sterne nach Coxwold um. Wenig mehr als zehn Meilen nördlich von Sutton entfernt, lag Coxwold höher und war doch durch seine Lage am Rand des Hochmoores geschützt. Da es im Dorf kein Pfarrhaus gab, mietete Sterne für 12 Pfund im Jahr ein Haus von Lord Fauconberg und sprach bald von seinem »Shandy-Schloß«.[41] (Dieses Haus am westlichen Ortsrand von Coxwold steht heute noch und wurde durch den Laurence Sterne Trust vor dem drohenden Verfall bewahrt.)

Er arbeitete bereits an den nächsten Lieferungen des *Tristram Shandy*. Es scheint zügig vorangegangen zu sein; doch die Geschwindigkeit war zum Teil wohl der Tatsache zu verdanken, daß er auf Material zurückgreifen konnte, das er aus Buch I und II gestrichen hatte. Am 3. August hatte er einen Band beendet: »... ich möchte ihn gern einem Menschen vorlesen, von dem ich weiß, daß er Humor vertragen und genießen kann – dies ist allerdings ein wenig unverschämt von mir, denn ich halte etwas für selbstverständlich, was Ihro Gnaden die Welt noch entscheiden muß.«[42] Am 9. September konnte er an Robert Brown, einen Verehrer in Genf, schreiben, man könne ihn jetzt »entweder beim Beschneiden oder Umgraben oder Gräbenziehen, Unkrautjäten, Wurzelhacken oder Unratkarren«[43] im Garten seines neuen Hauses antreffen.

Zu seinen anderen Pflichten gehörte die Ausstattung des Hauses und die Anstellung von Hilfspfarrern für seine Pfründen, die er im nächsten Jahr abermals im Stich lassen würde. Vielleicht ist ihm erst in Coxwold, fern vom Getriebe, aufgegangen, wie gründlich sich Tempo und Perspektive seines Lebens geändert hatten. Trotzdem blieben seine Reaktionen auf diesen Wandel widersprüchlich.

Bald nach Sternes Eintreffen in Coxwold hatte ihm Warburton geschrieben und gönnerhafte Ratschläge erteilt: »Es
steht in Ihrer Macht, etwas zu schaffen, das Sie selbst und andere erheitert und allen Teilen nützlich ist: vor allem aber
sollten Sie sich davor hüten, durch Verletzung der Schicklichkeit und guten Sitten sich und andere zu verletzen.«[44]
Sterne reagierte auf diesen Rat, indem er zwei verschiedene Antworten gab, die er jedoch in einem und demselben
Brief vortrug. Einerseits trat er dafür ein, die Leute zum Lachen zu bringen:

»Seien Sie versichert, Mylord, daß ich nie mit Wissen oder
Willen irgendeinen Sterblichen durch irgend etwas, was in
meinen Augen nach der kleinsten Verletzung des Anstands
und der guten Sitten aussieht, beleidigen möchte; aber trotz
aller Vorsicht eines Herzens, das frei ist von Ärgernis und von
der Absicht, Ärgernis zu geben, fällt es mir beim Schreiben eines Buches, wie es der Tristram Shandy ist, zuweilen schwer,
alles in ihm so stark zu verstümmeln, daß es der prüden Gemütsverfassung eines jeden kleinlichen Menschen gefällt.
Ich werde jedoch mein Bestes tun – aber lachen, Mylord, will
ich, und zwar so laut ich kann…«[45]

Ein paar Zeilen weiter räumte er jedoch ein, daß die Vielzahl
von Geschichten über ihn und in seinem Namen, die in London umliefen, sich als eine große Qual erwiesen hätten:
»Diese Schläge aus dem Dunkel, zusammen mit den vielen
Tritten, Püffen und Bastonaden, die ich in der Öffentlichkeit
von allen Seiten empfing, fangen an, mir meine närrische
Laune zu verekeln, in diese weite und vertrackte Welt aufzu-
brechen, um Unrecht wiedergutzumachen…«[46]
Welch sonderbare Mischung: die Entschlossenheit, ein Leben lang zu lachen und zur selben Zeit die Anfälligkeit für
Verzweiflung, die ihn im Verlauf eines einzigen Satzes be-
schleichen konnte.

Er ist so schwankend wie das Leben einer primitiven Zelle, unter dem Mikroskop betrachtet. Es war eine fragile und schwer faßbare Selbsterkenntnis, die Sterne davon überzeugte, er sei verpflichtet, ein bißchen Lachen in das Leben der Menschen zu bringen, für jene aufheiternden Impulse zu sorgen, von denen Warburton die meisten gebilligt und die wenigsten gebraucht haben würde.* Die zweite Lieferung des *Tristram Shandy* belegt, daß Sternes Freiheit an sich begrenzt, örtlich beschränkt und zerstörend ist. Obwohl er das Erzählen von der Bindung an die Handlung befreit hatte, fehlten ihm die Zähigkeit oder die konzentrierte Intelligenz, tiefer in die Seele des Lesers einzudringen. Zwangsläufig wiederholen die folgenden Bände vorhandene Neuerungen, ohne sie erzählerisch fruchtbar zu machen. Während man eigentlich hätte erwarten können, Sterne werde sich, als er die Bücher III und IV schrieb, auf dem Höhepunkt kreativen Selbstvertrauens befinden, kommen sie mir am wenigsten souverän vor, als habe sein Sieg ihn eingeschüchtert. Die Exkommunikation und Slawkenbergius' Erzählung, zum Beispiel, wären vielleicht besser in jenem »Abgrund von zehn Seiten« in Buch IV verlorengegangen.

Es gibt sogar Stellen, die Walpoles Bemerkung, die Idee zu einem so originellen Buch sei reizvoller als ihre Ausführung, gerechtfertigt erscheinen lassen. In Wirklichkeit erscheinen fade und wenig erheiternde Abschweifungen oft als ein ärmlicher Ersatz für weitere konventionelle Szenen aus dem Familienleben der Shandys. Sternes mangelndes Selbstvertrauen führt zu zahlreichen, geschickt angebrachten Hinweisen auf das London, das ihn gefeiert hatte, als wolle er sich zwicken, um sicher zu sein, daß seine Erinnerung ihn nicht trog: »Reynolds selbst, so großartig und elegant, wie er malt«,[47] hätte einer Pose Walter Shandys gerecht werden kön-

---

* Sterne vergaß Warburton nicht ganz. In Kapitel 20 von Buch IV läßt er einen »amtierenden Kritiker« auftreten, der ihn schilt, weil er »wie ein Irrer« reitet, so daß sein Pferd »Dreck schleudert«: »Sehen Sie, Sie haben einen Bischof bekleckert.« (S. 346)

nen; an einer anderen Stelle spekuliert Sterne – ohne Zweifel
in der realen Hoffnung, der Schauspieler möge den Wink
verstehen – »O Garrick! welche prächtige Szene würde deine
auserlesene Darstellungskunst daraus machen!«[48]

In einer der interessantesten Passagen in den Büchern III
und IV vergleicht Sterne Körper und Geist eines Mannes mit
einem Wams und dessen Futter. Daraus läßt sich vielleicht ein
qualvoller Unterton ablesen, wenn es, obgleich eher allgemein als konkret formuliert, in einer plötzlichen Nebenbemerkung heißt: »Ihr Herren Monatskritiker! – wie konntet
ihr mein Wams so zerreißen und zerfetzen, wie ihr getan
habt? – wie wußtet ihr, ihr würdet nicht auch mein Futter zugrunde richten?«[49]

Die Aufregung und Erschütterung des Jahres 1760 hatten
zu einer großen Verwirrung geführt. Kein Wunder, daß ein so
fiebriger Mann wie Sterne Ende Oktober, als er Buch IV abschloß, in seinem Buch den Versuch unternahm, sich selbst
und sein Wesen zu definieren: »– Wahrer Shandyismus, Sie
mögen dagegen sein, wie Sie wollen, öffnet das Herz und die
Lunge, wie all die Gemütsbewegungen, die an seiner Art teil-
haben, zwingt er das Blut und andere lebenswichtige Körper-
flüssigkeiten, frei durch ihre Kanäle zu strömen, und läßt das
Rad des Lebens lange und munter umgehen.«[50]

1761

Sterne brach erst im Dezember 1760 erneut nach London auf, obgleich er Hall-Stevenson gestand, daß »sum possessus cum diabolo qui pellet me in urbem«. Dieser Brief, in Küchenlatein abgefaßt, wurde in York geschrieben, »in domo coffeataria & plena sociorum strepitosorum, qui non permittent me cogitare unam cogitationem«.[1]* Derselbe Brief enthält Sternes Eingeständnis, er habe seine Frau »satt wie nie zuvor« und er mag zum Lateinischen Zuflucht genommen haben, um den Effekt der Vertraulichkeit gegenüber seinem Kumpanen in Skelton zu verstärken. Nicht daß man sich auf Hall-Stevensons Verschwiegenheit hätte verlassen können, denn er hatte immerhin bereits versucht, aus dem frischen Ruhm seines Freundes Kapital zu schlagen. Früher im selben Jahr hatte Warburton Sterne wegen einer möglichen Verbindung mit Hall-Stevensons *Zwei Lyrischen Episteln* getadelt – »der Verfasser ... scheint ein Ungeheuer an Gottlosigkeit und Lüsternheit zu sein«.[2] Sternes Antwort war von raffinierter Verbindlichkeit. Die Episteln seien ihm in der Tat zugeschickt worden, doch nie wäre er auf die Idee gekommen, sie könnten von Hall-Stevenson stammen, »denn nachdem unsere Korrespondenz neunzehn Jahre lang unterbrochen gewesen ist, erkannte ich seine Handschrift nicht mehr«.[3]

Sterne schrieb häufig an Hall: Sein Briefkopierbuch enthält die Notiz, daß »Hall Hunderte erhalten (hat), von denen die meisten in allzu liederlicher Weise abgefaßt sind; außerdem ist er selber liederlich«. Es ist kaum glaubwürdig, daß Hall-Stevenson keine Antwortbriefe schrieb. Und da Dodsley die *Zwei Epistel* herausgebracht hatte, ist es unwahrscheinlich,

---

* ».. ich bin von einem Teufel besessen, der mich in die Stadt treibt.«; »... aber ich schreibe diesen Brief in einem Kaffeehaus voll lärmender Genossen, die mir nicht gestatten, einen klaren Gedanken zu fassen.« (Übersetzung nach: Sterne, *Briefe und Dokumente*, S. 57) [A.d.Ü.]

daß Sterne durch ihr Erscheinen überrascht wurde. Sterne schrieb Warburton, daß er sicher sei, daß Hall Verbesserungen vornehmen werde: »Er ist der Bekehrung würdig, da er zu jenen gehört, welche die Natur dazu befähigt hat, viel Böses und viel Gutes zu tun.«[4]

Dennoch war Sterne über die Nachahmungen seiner Bücher ernstlich besorgt. Im September 1760 hatte John Carr ein gefälschtes drittes Buch des *Tristram Shandy* herausgebracht und Sterne hatte sich zu der Erklärung gezwungen gesehen, es handele sich um eine Fälschung und das echte Buch werde Ende des Jahres bei Dodsley erscheinen.[5]

Er kam Anfang Dezember in London an, rechtzeitig, um die vierte Auflage von Buch I und II mitzuerleben, die am 21. Dezember ausgeliefert wurde. Zwei Tage später speiste er bei Bubb Dodington mit einer Gruppe von Politikern, die in Unsicherheit verharrten, welche Richtung ihre Karrieren unter dem neuen König nehmen würden. George II. war am 25. Oktober gestorben und der neue König war erst zweiundzwanzig Jahre alt und vor sich selbst »dazu entschlossen, die bestimmende Rolle zu spielen, in allen Dingen als Mann zur Tat zu schreiten«.

Doch im Augenblick war Sterne »unablässig gehetzt – einmal sind es meine Bücher, dann die Besucher und Besuche«.[6] Nervös wartete er, wie die Bücher III und IV aufgenommen werden würden und schrieb Stephen Croft: »Man wird mich angreifen und mit Steinen bewerfen, entweder aus Kellern oder aus Dachstuben, ich mag schreiben, was ich will – und außerdem muß ich damit rechnen, eine Partei gegen mich zu haben, die viele hundert Anhänger hat, welche nicht lachen können – oder wollen. Es genügt, wenn ich die Welt entzweie...«[7]

Am 28. Januar erschienen Buch III und IV. Mitte Februar berichtete Sterne Stephen Croft: »Die eine Hälfte der Stadt beschimpft mein Buch mit Heftigkeit, während die andere es in den Himmel hebt – das Beste ist, daß sie es beschimpfen und kaufen, und zwar in solchem Maße, daß wir so rasch wie möglich eine zweite Auflage in Angriff nehmen werden.«[8]

In Wirklichkeit waren die Meinungen weniger geteilt, als Sterne zugab. Nur das *London Magazine* hatte »den *wirklichen*, den unnachahmlichen Shandy« begrüßt: »Das ganze Heer unfähiger Kritiker und Nachäffer ist entgeistert angesichts eines erlesenen Genius. Allen unseren Lesern, die mit wahrem Behagen die ersten Bände gelesen haben, sei versichert, daß ihre Lektüre des dritten und vierten Buches von keinem geringeren Entzücken begleitet sein wird.«[9] Der *Monthly Review* dagegen hatte Sterne inzwischen fallenlassen und wünschte, man möge ihm sein früheres Lob verzeihen. Seinen Vergleich von dem Wams und dem Futter aufgreifend, höhnte der Kritiker: »Schämen Sie sich, Mr. Shandy, verstekken Sie Ihr Wams oder schicken Sie wenigstens das Futter zum Reinigen... Wir müssen Ihnen das vorwerfen, was Sie als den entsetzlichsten aller Vorwürfe fürchten werden – nichts weniger als LANGWEILIGKEIT. Ja, wahrlich, Mr. Shandy, Sie sind langweilig, *sehr langweilig*.«[10] Der *Critical Review* erkannte vermutlich den Grund für diese Kehrtwendung der Kritik, wenn er schrieb: »Das Problem ist in Wirklichkeit das Publikum gewesen... Alle Romanleserinnen, von der alten vornehmen Jungfer bis zum schnupfenden Kammermädchen verschlangen den ersten Teil mit einem einzigen gierigen Schluck und wiesen den letzten mit den Anzeichen von Abscheu und Unlust zurück.«[11]

Doch der Tiefschlag, den ihm *The Monthly Review* mit dem Vorwurf der Langweiligkeit versetzt hatte, war für einen so unkonventionellen Schriftsteller wie Sterne die schlimmste Strafe. Die Meinungen von Kollegen waren gleichermaßen kritisch und verdeutlichen einmal mehr die Schwierigkeiten Sternes, die Achtung literarischer Persönlichkeiten zu gewinnen. Walpole triumphierte, da er seine frühere Ablehung bestätigt sah: »Das dritte und vierte Buch des *Tristram Shandy*, der Bodensatz des Unsinns, sind weit und breit auf die

Verachtung gestoßen, die sie verdienen: der Genius ist aufge-
bracht; – Ich glaube, der Einfall eines Narren ist ebenfalls in
einer Sackgasse angelangt.«[12] Währenddessen schrieb Richard Hurd, der Bischof von Worcester, an William Mason,
den Präzentor von York: »Das dritte Buch ist unerträglich
langweilig, ja geistlos. Das vierte ist so voll von Humor wie die
ersten beiden. Doch dieser umfassende Humor läßt sich niemals, selbst wenn er am gelungensten ist, in einem langen
Werk durchhalten.«[13]

Thomas Newton, Almosenpfleger beim Erzbischof von
York, berichtete, daß die Bischöfe und die Geistlichen pfui
über Sterne riefen. Der Erzbischof scheint besonders empört
gewesen zu sein. Bei Sternes erstem Besuch in London im Dezember 1760 war er eingeladen worden, mit Gilbert und dessen Tochter zu speisen. Möglicherweise hat Sterne bei dieser
Gelegenheit die Ernsthaftigkeit der Bücher III und IV garan-
tiert. Als sie jedoch vorlagen, war der Erzbischof »sehr er-
zürnt über ihn, weil er sein Versprechen nicht gehalten
hatte«. Als Sterne Gilbert im Januar aufsuchte, brüskierte ihn
dieser, indem er ihn nicht vorließ. Newton nahm an, Sterne
sei durch die ungünstige Aufnahme so eingeschüchtert gewesen, daß er sich bewußt verstecke und »sich beinahe schämt,
uns zu sehen«.[14]

Richardson, inzwischen dem Tode nahe, machte Sterne in
einem Brief verächtlich, der ebenso kühl wie schneidend war.
Bischof Hildesley hatte ihm geschrieben, um zu erfahren,
wer Yorick sei. »Ich kann mir nicht vorstellen«, antwortete Richardson, »daß Sie einen Blick in seine Bücher geworfen haben, die ich nicht anders als abscheulich nennen kann.« Den
einzigen mildernden Umstand, den er diesen schäbigen Werken zubilligen mochte, sah er in der Tatsache – »daß sie zu
plump sind, um Gefühle zu entflammen«.[15]

Dann, als habe so viel Mühe ihn ermüdet, verkündete Richardson, er werde seiner Tochter die Feder übergeben, damit sie »die Ansichten einer jungen Dame, die diese an eine

Freundin auf dem Lande geschrieben hätte«, über den *Tristram Shandy* wiedergeben könne. Vielleicht war das der Fall;
aber vielleicht hat er seiner Tochter lediglich höchst behaglich einen Brief im Stil einer jungen Dame diktiert. Natürlich
gelingt es der Kritik der Tochter, sowohl Sterne zu verreißen
wie auch das von seinen Launen hingerissene Milieu der jungen Damen, das Richardson so anzog:

»Glücklich sind Sie zu nennen in Ihrer Zurückgezogenheit,
wo Sie Bücher nach Ihrer Wahl lesen, entweder um sich zu
unterrichten oder zu unterhalten; jedoch in dieser närri-
schen Stadt sind wir verpflichtet, jedes Buch zu lesen, das die
Mode zum vorherrschenden Thema in der Konversation
macht; und ich bin furchtbar verärgert über die augenblickli-
che Mode, die Leute dazu zwingt, voll Scham zu bekennen,
daß sie etwas nicht gelesen haben, wo sie doch mehr Grund
hätten, zu erröten, wenn sie sagen müßten, sie hätten es gelesen! Vielleicht hat irgendeine gebildete Person Ihnen dieses
Werk aufgedrängt, doch verbannen Sie es aus Ihrer Bibliothek; lassen Sie nicht zu, daß der *Tristram Shandy* unter den anderen dort aufgereihten würdigen Schriftstellern Platz findet. Es ist wahrlich ein kleines Buch, und sein Verdienst ist
klein, mag der Lohn seines Verfassers auch groß gewesen
sein! Unberechenbare Zügellosigkeit, launenhafte Abschweifungen, alberne Gedankensprünge, außerordentliche Anstößigkeiten – alles das mit einem Anflug des Neuartigen hat die
Aufmerksamkeit der Leser erregt, und der Beifall hat sich
von einem zum anderen fortgepflanzt, daß es beinahe als ein-
malig empfunden wird, wenn jemand das Buch mißbilligt: sogar Bischöfe bewundern und belohnen seinen Witz, obgleich
der Verfasser selbst als Geistlicher arg in Verruf geraten zu
sein scheint, als ein Mann, der solche anstößigen und vulgä-
ren Geschichten drucken läßt, die kein sittsamer Leser ohne
äußersten Ekel ertragen kann!«[16]

Sternes Erfolg ist immer ein Erfolg gewesen, der dem Verfasser übel vergolten wurde. Ein neuer Mann aus der Provinz konnte nicht erwarten, London zwei Jahre hintereinander zu beherrschen, und die Stadt hatte ein neues Idol, auf das sie ihre Aufmerksamkeit konzentrierte. Im März 1761 veröffentlichte Charles Churchill* sein Gedicht *The Rosciad*, eine glänzende Satire über Schauspieler und Schauspielerei. Sein Erfolg war noch aufsehenerregender als der Sternes, weil er Churchill aus einer noch größeren Armut befreite. Nicht nur, daß er zu einer elenden kirchlichen Laufbahn verdammt worden war, sondern er hatte auch noch unter den Folgen einer heimlichen Heirat zu leiden gehabt. Als es kein Verleger wagte, *The Rosciad* anzunehmen, brachte Churchill das Buch auf eigene Kosten und mit sofortigem Erfolg heraus. Es heißt, dieses eine Gedicht habe ihm mehr als 700 Pfund eingebracht.

Obgleich Sterne bald behauptete, er habe »für vierzehn Dinners ... Einladungen angenommen, und ich befürchte, daß es in dieser Hinsicht eher schlimmer als besser werden wird«,[17] nicht an Zeit mangelte. Nachdem sein erster Aufschwung ins Stocken gekommen war, geriet er ins Bummeln, bis sein schlechter Ruf ihn einholte. Als er bei einem Empfang bei Hof dem König vorgestellt wurde, scheint der sittenstrenge junge König die Gelegenheit benutzt haben, sein Mißfallen zu bekunden. Sterne wurde vorgestellt, doch der König deutete lediglich eine Verbeugung an und ging weiter. Sterne sagte einem Zuschauer, der junge König habe den Namen wohl nicht richtig verstanden und »bat darum, ein zweites Mal vorgestellt zu werden«. Sein Name wurde abermals genannt, doch der König antwortete dem Höfling: »Mylord, Sie wiederholen sich.«[18]

---

* Churchill (1731-64) verdarb sich seine akademische Karriere in Cambridge durch eine heimliche Heirat und wurde Kurat von St. John's, Westminster. Schrieb, um seine Familie durchzubringen. Wurde Parteigänger von John Wilkes und Mitarbeiter an dessen Zeitschrift *The North Briton*, einem Kampfblatt gegen die Regierung Bute. *The Rosciad*, eine Satire in Versen, ist ein Loblied auf Garrick. [A.d.Ü.]

Dieser neue König sorgte für große Unruhe: Jugendlich in seinem Bestreben, die Männer zu brüskieren, die seinen Vater unterstützt hatten, und Bande des Gefühls zu seinen eigenen Gefolgsleuten zu knüpfen, war er, wie Namier sagt, »ein Jüngling, dem nie gestattet worden war, jung zu sein und der es nicht geschafft hatte, erwachsen zu werden«. Sterne war kaum in London eingetroffen, als er erkannte, daß alle Augen auf den neuen König gerichtet waren, der entschlossen schien, »alle Angelegenheiten auf ihre ursprünglichen Prinzipien zurückzuführen und der Flut von Korruption und Faulheit Einhalt zu gebieten«.[19] Der junge George stand früh auf und arbeitete hart: die beunruhigendsten Kennzeichen. Sterne mag bloß ein Zuschauer gewesen sein, der versuchte, in diesem ungewissen Zustand sein Schäfchen ins trockne zu bringen, doch er erkannte, daß der König »alles weiß, alles genau abwägt und dann unbeugsam ist – das vertreibt alte Hasen von der Bühne – wie es enden wird, weiß niemand«.[20]

Der Tod von George II. war in der Tat überraschend gekommen – ein Schlaganfall auf seiner Toilette –, doch die Unzufriedenheit mit der Regierung Pitt-Newcastle war bereits gewachsen. Trotz der Erfolge in den Kolonialkriegen, gab es Männer wie Bubb Dodington, die glaubten, daß »die verheerenden Einbußen an Männern und Geld, die sie uns beschert haben, den Wert der Vorteile, die wir errungen haben, auf Dauer schwer geschmälert haben; und wenn man nach Art eines Kaufmanns Gewinn und Verlust gegeneinanderstellt, bin ich nicht sicher, ob ein Saldo zu unseren Gunsten dabei herauskommen würde...«[21]

Der Wechsel auf dem Thron war ganz dazu angetan, diese Zweifel zu verschärfen und den Neid jener zu verstärken, die ohne Amt geblieben waren. George selbst war ein ernsthafter, aber labiler junger Mann, ganz im Bann des Earl of Bute stehend, der ein intimer Vertrauter seiner Mutter gewesen war. Vor allem stand George III. jedem mit heftiger Feindseligkeit gegenüber, der die Verwaltung seines Großvaters unterstützt hatte; er war ein Opfer jener politischen Polarität, die diese durch die Trennung zwischen Leicester House und dem Hof verursacht hatte.

Folglich war das London, in das Sterne Ende 1760 kam, bereits in Butes und Anti-Butes geschieden. Pitt selbst hatte keine Illusionen über seine Zukunftsaussichten. Sterne hatte einer Debatte im Unterhaus beigewohnt – »Nie war das Haus so gut gefüllt – die Galerie voll bis unters Dach«.[22] Man hatte erwartet, Pitt werde einen schwungvollen Versuch unternehmen, seinen Entschluß, den Krieg gegen Spanien fortzusetzen, zu verteidigen, doch er zog es vor, zu einem politischen »Gichtanfall« Zuflucht zu nehmen und tröstete sich vielleicht daheim mit dem *Shandy.*

William Beckford sagte in seiner Rede, so berichtet Sterne, der Frieden sei jetzt genau so unumgänglich wie zur Zeit von Utrecht, weil »die Leute hinter den Kulissen nicht den Krieg und ihre Ämter zugleich weiterführen können, so daß sie im eigenen Interesse der Nation ein weiteres Opfer abverlangen«.[23]

Sterne brauchte sich bloß seine eigene Familiengeschichte ins Gedächtnis zu rufen, um zu begreifen, welch ein ungünstiger Zeitpunkt es war, für Stephen Croft eine Gunst zu erwirken: eine Beförderung für Crofts Sohn Stephen, der kürzlich, obgleich erst siebzehn Jahre alt, Kornett geworden war. Wie Sterne Croft auseinandersetzte, stand »bei Hof alles kopf«. Bute war mit der Regierung beauftragt worden, Sir Francis Dashwood war am 21. März zum Schatzkanzler, Lord Talbot zum Haushofmeister und Lord Halifax zum Vizekönig von Irland ernannt worden. Pitt trat im Oktober und Newcastle im folgenden Jahr zurück.

Doch Sterne blieb angesichts dieser Veränderungen unparteiisch. Statt dessen kümmerte er sich nach Kräften um seine eigenen Angelegenheiten und verkündet ein wenig hilflos: »Ich danke Gott, daß ich nie eine Freundschaft oder Bekanntschaft geschlossen habe, die ich verscherzt hätte, oder dazu beigetragen habe, sie zu verscherzen – nein, im Gegenteil, mein wahrer Charakter wird immer besser verstanden, und wo ich im letzten Jahr einen Freund hatte, der mir die Ehre gab, habe ich jetzt drei.«[24]

Doch es lassen sich kaum Namen oder Anzeichen dafür entdecken, daß wirkliche Freundschaften darunter waren.

Wie die Dinge lagen, stürzte sich Sterne auf dieselbe Art in Bekanntschaften, die ihn glauben ließ, in jede Frau verliebt zu sein, der er begegnete. Solche unverhüllte Verfügbarkeit mag verblüffende erste Wirkungen erzielt haben, doch wurde bald offenbar, daß er seine Aufmerksamkeiten unterschiedslos verstreute. Mrs. Montagu sprach später davon, daß Sterne seinen Witz in Gesellschaft nie benutzte, um zu verletzen, ganz gleich, wie unerträglich er in seinen eigenen vier Wänden auch sein mochte.[25] War dies eine angeborene Gutmütigkeit oder Teil jenes Unbehagens über eine verfeinerte Gesellschaft, das in der groben Kumpanei von Skelton erzeugt worden war? Mrs. Montagu dürfte Sterne 1761 in ihrem »Blaustrumpf«-Salon empfangen haben. Eine andere Londoner Gastgeberin, die Sterne ins Auge stach, war Mrs. Elizabeth Vesey, die Gattin eines irischen Parlamentsmitgliedes und Grundbesitzers, die bis dahin noch keine Rivalin von Mrs. Montagu war. So wie Richardson von der neuen Elite intelligenter Frauen aufs höchste ermutigt worden war, so waren es der weibliche Teil der Gesellschaft und weibliche Leser, auf die Sternes Originalität den größten Eindruck machte. Tatsächlich bedurfte es eines neuen Frauentyps, der Sternes Werk offen bewundern konnte.

Mrs. Vesey erschien Sterne als die »mit Sicherheit scharfsinnigste Vertreterin ihres Geschlechts«. Er sprach zu ihr von ihrem Zusammengehörigkeitsgefühl, wenngleich ihre Bekanntschaft noch ganz kurz war, denn »Verkehr dieser Art wird nicht nach Stunden, Tagen oder Monaten gemessen, sondern nach dem langsamen oder raschen Fortschreiten unserer Vertrautheit, das nur nach dem Grad der Durchdrin-

gung zu beurteilen ist, mit der wir Charaktere auf den ersten
Blick entdecken oder durch die Offenheit und Freimütigkeit
des Herzens, mit denen man dem Gegenüber Zutritt gewährt«.[26]

Sternes Freimütigkeit bestand darin, daß er Mrs. Vesey gegenüber brieflich zärtlich wurde – eines seiner frühesten Beispiele von Zweideutigkeit:

»... Sie sind im wahrsten Sinne des Wortes ein Gefüge harmo-
nischer Schwingungen – Sie sind das lieblichste, am besten
gestimmte aller Instrumente – O Lord! Ich gäbe meine zweite
Soutane dafür hin, Sie zu berühren – doch Sie begreifen, daß
ich, gäbe ich um dieses Vergnügens willen, den letzten Fetzen
meiner Priesterschaft preis, nackt wäre – wenn nicht gänzlich
in Unordnung: – eine so göttliche Hand wie die Ihre würde
mich augenblicklich wieder in Ordnung bringen – doch sollten Sie denken, das würde mich wieder zu dem Manne machen, den Sie kennen – glauben Sie mir, teure Lady, da irren
Sie sich.«[27]

Es ist besonders charakteristisch für Sterne, daß diese kokette
Ekstase nicht die Nacktheit seiner Geliebten, sondern die eigene heraufbeschwor. Wie mag Mrs. Vesey darauf reagiert
haben? Ein zeitgenössischer Druck zeigt sie und Sterne Arm
in Arm bei Ranelagh, wo sie dem Verkauf von Subskriptionen
für seine Predigten beiwohnen. Sterne erzählt ihr, sie sei be-
wundernswert, weil man ihren Charakter auf den ersten
Blick erkennen könne; er war kaum zehn Schritte neben ihr
hergegangen, als er auch schon erkannte: »Teure Lady, Sie
haben überhaupt kein Inneres.«[28] Vermutlich nahm sie seine
Anzüglichkeiten ebenso gelassen hin wie Mrs. Montagu, die
Sterne so einschätzte: »Er quillt über vor menschlicher
Freundlichkeit, ist harmlos wie ein Kind, doch oft ein ungezo-
gener Junge, der ein wenig dazu neigt, sich seinen Talar zu
beschmutzen.«[29]

Außerdem verkehrte Sterne mit Samuel Foote, John Wilkes und Delaval. In der Öffentlichkeit trat er in der Saison ein einziges Mal auf, als er am 3. Mai im Findlingshospital predigte. Ein großes Publikum war zugegen, darunter »zahlreiche bedeutende Persönlichkeiten«;[30] Sterne sprach über das Gleichnis vom reichen Mann und Lazarus und erzielte eine Kollekte von 55 Pfund, 9 Shilling und 2 Pence.

Falls das London von 1761 Sterne nicht vollständig zufriedengestellt hatte, so trug er dieses Mißbehagen mit nach York zurück und vielleicht auch allzu rasch nach Coxwold. Er beschrieb seine Ruhelosigkeit in einem Brief an Hall-Stevenson mit einer seiner kunstvollsten Metaphern für Bewegung, als könne er jedes Pulsieren, Fließen und Zittern in seinem Körper zur Sprache bringen. Man spürt unbesänftigte Nervosität, die sich einer eiligen Reise ausgesetzt sah:

»weil der Übergang von schneller Bewegung zu völliger Ruhe zu plötzlich und heftig kam. Ich wäre wohl besser zunächst noch zehn Tage lang in den Straßen von York herumspaziert – das wäre ein angemessenes Übergangsstadium gewesen –, ehe ich in diese Stille zurückkehrte. Ich blieb jedoch nur einen Augenblick, und hier bin ich auch erst seit kurzem und habe mich noch nicht wie ein weiser Mann mit meinem Elend abgefunden – und wenn Gott mir nicht zu meinem Trost im Elend den Geist des Shandyismus, der es nicht zuläßt, daß ich zwei Augenblicke lang über irgendeinen ernsten Gegenstand nachdenke, eingeflößt hätte, würde ich mich auf der Stelle hinlegen und sterben – sterben – und doch: schon eine halbe Stunde später verwette ich eine Guinea, bin so lustig wie ein Affe – und auch so mutwillig – und vergesse alles...«[31]

Sterne ist einer eigentümlichen Distanz fähig: Anscheinend konnte er in seinen eigenen Kopf hineinsehen und die feinen Abdrücke erkennen, welche die Erfahrung dort zurückgelas-

sen hatte. Kein Wunder, daß eine solche Sensitivität sich nie
in ihre eigenen Gefühle vertiefen konnte, sondern bloß kurz
in sie eintauchte wie ein Badender bei einem Tauchbad. Dies
ist die erste ernste Vorahnung des Todes, die erhalten ist.
Sterne fand Yorkshire »kalt und unfreundlich« und litt unter
einem »scharfen, todbringenden, pestschwangeren Nordost-
wind«,[32] doch bis jetzt gibt es kein Zeichen für eine wirkliche
Verschlechterung seiner Gesundheit.

Der melancholische Gedanke scheint ihm zu schaffen gemacht zu haben, daß er in London ebensowenig in seinem
Element war wie auf dem Lande. Der Ruhm hatte ihn mehr
erfüllt, als er je hatte hoffen dürfen, aber dennoch war er
nicht zur Ruhe gekommen. Es gab Hohlräume in seinem Inneren, zu denen andere Menschen keinen Zugang hatten.

Elizabeth Sterne hatte ihren Gatten offenbar aufgegeben.
Nichts deutet darauf hin, daß Ruhm oder Erfolg auf sie abge-
färbt hätten. Sie wurde nicht nach London mitgenommen,
sondern blieb in Yorkshire zurück, außerstande den Berichten von Sternes Mätzchen in London zu entrinnen. Als er
1761 zurückkehrte, scheint sie ihm offen gesagt zu haben, sie
hoffe, er werde bald wieder aufbrechen, noch weiter in die
Ferne und sei es, »um mit einem Bären durch Europa zu ziehen«. So hat vielleicht nicht nur Krankheit Sterne veranlaßt,
nach Frankreich zu reisen, sondern die Kälte seiner Frau mag
dazu beigetragen haben, daß der Gedanke an eine solche
Reise in Sterne aufkeimte.

Sterne verbrachte den Sommer mit harter Arbeit. Neben
den zwei neuen Bänden des *Tristram Shandy* begann er seine
letzte lange Serie von Predigten. Um seine Auftritte vorteilhaft zur Geltung zu bringen, leitete er eine neue Anordnung
der Bänke in der Kirche von Coxwold in die Wege, damit »es
einen besseren Klang und besseres Licht gibt« und um sicherzustellen, daß jedes Mitglied der Gemeinde »den Pfarrer
gleich gut sehen kann«.[33]

Das aufregendste Ereignis des Jahres war die Krönung des

neuen Königs. Diese wurde im ganzen Land feierlich begangen, doch die Festlichkeiten in Coxwold standen in keinem Verhältnis zur Größe des Dorfes: etwa 3000 Menschen waren anwesend; Sterne hielt eine Stegreifpredigt und stellte einen Ochsen zur Verfügung, der auf der Straße gebraten und an die Zuschauer verteilt wurde; es gab fässerweise Bier und »Glockengeläut, Feuerwerkskörper und Kracher, Pechfakkeln und Freudenfeuer etc., und ein Ball am Abend beschloß den Tag der Freude«.[34]

Sternes Tochter Lydia, inzwischen fast siebzehn Jahre alt, muß an solchem Trubel Freude gehabt haben. Von den Einnahmen aus *Tristram Shandy* bekam sie ein Pony, die Familie hatte sich eine Kalesche gekauft, mit der sie ausfahren und Lord Fauconberg besuchen konnte. Sterne malte ein idyllisches Bild dieses Sommers, in dem Lydia beim Abschreiben seines Manuskriptes half, während seine Frau strickte und zuhörte. Doch in Wirklichkeit bereitete sich Sterne darauf vor, seine Familie abermals im winterlichen Yorkshire zurückzulassen. Und da eine Reise auf das Festland notwendigerweise länger dauern würde als seine Besuche in London, begann er, sich nach einem Hilfspfarrer für Coxwold umzusehen. Er entschied sich für James Kilner und verpflichtete sich, ihm jährlich 30 Pfund für die Gottesdienste zu zahlen. Marmaduke Callis blieb weiterhin für Sutton und Stillington verantwortlich, wenngleich Sterne im Herbst 1761 um die vorgeschriebene Genehmigung für Callis' Ernennung nachsuchte, um die er sich zwei Jahre lang nicht gekümmert hatte.

Welche Vorkehrungen traf Sterne für seine Familie? Kurz vor seiner Abreise nach Frankreich im Januar 1762 sprach er davon, er wolle seine Frau und seine Tochter nachkommen lassen – »denn andernfalls könnte ich mich nicht so lange dort aufhalten«. Doch er dachte auch daran, »ein Jahr oder zwei« in Frankreich zu bleiben.[35] Mrs. Sterne fürchtete vielleicht, er werde sie im Stich lassen, da er keine definitive Angabe über die Dauer seiner Reise machte. Diese Besorgnis hat

vielleicht ihren Brief vom November 1761 an Mrs. Montagu
bestimmt. Mrs. Montagu hatte Sterne in ihrem Haus empfangen und es ist wahrscheinlich, daß sie ihn ermutigte, Frankreich zu besuchen, denn bevor er abreiste, hinterlegte er bei
ihr sein Testament. Elizabeth Sterne bringt in ihrem Brief ihren Kummer und ihre Vernachlässigung auf dem Land auf
mitleidheischende Weise zum Ausdruck:

»Sollte Mrs. Montagu dies für den rechten Weg halten, einen
schlechten Gatten besser zu machen? Sie hätte wahrlich einen
besseren finden können, wie ich ihn des öfteren, wenn auch
ohne Erfolg, angemahnt habe, namentlich durch ein kleines
Zeichen der Freundlichkeit oder Beachtung gegen mich als
eine Verwandte … gewiß ist niemals ein armes Mädchen, das
nichts getan hat, um solche Mißachtung zu verdienen, von
seinen Verwandten so fallengelassen worden wie ich. Ich
schrieb Mrs. Montagu bereits vor geraumer Zeit, um Sie von
dem Kummer zu unterrichten, den Ihre Gleichgültigkeit mir
bereitet hat und bat Sie, alles, was in Ihrer Macht stehe, zu
tun, den Übelstand zu beseitigen, wenngleich ich beim besten
Willen nicht erkennen kann, wie das anzustellen wäre; ich
muß mir wohl bis ans Ende meiner Tage von Mr. Sterne den
Vorwurf machen lassen, ich sei die Verschwenderin seines
Vermögens… Ich bitte Sie, mir einen Schimmer von Trost zu
schenken, indem Sie diesen Brief umgehend beantworten.
Mr. Sterne ist unterwegs nach London und wir kehren zur selben Zeit nach York zurück, so daß ich fürchte, Ihr Brief
könnte nicht rechtzeitig an mich gelangen.«[36]

Mrs. Montagu war sich der Fehler beider Sternes wohl be-
wußt, doch sie fand den Ehemann zweifellos unterhaltsamer.
Ein paar Jahre später schrieb sie ihrer Schwester, Elizabeth
Sterne sei »eine alte Klatschbase und liege mit jedermann in
Zank und Streit«.[37] In diesem Herbst empfing sie Sterne in
London und nahm ihn und Mrs. Vesey in Reynolds Atelier

mit, damit Sterne den ältlichen Lord Bath aufheitern könne, während dieser für sein Porträt saß. Damals war er nahe daran, der mietbare Hofnarr der feinen Gesellschaft zu werden.*

Band V und VI des *Tristram Shandy* wurden am 21. Dezember veröffentlicht, aber nicht in Dodsleys Verlag. Wir wissen nicht, was zum Bruch zwischen Verleger und Autor führte. Eine zweite Auflage der Bände III und IV war nicht so rasch nötig geworden wie bei den ersten Bänden, und angesichts der spärlichen Rezensionen ist Dodsley vielleicht auf einem Teil der Auflage sitzengeblieben, der groß genug war, um die Gewinne aus dem Verkauf der ersten Bände aufzuzehren. Möglicherweise hat er angefangen, seine ursprüngliche Großzügigkeit zu bedauern. Auf der anderen Seite hat Sterne vielleicht gehofft, durch einen Wechsel des Verlegers das Blatt zu wenden. Im Oktober hatte er das Erscheinen der neuen Bände persönlich in den Londoner Zeitungen angekündigt, ohne einen Verleger zu nennen. Das bescherte ihm ein Angebot von Thomas Becket, der mit P. A. Dehondt, einem Holländer, in einer Seitenstraße von The Strand einen Verlag betrieb. Becket hatte weder die Kompetenz noch das Format der Dodsleys. Er war ein übellauniger, zur Trunksucht neigender Mann, doch er hielt Sterne bis zu dessen Tod die Treue; unzweifelhaft hat er an den Büchern des Mannes aus Yorkshire gut verdient, doch gleichermaßen hat er die Sorgen und den Ärger, den ihm Sterne und sein schwieriges Leben bereiteten, auf sich genommen.

Die Aufnahme der beiden letzten Bände war recht ermutigend. Nach Warburtons Meinung erreichten sie beinahe das Niveau der beiden ersten Bände, und die in sich abgeschlossene Geschichte von Le Fever wurde weithin bewundert und in zahlreichen Zeitungen nachgedruckt.

* Sterne muß sich dessen bewußt gewesen sein. In der *Reise des Herzens* fragt der Comte de Bissy Yorick, ob dieser ein Hofnarr sei: »Ich antwortete: ›Natürlich mache ich Späße, aber ich werde nicht dafür bezahlt‹; – es geschähe gänzlich auf meine Kosten.« (S. 122)

Aber Sterne war mehr mit den letzten Vorbereitungen zu seiner Reise beschäftigt. Am 28. Dezember verfaßte er ein Memorandum »Für den Fall, daß ich im Ausland sterbe«. Zusammen mit den Einnahmen aus seinen Predigten in Coxwold, York und London, aus denen »zwei Bände zusammengestellt werden« sollten, schätzte Sterne, daß ein Verkauf seines Besitzes 1800 Pfund einbringen werde. Er riet seiner Frau, dieses Geld und die Erlöse aus Band V und VI anzulegen und sich dabei von Garrick beraten zu lassen. Es ist ein überlegter und detaillierter Brief, als setze er nur wenig Vertrauen in den Geschäftssinn seiner Frau.[38]* Vor allem ermahnte er sie, Lydia nicht heiraten zu lassen, bevor sie nicht sichergestellt habe, daß sie selbst nach der Heirat versorgt sei. Er überließ es seiner Frau auch, seiner Schwester Catherine etwas zukommen zu lassen. War sie noch in London? Hatte Sterne sie aufgesucht? Hätte er ihr nicht selbst etwas geben können?

Ungeachtet der Größe seines Vermögens, scheint er im Augenblick der Abreise ohne Bargeld gewesen zu sein, denn als letzte Handlung des Jahres bat er seinen guten Freund Garrick, ihm 20 Pfund zu leihen – er hatte nämlich festgestellt, daß er seine Reise ins Ausland »mit 20 Pfund weniger antrete, als es ein weiser Mann tun sollte«.[39]

---

* Abgedruckt in: Sterne: *Briefe und Dokumente*, S. 63-65 [A.d.Ü.]

Trim liest Dr. Slope und den Brüdern Shandy die Predigt vor.
(Stich von William Hogarth)

1762

Es gab Augenblicke, da Sterne glaubte, er sei seiner Gesundheit wegen nach Frankreich gereist, andere, in denen er hoffte, Europa einen seiner größten literarischen Erfinder vorzuführen oder einen Blick auf die besser geordneten Verhältnisse in Frankreich zu werfen. Beurteilen wir indessen seine Absicht auf der Grundlage dessen, was er in Frankreich suchte, dann hatte er keinen anderen Wunsch, als die Mannigfaltigkeit des Denkens und Fühlens in sich aufzunehmen. Anstatt seine Aufmerksamkeit auf die großen politischen Ereignisse oder intellektuellen Aufbrüche zu richten, ist Yorick von der großartigen Metapher eines Pariser Barbiers hingerissen. Yorick gelangt zu dem Schluß, daß in Frankreich »das Großartige ... mehr im Wort und weniger in der Sache (liegt)« und setzt hinzu: »Mir scheint, ich kann die genauen Unterscheidungsmerkmale des Nationalcharakters in diesen absurden Kleinigkeiten deutlicher erkennen als in den wichtigsten Staatsgeschäften.«[1]

Die *Reise des Herzens* macht die Trennung von Leben und Kunst bei Sterne am deutlichsten sichtbar. Sterne und Yorick hatten Frankreich besucht, doch Yoricks Reise ist die für uns wichtigere, weil es ihr gelingt, sich nicht als eine Erkundung von Land und Leuten darzustellen, sondern als Aufbruch in ein unvorstellbares Utopia poetischer Empfindungen. Sterne rühmte sich, er halte Herz und Augen offen, um jede menschliche Gefühlsregung, der er begegnete, zu registrieren. Doch sollten wir nicht vergessen, daß er als kranker Mann aufbrach. Und wie ein Kranker konzentrierte er sich auf sich selber und begriff kaum, was er sah; doch die Bewegung, die Veränderung und das unbekümmerte Wuchern seiner Einbildungskraft verschafften ihm genügend Linderung. Er hat vielleicht seine eigene Phantasie im Gepäck ge-

habt und mag Zuschauern so gleichgültig erschienen sein wie
Harpo Marx. Kaum war Yorick in Calais angekommen, zog er
sich rasch in eine leere Kutsche zurück, um eine Beschreibung seiner selbst als Reisender zu Papier zu bringen. Im
nächsten Augenblick bebt die Kutsche unter der Erschütterung des Schreibens, als habe das Fieber des Insassen auf sie
übergegriffen.

»Ich bin tatsächlich sehr krank«, schrieb Sterne am 1. Januar 1762 an Lady Dacre, »denn mir ist ein Blutgefäß in der
Lunge geplatzt.«[2] Er führte diese Krise auf »die harte schrift-
stellerische Arbeit« sowie auf das Predigen im letzten Sommer zurück. In der Widmung an Lord Spencer nannte er die
Bände V und VI »das Beste, was meine Talente bei so schlechter Gesundheit wie der meinen hervorbringen konnten«, so
wie er Buch IV mit dem Versprechen geschlossen hatte, zurückzukehren, »es sei denn, dieser üble Husten bringt mich
in der Zwischenzeit um«. An Lady Dacre schrieb er: »Wahrscheinlich werde ich jetzt probieren, ob mir nicht der Süden
Frankreichs Linderung verschafft« und er hoffe, daß die
Reise »gut anschlagen wird«.[3]

Doch England und Frankreich befanden sich noch im
Krieg. Am 2. Januar notierte Lady Mary Wortley Montagu:
»Der Frieden scheint weiter entfernt denn je.«[4] Die Präliminarien zum Frieden wurden in der Tat erst am 3. November
1762 ratifiziert, während Sterne bereits im Januar 1762 mit
seiner Begleitung von Dover nach Calais übersetzte und dort
ebenso willkommen geheißen wurde wie Yorick. Pässe waren
erforderlich, und es scheint, daß Pitt Sterne in England und
Choiseul ihm in Frankreich halfen. Es war gewiß ein zivilisier-
ter Krieg, der es den kriegführenden Parteien gestattete, ihre
Berühmtheiten gemeinsam zu ehren.

Sterne war in Frankreich willkommen, weil er Engländer
und ein Angehöriger der siegreichen Rasse war. Wir brauchen nur Rousseaus *Bekenntnisse* zu lesen, um zu erkennen, in
welchem Maße Frankreichs Mißerfolg von vielen Franzosen

als ein Vorzeichen grundlegender Veränderungen interpretiert wurde. Rousseau schrieb von einer in zunehmendem Maße »zusammenbrechenden Verfassung Frankreichs: ... die unglaubliche Wirrnis der Finanzen, die steten Schwankungen der Verwaltung, in die bis damals sich zwei bis drei Minister teilten, von denen einer den andern bekämpfte und die, um sich gegenseitig zu schaden, das Königreich zugrunde richteten, die allgemeine Unzufriedenheit des Volks und aller Stände des Staats...«[5] Rousseau glaubte, die Katastrophe sei nur dadurch abgewendet worden, daß die Macht Choiseul zugefallen sei.

Als Sterne nach Frankreich kam, traf es sich nicht nur, daß Engländer gerade hoch im Kurs standen, sondern er kam vermutlich als erster berühmter Besucher nach vielen mageren Jahren. Auch hier stand ihm einmal mehr das Glück zur Seite. 1760 war er in London zufällig auf eine Saison ohne Sensationen gestoßen, und jetzt kam er als absolute Neuigkeit nach Paris, um seine eigene Ungewöhnlichkeit zu bekräftigen. Kein Wunder, daß seine Aufnahme in Paris der in London sehr ähnlich war.

Sterne unternahm die Reise mit George Pitt und dessen Sekretär Richard Phelps, Freunden von Henry Egerton, Sohn des Bischofs von Hereford, bei dem er vor der Abreise einige Zeit verbracht hatte. Phelps schrieb an Egerton, es gehe Sterne bereits »besser als bei der Abreise aus London«, und Sterne bestätigte, sein Zustand habe sich »erheblich verbessert... Mein Gott! Wie wird es mir erst in der balsamischen Luft des Languedoc ergehen...« Sie begaben sich nach Dover und angesichts der bevorstehenden Reise blieb sein Zustand weiterhin gut: »Es geht mir 10, nein 15 Prozent besser.« Er übermittelte den Egertons seinen Dank und die freundlichsten Empfehlungen für die Art und Weise, mit der sie ihn aufgenommen hatten und versicherte ihnen: »Glauben Sie nicht... daß ich gedrückter oder scheußlicher Stimmung wäre – das Übermaß meiner guten Laune bereitet Phelps viel Mühe, denn alles im Hause stelle ich auf den Kopf –«[6]

Um den 16. Januar traf er in Paris ein, entzückt, als er entdeckte, daß »Tristram… hier schon fast genauso bekannt (war) wie in London«.[7] Das war eine optimistische Einschätzung. Der *Tristram Shandy* war noch nicht übersetzt, und Phelps schätzte, daß es in Paris kaum fünf Leute gab, die ein Exemplar besaßen und keinen Menschen, der das Buch verstand. »Sie wissen dennoch, daß Tristram in seinem eigenen Land ein großer Geist ist und daß er es vermutlich auch in diesem sein würde, lernte er doch nur zu sprechen, bevor er sich im Gespräch versucht.«[8]

Selbst Sterne gab zu, daß er kaum begriff, was er sagte oder was man ihm sagte. Vielleicht hatte er »vierzehn Tage vor (sich), die angefüllt sind mit Diners und Soupers«,[9] doch seine Vorzüge kamen nicht zur Geltung. Er glaubte, er spreche Französisch »schnell und fließend, jedoch in Aussprache und Ausdruck unkorrekt; aber die Franzosen sagen mir, ich spräche es für den Augenblick überraschend gut«.[10] Doch wenn ihn das auch zuweilen komisch erscheinen ließ, war er doch zuversichtlich, daß die »Franzosen solch einen absurden Burschen wie mich lieben, und ich habe kaum Schwierigkeiten gehabt, in einige der besten Kreise zu gelangen; und ich komme zehnmal schneller voran als je zuvor…«[11] Sternes Auftreten in Paris muß sich manchmal ins Farcenhafte verirrt haben und ist vielleicht eine schwere Prüfung des Respekts gewesen, den eine besiegte Nation vor literarischem Ruhm beim Gegner empfinden kann. Die Unverfrorenheit dieses Geistlichen, so sehr sie Paris auch ergötzte, dürfte den Kreisen, die sich einer wirklichen Revolution im sozialen und intellektuellen Verhalten verschrieben hatten, aberwitzig vorgekommen sein. Wenigstens ein junger Franzose, Jean Baptiste Suard, folgte Sterne auf Schritt und Tritt, in der Absicht, das Benehmen dieses ungewöhnlichen Kauzes zu beobachten. Suard war ein ernsthafter junger Mann: Immerhin war er lieber für einige Zeit ins Gefängnis gegangen, als einen Freund zu denunzieren; und er hatte sich auf eine Fortsetzung des riesigen Romans *Clarissa Harlowe* eingelassen.* Die Vielschichtigkeit von Sternes Charakter faszinierte ihn:

»Was am meisten an diesem Engländer überzeugte, war, daß alles an ihm wahrhaftig war, für einen Engländer war er sogar originell. Er war immer und überall er selbst, nie von Projekten abgelenkt und immer von Impressionen mitgerissen. In unserem Theater, in unseren Salons, auf unseren Brücken – immer ein bißchen abhängig von den Dingen und Personen, immer bereit: verliebt oder fromm, närrisch oder überragend zu sein.«[12]

Doch Suard erwartete trotzdem von Sterne eine ausreichend durchdachte Erläuterung der einzelnen Elemente seines schöpferischen Geistes. Es ist leicht sich vorzustellen, mit welchem Blick Sterne einen so eifrigen Befrager bedachte: es ist der Gesichtsausdruck, den Reynolds festgehalten hat. Die Elemente? Vor allem, erwiderte er »*imagination, sensibilité* – diese unsterbliche Flamme, die das Leben nährt und verschlingt«; zweitens: die tägliche Lektüre des Alten und des Neuen Testaments; und drittens: das Studium der Werke von John Locke.[13]

Es war dieser Ausbund an Tugend, der am 4. Juni (dem Geburtstag des Königs) bei Lord Tavistock speiste. Sterne, der nicht wußte, daß er neben Louis Dutens saß, fragte seinen Nachbarn, ob er einen Mann namens Dutens kenne. »Sehr genau«, bekam er zur Antwort. Die Gesellschaft lachte, und Sterne faßte das so auf, als sei Dutens ein bekanntes Original. »Ist er nicht ein ziemlich merkwürdiger Bursche?« fragte er

* Die Handlung von Samuel Richardsons Roman *Clarissa Harlowe*, 1747/48 in 7 Bänden erschienen, läßt sich auf einer Seite wiedergeben. Der Autor brauchte für das Porträt seiner tugendhaften Heldin in 537 Briefen (4 Korrespondenten) mehr als 3000 Seiten. Im 18. und 19. Jahrhundert gab es zahlreiche gekürzte englische Ausgaben. [A.d.Ü.]

Dutens, der das ernsthaft bejahte. Worauf Sterne sich in einer längeren Beschreibung von Dutens' außerordentlichem Einfallsreichtum erging. Alle Anwesenden hatten ihren Spaß und vermutlich wurde Sterne über den wahren Sachverhalt erst aufgeklärt, nachdem Dutens gegangen war. In Dutens' Schilderung des Vorfalls erscheint ein ernüchterter Sterne, der fürchtete, sein Übermut könne Anstoß erregt haben und der sich sogar fragte, ob Dutens womöglich Satisfaktion fordern werde.[14] Doch wie so viele Sterne-Geschichten ist auch diese für verschiedene Auslegungen offen. Vielleicht hat Sterne wirklich einen Fauxpas begangen und dadurch die Franzosen in ihrer Meinung bestätigt, daß er ein sonderbarer Mann sei. Andererseits ist auch denkbar, daß er in seinem Tischnachbarn Dutens erkannte und lediglich zu einem Späßchen aufgelegt war. Sterne ist durch keine Interpretation eindeutig festzulegen. Und ungeachtet seines hektischen Treibens in Paris, beschränkte sich die Bewegung allein auf die Oberfläche. Genau wie in London, traf er mit allen Leuten von Rang zusammen. Und wie in London kam es zu kaum einer dauerhaften Bekanntschaft: der Prinz von Conti, Michel-Étienne Lepeletier, der Comte de Choiseul, Baron d'Holbach, der Comte de Bissy, Baron de Bagge, Buffon und Diderot – ein Schwall von Fußnoten, Namen, die in Sternes Briefen ausnahmslos in entstellter Form auftauchen. Sie nannten ihn »ce Chevalier Shandy«, und er »shandysierte fünfzigmal mehr drauflos, als ich es je getan habe«.[15] Sein Französisch war holprig und als sein gebesserter Gesundheitszustand auf neuen Einfallsreichtum hinzudeuten schien, flossen seine Gefühle über. Bald sagte er so viele Dinge, daß er darüber verzerrte Berichte zu hören bekam: »Ich tue tausend Dinge, die keine Bedeutung haben, außer für Schwätzer – und wie in London erweist man mir die Ehre, mir tausend Dinge zu unterstellen, die ich getan oder gesagt haben soll, an die ich nicht im Traum dächte – und doch träume ich in reichem Maße...«[16]

Hier begegnen wir Sternes Fähigkeit zur Selbsttäuschung, die ihm in so verschwenderischem Maße zur Verfügung stand. Tatsächlich gibt es über Sternes Aufenthalt in Paris kaum eine Aussage, die sich nachprüfen ließe. Statt dessen sehen wir uns konfrontiert mit einem Durcheinander von Namen und Eindrücken in seinen Briefen, einer Unzahl von Geschichten, die Zuschauer erzählen und jenem rosigen Glanz, in den Sterne seine Umgebung tauchte. Er begegnete dem Comte de Bissy, der gerade den *Tristram Shandy* las; der Comte lud den Verfasser auf der Stelle zu einer privaten Führung durch seine Gemächer ein, damit Sterne die Gemälde des Herzogs von Orleans sehen konnte.

Dieser merkwürdige Vorfall wurde in *Reise des Herzens* zu einer zusammenhängenden Episode aufgebauscht, in der Yorick Bissy um einen Paß bittet (die nachdrückliche Erwähnung des Passes läßt darauf schließen, daß in Frankreich zumindest der Paß wichtig genug war, Sterne besorgt zu machen). Die beiden Männer sprechen über verschiedene Dinge, auch über Frauen. Bissy ist überzeugt, daß Yorick nicht gekommen sei, »die Blöße des Landes auszukundschaften«; wie aber stehe es »mit der Blöße unserer Frauen«? Yorick kann jedoch »den Schock der leisesten zweideutigen Anspielung nicht vertragen. Oft habe ich mich bemüht, dieses Gefühl in der Scherzhaftigkeit kleiner Plaudereien zu überwinden«. Er beharrt darauf, er wolle lediglich »die Nacktheit ihrer Herzen erkunden«.

Bissy läßt Yorick für einen Augenblick allein, und anstatt nach dem Grund für dieses Verhalten zu fragen, greift Yorick nach einem Band Shakespeare und fühlt sich im Nu »nach Messina in Sizilien« versetzt. Darauf folgt eine außerordentlich freimütige Reflexion von Yorick/Sterne über seine natürliche Begabung, sich aus Unglück, Fehlschlägen und Langeweile ins Reich der Phantasie zu flüchten. Losgelöst von prosaischer Konversation, benutzt Sterne ein fremdes Land, um die ersprießlichsten Zugänge in seine eigene Traumwelt zu erkunden. Jeder, der womöglich an der »Modernität« Sternes zweifelt, vergleiche diese Passage mit Schilderungen aus dem 20. Jahrhundert, in denen von Streifzügen am Rande des Rausches die Rede ist.

»Köstliche Beweglichkeit des menschlichen Geistes, der sich im Handumdrehen Illusionen hingeben kann, die Hoffnung und Sorge um ihre traurigen Momente bringen! Schon lange, lange hätten letztere meinen Erdentagen ein Ende bereitet, wäre ich nicht großenteils auf diesem verzauberten Boden gewandelt. Wenn mein Weg zu steinig für meine Füße oder zu steil für meine Kräfte wird, so weiche ich von ihm ab und begebe mich auf einen glatten, samtenen, von der Phantasie über und über mit Rosenknospen des Entzückens bestreuten Pfad und kehre gestärkt und erfrischt zurück, nachdem ich ein Stück darauf gewandert bin.«[17]

Zuweilen meinte Sterne, seine Gesundheit habe sich verbessert, weil er jetzt mehr Gefallen an sich selber fand. »Inzwischen hat mein Gesicht Farbe«, schrieb er an seine Frau, »obgleich ich, als ich ankam, so weiß war wie ein Tischtuch.«[18] Er amüsierte sich über Meldungen aus London, die besagten, daß er gestorben sei* und hatte Mitleid mit Lord Fauconberg, der den »scheußlichen nebligen Winter in der Stadt«[19] und mit seiner Frau, die »den schrecklichen Schnee in Yorkshire«[20] ertragen müßten. Paris war frostig gewesen, doch Sterne war sicher, daß es ihn gerettet hatte. Wäre er in London geblieben, »läge ich gewiß schon seit sechs Wochen im Grabe«. Die Pariser Luft besaß geheimnisvolle shandyhafte Vorzüge, denn sie war »immer klar und anregend«.[21]
    Bei seiner Ankunft in Paris wurde ihm klar, daß er sehr

* Am 12. Februar 1762 hatte der *Public Advertiser* berichtet, Sterne sei in Paris gestorben. Am 8. März schrieb er an Egerton: »Der letzten englischen Zeitung entnehme ich, daß ich wieder am Leben bin; und es ist höchste Zeit, daß ich Ihnen schreibe, jetzt oder nie. – Sonderbar, wie kann ein Mann nur so wankelmütig sein!« (Arthur Cash, *TLS*. 8. April 1965)

krank gewesen war, da die Ärzte ihm abrieten, weiter nach
Süden zu reisen. Aber im April war es ihm gelungen, ein kleines Haus mit Garten in Toulouse zu mieten, damit er »einen
Winter ohne Husten und Erkältungen« verbringen könne.
Ein solcher Schritt war um so notwendiger, als seine Tochter
in diesem Winter an »ihrem abscheulichen Asthma« gelitten
hatte, »das in den letzten drei Wintern schlimmer und schlimmer geworden ist und sie dahinraffen wird, wenn ihr nicht
anders geholfen wird als durch bloße Arzenei«.[22] War Sterne
sich seiner Gutherzigkeit so sicher, um sich einreden zu können, er sei nur nach Frankreich gefahren, um zu prüfen, ob
Lydia das Klima bekommen würde?

Die Berühmtheiten von Paris nahm Sterne eine nach der
anderen in Augenschein. Zufällig war er dem zwölfjährigen
Charles James Fox* begegnet, der auf seiner Europareise von
George Macartney begleitet wurde; gemeinsam mit Fox besuchte er einen Aufführung von *Iphigenie en Tauride* von de la
Touche, um Clairon zu sehen, die Star-Schauspielerin der Comédie Française. Sie war »überaus großartig«, schrieb er Garrick, »wollte Gott, Sie hätten eine oder zwei ihres Formats«.[23]
Er hatte auch Clairons Rivalin gesehen, Marie-Francoise Du-
mesnil, und fand sie »in einigen Szenen noch großartiger«.
Doch am französischen Theater überwogen die Tragödien
und Sterne klagte, daß »sie hier nichts haben, was das Gefühl
so stürmisch mitreißt wie die großen Charaktere, die G. verkörpert!«[24] Da er erst vor kurzem aus London gekommen
und bekanntermaßen ein Freund des Schauspielers war, muß
Sterne häufig nach Garricks Darstellungskunst gefragt worden sein. Sogar ein Stück wurde ihm angeboten, in der Hoffnung, er werde es Garrick empfehlen. Doch er war von dem
Werk nicht angetan: »Es enthält zuviel Empfindung (wenigstens für mich), die Reden sind zu lang und schmecken zu
sehr nach *Predigt* – das ist vielleicht der zweite Grund, warum

---

* Charles James Fox (1749-1806), Whig-Politiker und Befürworter gesellschaftspoliti-
scher Reformen. Nach Pitts Tod Außenminister. [A.d.Ü.]

es nicht nach meinem Geschmack ist. Es geht immer und überall um Liebe, Liebe, Liebe, ohne große Unterschiede in den Charakteren; deshalb fürchte ich, daß dieses Stück für Ihre Bühne nicht ausreicht...«[25]

Es ist interessant, daß Sterne ein Werk genau wegen jener Qualitäten ablehnt, die gelegentlich dem seinen zugeschrieben werden, und noch verblüffender ist die Tatsache, daß Diderot der Verfasser war. Nicht daß Sternes Theaterinstinkt ihn getrogen hätte: tatsächlich hatte die Comédie Française das Stück bereits 1757 abgelehnt, und als es 1771 schließlich aufgeführt wurde, fiel es durch.*

Der Zusammenhang zwischen Predigen und Theaterspielen war Sterne gewiß klar, und seine Verdammung eines Stiles, der nach Predigt schmeckte, macht das Problem seiner eigenen Auftritte auf der Kanzel nur noch interessanter. Während seines Aufenthaltes in Paris hatte er dreimal hintereinander Père Clements Morgenpredigten beigewohnt; er fand »seinen Stil dramatischer und was Pose und Vortragsweise anlangt, großartiger als den von Madame Clairon«.[26] Clement war ein Theologe, Beichtvater, führender Redner bei Beerdigungen und Hofprediger von König Stanislaus I. von Polen. Sterne war besonders daran interessiert, wie Clement seine Auftritte gleichsam inszenierte; vielleicht hat er hier Anregungen für die neuerliche Umgruppierung der Bänke in der Kirche von Coxwold bekommen:

»Seine Kanzel ist rechteckig mit drei Sitzen darin, auf die er sich hin und wieder fallen läßt; dann steigt er nacheinander vier Stufen hinauf, von denen er jede zu nutzen versteht, wenn sein Vortrag ihn dazu nötigt: kurzum, die Kanzel ist eine Bühne, und die Mannigfaltigkeit seines Tonfalles läßt glauben, es seien nicht weniger als fünf oder sechs Schauspieler auf der Kanzel versammelt.«[27]

---

* Das Stück *Le Fils naturel* wurde von Garrick nicht akzeptiert, jedoch 1767 bei Dodsley unter dem Titel *Dorval* veröffentlicht.

Der Herzog von Orléans hatte Carmontelle damit beauftragt, ein Porträt Sternes in Aquarellfarben anzufertigen. Mit Reynolds Porträt verglichen, ist es ein schwächeres Bild, doch Carmontelles künstlerische Vorliebe für Darstellungen im Profil ist nicht ohne Reiz. Sterne sitzt in einen Stuhl zurückgelehnt, sein rechter Fuß scheint nervös zu zittern. Die rechte Hand ist halb geschlossen, als spiele er mit Würfeln, Münzen oder sei im Begriff, etwas Zerbrechliches zu berühren. Der Kopf ist nach vorn geneigt, Hemd und Frack sind nach der letzten Mode. Die Nase ist groß und spitz, das im Profil sichtbare Auge ähnelt dem einer Schlange, und der Mund ist fest zusammengepreßt. Die Haut scheint so straff über den Schädel gespannt, daß die Perücke noch unnatürlicher wirkt. Er spielt einen welken, gebrechlichen Dandy und gleicht einem alten Mann, der sich durch Schminke hat verjüngen lassen.

Die Pariser Gesellschaft, die Sterne beschrieb, war beinahe utopisch: »Was diese Leute wirklich unterhaltsam und reizvoll macht«, erläuterte er Egerton, »ist, daß sie sich, ungeachtet ihres Esprits, auf die Kunst verstehen, ohne zu beißen oder zu kratzen zusammenzuleben – unter ihnen herrschen unendliche Heiterkeit und Höflichkeit – und, eine Kunst, die man nicht geringschätzen darf, jedermann hat, wenn er den Raum verläßt, eine bessere Meinung von seinen Talenten als bei seinem Eintritt.«[28]

Dennoch gab es über die Vorzüge der Gesellschaft der *philosophes* auch entgegengesetzte Ansichten. Horace Walpole, der 1765 ihre Treffen beobachtete, stand diesen Kreisen erheblich feindseliger gegenüber:

»Die Franzosen haben eine Vorliebe für Philosophie, Literatur und Freigeisterei – die Vorliebe für die Philosophie hat mich nie erfüllt und wird es nie tun; der beiden anderen Vorlieben bin ich längst überdrüssig geworden. Die Freigeisterei zielt auf einen selbst, gewiß nicht auf die Gesellschaft. Außerdem: Entweder man hat seine eigene Art zu denken gefestigt oder man weiß, daß sie nicht zu festigen ist; und was andere Menschen betrifft, sehe ich nicht, warum darin weniger Selbstgerechtigkeit liegen soll als in dem Versuch, Andersgläubige zu bekehren.«[29]

Wenn er auch von den führenden Vertretern der Aufklärung empfangen wurde, scheint sich Sterne mit ihren Ideen kaum auseinandergesetzt zu haben. Wir brauchen bloß Humes sorgfältige Beschreibung aller führenden *philosophes* zu lesen, um zu erkennen, daß Sterne die ernsthaften geistigen Auseinandersetzungen in Paris völlig links liegen ließ.

Walpole heuchelte englische Entrüstung, als er eine Gesellschaft erblickte, die in Gegenwart von Dienstboten ohne Hemmungen über religiöse Dinge sprach. Erschien Sterne vielleicht vielen Franzosen anziehender, weil er der Kirche offensichtlich Schande machte? Es gibt Hinweise, daß Sterne kaum wußte, welcher Art die Gesellschaft war, der er sich zugesellte. Jean-Baptiste Tollot*, ein Freund von Hall-Stevenson, wußte von einem Sterneschen Optimismus zu berichten, der an Gedankenlosigkeit grenzte: »Manchmal beneide ich die glückliche Anlage unseres Freudes Mr. Sterne; alle Dinge des Lebens haben für diesen glücklichen Sterblichen eine rosa Färbung…«[30] Und Richard Phelps, inzwischen nach Turin weitergereist, weist auf die Unüberlegtheit in Sternes Verhalten hin:

»Tristram ist ein Autor und als solcher hält er zäh an dem Privileg fest, das alle großen Autoren für sich in Anspruch nehmen, nämlich die besten Kenner ihrer eigenen Vorzüge zu sein. Wir wagten es, ihm während unseres Aufenthaltes in Paris ein paar kleine Ratschläge zu geben, von denen ich glaube, daß ihre Befolgung in anderen Breiten wie auch in Frankreich ihm nicht zum Schaden gereichen würde: Tristram empfing sie als ein Autor…«[31]

* Tollot (1698-1773), Schriftsteller und Reisender, der ein paar Jahre zuvor Hall-Stevenson von Genf nach Toulouse gebracht hatte.

Es mag an der intellektuellen Atmosphäre von Paris oder, was wahrscheinlicher ist, an den Folgen der Krankheit gelegen haben, daß es bei Sterne immer häufiger zu sentimentalen Ausbrüchen kommt. In der Nacht des 16. März war ein Feuer ausgebrochen, dem der Foire Saint-Germain zum Opfer gefallen war, so daß viele Händler ruiniert wurden. Sterne beschrieb in einem Brief an seine Frau, wie nahe ihr Unglück ihm gegangen war: »*Oh! ces moments de malheur sont terribles*, sagte mein Barbier zu mir, als er mich heute morgen rasierte; und der gutherzige Bursche sagte das mit einem so rührenden Tonfall, daß ich angesichts der ungewissen und leichtzerstörbaren Dauer des Guten in diesem Leben aus tiefstem Herzen hätte in Tränen ausbrechen mögen.«[32]

Das ist die erste ernsthafte Darstellung gefühlvoller Tränen in Sternes Korrespondenz, so wie die Geschichte von Le Fever in Buch VI des *Tristram Shandy* die erste wesentliche Episode mit sentimentalem Anstrich in seiner Prosa ist. Seit 1761 ist der Tod in Sternes Leben allgegenwärtig, und ich glaube, daß man mit Recht annehmen darf, daß er sich von dieser Zeit an der Schwere seiner Krankheit bewußt war.

Von jetzt an bis zu seinem Tod verstärkte sich seine neurotische Anteilnahme an der Vorstellung von Dingen, Menschen und Situationen, und eine Art von manischem Weinen begleitete ihn. Im April schrieb er an Garrick: »Ich lache, bis ich weine, und im selben zärtlichen Augenblick *weine ich, bis ich lache*. Ich shandysiere mehr als je zuvor und glaube allen Ernstes, daß ich mit dem bloßen Shandyismus, der durch ein lachfreudiges Volk verfeinert wird, ebensosehr die Krankheit bekämpfe wie mit den Wohltaten der Luft und des Klimas.«[33]

Gerade als er sich bei Choiseul um Pässe für seine Frau und seine Tochter bemühte, erlitt Sterne einen weiteren schweren Anfall: »eine *defluxion Poitrine*, wie die französischen Ärzte sagen – für schwache Lungen ist so etwas im allgemeinen tödlich, so daß ich in zehn Tagen alles eingebüßt habe, was ich seit meiner Ankunft gewonnen habe – und wegen einer Erschlaf-

fung meiner Lunge habe ich meine Stimme gänzlich verloren, so daß es schon viel wäre, wenn ich sie je zur Gänze wie-
dererlangte«.[34] Er war jetzt entschlossen, nach Toulouse zu
fahren und schrieb einige besorgte Briefe an seine Frau mit
Anweisungen für die Reise nach Paris.

Die Entfernung und die Krankheit scheinen ihm seine Frau
liebenswerter gemacht zu haben, als sie ihm in Yorkshire je erschienen war. Er bat Mrs. Sterne und Lydia, »ganz besonders
darauf zu achten, daß sich Euer Blut auf der Reise nicht erhitzt, und kommt *tout doucement*, wenn Euch die Hitze zuviel
wird«.[35] Vergeßt nicht Euer Gepäck in der Postkutsche. Habt
Ihr genug Geld? »Es dürfte notwendig sein, dreihundert
Pfund mitzubringen.«[36] »Seht zu, daß man Euch nicht einen
schlechten Wagen gibt, wenn ein besserer in der Remise steht –
aber Ihr werdet schon die Augen offenhalten. Trinkt leichten
Rheinwein zur Kühlung (das heißt, wenn Ihr mögt). Lebt wohl,
und versagt Euch nichts, wonach Euch der Sinn steht. Und
nun möge Euch Gott im Himmel schützen und begleiten…«[37]

Doch Sterne verband einen zwanghaften Drang, seine
Frau an alles zu erinnern, was sie einpacken sollte, mit dem
sonnigen Gemälde der entzückenden Reise, die sie alle nach
Toulouse machen würden. Diese Briefe sind deshalb so bemerkenswert, weil man erkennt, wieviel Wirbel Sterne um
reale Dinge machte – das, was seine Frau für ihre Reise benötigte – und zur selben Zeit eine Reise und ein Reiseziel ideali-
sierte, die er für sich selber ins Auge gefaßt hatte. Er konnte
die Vorstellung des Reisens so sehr genießen, daß er das reale
Erlebnis kaum noch brauchte:

»Ich denke, es könnte Euch, wenn Ihr herkommt und das
Wetter zum Reisen zu heiß ist, Spaß machen, für vier oder
sechs Wochen an die See zu fahren, wo wir für das halbe Geld
leben könnten, das wir in Paris aufwenden müßten – danach
könnten wir den lieblichsten Monat der Weinlesezeit nutzen,
um nach Südfrankreich zu reisen…«[38]

»Bring Deinen silbernen Kaffeekessel mit; er wird uns für
Wasser, Limonade und Orangeade sehr nützlich sein – ganz
zu schweigen von Kaffee und Schokolade, die übrigens beide
in Toulouse sehr billig und gut sind, wie andere Sachen auch.
Beinahe hätte ich einen äußerst notwendigen Gegenstand
vergessen: Es gibt in Frankreich keine kupfernen Teekessel,
und wir werden merken, daß dieses Geschirr das nützlichste
Utensil im ganzen Haus ist – kaufe also einen guten, starken
Kessel, der zwei Quart faßt. Eine Tasse Tee wird uns auf unserer Reise in den Süden sehr willkommen sein. Ich habe einen
bronzenen Teekessel, den wir ebenfalls mitnehmen werden –
da man Porzellan nicht aus England mitbringen kann, müssen wir wohl ein abscheulich zusammengewürfeltes Teeser-
vice benutzen, wenn wir uns und unsere englischen Freunde
in Toulouse bewirten wollen...«[39]

Elizabeth und Lydia Sterne trafen Anfang Juli in Paris ein. Inzwischen war es »so heiß wie in Nebukadnezars Ofen«[40], und
Lydia tat »nichts anderes als aus dem Fenster schauen und
sich über die Qualen beklagen, die sie beim Lockenbrennen
leidet«.[41] Sterne erklärte, er sei froh, seine Tochter wiederzu-
sehen – »Ich möchte, daß sie immer ein Kind der Natur bleibt
– ich hasse Kinder der Kunst.«[42]

Sterne besaß bereits eine Kutsche für ihre Fahrt nach Süden. Er hatte sie von Thomas Thornhill, einem Landsmann
aus Yorkshire, gekauft und seine Frau und seine Tochter sollten sie in Calais vorfinden. Es war eine neuartige zweisitzige
Kalesche mit einem Notsitz für eine dritte Person. »Über Euren Wagen werdet Ihr in Begeisterungsstürme ausbrechen«,[43] versicherte Sterne seiner Familie. Und zur festgesetzten Zeit, etwa Mitte Juli, brachen die drei auf. Es war für
die Mitglieder einer Familie abenteuerlich genug, getrennt
voneinander in die Hauptstadt eines Landes zu reisen, das
mit dem ihren im Krieg lag. Jetzt hatten sie gar die Absicht,
die Landstraßen zu benutzen und in einer Provinzstadt ihr

Quartier aufzuschlagen. Und was waren das für Leute? – eine
asthmatische Tochter, eine halsstarrige Mutter und ein ausgemachter Windbeutel. Das hört sich an wie der Anfang einer
Kurzgeschichte.

Partie de Campagne

N a, ich glaube, es würde sehr viel schaden«, behauptete Tristram, als er sich von der Chronistenpflicht eines Reiseschriftstellers lossagte, »– daß einer nicht in aller Ruhe durch eine Stadt gehen und sie in Ruhe lassen kann, so sie ihn in Ruhe läßt, sondern daß er sich umdrehen und seine Feder bei jeder Dreckrinne zücken muß, über die er steigt…«[1] Sterne gab in diesem Punkt keinen Anlaß zum Ärgernis. Bereitwilliger als er haben wohl nur wenige Reisende die Sehenswürdigkeiten eines fremden Landes ignoriert. Er reiste so verstohlen durch Frankreich und nahm so unauffällig zuerst in Toulouse, dann in Montpellier Quartier, daß seine Biographie anderthalb Jahre brachliegt. Obwohl zuweilen behauptet wird, daß Sterne in der Zeit zwischen seinem Auftauchen in London und seinem Tod in einer Tretmühle aus Ruhm und Hektik gefangen blieb, verfiel er in der französischen Provinz in eine Apathie, die deprimierender war als alles, was er in Yorkshire erfahren hatte. Schließlich war er gezwungen, sich dieser Stagnation durch die Rückkehr nach Paris und nach England zu entwinden. Obwohl er Becket bei seinem Aufbruch von Paris versichert hatte, daß »ich sehr hart arbeite, und wenn ich in meinem Haus in Toulouse im Süden Frankreichs angekommen bin, werden Sie bald sehen, woran«[2], schrieb er dort kaum ein Wort. So plötzlich, wie er auf der Londoner literarischen Szene erschienen war, hatte er sich nun in eine andere Welt begeben. Als er aus der französischen Provinz wieder auftauchte und daran dachte, aus seinem dortigen Aufenthalt Kapital zu schlagen, erinnerte er sich nicht an reale Erlebnisse, sondern an Passagen aus Gedankenspielen, in denen sich das Reisen und der Reiz des Neuen als Medizin für die Krankheit erwiesen, die seine Reise wahrscheinlich veranlaßt hatte.

Doch als Sterne nach Toulouse aufbrach, war seine Verfassung alles andere als ausgeglichen. Im Mai hatte er von Becket erfahren, daß von den 4000 Exemplaren von Buch V und VI des *Tristram Shandy* nur 2827 verkauft worden waren. Es war das erste Mal, daß man ihn bis zum Ende des Frühjahrs nicht nachgedruckt hatte. Was die Reise anging, war sie beschwerlicher als ein Tagesausflug und von zahlreichen Zwischenfällen begleitet. Der Sommer war heiß, die Straßen waren staubig, und Sternes holpriges Französisch dürfte die Leute auf dem Lande nicht beeindruckt haben. Bald nach seiner Ankunft in Toulouse gestand er Hall-Stevenson, daß er »den Spaß an Frankreich und den Franzosen verloren« habe[3] und sich vorstelle, wie schön es doch wäre, einen Monat auf Crazy Castle zu verbringen.

Sie waren »über Lyon, Montpellier etc., um, wie ich meine, unsere Leiden abzukürzen«,[4] nach Toulouse gelangt. Doch es ist typisch für Sterne, daß er die Einzelheiten der Reise, die Landschaft, die Leute, die Bräuche, kaum erwähnt. Wir brauchen Sternes »Reisebericht« bloß mit dem Kompendium von Verärgerungen, Beschwerden und Klagen zu vergleichen, das Smollett über eine Reise auf etwa derselben Route zu Papier brachte,* um zu erkennen, wie wenig Aufmerksamkeit Sterne der Realität schenkte. Sterne hat Smollett später wegen seiner ständigen Klagen kritisiert, doch für jeden, der an der Realität von Überlandreisen interessiert ist, stellt Smolletts Bericht eine Fundgrube dar. Sterne verwandelte seine Reise in einen Roman, und dort hat er sich den ganzen gut ausgeleuchteten Charme und die geisterhafte Sorglosigkeit eines Hollywood-Cowboys verliehen, der auf wiegendem Pferderücken vor der sich abrollenden Projektion der Landschaft dahinzockelt.

Nur in einem Brief an Robert Foley, seinen Pariser Bankier,

* Tobias Smollett (1721-71), erfolgreicher Romancier und Reiseschriftsteller, der zeitlebens an Rheumatismus und Magengeschwüren litt, unternahm 1764 eine Reise durch Frankreich und Italien. Von Sterne wurde er als der »gelehrte Smelfungus« verspottet. Seine *Travels through France and Italy* erschienen 1766. [A.d.Ü.]

hat Sterne eingeräumt, welche Beschwerden seine Reise mit sich brachte:

»– Auf unserer Reise haben wir so sehr unter der Hitze gelitten, daß es mir jetzt noch weh tut, wenn ich daran zurückdenke. Von Paris bis Nîmes habe ich keine einzige Wolke gesehen, die so groß gewesen wäre wie ein Vierundzwanzigsoustück. – Mein Gott! wir wurden auf dem ganzen Weg entweder von der einen oder der anderen Seite getoastet, geröstet, gegrillt, gekocht und gebraten – und wenn wir am Tage richtig gar (*assez cuits*) geworden waren, wurden wir in der Nacht von Wanzen und anderem, nicht hinausgefegtem Getier aufgefressen, den rechtmäßigen Bewohnern (falls die Dauer eines Besitzanspruchs Rechte zu verleihen vermag) eines jeden Gasthauses, in dem wir übernachteten. – Können Sie sich ein schlimmeres Unglück vorstellen, als daß auf einer solchen Reise, am heißesten Tag und zur heißesten Stunde, vier Meilen von jedem Baum oder Strauch entfernt, der auch nur einen Schatten von der Größe von Evas Feigenblatt werfen könnte – daß uns da ein Hinterrad in zehntausend Stücke zersprang und wir folglich gezwungen waren, fünf Stunden lang auf einer steinigen Straße zu sitzen, ohne einen Tropfen Wasser oder die Möglichkeit, Wasser zu bekommen?«[5]

Die am Ende drei Wochen dauernde Plackerei der Reise nach Toulouse stand in solchem Gegensatz zu den überschwenglichen Erwartungen, die Sterne in Paris gehegt hatte, daß er auf eine Beschreibung verzichtete. Es ist wichtig, diesen Punkt hervorzuheben. Im nächsten Jahr sollte es Sterne an zweierlei fehlen: an Geld und an Stoff für sein Schreiben. Ein Schriftsteller von seinem Ruf hätte mit Sicherheit darauf bauen können, daß sich für ein Buch über seine Reise und seinen Aufenthalt in Südfrankreich ein Publikum finden würde. Aber Sterne zog es vor, sich nicht aufs Dokumentarische einzulassen und, um sich zu rechtfertigen, sprach er iro-

nisch von der Leichtfertigkeit, mit der Reiseschriftsteller sich
zu Kennern von Land und Leuten aufwerfen:

»– Nein; – ich kann keinen Augenblick anhalten, Ihnen den
Charakter der Leute – ihre besonderen Anlagen – ihre Sitten
– ihre Gebräuche – ihre Gesetze – ihre Religion – ihre Regierung – ihre Fabriken – ihren Handel – ihre Finanzen samt all
ihrer Hilfsmitteln und verborgenen Triebfedern zu schil-
dern, die sie aufrechterhalten: so qualifiziert ich dafür sein
mag, indem ich drei Tage und zwei Nächte unter ihnen zugebracht und während dieser ganzen Zeit diese Dinge zum einzigen Gegenstand meiner Nachforschungen und Betrach-
tungen gemacht habe –«[6]

Doch dieser Mangel an Selbstvertrauen sagt mehr über Sterne
aus als über die Reiseschriftstellerei. Die Beliebtheit von Reise-
beschreibungen ist ein Indiz für englische Neugier und die fe-
ste Überzeugung, daß ein vernünftiger Mann tatsächlich wertvolle Erkenntnisse über ein Land gewinnen und weitergeben
könne, wenn er es nur einfach bereise. Defoe in England* und
Smollett in Frankreich sind gleichermaßen aufschlußreich, sowohl was ihre ausführlichen Beschreibungen angeht wie auch
ihren Glauben an die eigene Objektivität.
  Sterne hatte weder Yorkshire, York oder London beschrieben, warum sollte er also eher dazu in der Lage sein, eine präzise Beschreibung Frankreichs zu geben? Es ist sein innerer
Drang, alles, was er sieht, noch einmal zu erfinden und es
dem alles beherrschenden Filter seiner Reaktionen auszusetzen, der ihm den Trost versagt, sich je zu Hause zu fühlen. Als
er sich also mit einiger Verzweiflung vornahm, Buch VII des
Tristram Shandy mit dem Bericht einer Frankreichreise zu füllen, war diese ebenso ein Phantasieprodukt wie jene, die er in
Wirklichkeit gemacht hatte.

* Defoe veröffentlichte unter dem Titel *A Tour thro' the Whole Island of Great Britain*
(1724-27) eine Art Reiseführer in drei Bänden. [A.d.Ü.]

Als eine Reise des Gefühls weist sie weder die blauen Flek-
ken noch die Querelen jenes schweißtreibenden, langsamen
Vorwärtskommens auf. Eine solche »Empfindsame Reise«
war für Sterne nicht bloß das planlose Umherschweifen eines
freundlichen und koketten Auges, sondern das Versinken des
Verfassers in der sanften Wärme des Tagtraums. Obwohl das
eine Methode war, die Kabinettstücke Sternescher Prosa her-
vorbrachte, war sie auch ein Mittel, um ihn vollkommen von
der Wirklichkeit abzuschotten.

Sterne legte es darauf an, Tristrams Geschwindritt durch
Frankreich als eine fröhliche Flucht vor dem Tod darzustellen. Doch die Sterbenden reisen in der Regel mit mehr Zu-
rückhaltung; nur fiktive Kranke verfügen über genügend
Energie zum Rasen. Ließ Sternes Leiden sich dadurch ver-
scheuchen, daß er seinen Helden als Verkörperung der Gebrechlichkeit darstellte? Was Fortbewegungsmittel angeht, so
weiß Tristram: »Wenn der Drang der Wünsche die Gedanken
eines Menschen neunzigmal schneller fortreißt, als das Gefährt ist, in dem er reist – dann wehe, er sagt seine Meinung!
und wehe dem Gefährt samt seinem Geschirr (aus welchem
Material es auch sein mag), an dem er die Enttäuschung seines Gemütes ausläßt!«[7]

Tristrams Postkutsche ist defekt – »Was stimmt jetzt nicht?
– Teufel! – ein Seil ist gebrochen! – ein Knoten ist aufgegangen! – eine Krampe ist los! – ein Bolzen muß geschliffen werden! – an einem Stift, einer Schraube, einer Kerbe, einem
Riemen, einer Schnalle oder einer Schnallenzunge muß was
gerichtet werden.«[8] Für Sterne liegen die wirklichen Unbe-
quemlichkeiten so weit zurück, daß er Tristram sagen lassen
kann: »Ich entrüste mich nie, sondern nehme das Gute und
das Schlechte hin, wie's mir in den Weg kommt.«[9] Also füllt
Tristram die Wartezeit und seine Langeweile mit der Geschichte der Äbtissin von Andouillets (welche nur beweist,
daß Sternes schlüpfrige Geschichten, so sehr sie die Gesellschaft auf Skelton Castle auch ergötzt haben mögen, weder

übermäßig kurz noch schlüpfrig sind), mit dem Besuch der
Shandy-Brüder in der Abtei von St. Germain in Auxerre und
mit seinem vergeblichen Versuch, in Lyon das Grabmal von
Amandus und Amanda zu finden, einem sagenhaften Liebes-
paar, das eine grausame Trennung überstand; als sie sich
nach vielen Jahren wiederfinden, »fliegen sie einander in
die Arme, und beide fallen tot um vor Freude«. Eine so bit-
terböse Komödie war wahrlich dazu angetan, Tristram zu gefallen:

»Ich ging mit aller erdenklichen Freude auf die Stelle zu –
und als ich das Tor sah, das mir das Grabmal vorenthielt, er-
glühte mein Herz –

– Zärtliche, treue Geister! rief ich, *Amandus* und *Amanda* an-
sprechend – lange – lange habe ich zugewartet, diese Träne
auf euer Grab tropfen zu lassen – ich komme – ich komme –

Als ich hinkam – war da kein Grabmal, sie darauf tropfen
zu lassen.«[10]

Sternes Tränen waren an langen Schnüren befestigt und
konnten nach Gebrauch verstaut und wieder hervorgeholt
werden; nicht daß diese Tränen falsch gewesen wären; doch
kein weinendes Auge hat je klarer gesehen. Und als Tristram
die Neigung verspürt, sich mit einem Esel zu unterhalten, bemerkt er: »… es liegt das geduldige Ertragen von Leiden so
ungekünstelt in seinem Blick und ganzen Wesen, das so stark
für ihn spricht, daß es mich immer entwaffnet«,[11] gelingt es
ihm, an die vermenschlichende Gefühlsseligkeit des Disney
in uns allen zu appellieren und dennoch über seine eigenen
Gefühle zu reflektieren:

»… du hast vielleicht keinen Freund auf der ganzen Welt, der
dir eine Makrone gäbe. – Während ich dies sagte, zog ich ein
Papier mit welchen heraus, die ich gerade gekauft hatte, und
gab ihm eine – und in diesem Augenblick, da ich es erzähle,

tut mir das Herz weh, daß der Gedanke, *wie* ein Esel eine Makrone fressen würde, weit mehr Vergnügen enthielt als das Wohltätigkeitsgefühl, das ich empfand, als ich ihm eine gab.«[12]

Ist das Aufrichtigkeit, Selbstentlarvung oder gar Selbstzerstörung? Wie immer unsere Antwort ausfallen mag, es reicht gewiß nicht aus, wenn wir Sterne vorwerfen, er flüchte sich kopflos in die Träumerei. So spielt er ganz nebenbei auf eine wichtige Voraussetzung an, die den grenzenlosen Reiz einer empfindsamen Reise ausmacht: Tristram, sein Vater und sein Onkel reisen ohne Mrs. Shandy. Sie ist zu Hause geblieben, um Hosen zu stricken, »während der Expedition die Dinge in Ordnung zu halten« und ihrem Gatten Spielraum für eine Reise zu lassen, auf der die Beteiligten »dank seiner Systeme und Starrköpfigkeiten ... von so wunderlicher, zweifelhafter und tragikomischer Art«[13] fortwährend in Schwierigkeiten geraten.

Die Überbleibsel von Tristrams Reise von Lyon über Montpellier nach Toulouse sind vielleicht gerade die Ausführung jener Umwege, von denen Sternes Frau und Tochter ihm abrieten. In Lyon, zum Beispiel, verliert Tristram seine Kutsche und plant, mit dem Schiff die Rhône abwärts nach Avignon zu fahren. Das war durchaus üblich. Doch mußten Reisende, die sich zur Überlandfahrt verpflichtet hatten, dennoch das Beförderungsgeld für die Fahrt mit der Kutsche bezahlen. Diese doppelte Ausgabe hat Sterne vielleicht abgeschreckt, und man braucht nur einen Blick in Tristrams begeisterte Beschreibung der Fahrt auf dem Fluß zu werfen, um zu argwöhnen, daß Sterne diese nie selbst unternommen hat:

»Mit welcher Geschwindigkeit, setzte ich hinzu und schlug beide Hände zusammen, werde ich die schnelle *Rhône* hinunterfliegen, mit VIVARAIS rechterhand und der DAUPHINÉ linkerhand, und von den alten Städten VIENNE, *Valence, Viviers* kaum etwas sehen. Welche Flamme wird es in der Lampe wieder entzünden, wenn ich eine sich rötende Traube breche, während ich am Fuß der *Hermitage* und der *Côte-Rôti* vorbeischieße! und welches frische Pulsieren des Blutes! wenn ich an den bald sich nähernden, bald zurückweichenden Ufern die romantischen Schlösser betrachte, von denen aus edle Ritter ehedem die Unglücklichen retteten – und es mir beim Anblick der Felsen, der Berge, der Wasserfälle schwindlig wird, wenn ich sehe, wie sich die Natur mit allen ihren großen Werken ringsum beeilt hat –«[14]

Weggetragen von diesem Strom seiner Gedankenspiele, labt sich Sterne an der Sonne (nur die wirkliche Sonne brennt) und beglückwünscht sich, daß er dem Tod ein Schnippchen geschlagen hat. Nun plant er, ein Maultier zu nehmen »und die reichen Ebenen des *Languedoc* langsam auf seinem Rükken ... Fuß vor Fuß« zu überqueren.[15] Das kommt dem bedächtigen Trott Yoricks durch sein Dorf sehr nahe. Es ist ein merkwürdiger ruritanischer Ritt* auf einem Maultier, den Sterne sich ausmalt und der über eine Ebene führt, die sich nur in der Vorstellung des Autors lokalisieren läßt:

»... hielt ich bei jedermann an, der nicht in vollem Trott war, und redete mit ihm – holte alle Reisegesellschaften ein – wartete auf jedermann hinter mir – rief alle die an, die auf Querwegen daherkamen – hielt jegliche Gattung von Bettlern, Pilgern, Fiedlern und Mönchen auf – ritt an keiner Frau vorbei, die auf einem Maulbeerbaum saß, ohne ihre Beine zu rühmen und zu versuchen, sie mittels einer Prise Schnupftabak zu einem Gespräch zu verführen – kurz, ich ergriff jede Handhabe von welcher Größe und Form auch immer, die mir der Zufall auf dieser Reise bot –«[16]

---

* Ruritanien ist ein Phantasieland in dem Roman *The Prisoner of Zenda* (1894) von Anthony Hope (1863-1933), einem erfolgreichen Kolportageroman. [A. d. Ü.]

Da scheint der Angestellte eines Reisebüros zu sprechen, und in Montpellier begegnet Tristram einer »sonnenverbrannten Tochter der Landarbeit«, die einem Urlaubsprospekt entstammen könnte. Sie ist rundum perfekt, bis hin zum Schlitz in ihrem Unterrock, der dem Erzähler nicht mehr aus dem Kopf geht:

»Ich hätte eine Krone gegeben, ihn zunähen zu lassen – *Nannette* hätte keinen Sous dafür gegeben – *Viva la joia!* lag auf ihren Lippen – *Viva la joia!* lag in ihren Augen. Ein flüchtiger Funke der Freundschaft übersprang den Raum zwischen uns – Sie sah reizend aus! – Warum konnte ich nicht so leben und meine Tage beschließen! Gerechter Verteiler unserer Freuden und Sorgen, rief ich, warum kann man sich nicht hier im Schoß der Zufriedenheit niedersetzen – und tanzen und singen und seine Gebete sagen und mit diesem nußbraunen Mädchen in den Himmel auffahren? Kokett neigte sie ihr Köpfchen zur Seite und tanzte verführerisch zu mir her –«[17]

Das leichte Mädchen in der Phantasie ist unendlich entgegenkommend, daß es der wirklichen Befriedigung nicht bedarf. Im nächsten Augenblick »ist's Zeit fortzutanzen ... und ich tanzte weiter durch Narbonne, Carcassonne« bis nach Toulouse. Sterne hatte in Toulouse ein Haus gemietet, das »gut eingerichtet und eleganter ist, als ich es je erwartet hätte«. Es hatte einen »hübschen Hof« und einen Garten, »durchzogen von gewundenen Spazierwegen«. Es verfügte »im Obergeschoß über einen guten *salle à manger,* an welchen sich der sehr große *salle à compagnie* anschließt, wohl so groß wie der des Baron d'Holbach; drei geräumige Schlafzimmer mit dazugehörigen Ankleidezimmern – im Erdgeschoß zwei sehr gute Zimmer für mich – eines zum Arbeiten, eines, um Besucher zu empfangen. – Darüber hinaus gibt es Keller rings um den Hof und andere Wirtschaftsräume.«[18] Außerdem mietete er zwei Meilen außerhalb von Toulouse ein Grundstück, auf dem sich ein Sommerhaus befand.

Ein ideales Arrangement – zumindest auf den ersten Blick. Für die beiden Häuser brauchte Sterne im Jahr nur 30 Pfund zu zahlen, und »alles ist vergleichsweise preiswert«.[19] Sein liebenswürdiger Vermieter hatte sich bereit erklärt, sich um den Garten zu kümmern. Sie hatten »einen guten Koch, meine Frau eine anständige *femme de chambre* und einen gutaussehenden *laquais*«.[20] Man lebte hier billig: Mrs. Sterne konnte »ein exzellentes Haus führen, mit *soupe, boulli, roti* etc. – für 250 Pfund im Jahr«.[21] Doch sie verdroß ihren Gatten, weil sie »sich allen Plänen, die zusätzliche Ausgaben mit sich bringen, widersetzt«. Mit gutem Grund, denn die Einkünfte aus Sternes Büchern waren sehr gering. Im März 1763 teilte ihm Becket mit, daß im Laufe der letzten Monate von den Bänden V und VI lediglich 182 Exemplare verkauft worden seien.[22] Kam nichts Neues von Sterne auf den Markt, würde die Nachfrage verlöschen. Aber Sterne schrieb in Toulouse nichts Neues.

Es hielten sich zwar Engländer in der Stadt auf, doch er schrieb an Hall-Stevenson, sie seien »hier so weit entfernt von der Straße der Neuigkeiten wie am Kap der Guten Hoffnung«.[23] Lydias Französisch verbesserte sich und »sie gibt sich viel Mühe mit der Musik, dem Tanzen«.[24] Das Gefühl, daß ihre Familie wieder vereint war, ließ sie ihr Asthma vielleicht vergessen. Doch ihr Vater schien weniger robust als damals, da er gut genug in Form war, um dem Tod zu entkommen. Bald nach ihrer Ankunft in Toulouse erkrankte er »an einem heimtückischen epidemischen Fieber, das Hunderte um mich her getötet hat«.[25] Und obwohl Toulouse einen Ruf als führender Erholungsort für Schwindsüchtige genoß, hatte Sterne von den dortigen Ärzten nur eine geringe Meinung gewonnen – »die überspanntesten Scharlatane in Europa und die unwissendsten aller anmaßenden Narren«. Er ignorierte ihre Theorien und »empfahl meine Geschicke gänzlich

der Dame Natur«. Diese, sagte er, habe dafür gesorgt, daß
»ich jetzt wieder so kräftig und närrisch (bin), wie es sich ein
Mensch nur wünschen kann«.[26]

Aber schlichte Zufriedenheit war nicht Sternes Sache.
Toulouse war nicht übel, jedoch »nicht nach meinem Geschmack«. Und die *ennui* der Franzosen hatten ihn enttäuscht,
»die ewige Plattheit des französischen Charakters – wenig
Vielseitigkeit, nicht die geringste Originalität ... denn sie sind
sehr höflich – aber die Höflichkeit in dieser Gleichförmigkeit
ermüdet und langweilt einen zu Tode – wenn ich nicht auf-
passe, werde ich ein ausgemachter Dummkopf und Phrasen-
drescher werden –«.[27]

Es ist erklärungsbedürftig, daß sich Sterne zu einer Zeit der
ennui hingab, als Toulouse eine ernste Erschütterung erlebte.
Während sich in England die religiösen Differenzen abgeschwächt hatten, herrschte in Frankreich zwischen Katholi-
ken und Protestanten eine heftige Abneigung. In Paris hatte
Sterne mit Interesse die wachsende antijesuitische Stimmung
verfolgt. Durch die französischen Niederlagen im Siebenjährigen Krieg war die Gesellschaft Jesu in eine sehr kritische
Lage geraten. Insbesondere ihre Niederlassung auf Martini-
que war bankrott. Als die Gläubiger ein Gerichtsurteil gegen
die Gesellschaft erwirkten, wandten sich deren Führer an das
Pariser Parlament. Dieses Vorgehen setzte die Gesellschaft
aber lediglich weiteren Angriffen aus, die von Choiseul und
Madame de Pompadour gelenkt wurden. Der Streit hatte
während Sternes Aufenthalt in Paris angefangen, und als er
nach Toulouse kam, war den Jesuiten jegliche politische Tätigkeit untersagt worden. In Toulouse selbst hatte sich eine
aufsehenerregende Greueltat ereignet. Ein junger Katholik,
Marc-Antoine Calas, hatte Selbstmord begangen, und der
Verdacht war auf seinen protestantischen Vater, Jean, gefallen. Calas *père* wurde im März 1762, wenige Monate vor Sternes Ankunft, auf das Rad geflochten und zu Tode gefoltert.
Der Rest seiner Familie war verfolgt worden, und die Witwe

floh in die Schweiz, wo Voltaire sich des Falles annahm und schließlich siegte.* Toulouse erlebte eine Flut von Anschuldigungen und Gegenbehauptungen, ein Vorspiel des Terrors.

Es war ein kalter Winter, doch zu Weihnachten entdeckte die englische Kolonie ihr Herz für das Theater. Man plante eine Laienaufführung von *The provok'd husband; or a journey to London* von Vanbrugh und Colley Cibber, die Sterne in eine Reise nach Toulouse umzuwandeln gedachte. Er sprach von einer »fröhlichen Gesellschaft, in der alle wie Brüder und Schwestern zusammenleben«.[28] Doch machte es ihm Kummer, daß er »nicht mehr als ein halbes Dutzend Guineen in der Tasche hatte – und das tausend Meilen fern der Heimat – und in einem Land, wo man eher den Teufel beschwören als ein Sechs-Livre-Stück herbeizaubern kann, um damit zum Markt zu gehen«.[29] Er schrieb regelmäßig an Foley in Paris, bat um Vorschüsse und fragte nach, warum ihn die Geldanweisungen so spät erreichten. Becket schickte lediglich nüchterne Berichte über den Verkauf des *Tristram Shandy*: »Sie schreiben mir immer, daß Sie fast gar keine Exemplare verkaufen«,[30] beklagte sich Sterne.

Kurz nach Weihnachten begann Sterne, einem jungen Engländer am Krankenbett Gesellschaft zu leisten, der in Toulouse im Sterben lag. Dieser war George Oswald, der Sohn von Richard Oswald, einem wohlhabenden schottischen Kaufmann, der in Virginia und Jamaica Niederlassungen unterhielt. Sterne ist wahrscheinlich durch den bedauernswerten Zustand des jungen Mannes in besonderem Maß angezogen worden, weil Oswald ebenfalls an Schwindsucht litt. Oswald war aus Italien gekommen und hatte unterwegs in Montpellier ärztliche Hilfe gesucht. Einen Monat lang hatte er den Rat eines »Mr. F.« befolgt, doch sein Zustand hatte sich

---

* Voltaire erreichte durch Petitionen, Briefe und vor allem durch seinen *Traktat über die Toleranz aus Anlaß des Todes von Jean Calas* eine Überprüfung des Urteils durch das höchste französische Gericht. Drei Jahre nach der Hinrichtung Calas', der ein Opfer der Ressentiments gegen die protestantische Minderheit geworden war, wurde das Urteil der Toulouser Richter für nichtig erklärt. [A. d. Ü.]

weiter verschlechtert. Am Ende stellte er den Arzt zur Rede:
»Ich nehme die von Ihnen verordnete Medizin regelmäßig;
doch anstatt daß mein Zustand sich dadurch bessert, bin ich
inzwischen in vierundzwanzig Stunden auch nicht eine einzige Stunde ohne Fieber.« Man sagt, der Arzt habe sich nicht
überrascht gezeigt. Eine solche Verschlimmerung, sagte er,
sei angesichts des rauhen Klimas in Montpellier vorherseh-
bar gewesen. Oswald war über diesen Zynismus entsetzt:
»Dann sind Sie ein gemeiner Schurke, indem Sie zulassen,
daß ich so lange hierbleibe, bis mein Zustand hoffnungslos
ist.«[31] Darauf begab er sich nach Toulouse.

Dort wurde er von dem Medizinprofessor der Universität
behandelt und von zwei Männern betreut, die verschiedenen
Kirchen angehörten: von Sterne und einem katholischen
Priester, der »ungeachtet seines Papismus« wegen seiner
»gutherzigen Natur«[32] Sternes Bewunderung erregte.
Sterne beharrte auf einer umfassenden Diagnose des Profes-
sors und gab dessen düstere Prognose an John Mill weiter,
der in London die Interessen der Familie Oswald wahrnahm.

Eine Woche nach der Prognose, am 2. März, teilte Sterne
Mill mit, der junge Oswald sei gestorben: letzte Nacht um elf
Uhr in Sternes Armen. Bevor der junge Mann starb, hatte er
Sterne gebeten, ihm ehrlich zu sagen, welche Chance er noch
habe, und Sterne sah sich vor einer »abscheulichen Auf-
gabe«:

»Er nahm die Nachricht mit einer Gefaßtheit auf, welche die
Philosophie mit all ihrem Gewäsch verlegen machen würde.
›Gottes Wille geschehe, mein guter Freund‹, sagte er ohne
Gefühlsbewegung, außer jener echter Frömmigkeit; und in-
dem er meine Hand ergriff, setzte er hinzu, für diesen letzten
Akt der Freundschaft sei er mir dankbarer als für alle ande-
ren Freundlichkeiten, die er empfangen habe…«[33]

Die körperliche Erschöpfung (Sterne harrte vier Nächte an
Oswalds Bett aus) und die emotionale Beanspruchung durch
Oswalds Tod führten bei Sterne selbst dazu, daß er, »wenn
auch wenig, Blut spuckte und fieberte«.[34] Das wird ihm die
schwierige Aufgabe, Oswalds Angelegenheiten zu regeln,
nicht gerade erleichtert haben. So schrieb Sterne an Mill, er
habe die Habseligkeiten »aus den Händen von Schurken und
Wucherern« gerettet und mit einer »Schar ungestümer Geistlicher«[35] gekämpft, um sicherzustellen, daß Oswald ordent-
lich begraben wurde.

Doch der bedeutungsvollste Teil der Geschichte war vielleicht Sternes Anwesenheit bei der Obduktion Oswalds. Auf
dieser hatte der junge Mann vor seinem Tode bestanden, weil
er in früheren Jahren eine Schußverletzung in der Lungen-
gegend davongetragen hatte und geklärt wissen wollte, ob
seine Schwindsucht von dieser Verwundung herrührte oder
nicht. Der Professor für Anatomie an der Universität Toulouse führte die Leichenöffnung durch, doch es ist wahrscheinlich, daß niemand sonst sie so intensiv verfolgte wie
Sterne: ein Mann, der, im vollen Bewußtsein seiner Krankheit, das Endstadium der Schwindsucht demonstriert bekommt. Die offen liegenden Lungen waren »voll von Abszes-
sen – der rechte Lungenlappen fast völlig verhärtet, und
beide Lappen waren in solchem Maße mit dem Brustfell ver-
wachsen, daß selbst der Arzt und der Anatom verblüfft waren; es grenzt an ein Wunder, daß Oswald die letzten drei Monate überstanden hat«.[36]

Diese Obduktion dürfte das einschneidendste Erlebnis
Sternes in Toulouse gewesen sein, dies um so mehr, als er zwischen Oswalds Verwundung und der seines Vaters eine sonderbare Übereinstimmung erblickte: Er glaubte nämlich,
daß jene Verwundung, die Roger Sterne in Gibraltar erlitten
hatte, seine Gesundheit unwiderruflich zerrüttet habe. In Oswalds Fall schloß der Arzt die Kugel als Auslöser der Krankheit aus, doch die ähnlichen Umständen müssen die Wir-

kung, die der Anblick dieser zerstörten Lungen auf Sterne hatte, verstärkt haben.

Es ist erwähnenswert, daß die Beschreibung der Obduktion nüchtern und genau ist, nicht zu vergleichen mit der rührenden Schilderung von Le Fevers Tod. Und doch streute Sterne in denselben Brief, der die Autopsie schildert, Hinweise auf seine heroische Verteidigung von Oswalds spärlicher Habe ein und freute sich bereits auf einen »abendlichen Plausch«[37] mit Mill, bei dem er Details der Affäre mitteilen könne, die zu schrecklich seien, um sie dem Papier anzuvertrauen.

Sterne sprach zu Mill von gleich zu gleich; er war darum bemüht, einen neuen Freund zu gewinnen, dazu noch einen aus der City. Doch als Sterne direkt an Richard Oswald schrieb, wie er es dem sterbenden Sohn versprochen hatte, war er in seinen Beileidsbezeugungen weitaus behutsamer und unverbindlicher. Tatsächlich traktierte er, von dem lebendigen, anrührenden und präzisen Bericht, den er Mill geliefert hatte, weit entfernt, den seines Sohnes beraubten Vater mit jener Art von Moralpredigt, die jeder beliebige Pfarrer parat gehabt hätte. Hier ist der Tonfall frommer Feierlichkeit zu vernehmen, womit bewiesen ist, daß Sterne sich sehr wohl auch darauf verstand:

»Er aber, mein werter Herr, der ihn mehr liebte als Vater oder Mutter oder der zärtlichste seiner Freunde, hat es für richtig erachtet, die Dinge nach Seinem Willen zu lenken. Sein Wille geschehe. Es ist der einzige Trost angesichts so vieler schmerzlicher Verluste, die wir auf unserer stürmischen Erdenfahrt erleiden, und inbrünstig bete ich zu Ihm, der Er alle unsere Wege leitet, daß Sie diesem Schicksal tapfer die Stirn bieten und von dieser Verwundung, wenn möglich ohne eine Narbe, genesen mögen...«[*38]

---

* Als sich Lydia Sterne nach dem Tod ihres Vaters nach Geldmitteln umsah, versuchte sie Richard Oswald und Mill ausfindig zu machen, in dem Glauben, diese beiden Män-

Seine eigene Lebensfahrt wieder aufnehmend, beschloß Sterne im Frühjahr 1763 nach Bagnères de Bigorre zu gehen, einem Kurort, der, achtzig Meilen entfernt, am Fuß der Pyrenäen lag, »wo ich Gesundheit und mancherlei Erheiterung durch das Zusanmenströmen von Abenteurern aus allen Weltgegenden zu finden hoffe«.[39] Er spielte sogar mit dem Gedanken, den nächsten Winter in Italien zu verbringen – »doch das ist nur eine Idee, denn ich bin in jeder Hinsicht von den Umständen abhängig«. Im Juni, unmittelbar vor der Abreise nach Bagnères, faßte er einen Abstecher nach Spanien ins Auge, »der für einen fruchtbaren Geist ausreicht, einen Band darüber zu schreiben«.[40] Außerdem ging ihm bereits der Gedanke durch den Kopf, nach England zurückzukehren. Nur die Furcht vor dem englischen Winter hielt ihn in Frankreich fest.

Bagnères erwies sich als eine Enttäuschung, und die Nähe zu Spanien hatte lediglich zur Folge, daß die »dünne Luft der Pyrenäen« fortwährend »Gefäße in meiner Lunge platzen ließ, verbunden mit all jenen Übeln, die eine Lungenschwindsucht begleiten«.[41] Darum hatten sie wieder gepackt und waren so tief in den Süden Frankreichs vorgedrungen, daß Sterne sich wunderte, warum man sie noch nicht als Spione verhaftet hatte. Wie es scheint, haben sie versucht, in Aix und Marseille ein Quartier zu finden, bis sie sich in Montpellier niederließen, wo Schwindsüchtige von weit und breit zusammenströmten.

Nachdem endlich Frieden geschlossen war, stieg die Zahl der Engländer, ob krank oder gesund, die Frankreich besuchten. In Montpellier traf Sterne mit William Hewett zusammen, der zeitweilig Mitglied des Skelton-Zirkels war, und dessen Exzentrik es mit Sternes aufnehmen konnte. Die Franzosen nutzten die Tatsache, daß sie für englische Reisende in Mode gekommen waren, gründlich aus. Smollett, der nur

ner hätten »meinem armen Vater außerordentlich nahegestanden«. (L. Sterne an Thomas Becket am 6. Oktober 1768)

zwei Monate nach Sterne auf der Durchreise nach Montpellier kam, erkannte die Ursache der hohen Preise, die den
Sternes so zu schaffen machten:

»Dieser Mißbrauch ist der Menge von Engländern zuzuschreiben, die hierherkommen wie Zugvögel und es zulassen,
daß sie von der hiesigen Bevölkerung gerupft werden«, die
ihre schwachen Seiten kennt und ihre Angriffe dementspre-
chend einzurichten weiß. Sie neigen dazu, zu glauben, alle
Reisenden aus unserem Land seien große Herren, unermeß-
lich reich und unglaublich großzügig; und wir sind töricht genug, sie in dieser Meinung zu bestärken, indem wir uns ohne
zu murren dem lächerlichsten Wucher unterwerfen und un-
sererseits Handlungen begehen, die von der unglaublichsten
Extravaganz zeugen. Diese Narrheit der Engländer, zusammen mit einer Anhäufung von Leuten aus den unterschied-
lichsten Ländern, die zur Wiederherstellung ihrer Gesundheit herkommen, hat Montpellier zu einem der teuersten
Orte im Süden Frankreichs gemacht.«[42]

Es ist sicher, daß Sterne in Montpellier mit Smollett zusammengetroffen ist. Von dort berichtete Smollett über die Geschichte des jungen Oswald, die ihm von einer »Mrs. St-e«
erzählt worden sei. Wie überall im Ausland machten die Engländer einander Besuche, und Smollett erwähnte, er sei von
vier oder fünf englischen Familien besucht worden, »in deren Gesellschaft ich den Winter hätte recht angenehm verbringen können, hätten nicht mein Gesundheitszustand und
andere Gründe meine Weiterreise notwendig gemacht«.[43]
    Smollett zog es nach Italien, und mit kritischem Blick auf
Land und Leute führte er seine Familie durch Europa. In der
Reise des Herzens hat Sterne Smollett als den »gelehrten Smelfungus« karikiert, der »am Spleen und an der Gelbsucht (litt),
als er seine Reise begann, und folglich war alles, was er sah,
verfärbt und verzerrt. – Er schrieb einen Bericht darüber, al-

lein es war nur der Bericht über seine eigenen erbärmlichen Gefühle.«[44]* Smollett war ein Nörgler, doch er trägt seine Klagen immer in einer Form vor, die einen davon überzeugt, daß es ihm mit seinem Abscheu oder Mißbilligung ernst ist. Häufig pries er auch das, was er sah. Der Pont du Garde in der Nähe von Nîmes erschien ihm, zum Beispiel, »so unangestrengt elegant, so schlicht und majestätisch, daß ich wetten möchte, daß selbst der phlegmatischste und verbohrteste Betrachter ihn nicht ohne Bewunderung anschauen kann.«[45] Das dortige Amphitheater ist »hinreißend schön. Es gibt auf der ganzen Welt nichts Vergleichbares.«[46] Sterne scheint keines der beiden Bauwerke aufgefallen zu sein; vielleicht war er zu sehr damit beschäftigt, zu verhindern, daß er Phrasen drosch.

Er hatte Grund zur Ernüchterung: sein Gesundheitszustand hatte sich nicht verbessert; er hatte sich selbst in die Provinz verbannt; sein Familienleben war unersprießlich; er hatte die Zeit vertrödelt; es mangelte ihm an Geld. Sterne hätte die Ansichten Smolletts über die französischen Preise zutreffend gefunden. Er mußte sich sogar mit Oswalds Arzt über dessen Honorar herumstreiten und kam zu dem Schluß, die besiegten Franzosen hielten die Engländer für steinreich. Kaum ein Brief Sternes enthält mehr enthüllende Details als der vom 24. November 1763 an John Mill, jenen Mann, den er erst seit kurzem kannte und dem er sich als Freund angeboten hatte, um ihm den verstorbenen Oswald zu ersetzen:

»Mein werter Sir, ob Sie wohl so freundlich wären, mir bis zu meiner Rückkehr nach England fünfzig Pfund zu leihen oder, besser noch, mich auf Sie einen Wechsel in dieser Höhe ziehen zu lassen, für den Fall, daß es notwendig werden sollte, meine Verbindlichkeiten zu regeln, wenn ich dieses Land ver-

* Möglicherweise war Sterne Smollet auch wegen dessen Verbindung zum *Critical Review* nicht grün. (Vgl. auch Fußnote auf S. 314.)

lasse: Nun mag es Ihnen ein wenig paradox vorkommen, daß
ich, der so viele Freunde und Gönner hat, mit denen ich brü-
derlich zusammenlebe, mir diese Gunst von einem Freunde
erbitte, dessen Gesicht ich noch nie gesehen habe – als ich jedoch, um die Wahrheit zu sagen, ihre Namen vor meinem geistigen Auge Revue passieren ließ, fand ich nicht einen darunter, gegen den ich mir mit weniger Herzenspein eine solche
Freiheit erlauben könnte – und das ist die einzige Entschuldigung, die ich anführen will.«[47]

Anfang Januar 1764 erkrankte Sterne erneut und »litt
schrecklich bei diesem Kampf mit dem Tod«.[48] Seine Frau
und seine Tochter hatten einen entscheidenden Entschluß
gefaßt: nicht mit ihm nach England zurückzukehren. Er
schrieb Foley: »Wir alle leben länger, zumindest glücklicher,
wenn jeder seine eigenen Wege geht.«[49] In Wahrheit hatte die
Familie sich aufgelöst. Ganz gleich, wie schwierig Elizabeth
Sterne war, es kann keinem Zweifel unterliegen, daß der wirkliche Grund für dieses Scheitern in Sternes Distanz zu realen
Menschen zu suchen ist. »Ich werde bei bester Laune sein,
und jeder Schritt, der mich England näher bringt, wird sicherlich dazu beitragen, diesen armen Körper wieder in Ordnung zu bringen.«[50] So hegte er am 1. Februar dieselbe Hoffnung wie 1762 in Toulouse. Aber der Süden Frankreichs
hatte nur seine Mängel ans Licht gebracht. Von jetzt an hatte
dieser »arme Körper« nur noch sich selbst und seine Träume.
Auf der Kutschfahrt zurück nach Paris hat er vielleicht die
Rouleaus heruntergelassen und zu schlafen versucht. Er
sprach weder mit Eseln noch mit nußbraunen Mädchen.

1764

S terne war vermutlich Ende Februar wieder in Paris. Er schloß sich Jean-Baptiste Tollot und Thomas und George Thornhill an, die im Hotel d'Entragues nahe dem Palais Luxembourg wohnten und plante, etwa Mitte April mit ihnen nach London zurückzureisen. Doch die wiederbelebte Teilnahme am gesellschaftlichen Leben hielt ihn auf, und er sollte erst Ende Mai wieder in London eintreffen.

Es fällt auf, daß Sterne während seines zweiten Aufenthaltes in Paris seine Zeit in der Gesellschaft von Landsleuten verbrachte. In Frankreich wimmelte es inzwischen von Engländern und Sterne konnte schwerlich die Aufmerksamkeit erwarten, der er sich 1762 erfreut hatte. Wenn Leute mit schlechtem Ruf sich halb aus dem öffentlichen Leben zurückziehen, müssen sie sich schon ein paar besondere Tricks einfallen lassen, bevor sie an ihre Rückkehr denken können.

Sterne konnte es mit Wilkes und Hume kaum aufnehmen. Hume war als Sekretär des Earl of Hertford nach Paris gekommen, des neuen Botschafters, und war über seinen Empfang ehrlich verblüfft. Er hatte den Posten in Frankreich nur zögernd angenommen, in der Annahme, diese Erfahrung werde ihn von seinem Fatalismus befreien, den er sich selber beigebracht hatte. Zwischen 1754 und 1762 hatte er seine *History of England* veröffentlicht und dieses Werk hatte ihm, mehr als seine philosophischen Werke, in Frankreich einen weit größeren Ruf verschafft, als er ihn in England genossen hatte. Ein Jahr später war Horace Walpole verblüfft, daß »Mr. Hume die große Mode ist, wenngleich sein Französisch fast genauso unverständlich ist wie sein Englisch«.[1] Humes schottischer Akzent war so breit, daß vielleicht auch der Reiz des Ungewöhnlichen für seine Anhimmelung verantwortlich war. Eine solche verständnislose Verehrung wurde sehr rasch ein Muster für Nachahmungen. Sterne sagte Hume, diese Aufnahme durch die Pariser sei eine Mode, die, wie seine eigene im Jahr 1760, »nur einen Winter dauert«.[2]

Nach seiner Ankunft in Paris mietete Hertford für 500 Pfund im Jahr das Hotel de Lauraguais. Er ließ es verschwenderisch ausstatten und möblieren, wie es sich für ein Botschaftsgebäude ziemte, so daß es, um mit Sterne zu sprechen, »die Neugier erregte, Heiterkeit weckte und für mindestens vierzehn Tage Gesprächsstoff für die gebildeten Pariser Kreise bildete«.[3] Der Botschaft war auch eine Kapelle angegliedert, und wen anders als Sterne sollte Hertford auffordern, dort die erste Predigt zu halten? Das Ersuchen erreichte Sterne, als er gerade »mit den Thornhills eine ernsthafte Partie Whist spielte«.[4] Als er daranging, für die Predigt einen Bibeltext auszusuchen, konnte er jener Launenhaftigkeit nicht widerstehen, die er für so kurzweilig und erheiternd hielt. »Eine unselige Grille packte mich«, sagte er später, »und ein sehr unglücklicher Text kam mir in den Sinn«.[5]

Die Predigt, mit der Sterne die prächtige neue Botschaft zu eröffnen beschloß, basierte auf dem Zweiten Buch der Könige, Kapitel 20. – »Und Hiskija sprach zu dem Propheten: ›Ich habe ihnen meine goldenen Gefäße gezeigt und meine silbernen und meine Frauen und meine Nebenfrauen und meine Spezereien, und alles, was ich in meinem Hause habe, zeigte ich ihnen.‹ Und der Prophet sagte zu Hiskija: ›Du hast sehr töricht gehandelt.‹«[*6] Man kann sich vorstellen, wie Sterne schon im voraus lächelte, als er der erlauchten Versammlung diesen gewagten Text verkündete. Welch ein verblüffender Anfang. Doch die Predigt selbst ist eine der raffiniertesten und durchdringendsten in Sternes Sammlung. Sternes Zweideutigkeit, durch die scheinbar rührende Einleitung zu einer im herkömmlichen Sinn vorzüglichen

---

* Dies ist die Passage in der Zitation Sternes. Die Bibel ist in Wirklichkeit viel sparsamer, was Sterne von jeher bemängelt hatte. – Zum Originaltext vgl. Zweites Buch der Könige, Kapitel 20, Vers 12-21 (Die Gesandtschaft aus Babel). [A.d.Ü.]

Predigt perfekt illustriert, setzt sich im weiteren Verlauf der Predigt fort. In der für ihn typischen Weise folgt Sterne nicht dem Text – denn dann hätte er ständig witzig sein müssen, was ihm nicht möglich war –, sondern erklärt sogleich, daß es »notwendig sein wird, sich über die ganze Geschichte auszulassen – die Erwägungen, die daraus hervorgehen, mögen uns hilfreich sein«.[7] So wird Hiskija der Anlaß für einen bemerkenswerten Essay psychologischer Analyse. Seine widersprüchlichen Gefühle werden dem Zuhörer als allgemeingültig demonstriert:

»Wir sind eine sonderbare Mischung; und etwas, das mit Mildtätigkeit weniger gemein hat, als wir glauben, mischt sich so beharrlich in das, was wir tun, daß wir, der Macht der Gewohnheit gehorchend, dieser Stimme folgen, nicht nur in wichtigen Dingen, wenn die Selbstsucht sich aller Künste der Verstellung bedient, sondern sogar in den unwichtigsten unserer Handlungen, die keiner Täuschung bedürfen. Was immer ein Mann unternehmen mag – beobachten Sie ihn – zwei Beweggründe leiten ihn, ein innerer und ein äußerer; ein vorgeschobener, äußerer für die Welt – und ein zweiter, den er in seinem Inneren nur für sich selber bereithält; das, werden Sie sagen, geht die Welt nichts an; das könnte wohl so sein; aber indem wir der Welt den falschen Beweggrund aufdrängen und uns von ihr einen guten Ruf erschleichen, anstatt ihn zu gewinnen, geben wir ihr das Recht und den Anlaß, weiter nachzuforschen.«[8]

Es ist wichtig, zu wissen, daß diese Predigt eine der letzten ist, die Sterne gehalten hat. Im Oktober desselben Jahres teilte er dem Erzbischof von York mit, er müsse wegen seiner körperlichen Schwäche das Predigen aufgeben. Doch bei weiterer Lektüre der Pariser Predigt müssen wir uns fragen, ob Sterne nicht auch in eine Identitätskrise geraten war. Beziehen wir diese Worte auf ihn selbst – und Sterne pflegte alles auf sich

selber zu beziehen –, erblicken wir darin das Eingeständnis
seines eigenen Trugbildes, das er sich sonst in keiner anderen
literarischen Form erlaubte. Für einen Augenblick wenigstens schlägt die Melancholie in Ernsthaftigkeit um:

»Ist es, weil die Grundsätze der Religion Stärke fordern oder
weil die wirkliche Leidenschaft für das Gute und Wertvolle
uns nicht hoch genug erheben will? – Gott! Du weißt, daß sie
uns hochmütig macht – wir wollen nicht *sein* – sondern *scheinen* – Schaut euch um – seht dort diesen Mann: seht, welche
Besorgnis, Intrigen und Wechselfälle er durchzustehen willens ist, bloß daß man von ihm sage, er sei ein Mann, der sich
seiner Handlungen nicht zu schämen brauche – Ein Fünk-
chen Ehrlichkeit würde ihm all diese Unbill ersparen – Ach!
es mangelt ihm daran. – Seht dort einen zweiten, der unter
einem Mantel von Frömmigkeit die Unreinheit eines laster-
haften Lebens verbirgt – gerade betritt er das Haus Gottes –
Gebe Gott, er wäre reiner – oder weniger fromm – aber dann
könnte er nicht mehr auf seinen Vorteil schauen.

Betrachten wir einen dritten Mann, der auf einem ähnlichen Pfade wandelt – mit welch unbeirrbarer Heiligkeit des
Betragens er seine Schritte lenkt: jeder Zug seines Gesichtes
verrät Enthaltsamkeit – jeder Schritt zeugt von der Beherrschung seiner Wünsche. Seht, ich bitte euch, wie er eingehüllt
ist in Predigten, Gebete und Sakramente; er ist so überhäuft
mit den Äußerlichkeiten der Religion, daß er keine Hand zu
einem weltlichen Zwecke rühren kann; – er hat zumindest
eine Rüstung – Warum legt er sie an? Kann er Gott nicht ohne
sie dienen? Muß man das äußere Gewand der Religion so
sehr beanspruchen, daß es Gefahr läuft, zu zerreißen?«[9]

Was immer die übrige Gesellschaft von dieser Predigt gehalten haben mag, Hume hat vielleicht die Methode bemerkt,
nach der sich hier jemand ins eigene Fleisch schnitt. Beim an-
schließenden Dinner hatten Hume und Sterne »ein kleines

heiteres Wortgeplänkel... David war in der Stimmung, sich ein wenig über den Landpfarrer zu belustigen; und der Landpfarrer wiederum war ebenfalls in der Stimmung, einen kleinen Spaß mit dem Ungläubigen zu treiben; wir lachten uns gegenseitig aus, und die Gesellschaft lachte über uns beide.«[10] Später im Jahr hielt Sterne es für notwendig, Berichten zu widersprechen, er und Hume hätten einen ernsthaften Streit gehabt. Keiner von beiden war in Wahrheit streitsüchtig, doch falls Hume stichelte, dann vielleicht deshalb, weil er Sternes Fassade besser durchschaute als jeder andere. Sterne ging über die Sache mit jener heiteren Nonchalance hinweg, die er vorzutäuschen verstand: »Ich wäre aufs höchste überrascht, wenn man mir sagte, David habe jemals mit einer anderen Person einen unerfreulichen Disput gehabt; – und sollte man mich wirklich davon überzeugen, es habe einen solchen Vorfall gegeben, könnte mich nichts glauben machen, daß sein Widerpart nicht im Unrecht war; denn ich bin in meinem Leben noch keinem Geschöpf mit einer friedlicheren und sanfteren Natur begegnet; und es ist dieser liebenswerte Charakterzug, der seinem Skeptizismus mehr Bedeutung und Überzeugungskraft verliehen hat als alle Argumente seiner Sophisterei.«[11]

Doch wenn Hume Sterne auch auf dem Feld der Philosophie ausstechen konnte, gab es in Paris Situationen, in denen sich Sterne besser behauptet hätte als er. So geriet Hume einmal in große Verlegenheit, als er mit einigen vornehmen Damen bei einer Scharade mitwirkte. Madame d'Epinay berichtete, daß Hume einen Sultan spielte, der zwischen zwei hübschen Sklavinnen saß. Als diese vorgaben, der Liebe nicht geneigt zu sein, sah Hume sich genötigt, sie zu umwerben, wobei er zu folgenden Mitteln griff: »Er schaute sie streng an, schlug mehrere Male auf seinen Bauch und seine Knie und konnte keine anderen Worte finden als ›Nun, junge Damen, nun, da wären Sie also! Ja, da wären Sie. Ja, da wären Sie also tatsächlich, nicht wahr?‹«[12]

Sterne hätte vermutlich nicht soviel Mühe darauf verwendet, sich zu vergewissern, daß die Schönheiten wirklich in seiner Reichweite waren.*

Hume war in offizieller Eigenschaft in Paris, doch John Wilkes hatte sich dorthin geflüchtet, um dem Gefängnis zu entgehen. Wilkes, Parlamentsmitglied für Aylesbury, hatte Bute und George III. wegen der versöhnlichen Bedingungen des Friedens von Paris angegriffen, der Frankreich seine Besitzungen in Westindien zurückerstattet hatte. Wilkes Plattform war *The North Briton*, ein Blatt, das Wilkes und Charles Churchill gegründet hatten. Die am St. George's Tag 1763 erschienene Nummer 45 der Zeitung enthielt einen geistreichen und beleidigenden Angriff auf die Thronrede des Königs. Ein Haftbefehl wurde erlassen, der Wilkes' Namen nicht nannte, und er wurde in den Tower geworfen.

Es war eine Auseinandersetzung, die viele Züge neuerer Geschichte vorwegnahm. Wilkes war schurkisch, zügellos, ungemein sarkastisch und charmant. Er hatte vom König und seinen Ministern eine törichte und brutale Reaktion auf ein ernstes Problem erzwungen, wenn er sie auch provoziert hatte. Er war auch ein glänzender Journalist und Publizist, der begriffen zu haben schien, daß Gerechtigkeit von der Kontrolle der öffentlichen Meinung nicht zu trennen war. Auch Wilkes war ein Emporkömmling: Er war der Sohn eines Branntweinbrenners, hatte eine Erbin geheiratet und sie dann fallenlassen. Um das Bild zu vervollständigen, war er abstoßend häßlich und schielte stark.

Während seines Aufenthaltes im Tower erfuhr Wilkes die

---

* Es dürfte kein Zweifel darüber bestehen, daß Hume gegen Sterne eingestellt war. 1773 schrieb er an William Strahan: »Jedem Engländer ist klar, daß diese Nation so tief in Dummheit und Barbarei und Zwietracht versunken ist, daß Sie weit und breit keinen guten Schriftsteller finden dürften. Das beste Buch, das im Lauf der letzten dreißig Jahre von einem Engländer geschrieben wurde, ist Tristram Shandy, so schlecht es auch ist. Eine Bemerkung, die Sie erstaunen dürfte, deren Wahrheit Sie freilich nach reiflicher Überlegung bestätigt finden werden.« (*Letters of David Hume to William Strahan* [Oxford, 1888], hrsg. von G.Birkbeck Hill, 30. Januar 1773, S. 256)

erniedrigende Behandlung politischer Gefangener. Sein
Haus wurde durchsucht und seine Manuskripte beschlag-
nahmt. Doch am 6. Mai wurde Wilkes von der Anschuldi-
gung entlastet, freigelassen und von der Londoner Bevölkerung gefeiert. Diese Unterstützung reizte ihn nur zu neuen
Taten. Als nächstes verklagte er den Staatsminister wegen
Freiheitsberaubung und hatte Erfolg.

Wilkes war mittlerweile der große Held, nicht nur des Pöbels, sondern auch eines großen Teils der städtischen gewerb-
lichen Mittelklasse. Er war dem König und der Oberschicht
verhaßt, die nichts unversucht ließen, Wilkes seinen Sitz im
Parlament zu nehmen. Eine obszöne Parodie, »An Essay on
Women«, wurde dem Oberhaus zugespielt, um ihn zu diskreditieren. Er wurde aus dem Unterhaus ausgestoßen und beschuldigt, das Werk gedruckt zu haben. Es erfolgte ein Mord-
versuch, und bei einem von Gegnern provozierten Duell
wurde er schwer verletzt. In dieser Situation, im Dezember
1763, hatte er sich dazu entschlossen, sich nach Paris abzu-
setzen.

Er und Sterne müssen in Paris ein treffliches Paar abgegeben haben. »Sterne und ich treffen uns oft und sprechen von
Dir«, schrieb Wilkes an Charles Churchill. »– Heute abend
haben wir bei Hope eine kuriose Gesellschaft, zwei temperamentvolle, junge, hübsche Schauspielerinnen, Hope und
seine Mätresse – Ach, arme Mrs. Wilkes!!!«[13] Sterne prahlte
nicht damit, mit Wilkes Umgang zu haben. In der Tat war es
in den Augen der guten Gesellschaft, in der Sterne noch vor
kurzem eine Rolle gespielt hatte, von allergrößtem Nachteil,
mit Wilkes zu verkehren. Der junge Viscount Palmerston,
zum Beispiel, der 1763 in Paris zufällig Wilkes' Weg kreuzte,
mußte seinen Londoner Freunden versichern, daß ihr Zusammentreffen keinerlei Bedeutung gehabt hatte. Lady
Charlotte Burgoyne schrieb ihm zurück: »Sie haben sich in
meinen Augen vollkommen von jedem Verdacht gereinigt,
mit Mr. W. auf vertrautem oder freundschaftlichem Fuße zu

stehen. Tatsächlich war ich, noch ehe ich Ihre Zeilen erhielt, davon überzeugt, daß Sie mit einem so niederträchtigen Mann keinen Umgang haben konnten…«[14]

Sterne scheint nichts dabei gefunden zu haben, mit Wilkes zu verkehren, doch scheint er an den Hintergründen von Wilkes' Fall kein Interesse gehabt zu haben. Die zwei Männer waren beide Extremisten, aber sie hatten kaum Gemeinsamkeiten. Ungeachtet seines Hanges, den Wüstling zu spielen, gab es für Wilkes ein zentrales politisches Problem, in das er sich wie ein Terrier verbissen hatte. In Wilkes' Augen war Sterne vielleicht eine Art Schoßhündchen, das sinnend vor sich hin döste. Womöglich haben diese Schauspielerinnen Sterne mehr gereizt als Wilkes oder die Freiheit, denn im Mai schrieb er an Hall-Stevenson und erläuterte, warum er sich noch immer in »dieser Stadt der Verlockungen« aufhielt:

»… Ich bin seit acht Wochen von der zärtlichsten Leidenschaft besessen, die jemals ein zärtlicher Bursche erlebt hat. Ich wünschte, mein lieber Freund, Du hättest mitansehen können (vielleicht kannst Du es, auch ohne daß ich es wünsche), wie köstlich ich damit im ersten Monat umhergetrabt bin, auf und ab, immer unterwegs auf den Straßen von meinem Hotel zu ihrem – zuerst einmal, dann zweimal, dann dreimal täglich, bis ich schließlich drauf und dran war, mein Steckenpferd für immer und ewig in ihrem Stall unterzubringen. Ich hätte es eigentlich tun sollen, wenn man bedenkt, wie die Feinde des Herrn darüber gelästert haben. In den letzten drei Wochen haben wir zu jeder Stunde die traurige Weise vom Abschiednehmen angestimmt – und es würde Dir auffallen, lieber Freund, wie sehr dies meinen Gang und meine Miene verändert hat, denn ich kam und ging stets wie ein forscher Bauernbursche und tat nichts anderes, als von Sonnenaufgang bis Sonnenuntergang mit ihr gemeinsam Tränen zu vergießen und *jouer des sentiments*;«[15]

Eine »traurige Weise vom Abschiednehmen« hatte bei Sterne ausnahmslos körperliche Leiden zur Folge, und kaum war sein Liebchen nach Südfrankreich abgereist, wurde er krank, »ein Gefäß platzte mir in der Lunge, und ich verblutete fast«.[16] Desungeachtet konnte ein Geschöpf, das mit so empfindlichen Gefäßen ausgestattet war, seiner Tochter, die sich inzwischen mit ihrer Mutter in Montauban aufhielt, den Rat erteilen, »keine Freundschaften mit den Französinnen zu schließen – nicht daß ich von ihnen insgesamt schlecht denke, denn zuweilen sind gerade die Frauen mit den besten Grundsätzen die *anziehendsten*...«[17]

Sterne war von heiterem Gleichmut. Kaum hatte er sich fast zu Tode geblutet, als er auch schon ausrief: *»Voilà mon histoire!«* Und als die Stunde des Abschieds von Paris schlug, war er voll von einer entzückten und verschwommen verklärenden Erinnerung – so wie auch Hemingway sich an das gute, einfache Leben in Paris erinnerte – »wir alle, wie wir da sind (ein kunterbuntes Durcheinander), haben ein höchst vergnügtes, verrücktes Leben geführt«.[18]*

Anfang Juli kündigten die Londoner Zeitungen seine Rückkehr an. Doch das hatte jetzt wenig mehr Wert, als daß es die hartnäckigen Gerüchte zum Verstummen brachte, Sterne sei auf dem Festland gestorben. Die Londoner Saison war zu Ende, und Sterne scheint sehr wenige seiner alten Bekannten wiedergetroffen zu haben. Er saß Reynolds kurz für ein weiteres Porträt und wurde von Lord Ligonier empfangen, dem vierundachtzigjährigen Oberbefehlshaber. Hätte er sich dazu bequemt, seinen Verleger aufzusuchen, hätte Becket

---

* Das sind nicht alle Parallelen zwischen Sterne und Hemingway. Die im *Tristram Shandy* als Stichwortgeberin für den Erzähler erfundene Leserin taucht, ein wenig unglaubwürdig, in *Tod am Nachmittag* wieder auf. Onkel Toby und Jake Barnes in *Fiesta* haben beide eine Wunde an einer »bestimmten Stelle«. Wichtiger ist, daß beide Schriftsteller ständig ihr eigenes Leben in ihre Werke einbringen und sich emsig bemühten, ihren Ruf zu begründen und zu pflegen. Genau so wie Rousseau und Sterne im 18. Jahrhundert, haben Hemingway und Mailer im 20. mit ihren Bekenntnissen geprahlt und ihre Roman-Ichs aufgrund eines Egoismus ausgebeutet, der auf Idealismus hinausläuft.

mit niederschmetternden Zahlen über den augenblicklichen Absatz des *Tristram Shandy* aufwarten können. Sterne zog es daher vor, eine geheimnisvolle Aktivität zu entfalten und er versicherte Mrs. Montagu, das sei der Grund dafür, daß er nicht an ihre Tür klopfe. Er machte bereits Pläne für die nächste Saison, aus der er vielleicht mehr Gewinn ziehen könne:

»Ich verlasse London, um über eine Welt des Aberwitzes zu schreiben – wenn möglich als ein Mann von Vernunft – aber da liegt der Hase im Pfeffer. Hätten Apoll, die Schicksalsgöttinnen oder sonstwer mich in diesem Sommer in die Umgebung von Mrs. Montagu versetzt, hätte ich mein Pferd nehmen und nach Belieben Geist und Klugheit einheimsen können. Was den Aberwitz betrifft, bin ich durch meine Natur und meine Reisen recht gut damit versorgt. Sollten Ihre Göttlichkeit nicht von Weihrauch die Nase voll haben, sollte sie im nächsten Winter so gütig sein, an Sonntagen und Feiertagen die eine oder andere Kleinigkeit von meiner Hand zu empfangen – In der Zwischenzeit muß ich mich, wie der Zöllner in der Bibel, damit zufriedengeben, sie aus der Ferne anzubeten.«[19]

Nach seiner Rückkehr nach Coxwold mußte Sterne abermals den »Fragebogen« seines Erzbischofs beantworten. Robert Drummond war im Oktober 1761 nach dem Tode Gilberts Erzbischof geworden. Er war ein Mann »von gesundem Menschenverstand, Großzügigkeit und Herzensgüte« und hatte Sterne wenige Monate nach seinem Eintreffen in York die Erlaubnis erteilt, nach Frankreich zu reisen. Er dürfte also Sternes Bericht über seine Amtsführung in Coxwold mit besonderem Interesse studiert haben. Der Fragebogen von 1743 wies für Coxwold etwa 170 Familien und über 300 Kommunikanten aus. Doch 1764 waren es nur noch 158 Familien und 245 Kommunikanten.[20] Möglicherweise hat der Kirchenbe-

such während Sternes Abwesenheit nachgelassen, doch vermutlich sind die Zahlen ein Zeichen der langsamen Abnahme
der ländlichen Bevölkerung, welche die industrielle Konzentration im Südwesten von Yorkshire begleitete. Im Fragebogen von 1764 gab Sterne an, er habe einen fest angestellten
Kuraten, »und ich werde auch immer einen haben müssen,
da ich fürchte, nie in der Lage zu sein, meinen Amtspflichten
selbst nachzukommen. Der Kurat hießt Kilner. Er dient der
Pfarre seit zweieinhalb Jahren. Durch irgendein Versehen
seiner- oder meinerseits ist er bis jetzt immer daran gehindert
worden, die Priesterweihe zu erhalten. Ich werde ihn Euer
Gnaden bei der nächsten Ordination vorschlagen. Ich ge-
währe ihm jährlich dreißig Pfund.«[21]

James Kilner ist in Sternes Laufbahn ein trauriges Kapitel.
Er war 1761 in solcher Eile als Kurat für Coxwold verpflichtet
worden, daß die Ernennung nicht offiziell bestätigt worden
war. Im Mai 1762 hatte Sterne aus Paris an Drummond
gschrieben, Kilners Ordinierung befürwortet, jedoch eingeräumt, daß er ihn persönlich kaum kenne: »als er zu mir kam,
wurde er mir von dem Geistlichen, dem er vorher assistiert
hatte, als Theologe und als Mann von Moral auf das wärmste
empfohlen; und nach allem, was mir von Zeit zu Zeit über die
Art seiner Pflichtausübung in der Gemeinde Coxwold zu Ohren gekommen ist, hat er seitdem weder den Gemeindemit-
gliedern noch mir Anlaß zur Klage gegeben.«[22]

Aber Kilner selbst war nicht darüber erfreut, daß er die
Priesterweihen erhalten sollte. Er konnte sich kaum die Reise
leisten, die er zu diesem Zweck hätte antreten müssen, und er
schrieb Drummond, daß »die Weihen mich in Verlegenheit
bringen könnten, da meine Fähigkeit noch recht schwach
ist«.[23] 1763 hatte Kilner Mut gefaßt, doch ein Brief Sternes,
der ihn in seiner Absicht bekräftigte, war zu spät eingetroffen. So hatte denn Sterne im Jahr 1764 einen Kuraten, der
zweieinhalb Jahre amtiert hatte, aber nicht ordiniert war. Ein
solcher Widerspruch mußte in Ordnung gebracht werden,

und so bezeugte Sterne im August, zusammen mit drei Amtsbrüdern, daß Kilner während der letzten drei Jahre »fromm, rechtschaffen und ernsthaft« gelebt habe.

Kilner scheint ein so bescheidener Mensch gewesen zu sein, daß diese Beurteilung wahrscheinlich der Wahrheit entsprach. Doch es war gleichwohl Berechnung, die Sterne diese Bestätigung abgeben ließ, und Drummond scheint leise Zweifel an der Beweiskraft geäußert zu haben. Sterne antwortete ihm mit der Unbekümmertheit eines Mannes, der sich anderswo einen Namen gemacht hat: »Ich weiß nicht, ob ich richtig oder falsch handelte, als ich das Zeugnis für Mr. Kilner unterzeichnete ... doch ich glaubte, die Gutherzigkeit Euer Gnaden würde ihm die einzige gute Auslegung angedeihen lassen, die es zuläßt.«[24] Dann lobte Sterne Kilners Tugend, Charakter und Gelehrsamkeit, konnte sich jedoch nicht enthalten, ein vernichtendes kleines Porträt anzufügen, das kleinlich und seinem eigenen zweifelhaften Zeugnis so entgegengesetzt ist, daß es auf eine fatale Neigung Sternes schließen läßt, jederzeit um einer Pointe willen alles andere preiszugeben: »Ich glaube auch, daß er ein guter Gelehrter ist – ich sage nicht, daß er eine gute Figur macht, denn seine leibliche Erscheinung ist gewöhnlich; und wenn er bei einem papistischen Bischof für die Ordination kandidierte, würde der arme Bursche im Handumdrehen von einem Klosterbruder ausgestochen werden.«[25]

Dieses Loblied reichte aus und Kilner wurde am 4. November ordnungsgemäß zum Priester geweiht, so daß Sterne den Winter mit gutem Gewissen in London verbringen konnte. Wie dem Fragebogen von 1764 zu entnehmen ist, war auch Sternes anderer Kurat, Marmaduke Callis, nicht glücklich. Er war für »nur« 32 Pfund jährlich für Sutton und Stillington verantwortlich. Callis klagte darüber, er sei zwar »um die Katechisierung der Kinder eifrig bemüht«, müsse aber »leider sagen, daß nur sehr wenige zu mir kommen«.[26]

So hatte denn Sterne zwei Kuraten, die seine Arbeit machten. Er war nicht einmal mehr in der Lage, zu predigen. »Die besten Ärzte in Frankreich und hier haben mir vorausgesagt«, teilte er Drummond mit, »daß Predigen für mich tödlich wäre.«[27] Aber er war ebensowenig bereit, sogleich am *Tristram* weiterzuschreiben, um die Bedürfnisse seiner Frau und seiner Tochter in Frankreich zu befriedigen. Im Juli brach er auf, »um eine Woche in Harrowgate zu verweilen« und im August besuchte er die Rennen in York. Dort lernte er Sarah Tuting kennen, ein Mädchen von ausgezeichneter Familie, da es die Tochter eines häufigen Rennbahnbesuchers und die Schwester des Verfassers des *Sporting Calendar* war. Miss Tuting war auf dem Weg nach Italien, und im selben Brief, der seinen Pariser Bankier anwies, Mrs. Sterne die ihr ausgesetzte Summe zu zahlen, bat Sterne Robert Foley, der rassigen Lady mit Rat und Tat zur Seite zu stehen. Und er selbst bedachte Miss Tuting mit einem schmeichelnden Lebewohl (Abschiede bewegten ihn immer aufs stärkste): »Gott sei mit Ihnen! Möge auf dieser langen Reise kein Dorn auf dem Pfade wachsen, auf dem Sie wandeln; und wenn Sie sich niederlegen, möge Ihr Kissen, zärtliche Sally, so weich sein wir Ihre Brust.«[28]

Wir wissen nichts Genaues über Miss Tutings Brust, doch sie, die sich mit Pferden besser auskannte, dürfte Sterne für einen komischen Kauz gehalten haben. Sein Brief an sie ist ein wohlerwogener Versuch, »den empfindsamsten Brief (zu schreiben), den wahre Galanterie jemals komponiert hat«.[29] Aber der größte Teil dieser Komposition scheint sich in der Seele des Schreibers abgespielt zu haben, und das Bild, das Sterne vom Abschiedsschmerz der Dame entwirft, scheint viel eher zu seiner eigenen Verfassung zu passen: »Denn wenn Du wie eine liebevolle Seele Dich mit zu heißer Ungeduld nach jenen verzehrst, die Du zurückgelassen hast, wirst Du das kleine Stückchen, das von Dir in der Erinnerung übrig ist, zu einem bloßen Schatten erblassen lassen.«[30]

Indes hielt Sterne sich nicht lange damit auf, den Abgang

der Dame zu beobachten. Anfang September schrieb er an Hall-Stevenson über die Arbeit am *Tristram Shandy*: »Ich schreibe weiter an den Liebesabenteuern meines Onkels Toby, nicht übermäßig schnell, aber zügig. – Wenn die Sonne strahlt, braucht man sein Hirn nicht zu quälen und zu prügeln – in sechs oder sieben Wochen wird alles überstanden sein, und dann gibt es noch scheußliche Monate genug, die man halb erstickt an einem qualmenden Kamin durchleiden muß.«[31] Anstatt sich über sein Buch den Kopf zu zerbrechen, erscheint ihm der Gedanke, »eine Woche oder zehn Tage in Scarborough den netten Burschen zu spielen, keineswegs als unangenehm… Ich werde ein paar arme Schäfchen für vierzehn Tage hier in der Einöde zurücklassen und aus lauter Übermut und Ungezogenheit mir anschauen, was sich in Scarborough tut.«[32]

Hall-Stevenson ließ sich nicht verführen; er war zu sehr mit seinen Alaungruben in der Nähe von Skelton beschäftigt. Sterne jedoch verbrachte wenigstens vierzehn Tage an der Küste und »gewann wundervolle neue Kraft«.[33] Während seines dortigen Aufenthaltes genoß er die Gesellschaft von Lord Granby und des Earl of Shelburne. Ende September war er in seine »philosophische Klause« zurückgekehrt, um den Tristram abzuschließen, »der nach meiner Schätzung um die Weihnachtszeit der Welt vorgelegt werden wird«.[34]

Aus Montauban hatten ihn weitere Bitten um Geld erreicht, und er bat Foley, den Damen als Vorschuß auf Einkünfte von Becket im kommenden Winter fünfzig Pfund zu schicken. Foley war ein wenig beunruhigt, als er von seinem Agenten in Montauban erfuhr, daß die Sternes für immer getrennt lebten. Natürlich verspürte er keine Neigung, einer Frau Geld vorzuschießen, deren Gatte sich von ihr getrennt hatte.

Sterne trat diesem Gerücht voll Besorgnis entgegen – »denn sie hat versprochen (und in der Tat warte ich mit Ungeduld darauf), in einem oder zwei Jahren zu mir zurückzukehren«[35] – und hoffte, dies werde in Montauban keinen schlechten Eindruck machen. Die Trennung war gewiß ungewöhnlich, und die Beteiligten haben sie vielleicht selbst nicht richtig begriffen. Wie auch immer, die Notwendigkeit, regelmäßig Geld an seine Familie zu schicken, sollte sich in Sternes Leben ständig wiederholen und den guten Willen seiner Bankiers strapazieren.

Während er an Buch VIII schrieb, streute Sterne einen Klageruf über seine finanzielle Notlage ein: »Ist's noch nicht genug, daß du in Schulden steckst und daß du noch zehn Karrenladungen deines fünften und sechsten Bandes – unverkauft liegen hast und fast mit deinem Witz am Ende bist, wie du sie dir aus deinen Händen schaffen sollst?«[36] Er sah keine andere Lösung, als darauf zu hoffen, daß die Zukunft die Vergangenheit verschlingen werde. Im November sah er freudig der Veröffentlichung von Buch VII und VIII entgegen und schrieb Foley: »Sie werden darin eine so seltsame Reise durch Frankreich lesen, wie sie nur je ein Reisender oder Reiseschriftsteller seit Bestehen der Welt geplant oder ausgeführt hat.«[37] Der Winter in Coxwold verstärkte nur seine Sehnsucht nach London. Er mußte sich mit der langweiligen Einfriedung des Gemeindelandes von Stillington abplagen, mit »einem Pärchen durchgebrannter Mädchen«[38] und Fauconberg Gesellschaft leisten. Möglicherweise gab es eine weitere gesundheitliche Krise, denn in Buch VIII des *Tristram Shandy* bekannte er, er sei »bis zu dieser Stunde mit dem üblen Asthma geplagt« und es sei »erst zwei Monate her, daß du dir, als du einen Kardinal sahst, der wie ein Chorknabe (mit beiden Händen) Wasser ließ, vor Lachen ein Gefäß in deiner Lunge sprengtest, wodurch du in zwei Stunden ebenso viele Quart Blut verloren hast.«[39]

Trotzdem sah er keinen Grund, warum er im nächsten Jahr nicht wieder Paris besuchen solle, ja sogar Italien; und voller Ungeduld sah er der Wintersaison in London entgegen:

»Dort will ich jeden Winter meines Lebens verbringen, im selben Schoß der Zufriedenheit, der ich mich jetzt erfreue. Und wohin ich auch gehe – es gilt, drei Viertel des Vergnügens in seinem Inneren mitzubringen – kurzum, wir müssen in uns selbst glücklich sein – und dann spielen nur noch wenige äußere Dinge eine Rolle – Dies ist meine Shandy-Philosophie.«[40]

1765

Die Bücher VII und VIII des *Tristram Shandy* wurden am
23. Januar 1765 ausgeliefert. Sterne behauptete, sie
verkauften sich so gut, um ihm »einen lukrativen Winterfeld-
zug«[1] in London zu ermöglichen, doch vielen erschien die
Einfügung der Version von Sternes Reisen als bemühte Ver-
schleppungstaktik. Die Rückkehr zur Familie Shandy in Buch
VIII fand weithin Anklang und Sterne wurde aufgefordert,
zu Gunsten ergreifender Enthüllungen aus Onkel Tobys Leben mit seinen Grillen Schluß zu machen. Die Zeitschrift
Monthly Review antwortete mit einer Parodie auf die neuen
Bände und ließ zwischen dem Kritiker und Mr. Shandy eine
Unterhaltung stattfinden. Am Ende erwähnt Shandy zwei
weitere Bände, und der Rezensent schlägt die Hände über
dem Kopf zusammen:

»O, Mr. Shandy, ein *neunter* und ein *zehnter* Band! Das hieße,
über ungelegte Eier zu reden! Hören Sie lieber auf den Rat
eines Freundes. Machen Sie jetzt Schluß. Wenn ich mich nicht
täusche, wird das Publikum, wenn es am Ende des achten Buches angelangt ist, *genug haben*... Ich neige zu der Ansicht,
daß Sie während dieser ganzen Zeit Ihre besten Fähigkeiten
nicht genügend kultiviert haben... Wie wäre es, wenn Sie
einen neuen Plan machten? Beschenken Sie uns mit Gestalten, die nichts als liebenswert oder verehrungswürdig oder
beispielhaft sind; oder, wenn Sie das Drama beleben wollen,
bringen Sie Figuren ins Spiel, deren Humor der Unschuld
entspringt ... malen Sie die Natur in ihrem lieblichsten Gewand – ihrer ursprünglichen Einfachheit. Zeichnen Sie natürliche Szenen und interessante Begebenheiten – Genauer
gesagt, Mr. Shandy, entzünden Sie unsere Leidenschaften für
lobenswerte Zwecke – erwecken Sie unsere Gefühle, fesseln

Sie unsere Herzen – rütteln Sie uns auf, reißen Sie uns hin, veredeln, verbessern Sie uns. Mögen die Beförderung der Tugend, die Hebung der Moral Ihre Ziele, Witz, Humor, Eleganz und Pathos Ihre Mittel sein; und der dankbare Beifall der Menschheit wird Ihr Lohn sein.«[2]

Vielleicht hat dieser Rat Sterne und Becket dazu ermutigt, zwei weitere Bände mit Predigten zusammenzustellen. Im März schrieb Sterne hoffnungsvoll: »Die Bände gehen mit einer stolzen Liste *de toute la noblesse* in die Welt hinaus, die mir dreihundert Pfund einbringen wird, abgesehen vom Verkauf der Auflage.«[3] Das Geld mag dabei eine wichtige Rolle gespielt haben; nicht nur, daß seine Frau und seine Tochter dauernd neue Mittel benötigten, sondern auch er selbst hoffte im kommenden Winter nach Italien fahren zu können. Gleichwohl schrieb er Garrick, daß er »trotz aller Verachtung des Geldes ... wider Willen reich sein werde; doch Sie müssen wissen, daß ich es in dem hochmütigen *ton*, den ich mir gegenwärtig zu eigen gemacht habe, verabscheue, all diesen Plunder einzustecken«.[4]

Doch eine so saloppe Haltung konnte Garrick schwerlich beeindrucken. Der Schauspieler hielt sich augenblicklich in Paris auf, wo sein Urlaub zu Ende ging und er sich in der Hoffnung wiegte, seine Abwesenheit werde das Verlangen des Londoner Theaterpublikums, Garrick zu sehen, neu entzünden. Er dürfte über Sternes scheinbare Gleichgültigkeit über den Inhalt seiner Börse um so ärgerlicher gewesen sein, wenn er an die zwanzig Pfund dachte, die er Sterne Ende 1761 geliehen, aber bis jetzt nicht zurückbekommen hatte. Im April 1764 hatte er an George Colman geschrieben, er hoffe, daß »Becket nicht vergessen hat, daß er von meinem Freund seit geraumer Zeit etwas für mich einfordern sollte ... Bitte geben Sie ihm das zu verstehen, doch er soll mit Sterne nicht allzu unsanft umgehen.«[5]

Garricks Mahnung an Sterne hätte jetzt vielleicht ein wenig

deutlicher ausfallen müssen. Doch sie wirkte Wunder im Gedächtnis des Schuldners und machte ihn glauben, daß er sich
der zwanzig Pfund just zehn Minuten zu spät erinnerte –
nachdem er einen Brief an Garrick abgeschickt hatte:

»Mein Herz tat mir weh; und ich schickte meinen Diener, um
den Brief zurückzuhalten – aber vergeblich. Du solltest Dich
dafür in Grund und Boden schämen, Shandy, sagte ich und
stützte meinen Kopf auf die Hand, während ich mir wegen
meiner Schwäche in dieser Sache Vorwürfe machte – Garricks Nerven (wenn er denn noch welche hat) sind von ebenso
feiner und zarter Beschaffenheit wie deine eigenen – seine
Gefühle ehrlich und freundschaftlich – Du weißt, Shandy,
daß er Dich liebt – warum gibst Du ihn solcher Schmerzen
preis? Laffe! Narr, Geck, Tölpel etc., etc. – und darum
brachte ich die Sache sogleich ins reine.«[6]

Doch selbst ein Brief, der so reuevoll beginnt, konnte sich,
nachdem er einen ganzen Absatz auf ein übertriebenes Loblied auf Garrick und seine Frau verschwendet hatte, am Ende
wieder fangen:

»Adieu! – Ich liebe Sie von Herzen – und Ihre Teuerste noch
mehr – nicht nur zum Zeitvertreib, sondern mit tiefer Zuneigung und Herzlichkeit.
    Denn ich bin der Ihre (das heißt, wenn Sie nie wieder ein
Wort über diese niederträchtigen zwanzig Pfund verlieren).«[7]

Diese Hochstimmung rührte von Bath her, wo Sterne »den
Teufel spielte«.[8] Es war für einen berühmten Kranken natür-
lich, diesen Kurort aufzusuchen, und Sterne wurde vermut-
lich durch Mrs. Montagu dazu ermutigt, deren Schwester,
Mrs. Sarah Scott, in Bath wohnte. Es amüsierte und gefiel
Mrs. Montagu, zu hören, wie flott Sterne die Damenwelt von

Bath hofierte, denn sie hatte ihn dorthin gelockt, nicht nur um die Einwohner zu unterhalten, sondern auch im Interesse seiner Gesundheit. Sternes flinkes Auge war auf eine gewisse Mrs. Cutts gefallen, von der er schließlich sogar glaubte, sie und er hätten unter anderen Umständen für einander geschaffen sein können. Mrs. Montagu nahm gegenüber ihrem Vetter vom Lande eine gönnerhafte Haltung ein und meinte, der Ruhm habe einen Narren aus ihm gemacht. Das Lob, dachte sie, habe ihm den Kopf verdreht, »so daß er wahrhaftig glaubt, sein Buch sei das Beste, was das Jahrhundert hervorgebracht hat«.[9] Wenngleich sie mit einiger Zuneigung von ihm sprach und glaubte, daß er »zur Tugend bestimmt« sei, doch »sein weiches Gemüt und sein leichtfertiges Denken« hätten ihn »dem Gespött preisgegeben«,[10] hatte er jetzt nicht mehr jederzeit Zutritt zu ihr. Sie teilte ihrer Schwester mit, sie schäme sich inzwischen, sich mit dem Verfasser »eines geschmacklosen Buches« zu unterhalten. Es ist sogar möglich, daß Sterne vergeblich bei ihr angeklopft hat: »Er hat seitdem bei mir vorgesprochen, doch ich bin genötigt, die Morgenstunden vieler Tage für Geschäfte oder Muße zu reservieren.«[11]

Sterne blieb kaum länger als vierzehn Tage in Bath, doch das genügte, um die Stadt in Aufregung zu versetzen. Wie es scheint, hat er dort mit einer Gruppe irischer Damen angebändelt, unter ihnen die »bezaubernde Witwe *Moor*, wo ich mich, besäße ich nicht selber ein Stück legaler Weide, für den Rest meiner Tage mit Freunden mästen würde«.[12] Doch seine »legale Weide« hatte Sterne länger als ein Jahr nicht gesehen, und in der Gesellschaft von Damen hat er vielleicht mit der Vorstellung gespielt, seine Frau existiere nicht mehr und ihre Trennung sei tatsächlich eine dauerhafte. Die wenigen Nachrichten über seine Familie hätten die Meinung, die er von seiner Gattin hatte, nur bestätigt. Mrs. Montagu hatte gehört, Mrs. Sterne sei in Frankreich mit alten Feinden aneinandergeraten, mit »Miss Townshend und Captain Orme, und anstatt ihnen still aus dem Wege zu gehen, hat sie sich auf heftige Zänkereien mit ihnen eingelassen, bis sie in der Stadt nicht mehr bleiben konnte«.[13]

Während Sterne nach London zurückkehrte, folgte ihm ein Brief von einer Dame aus Bath. Sie wollte sich »erkundigen, ob Tristram Shandy verheiratet war oder nicht«.[14] Das war eine kitzlige Frage: War Tristram verheiratet? War es Tristram oder Sterne, der Garrick Geld schuldete? Sterne verbreitete sich ausführlich über die Frage der Dame und geriet in seinem Antwortbrief ins Schwärmen, zwar nicht über die Dame, wohl aber über der schlüpfrigen Bedenklichkeiten, die sie ins Spiel gebracht hatte:

»Wenn T. Shandy nur einen einzigen Funken vom Feuer der Galanterie in einem Zimmer seines ganzen Hauses hätte, so würde ein so freundliches Klopfen an seiner Tür alle Galanterie in ihm aufwecken, und er würde sich erkundigen, welche holde Dame draußen stünde. Mein Gott, Sie sind es, Mrs. F.! Was für ein Feuer haben Sie angefacht! Es reicht aus, das ganze Haus in Flammen zu setzen.«[15]

Sterne schrieb der Dame auch, er sei vierundvierzig Jahre alt (er war einundfünfzig) und habe »nicht einmal anderthalb Unzen Sinnlichkeit aufzuweisen«.[16] Aber die für Eindrücke empfänglichen Flammen griffen rasch um sich umd am 23. April klagte Sterne zerknirscht gegenüber Lady Anne Warkworth: »Welch ein Geschirrtuch von einer Seele hast Du aus mir gemacht.«[17] Es ist bemerkenswert, daß derselbe Haushaltsgegenstand, mit dem er 1762 seine kränkliche Gesichtsfarbe verglichen hatte, jetzt für seine romantische Leidenschaft herhalten muß. Für diese war Lady Warkworth das passende Objekt. Sie war immerhin erst neunzehn Jahre alt, die Tochter von Bute und die Enkeltochter von Lady Mary Wortley Montagu, die in Anne immer die schönste Frau der Familie gesehen hatte. Lady Anne hatte im Juli 1764 Lord

Warkworth geheiratet und im August dieses Jahres die Rennen in York besucht, wo sie den berühmten Schriftsteller kennengelernt haben dürfte.

Aus einem Kaffeehaus in Mount Street schrieb Sterne an Lady Anne und erklärte, er fühle sich »in einen Strudel hineingezogen, der in meinem Kopf das Oberste zuunterst gekehrt hat«; er behauptete, nichts anderes mehr zu wissen, als daß er sie liebe, »vielleicht wie ein Narr«.[18] Im späteren Leben sollte Lady Anne eine Vorliebe für heimliche Liebesaffären offenbaren und sie hat an einem kühlen Geplänkel mit einem so erhitzten Mann vielleicht Spaß gehabt. Auf der anderen Seite hat sie für Sterne vielleicht bloß existiert, um sich Qualen der Ungewißheit auszumalen:

»Warum sagst Du mir, Du wärst glücklich, wenn Du mich sehen könntest? – Bereitet es Dir Vergnügen, mich noch unglücklicher zu machen – oder vergrößert es Deinen Triumph, daß Deine Augen und Deine Lippen einen Mann in einen Narren verwandelt haben, den alle anderen in der Stadt als einen Mann von Geist umwerben? – Ich bin ein Narr – der schwächste, der fügsamste, der verletzlichste Narr, dessen Schwäche jemals von einer Frau auf die Probe gestellt wurde – und ich bin der unentschlossenste Narr in meinen Vorsätzen und Entschlüssen, meinen klaren Verstand wiederzuerlangen.«[19]

Kaum nach York zurückgekehrt, schrieb er ihr und bezeichnete sich als »wirrköpfig«. Doch abgesehen davon, verlor sich der Reiz. Es gab in Yorkshire Feuer genug, mit dem Sterne fertig werden mußte. Am 1. und 2. August brannte das Pfarrhaus von Sutton nieder. Sterne führte das Unglück auf »die Sorglosigkeit der Frau meines Kuraten« zurück.[20] Der Vorfall war zweifellos sonderbar und hat möglicherweise ein wenig dazu beigetragen, daß Sterne zu Marmaduke Callis auf Distanz ging. Am ersten Tag hatte das Pfarrhaus an einem Ende

Feuer gefangen, das jedoch »gelöscht wurde, ohne daß es viel Schaden angerichtet hätte«. Man behielt die Asche während der ganzen Nacht im Auge und am nächsten Tag »glaubte man, alles sei in Ordnung«. Doch am Nachmittag fing das Gebäude am anderen Ende Feuer und »das ganze Haus brannte nieder«.[21] Sterne war klar, daß er es wieder würde aufbauen müssen, doch es wurde ein Unternehmen, um das er sich nicht kümmerte und das für seine Familie auf Dauer zu einer Qual wurde.

Von diesem Ärger abgesehen, plante er neue Bände mit Predigten. Im März und im Juli hatte er davon gesprochen und ihr Erscheinen für September angekündigt. Tatsächlich erschienen die Bände III und IV der Predigten jedoch erst am 22. Januar 1766, als Sterne sich in Italien aufhielt. Die Verzögerung läßt sich vielleicht dadurch erklären, daß er den Sommer benötigte, ein paar neue Predigten zu verfassen oder einige alte aufzupolieren. Er schrieb: »In diesem Augenblick sitze ich in meinem Sommerhaus, Kopf und Herz voll, nicht von Onkel Tobys Liebschaft mit der Witwe Wadman, sondern von meinen Predigten...«[22]

Was Zerstreuungen angeht, hatte er das Vergnügen, von Lord Spencer* ein schönes silbernes Tintenfaß zum Geschenk zu bekommen. Er mußte sich auch mit einem Heiratsantrag befassen, den Lydia in Frankreich erhalten hatte. Sie war siebzehn – nur wenig jünger als Lady Warkworth – und »ein französischer Gentleman von Vermögen« hatte sich ihr genähert, der älter war als Sterne selbst. Dieser Mann hatte an den Vater geschrieben, um sich zu erkundigen, welche Mitgift Lydia zu erwarten hätte. Sterne antwortete mit spaßigen Umschreibungen, die eine unerwartete Abneigung gegen ältere Herren offenbaren, die zärtliche Gefühle für junge Damen hegen:

---

* John Spencer (1734-1783) war der Urenkel des Herzogs von Marlborough. Sterne hatte Spencer die Bücher V und VI des *Tristram Shandy* und Spencers Gattin die Geschichte von Le Fever gewidmet.

»Mein Herr, ich werde ihr am Hochzeitstag zehntausend Pfund geben – ich rechne folgendermaßen: sie ist noch nicht achtzehn, Sie sind zweiundsechzig – das macht fünftausend Pfund; außerdem halten Sie sie, mein Herr, zumindest nicht für häßlich – sie hat viele Vorzüge, spricht Italienisch und Französisch, spielt Gitarre, und da ich fürchte, daß Sie überhaupt kein Instrument spielen, nehme ich an, daß Sie sie gern zu meinen Bedingungen nehmen werden, denn für mich sind damit die zehntausend Pfund voll.«[23]

Andere Väter hätten sich vielleicht deutlicher ausgedrückt oder es gar für vernünftig gehalten, die Tochter zu besuchen und den Bewerber in Augenschein zu nehmen. Doch Sterne hielt sich erst einmal neun oder zehn Monate in Italien auf, bevor er auf dem Heimweg seine Familie besuchte. Er war jetzt ausschließlich mit seiner Gesundheit beschäftigt. Im September begab er sich nach York, »um nach dem heftigsten Blutspucken, das jemals ein Sterblicher erlebt hat, wieder zu mir zu kommen; denn ich würde lieber ... dort sterben als unterwegs in einer Postkutsche«.[24] Er hatte vor, seine Reise Ende September zu beginnen und sich nur kurz in London aufzuhalten, weil »L'hyvere a Londres ne vaut pas rien, pour les poumones – a cause d'humidité et la fumè dont l'aire est chargèe.«[25]

Anfang Oktober war er in London und kaufte eine neue Perücke, um sich für Paris auszustaffieren. Gleichzeitig informierte er Foley, daß bei Becket 600 Pfund lägen, über die er und seine Frau, wenn notwendig, verfügen könnten. Binnen fünf Tagen war Sterne in Paris. Wiederum blieb er nur wenige Tage dort. Während dieser Zeit traf er mit Wilkes und Samuel Foote* zusammen. Auch Horace Walpole hielt sich in Paris auf, doch diese Vertreter seines Heimatlandes waren

---

* Samuel Foote (1720-1777), Schauspieler und Dramatiker. Karikierte in eigenen Stükken berühmte Persönlichkeiten. Galt seinen Zeitgenossen als der englische Aristophanes. [A. d. Ü]

nicht nach seinem Geschmack: »Sie werden es merkwürdig finden, daß mir das Lachen vergeht, wo doch Wilkes, Sterne und Foote hier sind; aber der erste bringt mich nicht zum Lachen, der zweite könnte es nie und was den dritten angeht, zahle ich lieber fünf Shilling, ehe ich mich von ihm unterhalten ließe.«[26] Wilkes war zu lange im Ausland gewesen und hatte darauf gewartet, daß das politische Klima in England günstiger würde. Es gibt einen Hinweis, daß er und Sterne in Paris Streit hatten. John Horne Tooke*, der mit Sterne in Lyon zusammentraf, schrieb an Wilkes: »Gibt es einen Anlaß zur Kälte zwischen Ihnen und Sterne? Er spricht sehr anständig von Ihnen, wenn es absolut notwendig ist, überhaupt zu sprechen; doch nicht mit jener Wärme und Begeisterung, die ich von jedem erwarte, der Sie kennt.«[27] Vielleicht hatte Wilkes die Geduld mit einem Außenseiter verloren, dem es dennoch offenstand, jederzeit den Kanal zu überqueren.

Am 7. November war Sterne in Beau Pont Voisin, aufgehalten »durch das plötzliche Anschwellen zweier jämmerlicher Flüßchen aufgrund der Schneeschmelze in den Alpen«. Er schmachte, schrieb er, »in einem Zustande verdrießlicher Gefangenschaft«[28], als könne er es gar nicht erwarten, ins Gebirge zu kommen. Die Überquerung der Alpen war in dieser Zeit ein anstrengendes und aufregendes Unternehmen, doch Sterne berichtet nichts darüber. Acht Tage später finden wir ihn in Turin, wo er wegen Überflutung der Straße nach Mailand wiederum festsitzt.

Sterne spricht einfach von »vielen Schwierigkeiten«[29], die unterwegs aufgetreten seien. Von Savoyen gelangte man nach Italien über einen steilen Anstieg von drei Meilen Länge, mußte eine sechs Meilen lange Hochebene in einer Höhe von mehr als sechstausend Fuß überqueren, und dann folgte ein sanfterer Abstieg von sechs Meilen. Viel hing von

---

* Tooke (1736-1812) war wie Churchill ein abtrünniger Geistlicher. Er war ein streitlustiger Materialist, der 1765 unter dem Titel »The Petition of an Englishman« ein Pamphlet zur Verteidigung Wilkes' veröffentlicht hatte.

der Jahreszeit ab. Viscount Palmerston, der die Reise 1763 unternahm, fand »die Passage ganz frei von Schnee, und da das Wetter sehr schön war, machte uns eher Hitze denn Kälte zu schaffen«.[30] Doch gegen Ende des Winters konnte der Schnee trügerisch sein. Samuel Sharp* wunderte sich 1766 über die »Gelassenheit, mit der wir viele Meilen am Rande so zahlreicher Abgründe entlangzogen, wobei oft auf der einen Seite riesige überhängende Felsen jeden Augenblick auf unsere Köpfe herabzustürzen drohten, während auf der anderen sich ein reißender Wildbach ergoß«.[31]

Sharp ist der zweite Reiseschriftsteller, den Sterne in *Reise des Herzens* karikierte, und zwar als Mundungus, der »die große Tour« machte und »nicht einmal von einer einzigen edlen Bekanntschaft oder ergötzlichen Situation erzählen (konnte); denn er war stur geradeaus gefahren, ohne nach rechts oder links zu schauen, damit weder Liebe noch Mitleid ihn verlocken sollten, von seinem Wege abzuweichen«.[32] Doch Sternes Art, zu reisen – vor Liebe und Mitgefühl überfließend – war dazu angetan, alle Einzelheiten der wirklichen Reise auszusparen, und es ist der gewissenhafte, wenn auch prosaische Sharp, der diesen Bericht von der Überquerung der Alpen gibt:

»Wenn man nach Italien einreist oder es verläßt, wird, wenn man am Fuße des Gebirges angelangt ist, die Kutsche oder Chaise zerlegt und auf Maultieren auf die andere Seite geschafft; man selbst wird von zwei Männern auf einem gewöhnlichen beinlosen Stuhl aus Stroh transportiert, der wie eine Sänfte mit zwei Stangen versehen ist; ein freihängendes Fußbrett dient zum Abstützen der Füße; doch obwohl man immer nur von zwei Männern getragen werden kann, stehen sechs und manchmal sogar acht weitere Männer zur Ablösung bereit. Den ganzen Tag über legt man auf diese Weise

---

* Sharp (1700-1778) war Arzt am Guy's Hospital gewesen. Wegen seines Asthmas gab er 1757 diese Stellung auf und begab sich aus gesundheitlichen Gründen auf Reisen.

vierzehn oder fünfzehn Meilen zurück, und wenn die zu tragende Person korpulent ist, ist es notwendig, zehn Träger einzusetzen. Obwohl ich den Aufstieg wie den Abstieg als außerordentlich zerklüftet beschrieben habe, sind die Träger
gleichwohl durch die lange Übung mit dem Untergrund so
vertraut geworden, daß sie, wie die Gemsen, selten einen
Fehltritt tun...«[33]

Für Sharp war Turin »übersichtlicher und prächtiger als jede
andere Stadt in Italien« und gäbe »für einen Mann, der mit
guten Empfehlungen kommt und in die beste Gesellschaft
eingeführt wird, einen prächtigen Wohnsitz ab«.[34] Sein unfreiwilliger Aufenthalt in Turin machte es Sterne möglich,
Zutritt zu einem Dutzend Häuser zu finden, König Karl Emmanuel von Sardinien vorgestellt zu werden und einen Reisegenossen zu finden: Sir James Macdonald, der, erst dreiundzwanzig Jahre alt, 1763 gleichwohl die Pariser Gesellschaft
entzückt hatte und von einem Besuch bei Voltaire in Genf
nach Turin gekommen war. »Die Vielfältigkeit seines Wissens
macht ihn zu einem sehr außergewöhnlichen jungen Mann«,
schrieb Horace Walpole. »Er ist beinahe zu klug für sein Alter
und allzusehr darauf erpicht, seine Klugheit zu zeigen.«[35]
Vielleicht war er für Sterne als Reisegenosse um so willkommener, als er sich darauf verstand, Hume nachzuäffen.
    Nach »erfreulichen vierzehn Tagen«[36] in Turin reisten
Sterne und Macdonald gemächlich durch die lombardische
Ebene, passierten Mailand, Piacenza, Parma und Bologna,
bevor sie den Apennin überquerten, um nach Florenz zu gelangen. Sterne war von der Reise entzückt. – »Das Wetter war
so köstlich wie in einem freundlichen April in England.«[37]
Der getrübte Blick hat ihm die Reise vielleicht in einem angenehmeren Licht gezeigt, als sie sich dem übergenauen Auge
Sharps darstellte, der meinte, bevor man es nicht selbst erfahren habe, sei es nicht möglich, sich auch nur annähernd die
Mißhelligkeiten vorzustellen, die »*italienische* Betten, *italieni*-

sche Köche, *italienische* Postpferde, *italienische* Postillions und *italienische* Schmutzigkeit einem Engländer bescheren«.[38]

In Mailand geschah es, daß Sterne mit der Marchesa Fagnini zusammenprallte. In Wirklichkeit war es wohl nicht mehr als die kurze Unschlüssigkeit zweier Menschen in einem engen Gang. Doch in der *Reise des Herzens* machte Sterne aus diesem Vorfall einen exakten Abriß der leidenschaftlichen Diagnose seiner Gefühle, die sein Lebensinhalt waren. Wenn Sterne reiste, dann nicht, um die Wunder der Welt zu sehen, Kunstwerke, Wasserfälle, Denkmäler, ja nicht einmal die Bräuche oder Gesichter fremder Menschen, sondern um den Arm einer Dame zu streifen und in dieser Sekunde Ekstasen und Mysterien zu erfahren, die genügten, um ein leeres Leben auszufüllen:

»Eines Abends wollte ich in Mailand zu einem Konzert Martinis gehn und war gerade im Begriff, den Saal zu betreten, als die Marquise von F. eilig herauskam. Sie stand schon fast vor mir, als ich sie erblickte. Rasch sprang ich zur Seite, um sie passieren zu lassen. Sie tat dasselbe und auch nach derselben Seite, so rannten wir mit den Köpfen zusammen. Sogleich wandte sie sich auf die andere Seite, um hinauszugelangen: ich traf es ebenso unglücklich wie sie, denn auch ich trat auf diese Seite und versperrte ihr abermals den Weg. Wir hüpften beide gleichzeitig wieder auf die andere Seite und dann wieder zurück und so fort – es war einfach lächerlich; wir erröteten beide über alle Maßen. Endlich tat ich, was ich gleich zuerst hätte tun sollen: ich stand stockstill, und die Marquise hatte keine Schwierigkeiten mehr. Ich fand nicht die Kraft, in den Saal zu gehn, bevor ich ihr nicht wenigstens so viel Genugtuung gegeben hatte, zu warten und ihr mit den Augen bis ans Ende des Durchgangs zu folgen. Sie sah sich zweimal um und ging beinahe seitwärts, als wolle sie Platz machen für jemand, der die Treppe heraufkam und an ihr vorüber mußte.

›Nein‹, sagte ich, ›das ist eine elende Auslegung: die Marquise hat ein Recht auf die beste Entschuldigung, die ich vorbringen kann, und sie hält den Raum frei, damit ich es dort tue.‹

So lief ich ihr nach und bat um Verzeihung für die Verlegenheit, in die ich sie gebracht hatte, indem ich ihr sagte, es sei meine Absicht gewesen, ihr Platz zu machen. Sie antwortete, dieselbe Absicht habe sie mir gegenüber geleitet; – so dankten wir uns gegenseitig. Sie stand gerade am oberen Ende der Treppe, und da ich keinen ihrer Kavaliere in der Nähe sah, bat ich um die Erlaubnis, sie zu ihrem Wagen führen zu dürfen. Während wir die Treppe hinabgingen, blieben wir auf jeder dritten Stufe stehn und sprachen über das Konzert und unser Abenteuer.

›Auf mein Wort, Madame‹, sagte ich, als ich ihr in den Wagen half, ›sechsmal habe ich mich bemüht, Sie hinauszulassen.‹

›Und ich habe mich sechsmal bemüht, Sie hereinzulassen‹, erwiderte sie.

›Wollte der Himmel, Sie würden es ein siebentes Mal tun‹, sagte ich.

›Von ganzem Herzen‹, sagte sie und machte mir Platz. Das Leben ist zu kurz, um zuviel Zeit mit Formalitäten zu verlieren; ich stieg also augenblicklich ein, und sie nahm mich mit nach Hause. –

Was aus dem Konzert geworden ist, das wird die heilige Cäcilia, die vermutlich dabei war, besser wissen als ich. Ich will nur noch hinzufügen, daß die Bekanntschaft, die ich dieser Übersetzung verdanke, mir mehr Vergnügen bereitete als irgendeine andere, die ich in Italien zu machen die Ehre hatte.«[39]

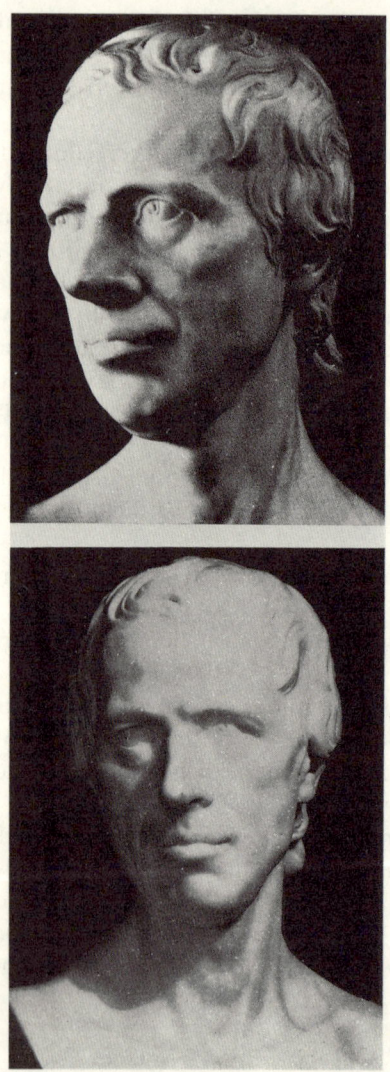

*Zwei Ansichten der Büste Sternes
von Joseph Nollekens aus dem Jahr 1766.*

1766

Als sein eigener Fremdenführer hastete Sterne mit größ-ter Eile durch die Herrlichkeiten Italiens. Florenz ge-währte er drei Tage, weniger um die Stadt und ihre Museen zu besichtigen, sondern um mit Sir Horace Mann zu speisen, dem britischen Gesandten und Generalbevollmächtigten, der mit dem Künstler Thomas Patch zusammenlebte. Dann, so plante er, werde er vierzehn Tage in Rom verbringen, »den Vatikan betreten und allen Heiligen im Pantheon vorgestellt werden«.[1] Eine so entschiedene Eile spricht gegen einen äu-ßerst bedenklichen Gesundheitszustand, und doch war es die Aussicht auf das milde Winterklima Neapels, die ihn vor-wärtstrieb.

Samuel Sharp war vom Winterklima Neapels so beein-druckt, daß er nicht zögerte, jedem Londoner, der wie er selbst an Asthma litt, zu empfehlen, auf der Stelle dorthin zu eilen. »Man sieht in den Treppenhäusern keine feuchten Stel-len und ebensowenig an den Wänden der Zimmer, das Eisen rostet nicht wie bei uns, ja sogar die Freskogemälde auf den Außenmauern halten sich jahrelang«,[2] berichtete er. Sterne war über die Wärme und Trockenheit entzückt. Gegen Ende dieses Jahres hatte in Neapel rauhes Wetter geherrscht; Sharp sprach von Gewittern. Doch im Februar ist, nach Sterne, »die Sonne so heiß gewesen, daß wir sie gerade noch ertragen konnten«.[3] Er hoffte, sein Leben um zehn Jahre ver-längert und »neue Quellen der Gesundheit in sich« entdeckt zu haben, »die mir bislang unbekannt waren«.[4] Es ist unwahr-scheinlich, daß sein Körper diese Träume bekräftigte, doch immerhin war Sterne bald so optimistisch, zu sagen, er werde »fett und glatt«.[5]

Macdonald hingegen bekam das Klima Neapels weniger gut. Er litt an einem »langen und höchst schmerzhaften Anfall von Rheumatismus«[6], der es ihm wohl unmöglich machte, die Stadt zu besichtigen. Tatsächlich war ihm nur ein kurzes Leben vergönnt, denn er starb am 26. Juli 1766 in Frascati. Doch Sterne hatte einen neuen, kraftvolleren Gefährten gefunden: Henry Errington, ein Northumberländer, etwa fünfundzwanzig Jahre jünger als Sterne. Die beiden Männer hatten sich bereits vor drei Jahren kennengelernt und erneuerten ihre Bekanntschaft, als Sterne in Rom war.

»Wir machen einen lustigen Karneval mit«, schrieb Sterne über Neapel, »nichts als Opern, Pulcinellos, Festinos und Maskeraden«.[7] Diese Unterhaltungen zogen Sternes Aufmerksamkeit stärker an als ein kleinerer Ausbruch des Vesuvs, der im Februar stattfand. Neapel scheint eine Zufluchtsstätte flegelhafter Formlosigkeit, Zerstreuung und schlechten Geschmacks gewesen zu sein, die Sterne vielleicht zugesagt hat. Sharp war entsetzt, daß die Neapolitaner die Oper einfach als einen Treffpunkt benutzten; sie liebten es, »während der Vorstellung hemmungslos zu lachen und zu schwatzen; und man kann sich vorstellen, daß eine Ansammlung von vielen hundert Menschen, die sich so laut unterhalten, die Stimmen der Sänger gänzlich erstickt«.[8] Was das Theater betraf, »scheint die Unterhaltung zum größten Teil aus Schlüpfrigkeiten, Schnitzern, Wortspielereien und sogar aus Schmutzigkeiten zu bestehen; man spuckt oder schneuzt dem anderen ins Gesicht, wie es heute auf der englischen Bühne noch immer vom *Merry Andrew** praktiziert wird«.[9]

Die beste englische Gesellschaft traf man mit Sicherheit jeden Abend im Haus von William Hamilton, der 1764 zum Gesandten und Generalbevollmächtigten in Neapel ernannt worden war.** Die englischen Besucher versammelten sich dort, wann immer sie nichts Besseres zu tun hatten, spielten Karten oder Billard oder veranstalteten Konzerte. Andernfalls gab es die Möglichkeit, vom Prinzen und der Prinzessin

---

* Merry Andrew: ein Clown, Possenreißer, Hanswurst. [A. d. Ü.]
** Hamilton (1730-1803) war natürlich der zukünftige Gatte von Nelsons Emma.

Francavilla eingeladen zu werden. Zuweilen gaben sie in einer Woche drei Bälle für nicht weniger als achthundert Personen. Sterne schrieb an Hall-Stevenson, er sei gerade dabei, sich für ein solches Fest zu verkleiden, »das bestimmt großartig wird«.[10] Miss Tuting weilte in Neapel und hat mit ihrer Dankbarkeit Sternes gute Laune vielleicht ein wenig sinken lassen.

Doch die reisenden Engländer waren selten entspannt. Selbst wenn das Winterwetter ungewöhnlich warm war, konnten sie sich die Feststellung nicht verkneifen, daß es dadurch zu einer Fliegenplage komme. Samuel Sharp glaubte, daß es jeder Engländer im Ausland in Wirklichkeit vorgezogen hätte, zu Hause zu sein und daß er die Tour nur mache »als eine Art Ausbildung, durch die man sich qualifiziert«.[11] Die englischen Reisenden, wie Sharp sie beschreibt, kann man sich lebhaft vorstellen, wie sie in krampfhaften Unterhaltungen über die Unergründlichkeit des Wetters vertieft sind: »Ich hörte, wie der eine Engländer behauptete, der heutige Tag sei genau so kalt wie der kälteste Tag, den er in England je erlebt habe, doch dann hörte ich wie ein zweiter erklärte, eben dieser Tag sei so warm wie der erste Mai in England; so wenig können wir der Aussage eines anderen trauen und sind im allgemeinen aufs Heftigste von unserer unterschiedlichen Wahrnehmung des Augenblicks beeinflußt.«[12]

Vermutlich war Sterne ein allzu untypischer Engländer, um sich über die Schwerfälligkeit seiner reisenden Landsleute zu amüsieren. Obwohl er selber ein so flüchtiger Schilderer fremder Länder war, macht er Smollett und Sharp Vorwürfe und darin spiegelt sich vielleicht eine Verärgerung über das Auftreten von Engländern im Ausland wider. In der *Reise des Herzens* zieht sich der von Landsleuten gestörte Erzähler auf sein Zimmer zurück, »da ein Engländer nicht reist, um Engländern zu begegnen«.[13]

Nachdem er Neapel verlassen hatte, schrieb er einen Dankesbrief an Hamilton und seine Gattin, um »für die zahlrei-

chen Freundlichkeiten und Aufmerksamkeiten zu danken …
und die ich, wenn ich jetzt aus der Ferne daran zurückdenke,
noch höher schätze und als noch größere Freude empfinde
als damals, da ich sie tatsächlich genoß«.[14] Auch hier wird das
Ereignis selbst durch Erinnerung oder Vorwegnahme mühe-
los übertroffen.

Curtis hat bemerkt,[15] daß Sterne, woran immer er in Neapel Vergnügen fand, bereit war, seine Überzeugung für eine
schlagende Bemerkung zu opfern. In d'Holbachs Haus bekannte er dem Abbé Galiani: »Il vaut mieux mourir à Paris
que vivre à Naples«.[16]

Das Reisen, ganz gleich ob durch Länder, Leute oder
Ideen, erlaubte Sterne eine überragende Anpassungsfähigkeit, wodurch Meinungen verändert werden konnten, damit
sie den Umständen gerecht wurden. Doch ein solcher Kompromiß wird einem Mann wie Sterne, dem die Erfahrung
tiefe Wunden geschlagen hatte, nicht leichtgefallen sein.

Das hieß, daß Sterne sich niemals ganz mit Freude oder
Trauer identifizieren konnte. Deshalb schlüpfte er wie ein
Geist durch Mauern, Sehenswürdigkeiten und Gesellschaf-
ten – jeden faszinierend, der ihn zu kennen meinte, doch als
Person nicht erreichbar.

Mitte März machten sich Sterne und Errington auf den
Weg nach Rom, um rechtzeitig zur Karwoche dort zu sein. Sie
reisten über Monte Cassino, wo sie im Kloster »wie regie-
rende Fürsten empfangen und bewirtet wurden«. Doch
Sterne behauptete auch, einen grotesken Unfall gehabt zu haben, ebenso schlimm, wenn auch folgenlos, wie die Bestra-
fung, die in den Cartoons von »Tom und Jerry« für die Katze
vorgesehen war: es sei »ein Trampeltier von einem Pferd auf
mich gefallen« und habe ihn »so platt wie einen Pfannkuchen
gewalzt«.[17]

Der Schaden kann nicht allzu groß gewesen sein, denn der
Unfall trug sich in Rom zu, als Sterne dem Bildhauer Joseph
Nollekens für eine Büste saß. Nollekens war noch nicht drei-

ßig und hatte seinen ersten Erfolg mit einer Büste Garricks gehabt, die er 1763 in Rom anfertigte. Seine Marmorbüste von Sterne ist erstaunlich gut und zeugt eindrucksvoll von Sternes in Neapel verbesserter Gesundheit. Dennoch ist der Kopf hager – so ausgemergelt, daß die Frisur in römischem Stil Sterne für die Rolle des Cassius geeignet erscheinen läßt–, drückt jedoch mehr Kraft und Ruhe aus, als man nach dem Porträt von Reynolds erwartet haben würde. Der Mund ist breit und gerade, als könne er ohne Albernheit erheiternd sein. Die Nase ist sehr groß, doch der Kiefer ist streng und beherrscht. Verglichen mit dem Reynolds-Porträt zeigt die Büste mehr Intelligenz, Geduld und Freundlichkeit. Nur im Profil läßt die stark gebogene Nase auf den Possenreißer Sterne schließen.*

Sterne hatte gehofft, in Begleitung Erringtons über Venedig, Wien, Berlin, Hannover und Holland nach England zurückzukehren. Er hatte sogar schon an Hall-Stevenson geschrieben und darum gebeten, man möge Briefe im voraus nach Venedig schicken. Doch dieser Plan zerschlug sich, vermutlich wegen des Todes der Gattin des Botschafters am Kaiserlichen Hof. Folglich konnte Sterne von seinem ursprünglichen Plan, seine Familie in Frankreich zu besuchen, nicht abweichen.

Auf der Höhe seines Ruhmes hatte sich Sterne gebrüstet, ein an Tristram Shandy gerichteter Brief aus irgendeinem Ort in Europa werde ihn mit Sicherheit erreichen. Doch das Aufspüren seiner umherziehenden Familie war für Sterne keine leichte Aufgabe. »Noch nie hat ein Mann eine solche sinnlose Jagd auf seine Frau machen müssen wie ich«,[18] klagte er. Schließlich fand er sie in der Nähe von Dijon, nachdem er

---

* Nollekens selbst war mit der Büste besonders zufrieden, »sogar noch im Alter und erwähnte oft ein Bild, das Dance von ihm gemalt hatte und auf dem er sich auf Sternes Haupt stützt«. Die Büste hatte vielleicht noch einen zusätzlichen Erinnerungswert durch die Tatsache, daß Nollekens einen Hohlraum in der Büste dazu benutzte, Seide und Spitzen von Rom nach England zu schmuggeln. (J. T. Smith, *Nollekens and his Times* [London, Auflage von 1920], Vol. I, S. 8 und 13)

in fünf oder sechs anderen Städten vergeblich gesucht hatte.
In Anbetracht der Schwierigkeit ist es kaum überraschend,
daß Mrs. Sterne bat, noch ein wenig länger in Frankreich bleiben zu dürfen.

Vieler Überredungskünste wird es bei Sterne kaum be-
durft haben, und er war in der Lage, mit seiner Familie einen
kurzen Urlaub zu genießen: »Dies ist hier ein köstliches Fleck-
chen Erde; das Wetter ist ganz himmlisch, und wir liegen den
ganzen Tag im Gras ... zweimal täglich vom besten Burgun-
der, der auf den Bergen ringsum wächst, inspiriert.« Lydias
Fortschritte waren für ihren Vater eine große Befriedigung.*
Zu Beginn des Winters waren sie und ihre Mutter an Wechsel-
fieber erkrankt, doch jetzt fand Sterne, daß Lydia »sich in jeder Hinsicht vervollkommnet hat, wie ich es mir gewünscht
hatte«.[19] Sterne war zu Scherzen aufgelegt, und als Miss Trist,
eine Dame aus dem dortigen Kreis, beim Schreiben eines
Briefes an ihre Mutter unterbrochen wurde, konnte Sterne
nicht widerstehen, mit flinker Feder das leere Papier zu füllen, rasch von der Schmeichelei zur Schwärmerei überge-
hend:

»Da Miss Triste (Gott weiß, warum) aus dem Zimmer gegangen ist, hat Tristram Shandy es für geziemend gehalten, aus
ihrer Abwesenheit und der Versuchung dieses leeren Blattes
Nutzen zu ziehen und der Mutter seine besten Empfehlungen zu senden, nicht nur einzig ihrer Tochter zuliebe (denn
das wäre unhöflich), sondern um seine Wertschätzung für
Mrs. Triste und ihren ehrenwerten Charakter zu bekunden,
zugleich jedoch die Vorzüge ihres lieblichen Kindes zu ehren,
die den Augen von Tristram Shandy so entzückend erscheinen, daß es vorteilhaft für sie ist, ihn durch eine früher einge-
gangene unbedeutende Verbindlichkeit gebunden zu wissen
– durch nichts weiter als eine Ehe.«[20]

---

* Curtis merkt an, Lydia habe einige Passagen aus Sternes Exemplar der ersten Ausgabe von Rousseaus *Emile* abgeschrieben. (*Letters*, S. 188, Nr. 11)

Sterne betrachtete diesen Scherz als Teil eines neu erwachten Dranges, zur Feder zu greifen. Er schrieb an Hall-Stevenson: »Ich glaube tatsächlich, daß ich mit der Feder in der Hand sterben werde, und ich werde noch zehn Jahre leben ... ungeachtet der Befürchtungen meiner Frau, die in dieser Beziehung sehr melancholisch war, als ich sie verließ.«[21]

Über Paris, Calais, London und York kehrte er nach Coxwold zurück. Vom Schreiben wurde er zunächst durch »tausend Kleinigkeiten oder gar Nichtigkeiten«[22] abgehalten und war darauf vorbereitet, daß die Rennen von York oder, falls Hall-Stevenson mitmachte, ein Ausflug nach Scarborough, weitere Verzögerungen bedeuten würden.

Es ist ein interessantes Zusammentreffen, daß Sterne, gerade als er mit der Arbeit an Buch IX des *Tristram Shandy* begann, Ende Juli einen kuriosen und anrührenden Brief erhielt. Er kam von Ignatius Sancho, einem Schwarzen, der auf einem Sklavenschiff geboren wurde und später als Butler in die Dienste des Herzogs von Montagu trat. »Ich bin einer jener Leute, welche die Engstirnigen und Gewöhnlichen Nigger nennen«, schrieb Sancho und fügte hinzu, sein größtes Vergnügen sei die Lektüre philanthropischer Werke. »Wie viel Dank schulde ich Ihnen, lieber Herr«, schrieb er, »für die herzerfrischende Gestalt Ihres liebenswerten Onkel Toby! Ich erkläre, daß ich bei glühender Hitze zehn Meilen marschieren würde, um dem ehrlichen Korporal die Hand zu schütteln...«[23] Sternes Predigt »Hiobs Bericht über Kürze und Beschwerlichkeit des Lebens« hatte es Sancho besonders angetan, weil darin vom bitteren Trank der Sklaverei die Rede war, den Millionen zu trinken gezwungen wurden.* Nur diese Predigt und die *History of Sir George Ellison* hatten, soweit Sancho wußte, »eine Träne übrig für die Leiden meiner armen schwarzen Brüder«.[24] Doch diese beiden Plädoyers genügten Sancho nicht und er drängte Sterne, sich mit

---

* Sancho blieb ein Verehrer Sternes. Nollekens selbst schenkte ihm 1780 einen Abguß der von ihm geschaffenen Büste Sternes. (Smith, a.a.O., S. 25 f.)

den Bedingungen der Sklaverei in Westindien zu befassen und sich vielleicht »auf Ihre Manier« damit auseinanderzusetzen. Sancho schloß mit einer flehentlichen Bitte, die Sternes Stil kunstreich nachempfunden war: »Lieber Herr, denken Sie daran, in mir sehen Sie die erhobenen Hände von Millionen meiner schwarzen Brüder – Leid (haben Sie mitleidsvoll gesagt) ist beredt – malen Sie sich dieses Bild aus – hören Sie ihre flehentliche Bitte – die Menschlichkeit muß sie erhören.«[25]

Auf diese Weise gedrängt, konnte Sterne nicht widersprechen. Er antwortete mit Begeisterung: »Ich blicke nie nach Westen (zumindest wenn ich in nachdenklicher Stimmung bin), doch ich denke an die Bürde, welche Ihre Brüder und Schwestern *dort* zu tragen haben – und könnte ich ihre Schultern auch nur um eine Unze davon erleichtern, würde ich, ich schwör's, zu ihrem Heil noch in dieser Stunde eine Pilgerfahrt nach Mekka antreten.«[26] Es ist charakteristisch für Sterne, daß er vorschlägt, zur Lösung eines Problems, das im Westen liegt, nach Osten zu pilgern. Und sein sehnsüchtiges Schielen über den Atlantik ging vielleicht einher mit dem Gedanken an seinen Vater, der in Jamaika bei dem Versuch gestorben war, ein Sklaven-Weltreich aufrechtzuerhalten.

Doch Sternes Position ist ganz und gar liberal. Er fragt sich: Was bedeutete schon die Hautfarbe? »Mittels der zartesten Abtönungen und unmerklichsten Abweichungen geht die Natur vom blassesten Teint von St. James zur schwärzesten Hautfarbe Afrikas über: Bei welcher dieser Abstufungen sollten die Bande des Blutes aufhören? und wie viele Schattierungen müssen wir auf der Skala noch weiter hinabsteigen, ehe die Barmherzigkeit mit ihnen verschwindet?«[27]

Vor allem aber war Sterne durch das zufällige Zusammentreffen von Sanchos Brief mit seinen eigenen Gedankengängen verblüfft: »ich hatte nämlich an einer zärtlichen Geschichte über die Leiden eines einsamen armen Negermädchens geschrieben und meine Augen hatten vor Schmerz kaum zu brennen begonnen, als Ihr Brief zu mir gelangte, der sich zum Fürsprecher so vieler Ihrer Brüder und Schwestern machte.«[28]

Dieser Passus findet sich in Kapitel 6 von Buch IX. Das betreffende Mädchen wird von Tom erblickt, als es »Fliegen wegscheuchte – nicht sie umbrachte«, denn »sie hat Verfolgung erlitten ... und Barmherzigkeit gelernt«. Trim fragt Toby zweifelnd: »Ein Neger hat doch eine Seele?« und Toby erwidert: »Ich nehme an, Gott wird ihn nicht ohne eine belassen.« Das Verständnis vertieft sich, als Toby vermutet, es sei die Wehrlosigkeit des Mädchens, die »sie dem Schutz empfiehlt – und ihre Brüder mit ihr; das Kriegsglück hat uns *jetzt* die Peitsche in die Hände gegeben – wo sie später einmal sein mag, weiß der Himmel!«[29]

Es ist gut möglich, daß Sterne diese Szene erfand, bevor er Sanchos Brief erhielt. Doch er schreibt in Kapitel 1 von Buch IX: »Und da sitze ich, an diesem 12. Tag des August 1766, in einem purpurfarbenen Wams und gelben Pantoffeln, weder eine Perücke noch eine Mütze auf dem Kopf...« Seine Antwort an Sancho ist vom 27. Juli datiert. Darum halte ich es, alles in allem genommen, für wahrscheinlicher, daß Sterne den Anstoß von Sancho bekam, so wie er einst behauptet hatte, sich just seiner Schulden bei Garrick erinnert zu haben, als dieser ihn mahnte. Das würde Sterne nicht unglaubwürdig erscheinen lassen, sondern die außerordentliche Anpassungsfähigkeit seines Wesens illustrieren und seine Bereitschaft, sich von allem inspirieren zu lassen, was sich ihm aufdrängte.

Ende August erzählte Sterne seinem Verleger, er plane zwei neue Bücher des Tristram Shandy, obwohl er einen Monat zuvor einem Freund geschrieben hatte, er werde »in diesem Jahr nur einen Band veröffentlichen« und im nächsten Jahr »ein neues Werk in vier Bänden anfangen, nach dessen Abschluß ich mit frischem Mut den Tristram fortsetzen werde«.[30]

Anfang 1767 vertraute Sterne William Combe* an, daß ihm »aufgrund eines heftigen Fiebers«[31] das neunte Buch mißglückt sei. Hat Sterne den *Tristram Shandy* beendet oder hat der Tod dafür gesorgt? 1766 war Sternes gefährdete Gesundheit kein Geheimnis mehr. Thomas Patch hat ihn in einer entsetzten Konfrontation mit dem geduldigen Tod gemalt. Eine so fragile Existenz lebte von Tag zu Tag. So wie die Bitte des Negers sich einen Platz im Roman erobert hatte, so war Sterne vielleicht offen für jeden Vorschlag. In diesem Fall war die Meinung seines Verlegers möglicherweise entscheidend. Die Kritiker hatten empfohlen, das Buch zu beenden. Becket bestand vielleicht auf seiner Fortführung. Die Yorker Rennen boten 1766 mehr Aufregung als gewöhnlich, weil der Herzog von York die Schirmherrschaft über die Veranstaltung übernommen hatte. Sterne wurde sogar dazu überredet, vor dem Herzog zu predigen: vermutlich seine letzte Predigt.

Es gibt keinen Hinweis auf ein Fieber, das das Buch X verhindert haben könnte, bis auf eine kryptische Bemerkung in Kapitel 24 von Buch IX, »daß ich in dieser Woche einige achtzig Unzen Blut in einem höchst harmlosen Fieber verloren habe, das mich am Anfang dieses Kapitels überfiel; so daß mir noch einige Hoffnung verbleibt, es liege eher an den seriösen oder globulösen Teilchen des Blutes als in der feinen *Aura* des Gehirns – sei dem, wie ihm wolle – eine Anrufung kann keinen Schaden anrichten – und ich überlasse die Angelegenheit gänzlich dem Angerufenen, mir eine Inspiration oder eine Injektion zu geben, wie er es für gut befindet.« Ungeachtet der häufigen Behauptungen Sternes, Blut verloren zu haben, macht seine Auffassung vom Blut als Körpersaft**

---

 * Combe (1741-1823) war in Eton und Oxford gewesen. Er begegnete Sterne erstmals 1764 oder 1765, möglicherweise auf dem Festland. Er pflegte die Freundschaft mit Sterne und wurde einer der geschicktesten Erfinder von Sterneana.
** Von der Humoralphilosophie des griechischen Arztes und Philosophen Hippokrates war Sterne stark beeinflußt. Nach dessen Lehre gab es vier »humours«, Körpersäfte (Blut, Schleim, Galle, schwarze Galle), die mit den vier Temperamenten (sanguinisch, cholerisch, phlegmatisch, melancholisch) korrespondieren. [A.d.Ü.]

die medizinische Exaktheit mancher seiner Diagnosen zweifelhaft.

Die Krankheit, die Sterne während des Herbstes 1766 am meisten zu schaffen machte, war die seiner Frau. Er hatte im September erfahren, sie sei krank, und er war entschlossen, sollte ihr Zustand sich verschlechtern, »so kostspielig die Reise auch wäre, nach Avignon zu eilen, um ihr und meinem armen Mädchen Trost zu spenden«.[32] Einen Monat später glaubte er, mit seiner Frau gehe es, »nach allem, was man hört, rasch zu Ende«; und er wies Foley an, ihr Geld zu schikken, mit dem Gedanken, daß »sie in ihrer traurigen Lage jede Hilfe braucht, die ich ihr geben kann«.[33] Doch gegen Ende November hörte er zu seiner Freude, daß sie außer Gefahr sei. Sie und Lydia lebten in Vaucluse sehr behaglich in einer Sieben-Zimmer-Wohnung, alles für sechzehn Guineen im Jahr.

Sterne hatte vor, Weihnachten in London zu sein, um sich »mit einem weiteren Kind der shandyischen Fortpflanzung ins Kindbett zu legen«.[34] Ob krank oder nicht, er hat vielleicht geahnt, daß ihm nicht mehr viel Zeit blieb, denn Buch IX des *Tristram Shandy* enthält eine jener unerwarteten Enthüllungen Sternes, als stieße er plötzlich eine Tür zu seiner Seele auf. Nicht, daß die Enthüllung ganz aufrichtig wäre. Im Gegenteil, es ist eine demonstrierte Offenheit. Er romantisierte sich selbst so sehr, daß er diese angeblich intimen Gedanken jener imaginären Dame anvertrauen konnte, die immer in einem Winkel seiner Seele wartete:

»Ich will die Sache nicht weiter verhandeln: die Zeit vergeht zu schnell: jeder Buchstabe, den ich aufzeichne, sagt mir, mit welcher Hurtigkeit das Leben meiner Feder folgt; seine Tage und Stunden, wertvoller, meine liebe *Jenny*! als die Rubine um deinen Hals, fliegen über unsere Köpfe hinweg wie leichte Wölkchen eines windigen Tages, um nie wiederzukehren – alles drängt weiter – während du eine Locke drehst, – sieh! sie wird grau; und jeder Kuß, den ich dir zum Abschied auf die Hand drücke, und jede Abwesenheit, die darauf folgt, sind Vorspiele der ewigen Trennung, die uns in kurzem bevorsteht. –«[35]

Sterne und der Tod,
gemalt von Thomas Patch, 1766.

1767-1768

Wenn Sternes Leben bis zum Alter von dreiundfünfzig Jahren eine Folge von Exkursionen in die Einbildungskraft gewesen ist, um der unbefriedigenden Realität seiner Existenz zu entkommen, unternahm er 1767 die außergewöhnlichste Reise in eine bloße Gedankenwelt. In diesem Jahr setzte er sich noch mehr über seinen zunehmenden körperlichen Verfall hinweg und konzentrierte seine ganze Kraft auf das exotische Wuchern seiner Phantasie. Das *Tagebuch für Eliza* und die *Reise des Herzens*, beide 1767 geschrieben, eröffneten Sterne nicht nur neues literarisches Terrain, sondern begründeten unauslöschlich seinen Ruf als Mensch und als Schriftsteller. Wenn Sterne so oft Mißverständnissen und ungerechtfertigten Urteilen ausgesetzt war, dann, weil man sein Verhalten im Jahre 1767 falsch interpretiert hat. Wenige Menschen sind dazu in der Lage, ihr Leben so einzurichten, daß dessen Abschluß wirklich dramatisch ist. Sterne jedoch gelang das, als wolle er damit die Nachlässigkeit seiner Geburt und die Inkonsequenz seines früheren Lebens wettmachen. Er war ein Mann, der sich immer für krank hielt, und das 1767 nicht weniger, doch sein Tod im März 1768 kam medizinisch dennoch ziemlich unerwartet. Es will fast scheinen, als habe sein Gespür für das Romanhafte seines eigenen Lebens die unwiederholbare Ekstase des Jahres 1767 erkannt, und sei dann erloschen. Er hatte so viele Male über und mit dem Tod gesprochen, daß dieser sich vielleicht unbemerkt an ihn herangeschlichen hat.

* * *

In der ersten Januarwoche 1767 reiste Sterne in »einem furchtbaren Hurrikan von Wind und Schnee«[1] nach London. Der Schnee reichte den Pferden bis zu den Bäuchen, und so brauchte er vier Tage, um London zu erreichen. Er bezog eine Wohnung in Old Bond Street, jene Räume, in denen er in wenig mehr als einem Jahr sterben sollte.* Sie lagen im Hause der »Königlichen Perückenmacherin« Mrs. Mary Fourmantel. Das Wiederauftauchen dieses Namens in Sternes Leben ist gewiß mehr als ein Zufall. War diese Frau gar die Mutter, die Kitty Fourmantel 1759 in York begleitet hatte? Lebte Kitty oder war sie tot? Es gibt auf diese Fragen keine Antwort. Sterne erwähnt Kitty nicht, noch nicht einmal in einer liebevollen Nebenbemerkung.

Die Kälte in London war so groß, daß Sterne »deswegen kaum im Bett liegen konnte«.[2] Und als es zu tauen begann, waren die Straßen schmutziger als die in Coxwold. Doch Sterne trippelte durch den Matsch, um sich im Theatre Royal Garricks neues Stück, *Cymon*, anzusehen. Er genoß auch ein Konzert in Soho, wo er Lord Fauconbergs Tochter Anne kaum wiedererkannte, weil sie sich »bis zur Nasenspitze eingemummelt hatte«.[3] Es handelte sich um ein von Theresa Cornelys veranstaltetes Konzert in Carlisle House. Madame Cornelys war eine venezianische Konzertagentin, Mätresse einflußreicher Männer und Gattin eines Tänzers namens Pompeati. In den 6oer Jahren arrangierte sie Veranstaltungen für Abonnenten in Soho Square, in denen die Konzerte den größten Zulauf hatten. Johann Christian Bach war einer der Dirigenten in Carlisle House und Sterne sagte, dieses sei »das beste Konzert gewesen, dem beizuwohnen ich je die Ehre hatte«.[4]

In dieser Zeit gewann Sterne zwei neue Freunde: Kommodore William James und seine Gattin, die ein Haus in Gerrard Street bewohnten. Sternes enge Beziehung zu diesem Paar scheint, wenn auch kurz, herzlich gewesen zu sein und verdeutlicht einmal mehr, wie wenige seiner Freunde Schriftsteller waren. James hatte auf dem Meer sein Glück gemacht. Als

* Curtis behauptete, dieses Gebäude, das 1904 abgerissen wurde, habe sich an der Stelle befunden, wo jetzt das Haus Nr. 48 stehe. (*TLS*, 24. März 1932)

Junge war er ausgerissen, zur See gegangen und 1747 im
Range eines Maats zur East India Company gekommen.
Doch 1751 wurde er zum Commodore befördert und zum
Befehlshaber der Flotte der Company ernannt. Er zog be-
trächtliche Vorteile aus seiner erfolgreichen Jagd auf den Pi-
raten Angria; er nahm als erster die Festung Severndroog,
nahe Bombay, ein, und darauf, zusammen mit dem jungen
Clive, die Festung Gheria. Dieser Sieg erbrachte eine Beute in
Höhe von 100000 Pfund, von der James zweifellos einen gro-
ßen Anteil erhielt.

1759 kehrte er nach England zurück, wohlhabend genug,
Park Place Farm bei Eltham und ein Haus in Soho zu kaufen.
1765 heiratete er Anne Goddard und gemeinsam begründeten sie in Gerrard Street einen anglo-indischen Salon.

Am 29. Januar erschien Buch IX des *Tristram Shandy*. Sterne
behauptete, es sei von allen Büchern in London am besten
aufgenommen worden. Doch die Kritiken sagen etwas anderes aus, und Sterne wird in Wahrheit auch nichts anderes erwartet haben. Es hatte an Warnungen nicht gefehlt, der
Shandy-Spaß habe sich erschöpft. *The Monthly Review* bedauerte die Tatsache, »daß die Natur die ausgesuchtesten Blu-
men des Geistes auf so launenhafte Weise einem nichtswürdi-
gen Humus von Possenreißerei entsprießen läßt«,[5] und
erkannte auch die Rolle des Spaßmachers, in der Sterne bereits von vielen Kritikern gesehen worden war:

»Endlich haben die Kritiker sein *wirkliches* Urbild entdeckt
– den HARLEKIN. Siehst du die Ähnlichkeit, Leser?... *Reverend
Tristram* klingt nicht halb so gut wie *Harlekin Shandy*;... die
PANTOMIME DER LITERATUR.«[6]

Ungeachtet seiner früheren Neigung zur Verspieltheit,
hatte ein solcher Tadel in Sterne an ein Gefühl gerührt, das
ernstgenommen werden wollte. Es ist möglich, daß der *Tristram Shandy* ihn bereits langweilte; falls nicht, hat der ab-
schließende Vorwurf des *Monthly Review* ihn vielleicht dazu
bewogen, ernsthaft zu werden. Ende Januar schickte er seine

Gesammelten Werke an eine junge Frau, die er im Hause von Kommodore James kennengelernt hatte; sein Kommentar läßt darauf schließen, daß er sich um eine neue Aufrichtigkeit bemühte: »Die Predigten sind mir ganz heiß aus dem Herzen gekommen – ich wünschte, sie wären es wert, Dir gewidmet zu werden –, die anderen kamen aus dem Kopf – ihre Aufnahme bekümmert mich weniger.«[7]

Die junge Dame war Eliza Draper. Sie war zweiundzwanzig Jahre alt, und Sterne schloß sein Begleitschreiben mit den Sätzen: »Ich bin halb verliebt in Dich. Ich sollte es eigentlich *ganz* sein, denn ich habe nie eine Vertreterin Deines Geschlechtes höher geschätzt (oder mehr schätzenswerte gute Eigenschaften gefunden) und mehr geachtet als Dich.«[8] Wir wissen nicht, wie Eliza aussah. Obwohl Sterne Bildnisse Elizas sammelte, davon sprach, er trage ein Miniaturbildnis um den Hals und sie durch seine Aufmerksamkeit zu einer Berühmtheit machte, ist kein Bild überliefert, das mit Sicherheit authentisch ist. Sterne erwähnte ihre Augen und das »höchst vollkommene Oval« ihres Gesichtes, doch in ihrem Fall reizte ihn nicht die Schönheit:

»Du bist nicht schön, Eliza,* und Dein Gesicht wird nur dem zehnten Teil der Betrachter gefallen – aber Du bist mehr – und ich scheue mich nicht, Dir zu sagen, daß ich nie ein klügeres, beseelteres und gütigeres Gesicht gesehen habe; und kein Mann, der Verstand, Zärtlichkeit und Gefühl besitzt, verbrachte jemals (oder wird jemals verbringen) eine Stunde in Deiner Gesellschaft, ohne daraufhin Dein Bewunderer oder Freund geworden zu sein (oder zu werden), das heißt, solange Du nicht einen Charakter annahmst oder annimmst, der Deinem Wesen fremd ist, sondern das ungekünstelte Geschöpf bleibst, zu dem die Natur Dich bestimmt hat. Du hast etwas Gewinnenderes in Deinen Augen und Deiner Stimme

---

* »Ich konnte an Eliza nichts Besonderes entdecken«, berichtete Mrs. Thrale. »In meinen Augen war sie eine Frau wie jede andere.« (*Thraliana*, a.a.O., S. 384)

als alle Frauen, die ich je gesehen und von denen ich je gelesen und gehört habe. Aber es ist jene bezaubernde Art ge-
heimnisvoller Eigenschaften, die nur sehr feinfühlige Männer zu rühren vermag.«[9]

Elizas wahre Anziehungskraft für Sterne dürfte in der gefühlvollen Geschichte gelegen haben, die mit diesen sanften
Augen verbunden war. Sie war ein Opfer jener Art, der eine
»geschärfte Empfindsamkeit« kaum widerstehen konnte.
Eliza Sclater war 1744 als Tochter eines Angestellten der East
India Company an der Küste von Malabar geboren worden.
Als sie mit vier Jahren Waise wurde, kam Eliza nach England,
um in einem Internat erzogen zu werden, wo sie erheblich
mehr gelitten zu haben scheint als Sterne auf seiner Schule.
1757 kehrte sie nach Bombay zurück, wo sie im folgenden
Jahr, erst vierzehn Jahre alt, Daniel Draper heiratete, einen
Angestellten der Ostindischen Gesellschaft. Als Achtzehnjäh-
rige war sie bereits Mutter zweier Kinder und hatte genug
von ihrem Gatten, einem »grämlichen, reservierten« Mann,
und insbesondere von Indien. Eliza war zweifellos nicht
dumm. Sie beklagte ihre kümmerliche Bildung und ihre Isolation in Indien:

»Das ist bei allen Mädchen der Fall, deren Los Indien ist – Bei
keinen anderen Geschöpfen dieser Welt läßt die Bildung soviel zu wünschen übrig, und dabei hätten sie sie bei ihrer Le-
bensweise so bitter nötig – denn in den östlichen Ländern ist
das Leben so eingerichtet, daß jede Frau üblicherweise über
ein Übermaß an freier Zeit verfügt; Müßiggang – das ist entweder ein Segen oder ein Fluch, je nachdem wie man veran-
lagt ist. Die Mehrheit von uns ist außerordentlich leichtfertig;
das gebe ich zu. Wie könnte es anders sein? Man hat uns nie
beigebracht, daß es auf der Welt etwas Wichtigeres geben
könnte als das Bestreben, so rasch als möglich eine gehobene
Stellung in der Gesellschaft zu erreichen. Ein hübscher Teint,

angenehme Umgangsformen, ein gewisser Geschmack in Kleidung und Schmuck, soviel Geschicklichkeit, um ein Menuett tanzen und ein Lied vortragen zu können, sind das *summum bonum* der Fertigkeiten hier [in Indien] – und nichts anderes wird uns von Müttern, Tanten und Gouvernanten eingeschärft. Auf diese Weise vervollkommnet, verlassen die Besten von uns Europa und beginnen als Vierzehnjährige als Ehefrauen im Osten ihr Leben. Klima, Sitten und handgreifliche Beispiele verleiten zur Trägheit – diese verführt uns zu Liebeleien – ein Gift, das alles zerstört, was liebenswert und gut ist.«[10]

Die naiven Einsichten dieses Briefes haben Sterne vielleicht ebensosehr gereizt wie der reuevoll eingestandene Hang zu »Liebeleien«. Im gleichen Maße war Sterne für ein naives Mädchen aus einem fernen Winkel des Empire eine große Eroberung. Eliza dürfte den berühmten Autor nicht ganz zu Unrecht als ihren Lehrmeister und Gönner angesehen haben. Sie hielt sich in London auf, während ihre Kinder zur Schule gingen und ihr Gatte nach Bombay zurückkehrte. Sie kannte Sterne lediglich zwei Monate, bevor sie gezwungen war, ihrem Gatten nach Bombay zu folgen. Welcher Art war diese Romanze? Wright und Sclater, Elizas Biographen, bezweifelten, daß sie auf einer »echten Gegenseitigkeit« beruhte:

»Eliza bewunderte ihn als einen Mann von Geist, hatte großen Respekt vor seinem Verstand und war ihm für seine Bemühungen dankbar, ihre geistige Entwicklung zu fördern. Doch das war auch schon alles. Als sie den Fuß auf die *Earl of Chatham* [das Schiff, mit dem sie nach Indien zurückkehrte] setzte, nahm sie lediglich die angenehme Erinnerung an eine reizvolle geistige Gemeinschaft mit. Noch bevor das Schiff Bombay erreichte, war selbst diese Erinnerung verblaßt.«[11]

Hier wird, wie mir scheint, das Wesentliche des *Tagebuches für Eliza* nicht erkannt und der Grundzug Sternes – in der Einbildung zu lieben – außer acht gelassen. Die Wahrheit ist, daß er sich erst dann unsterblich in Eliza verliebte, als sie ihn verlassen hatte. Das *Tagebuch* ist nicht so sehr eine Klage um eine verlorene Geliebte als vielmehr die Beschwörung einer unerfüllbaren Leidenschaft, die so weit getrieben wird, daß sie Sterne tatsächlich erschöpfte. Richard Griffith, ein Bekannter Sternes, bemerkte nicht nur das Element der Unwirklichkeit in der Affaire, sondern zeichnet ein erschreckendes Bild ihrer Absurdität, das Sternes Repertoire einen weiteren grotesken Zug hinzufügt:

»... in Wahrheit hatte die Affäre nichts an sich, das man hätte geheim halten müssen – die Welt kannte, indem sie die Korrespondenz kannte, auch schon das Schlimmste, das nichts anderes war als eine bloße Verrücktheit. Noch nicht einmal der verworfenste Unhold könnte an etwas anderes denken. Sich mit einem Vampir auf eine Affäre einzulassen! Lebendig dem Tod in die Arme zu sinken!«[12]

Sternes unnachahmlichstes Werk ist auch dasjenige, das seine vollständigste Flucht aus der Realität zu ermöglichen half. Geschrieben wie ein Tagebuch und vermutlich durch das Vorbild von Swifts *Tagebuch für Stella* beeinflußt, das 1766 erstmals veröffentlicht wurde,* ist es ein Werk, das Sterne vom

---

* Swifts intime Schreibweise erwies sich als sehr ansteckend. Im Sommer 1766, zum Beispiel, schrieb Catherine Talbot an Elizabeth Carter: »Indem ich schreibe wie in einem Tagebuch, in Häppchen und Stückchen, werde ich mir einbilden, ich sei der Dekan Swift und Du seist Stella und Mrs. Dingley, denn wir lesen die drei Bände, in denen er in diesem Stil an sie schrieb.« Im März 1767 sagte Sterne zu Eliza, er liebe sie mehr als Swift Stella geliebt habe. (*A Series of Letters between Mrs. Elizabeth Carter and Miss Catherine Talbot*. London 1819, Band 2, S. 337) Swifts *Journal to Stella* umfaßt 65 Briefe, die er zwischen 1710 und 1713 an Esther Johnson und an deren Vertraute Mrs. Rebecca Dingley schrieb. Darin wird Stella oft in kindlich-verspieltem Stil vertraulich angesprochen. Daneben finden sich prägnante Schilderungen der Londoner Gesellschaft und geistreiche Kommentare. Erste postume Teilveröffentlichung 1766. [A. d. Ü.]

Leben befreit und ihn zu einer strahlenden Figur des Rokoko werden läßt.

Eliza war ganz sicher von Sternes Phantasien bezaubert, schon deshalb, weil sie sich unwohl fühlte, wenngleich es sich dabei vermutlich um ein emotionales Unbehagen handelte, das von ihrem Zögern herrührte, nach Indien zurückzukehren. Im Februar war Eliza so unpäßlich, daß sie die Wohnung nicht verließ. Sterne schrieb ihr und bat, sie besuchen zu dürfen: »Du mußt bedenken, meine Liebe, daß ein Freund die gleichen Rechte hat wie ein Arzt. Die Regeln der Etikette in dieser Stadt (sagst Du vielleicht) lauten anders. – Sei's drum! Zartgefühl und Schicklichkeit bestehen nicht immer darin, daß man ihre frostigen Vorschriften befolgt.«[13]

Jedoch die Hüter jener »frostigen Vorschriften« brachten es fertig, Neuigkeiten über Sterne und Eliza bis nach Vaucluse dringen zu lassen, wo Mrs. Sterne und Lydia die Nachbarn des Abbé de Sade waren.* Am 23. Februar schrieb Sterne ein wenig verärgert an Lydia: »Ich will gar nicht wissen, welcher übereifrige Narr Deine Mutter wegen Mrs. Draper beunruhigt hat. Es ist wahr, ich habe Freundschaft mit ihr geschlossen, aber es ist keine blinde Leidenschaft. Ich glaube genügend Urteilskraft zu besitzen, um ihre und aller Frauen Fehler zu erkennen.«[14]

In London jedoch prahlte er mit Eliza. Er hatte mit Bathurst gespeist und einen »höchst empfindsamen Nachmittag« mit ihm verbracht. Er schrieb Eliza, der Fünfundachtzigjährige habe gesagt, »er hoffe noch genug zu leben, um meiner schönen indischen Schülerin vorgestellt zu werden und zu erleben, daß sie alle anderen Nabobinnen übertrifft«.[15]

Im März brachte er Eliza weiterhin aufmunternde Freundschaft entgegen und äußerte Mitgefühl für ihren Kummer:

* de Sade (1705-1778) war der Onkel des Mannes, der »Justine« schuf. War der 1767 siebenundzwanzigjährige Neffe in Vaucluse, um Lydia zu unterhalten? Es scheint so, denn Sterne berichtet seiner Tochter von einer »wirklich rohen« Antwort, die der Marquis dem Abbé gegeben habe. (*Letters*, 23. Februar 1767, S. 301)

»Du bist gebeugt, mein Kind, unter jeglicher Last, die Kummer des Herzens und Schmerzen des Körpers einem armen Wesen nur auferlegen können, und dennoch erzählst Du mir, daß Du Erleichterung zu spüren beginnst – Dein Fieber sei vorüber, Deine Beschwerden und der Schmerz in Deiner Seite seien ebenfalls im Schwinden begriffen. – Möge so jedes Übel verschwinden, das Elizas Glück stört oder nur einen Augenblick lang Deine Befürchtungen erweckt! – Fürchte nichts, meine Liebe! – Hoffe alles, und der Balsam dieser Empfindung wird seine Wirkung auf Deine Gesundheit ausüben und Dich einen Frühling der Jugend und Fröhlichkeit genießen lassen, wie Du ihn bisher noch kaum gekostet hast.«[16]

Zur selben Zeit versicherte er Eliza, ihr Gatte werde sie »mit aufrichtigerer Wärme und Zuneigung an sich drücken« und freute sich über die Nachricht, daß ihre Mitreisenden [auf der Überfahrt] »freundliche Menschen« seien. Er schrieb Eliza, sie könne »selbst Wilden Gesittung beibringen« und ermutigte sie, ihre Briefe »die leichte Unbekümmertheit eines Herzens aussprechen zu lassen, das sich ganz selbstverständlich einem Mann öffnet«.[17] Das ist weit entfernt vom qualvollen Gefühl der Trennung, das sich im *Tagebuch* ausdrückt. Doch diese Ratschläge dürften Eliza nicht aufgeheitert haben. Am 9. März schrieb Sterne »in einer melancholischen Stimmung« an Lydia: »Es bedrückt mich, daß es mit der teuren Freundin, die ich in meinem letzten Brief erwähnt habe, zu Ende geht... Ich kann diese unvergleichliche Frau nicht mehr ansehen oder mit ihr sprechen, ohne in Tränen auszubrechen.«[18] Doch Sternes Gefühle waren überaus gemischt, denn er hatte, wenngleich Eliza noch lebte, vorsichtigerweise bereits ein Epitaph auf sie verfaßt, von dem er seiner Tochter eine Abschrift sandte. Es lag eine sonderbare Freimütigkeit darin, diese Zeilen seiner Familie zu übermitteln, doch noch merkwürdiger ist, daß er im selben Brief Lydia drängte, ihre

Mutter zur Rückkehr zu überreden – »denn das Leben ist zu kurz, um in der Trennung verschwendet zu werden«.[19]

Doch die endgültige Trennung von Eliza war nur noch eine Frage weniger Tage, und in deren Verlauf beobachten wir, wie sie ihm in zunehmendem Maße unentbehrlich wurde. Zuerst scheint er sich damit abgefunden zu haben, sie zu verlieren:

»Ich werde Dich wahrscheinlich nie mehr wiedersehen; doch ich schmeichle mir, daß Du manchmal mit Freude an mich denkst, denn Du mußt überzeugt sein, daß ich Dich liebe und daß mir Deine Rechtschaffenheit so sehr am Herzen liegt, daß ich lieber hörte, es habe Dich irgendein Übel betroffen, als daß Du es an Ehrfurcht vor Dir selbst fehlen ließest. Ich hatte nicht die Kraft, diese Ermahnung für mich zu behalten. – Jetzt ist sie heraus. So leb denn wohl. Der Himmel wache über meiner Eliza!«[20]

Als Mrs. Draper mit ihren Londoner Bekannten Abschiedsgeschenke austauscht, schreibt er von seinem Gefühl, »sowohl an Festigkeit als auch an philosophischem Gleichmut zu verlieren, wenn ich mir Deine Notlage vorstelle«.[21] Sein erfinderischer Geist war in reger Tätigkeit. Eliza war ihm bereits entrückt, denn sie hatte sich schon mehrere Tage vor dem Auslaufen des Schiffes nach Deal begeben, um sich um die Ausstattung ihrer Kabine zu kümmern. Doch das vergrößerte Sternes Besorgnis: »Oh! Ich mache mir Sorgen wegen Deiner Kabine. – Die frische Farbe wird schon allein alle Deine Nerven ruinieren. Nichts ist so schädlich wie das Bleiweiß. Gib auf Dich acht, liebes Mädchen, und schlafe nicht zu früh darin. Allein davon könntest Du einen Anfall von Epilepsie bekommen.«[22]

Im nächsten Brief – Eliza hat sich inzwischen an Bord eingerichtet – wirft er die Frage auf, ob es wohl möglich wäre, »die Reise nach Indien noch um ein Jahr zu verschieben. Ich bin nämlich in meinem Herzen davon überzeugt, daß Dein

Mann Dir auf keinen Fall hinsichtlich der Zeit Vorschriften machen kann.« Was lag näher, als Eliza nach Südfrankreich zu schicken, wo sie und alle Sternes sich vielleicht zusammenfinden konnten. Doch wenige Zeilen später schreibt er: »Meine Frau kann nicht mehr lange leben ... und ich kenne keine Frau, die ich lieber als ihre Nachfolgerin sähe, als Dich. – Es ist wahr: ich bin, was meine körperliche Verfassung angeht, bereits fünfundneunzig, und Du bist erst fünfundzwanzig – dieser Unterschied ist fast zu groß! – doch was mir an Jugend fehlt, will ich durch Geist und gute Laune wettmachen.«[23]

Ende März hat die zunehmende Erregung über den schwärmerischen Verlust Sterne in jene beiden Zustände versetzt, die seine Verzückung ausmachten: Krankheit und Traum:

»Ich habe auf der Schwelle des Todes gestanden. – Ich war krank, als ich Dir das letzte Mal schrieb, und voll Sorge, wie es weitergehen würde. – Meine Befürchtungen waren nur zu sehr begründet, denn zehn Minuten, nachdem ich meinen Brief abgeschickt hatte, gab Yoricks armer, zartgesponnener Körper nach, und es platzte mir ein Gefäß in der Brust, und ich konnte das Blut erst um vier Uhr heute morgen stillen. Alle Deine seidenen Taschentücher sind voll Blut. – Es kam, glaube ich, aus dem Herzen! Ich bin vor Erschöpfung eingeschlafen. Um sechs wachte ich auf, und meine Hemdenbrust war von Tränen durchnäßt. Mir hatte geträumt, ich säße unter dem Baldachin des Vergessens und Du habest mit einem Tuch in der Hand das Zimmer betreten und mir berichtet, daß mein Geist mit der Nachricht von meinem Schicksal zu Dir an die Küste geflogen sei, und Du seist gekommen, um mir mit allen Tröstungen kindlicher Liebe beizustehen und meinen letzten Seufzer und Segen zu empfangen. Darauf hast Du mir das Tuch um die Hüfte gelegt und mich auf den Knien angefleht, Dich anzuhören. Ich erwachte – aber in wel-

chem Zustand! O mein Gott! ›Doch Du wirst meine Tränen
zählen und sie alle sammeln!‹ – Liebes Mädchen! ich sehe
Dich – Du bist mir im Geiste immer nah...«[24]

Dies war der letzte Brief Sternes, bevor der Ozean die beiden
Kranken für immer trennte. Dennoch faßt er vor dem Ende
wieder ein wenig Mut. Nach der fiebrigen Nacht verzehrte
Sterne »sein Frühstück mit Appetit« und riet Eliza, nicht zu
vergessen, »daß Hoffnung jede Reise verkürzt, indem sie sie
versüßt – sing also jeden Morgen, wenn Du aufstehst, meine
kleine Strophe über diesen Gegenstand ebenso andächtig wie
ein Kirchenlied; und Dein Frühstück wird Dir dann um so
besser schmecken«.[25]
    Elizas Schiff lief am 3. April aus. Doch Sterne hatte mit
Eliza abgemacht, daß er für sie ein Tagebuch führen würde.
Obwohl nur ein Teil dieses Werkes erhalten ist (vom 12. April
bis zum 1. November 1767), macht der Gegensatz, den es zu
Sternes Briefen und seinem tatsächlichen Umgang mit Eliza
bildet, deutlich, in welchem Maße es ein Tagebuch für ihn
selbst war, ein innerer Monolog, der seinen Verfasser tiefer
bewegte, als es jedes Geschöpf aus Fleisch und Blut je ver-
mocht hätte. Sterne schickte Eliza das Manuskript schub-
weise, doch die Beförderung war mit derart langen Seereisen
verbunden, daß der Verfasser den Gedanken, diese Briefe
würden je gelesen werden, leicht aufgeben konnte.
    Das *Tagebuch* ist das Werk eines kranken Mannes, doch die
Krankheit ist nicht spezifisch medizinisch, und die wahre
Schicksalhaftigkeit liegt weniger in Krankheitssymptomen
als in dem Vergnügen, das Sterne bei der Auflösung seines eigenen Nervensystems empfindet. Obwohl das *Tagebuch* die
Sprache des Selbstmitleids spricht, ist es nicht abstoßend.
Vielmehr ist darin eine einzigartige intellektuelle Neugier damit beschäftigt, gleichsam an der Zerfaserung des eigenen
Geistes mitzuwirken. Das *Tagebuch* ist vor allem wegen der Art
revolutionär, mit der es die Zusammenbrüche und seelischen

Erschütterungen der Romantik vorwegnimmt und den Zerfall verzückt beschreibt. Sterne starb offensichtlich an
Schwindsucht und wurde noch wenige Monate vor seinem
Tod wegen einer Geschlechtskrankheit behandelt, doch das
wirkliche Gebrechen, an dem er litt, war ein krankhaftes
Begreifen seiner unwirklichen Identität: Er schrieb am
15. April:

»Erschöpft von Fiebern aller Art, doch am meisten von jenem
Fieber des Herzens, das mich unablässig verzehrt und immer
verzehren wird, bis ich Eliza wiedersehe – 15 Monate entsetz-
licher Qualen! – vielleicht sind es auch mehr. Großer Lenker
aller Geschicke! du wirst sie sicherlich zumessen nach meiner
Kraft und nach der meiner Eliza. – Brachte den ganzen Nachmittag damit zu, ihre Briefe zu lesen und in die Reihenfolge
zu bringen, in der sie mir geschrieben wurden. Blieb den ganzen Abend zu Hause – weder Freude noch Interesse an Gesellschaft oder Zerstreuungen. Welchen Wandel, mein liebes
Mädchen, hast Du in mir bewirkt! – doch die Wahrheit ist,
daß Du der Flut meiner Leidenschaften nur eine neue Richtung gegeben hast – sie fließen, Eliza, zu Dir und ebben von
allen anderen Dingen in der Welt zurück, und die Vernunft
sagt mir, daß sie recht daran tun – denn mein Herz hat für
Dich einen Preis bestimmt, zu dem Dich die ganze Welt mit all
ihren Reichtümern mir nicht abkaufen kann. Hatte die ganze
Nacht hohes Fieber.«[26]

Die Trostlosigkeit wurde immer größer, doch krankhafte
Empfindlichkeit weiß sich schadlos zu halten, und Sterne gab
zu, er »beginne Geschmack an diesem entsagungsvollen
Elend zu finden, welches dem Zustand eines Herzens entspringt, dem nur noch die eigene Zärtlichkeit Kraft verleiht«.[27] Er setzte alles daran, die Erinnerung an Eliza real zu
machen. Er nahm Zuflucht zu Bildnissen Elizas und besorgte
sich eine Karte des Atlantischen Ozeans, um ihre Reiseroute

verfolgen zu können – über Madeira zum Kap der Guten Hoffnung. Doch am 19. April nannte er sich »armer Yorick, krank im Kopf und krank im Herzen! Eliza hat dich in einen Schatten deiner selbst verwandelt.« Er hatte beim Ehepaar James gespeist, war jedoch außerstande gewesen, über Eliza zu sprechen, ohne »wohl dutzendmal« in Tränen auszubrechen.[28]

Er war inzwischen in ärztlicher Behandlung und am 21. April trennte er sich »von 12 Unzen Blut, um das, was noch in mir ist, zu beruhigen«.[29] Am nächsten Tag wurde er abermals zur Ader gelassen, doch sein Arm »löste sich aus dem Verband, und ich war schon halb verblutet, als ich es merkte«.[30] Sterne hatte auch eine Medizin eingenommen, das James-Pulver, wodurch er sich eine Erkältung zuzog, und dieses Leiden »traf, mußt Du wissen, den empfindlichsten Teil, den es nur treffen konnte – den schmerzhaftesten und heikelsten aller Teile des menschlichen Körpers«.[31]

Das ist das Vorspiel zu einem Vorfall in Sternes Leben, der an grotesker Komik nicht zu überbieten ist, und es gereicht ihm zur Ehre, daß er, so krank er auch war, dessen Komik begriff. Tatsächlich fand er so viel Gefallen daran, daß er sich nicht enthalten konnte, Eliza und alle seine Bekannten davon in Kenntnis zu setzen: »Und jetzt muß ich Dir, wenn ich genug Kraft und Schwung habe, meine Feder bis ans Ende der Seite zu führen, eine drollige Geschichte erzählen, die so tragikomisch ist, wie sie sich nur jemals in unserer Familie ereignet hat – Shandys Nase – sein Name – sein Fallfenster sind nichts dagegen.«[32] Sterne rief einen Chirurgen und einen Arzt, mit denen er bekannt war, um sich untersuchen zu lassen. Und sogleich legt er die ungestüme fiebrige Schreibweise des *Tagebuchs* ab und verfällt in die Manier der Wortgefechte, die für das Familienleben der Shandys so charakteristisch sind:

»›Es ist eine venerische Krankheit‹, riefen meine beiden gelehrten Freunde. – ›Das ist ganz unmöglich‹, entgegnete ich,
›denn ich habe seit 15 Jahren nicht den geringsten Verkehr
mit dem schönen Geschlecht gehabt – nicht einmal mit meiner Frau‹, fügte ich hinzu. – ›Sie sind trotzdem xxxxx, mein
guter Freund‹, sagte der Chirurg, ›oder es gibt keine solche
Krankheit in der Welt.‹ – ›Wie zum Teufel geht das zu?‹ sagte
ich, ›wo ich doch keine Frau kenne.‹ – ›Wir wollen darüber
nicht disputieren‹, sagte der Arzt, ›jedenfalls müssen Sie sich
einer Quecksilberkur unterziehen.‹ – ›Lieber will ich sterben‹, sagte ich, ›und mich der Natur, der Zeit oder schlimmstenfalls dem Tod anvertrauen‹ – so machte ich ziemlich
entrüstet der Konferenz ein Ende und beschloß, lieber alle
Qualen, die ich litt, und noch zehnmal mehr zu ertragen, als
mich in dem Punkt, in dem ich mich wie ein *Heiliger* verhalten
hatte, wie ein *Sünder* behandeln zu lassen. Nun aber traf es
sich, da der Vater des Unheils kein größeres Vergnügen
kennt, als die Rechtschaffenen zu beleidigen, daß von dem
Augenblick an, als ich meine Ärzte entlassen hatte, meine
Schmerzen mit einer derartigen Wut zu rasen begannen, daß
sie sich weder beschreiben noch ertragen ließen. Jede Stunde
wurde unerträglicher – ich wurde zu Bett gebracht – schrie
und tobte die ganze Nacht – und war beim Aufstehen dem
Tod so nahe, daß meine Freunde darauf bestanden, ich sollte
meinen Arzt und meinen Chirurgen noch einmal kommen
lassen. Ich erklärte ihnen bei meiner makellosen Ehre, sie
hätten sich beide in bezug auf meine Krankheit geirrt – aber
wenn sie auch falsch geurteilt hätten, so könnten sie doch
richtig handeln – aber so qualvoll auch meine Leiden seien, so
empfände ich sie doch nicht so qualvoll wie den Verdacht, in
den ich durch eine venerische Behandlung meiner Krankheit geriete. Sie antworteten, daß diese Unreinigkeit des Blutes 20 Jahre lang latent bleiben könne – aber daß sie mit mir
über einen Punkt, in dem ich so empfindlich sei, nicht streiten, sondern lieber das tun wollten, was ihres Amtes sei und

weswegen sie gerufen worden seien – nämlich meinen Qualen ein Ende zu bereiten, die sonst mir ein Ende bereiten würden. Und so wurde ich gezwungen, mich zu ergeben – und so, Eliza, muß Dein Yorick, Dein Brahmane, Dein Freund bei all seiner Empfindsamkeit die Züchtigungen des rohesten Wollüstlings über sich ergehen lassen. Ist das nicht die lächerlichste Verlegenheit, in die Yoricks Geist jemals gebracht werden könnte?«[33]

Über diese »lächerlichste Verlegenheit« ist lediglich zweierlei zu sagen. Erstens: So falsch die Diagnose auch gewesen sein mag, scheint die Quecksilberbehandlung geholfen zu haben. Wenngleich sich Sterne mehrere Monate weiterhin nach Eliza verzehrte, worin, wie er meinte, seine Krankheit zur Hälfte bestand, scheint die andere Hälfte auf die Quecksilberbehandlung angesprochen zu haben, ungeachtet der »furchtbaren Koliken im Magen und Darm«[34], die sie ihm verursachte. Sternes Gesundheit ist immer schwer bestimmbar, weil so viele Elemente der Einbildung ins Spiel kamen. Im April noch von Schmerzen geplagt, erholte er sich dennoch wieder, um sich im Sommer und Herbst des Jahres 1767 zur reinen Heiterkeit der *Reise des Herzens* aufzuschwingen.

Der eindrucksvollste Aspekt an Sternes Syphilis ist jedoch die Art, mit der er seine Würde wiedererlangt, indem er die ganze Affäre in Literatur verwandelt. Seine Beschreibung ist voll von jenen kleinen behaglichen Zusätzen, die eine Geschichte aufputzen, in Wirklichkeit jedoch unwahrscheinlich wären. Mit anderen Worten: die Offenherzigkeit ist nicht selbstzerstörerisch, sondern wahrhaft kreativ. Sterne hat seine Schilderung ausgeformt und seine ganze Kunst darauf verwendet, den Leser glauben zu machen, daß es sich bei der Syphilis um eine Erfindung handle. Jenem Ereignis, das sich als ein am Ende tödliches erweisen könnte, gewinnt Sterne eine echt komische Seite ab, weil er sich des ebenso einfachen wie glänzenden Kunstgriffes bedient, den Leser in die Köpfe der Ärzte hineinzuversetzen. Indem sie sich bereit erklären, »mit mir über einen Punkt, in dem ich so empfindlich sei« nicht zu streiten, hat Sterne allen Tadlern den Wind aus den Segeln genommen. Es ist vielleicht der raffinierteste Kunstgriff seines Lebens und das erhellendste Beispiel für sein Bedürfnis, sich selbst in eine literarische Figur zu verwandeln.

Und während das Quecksilber seinen Körper durchdrang, stellte Sterne sich vor, daß es seine Köperlichkeit auflöste: »Ich werde zu einer ätherischen Substanz sublimiert sein, wenn meine Eliza mich wiedersieht ... aber ich war ja von jeher transparent und ein leicht zu durchschauendes Wesen.«[35] Träume schenkten Sterne eine Eliza, die exakt seinen Wünschen entsprach. Zuerst wolle er, schreibt er, »zwei Stunden lang wach auf meinem Kissen liegen und Dich vergöttern«[36], um dann gewiß zu sein, »Dich in meinen Träumen wieder-(zu)finden; denn ich war fast die ganze Nacht bei Dir und habe Dich bald beruhigt, bald Dir meinen Kummer erzählt – ich bin getröstet und gestärkt aufgestanden«.[37]

Am 1. Mai fühlte sich Sterne ein bißchen besser und wagte sich in den Park. Dort traf er »Sheba« (entweder Mrs. Vesey oder Lady Warkworth), die ihn schon fast für tot gehalten hatte. Sternes Schilderung dieser Begegnung, eine Huldigung an Eliza, die alle früheren Leidenschaften in in ihm ausgelöscht habe, vermittelt darüber hinaus das bewegende Bild eines kranken Mannes, der in der frischen Luft umherwankt und sich mit seiner Vergangenheit konfrontiert sieht:

»›Ich *befürchte*, daß Ihre Frau tot ist‹, sprach Sheba. – ›Nein, Sie *befürchten* es nicht, Sheba‹, sagte ich. – ›Auf mein Wort, Salomon! Ich würde mich mit Ihnen streiten, wenn Sie nicht so krank wären.‹ – ›Wenn Sie die Ursache meiner Krankheit kennten, Sheba‹, entgegnete ich, ›würden Sie nur um so eher mit mir streiten.‹ – ›Sie lügen, Salomon!‹ antwortete Sheba, ›denn ich kenne bereits die Ursache – und ich bin Ihnen deswegen so wenig böse, daß ich Ihnen gestatte, zu mir zum Tee

zu kommen, bevor Sie die Stadt verlassen.‹ – ›Sie sind ein gutes, ehrliches Geschöpf, Sheba.‹ – ›Nein! Sie Schelm, das bin
ich nicht – aber ich bin verliebt, so sehr, wie Sie es nur sein
können.‹ – ›Das freut mich, Sheba!‹ sagte ich. – ›Sie lügen‹,
sagte Sheba, und damit sprengte sie davon. – O meine Eliza,
hätte ich jemals eine andere wirklich geliebt (was ich nie getan
habe), so hast Du schon längst die Wurzel aller Zuneigung aus
mir herausgerissen – und neu eingepflanzt und begossen
und genährt, so daß sie nur noch für Dich Früchte trägt…«[38]

Diese Szene wirkt um so lebendiger, wenn man sich vorstellt,
wie der Kranke zu der imposanten Frau zu Pferde hinauf-
blickt.

Später am gleichen Tag ging Sterne nach Ranelagh, und am
nächsten Tag hatte er einen Rückfall, »denn ich kann weder
gehen noch stehen noch aufrecht sitzen, ohne meine Symptome zu verschlimmern«.[39] Am 3. Mai fragte er sich: »Was
mag nur mit mir los sein? Irgend etwas ist nicht in Ordnung,
Eliza, in jedem Teil von mir – ich komme nicht zu Kräften;
auch das Gefühl der Gesundheit bleibt aus; selbst in meinen
besten Augenblicken scheint sich mein Geist lediglich abzu-
mühen, mir die Gesundheit wiederzuerlangen.«[40] Er scheint
sich in zunehmendem Maße seinen Phantasien hingegeben
zu haben. Am 7. Mai: »Fühle mich weiterhin miserabel,
meine Liebe! – aber mein Blut erwärmt sich jedesmal, wenn
ich an die Zukunft denke. – So muß ich mich stärken durch
diesen Gedanken – was werde ich erst tun, wenn er Wirklichkeit wird? – O Gott! –«[41] Am 21. Mai speiste Sterne mit Lord
und Lady Spencer und am folgenden Tag begann er, sich
nach Coxwold zurückzuschleppen »wie ein Bündel leichen-
hafter Ware, die für Pluto und seine Gesellen bestimmt ist –
während des größten Teils des Weges lag ich in einem großen
Kissen auf dem Boden meiner Kutsche«.[42] Er machte zwei
Tage Rast beim Erzbischof und reiste dann nach Coxwold
weiter. Ein paar Tage nach seiner Ankunft überraschte ihn

ein Brief von Lydia: »Sie und ihre Mama wollen mich besuchen – jedoch unter der Bedingung, daß ich verspreche, sie nicht über den nächsten April hinaus in England zurückzuhalten – wenn sie sich mit meiner Zustimmung wieder nach Frankreich begeben wollen, um dort den Rest ihres Lebens zu verbringen. – All dies habe ich ihnen bereitwilligst auf mein Ehrenwort zugestanden«.[43]

Doch Sterne war sicher, dieser Besuch erfolge »aus reinem Egoismus – um mich auszuplündern, so gut sie können«.[44] Mrs. Sterne und Lydia wollten zwar erst im Oktober kommen, doch der Gedanke an ihre Anwesenheit ließ ihn »den ganzen Sommer über« nicht los und er schrieb an Eliza: »Stell Dir vor, wie dadurch meine Phantasie gehemmt wird, die doch spielen und in jeder Hinsicht völlige Freiheit haben sollte.«[45] Zuerst glaubte er, seine Frau durch eine mäßige Zahlung zufriedenstellen zu können, doch am Ende sah er sich genötigt, Mrs. Sterne eine jährliche Leibrente von 300 Guineen zu zahlen und Lydia 2000 Pfund zuzubilligen, den Erlös aus dem Verkauf seines Anwesens. Sterne zog es vor, diese Regelung im November Eliza gegenüber als eine einvernehmliche Lösung hinzustellen: »Mrs. Sterne zieht sich nach Frankreich zurück, das sie bis zum Tode nicht mehr verlassen will – und nie mehr, so hat sie mir versprochen, wird sie mir eine kummervolle oder unbehagliche Stunde bereiten – ich habe sie durch Menschlichkeit und Großmut besiegt, wie ich es auch bei jeder anderen tun würde – und da sie mich nun verläßt, ist sie mehr als halb in mich verliebt.«[46] Doch in Wahrheit war diese Regelung weit eher geschäftlicher Natur, als sei Mrs. Sterne über den unmittelbar bevorstehenden Tod ihres Gatten mehr beunruhigt gewesen als über seine Frauengeschichten. Sterne mag gedacht haben, er sei jetzt frei; doch in Wahrheit war er ausgeplündert und aufgegeben worden.

Der Juni begann mit »scharfen, durchdringenden nordöstlichen Winden«.[47] Als sie sich gelegt hatten, begann Sterne mit der Niederschrift der *Reise des Herzens*[48], die Reise fürch-

tend, die seine Frau angedroht hatte, doch durch die Verbesserung seiner Gesundheit gestärkt. An einen Freund in Che-
shire schrieb er, er sei einen Monat lang bettlägerig gewesen
aufgrund einer Krankheit, die »mich eigentlich hätte um-
bringen müssen«, doch er habe nicht seinen Frieden mit der
Welt gemacht und noch weniger sterben wollen: »Denn ich
halte dafür, daß solche Dinge eine Frage des Willens sind.«[49]
Und während er in der sommerlichen Wärme arbeitete, be-
schwor er Elizas leibhaftige Gegenwart:

»Ich habe in dieser Woche ein reizendes kleines Zimmer eingerichtet, und während ich damit beschäftigt war, nährte ich
in mir die köstlichste Vorstellung in dem Gedanken, daß ich
es für Dich täte. – E ist ein sauberes, kleines, schlichtes, ele-
gantes Zimmer, in das niemand als die Sonne hineinschaut –
gerade groß genug, um ein Sofa für uns beide aufzunehmen
– einen Tisch, vier Stühle, ein Schreibpult – und einen Bü-
cherschrank. – Das soll ganz Dir gehören, das Zimmer und alles andere – und dort, Eliza! werde ich zehnmal am Tage eintreten, um Dir meine Ergebenheit zu bezeigen. Wenn Du in
diesem Augenblick dort säßest, wäre es das köstlichste aller irdischen Tabernakel – ich werde es nach und nach für Dich
noch mehr ausschmücken – bis das Schicksal es mir vergönnt,
Dich an der Hand hineinzuführen – und dann bedarf es keines weiteren Schmucks mehr. – Es ist ein kleiner, länglicher
Raum – mit einem großen Schiebefenster an der einen Seite
– einem kleinen, eleganten Kamin – vor dem ebensoviel Platz
zum Essen ist wie in der Bond Street. – Aber an Anmut und
Einfachheit und Stille übertrifft es alles. – O meine Eliza! –
ich werde Dich bestimmt noch als Göttin dieses Tempels erleben – ...«[50]

Sternes Gedanken an Eliza veränderten sich bereits. War es
das Quecksilber, die Landluft oder einfach das Verrinnen der
Zeit, die dazu führten, daß die Sprache des *Tagebuchs* insge-

samt weniger hektisch wurde? Statt dessen stellte sich oft eine
Traumgestalt ein, wenn der Einsame so lange seinen Tagträu-
men nachhing, bis sie lebensecht wurden. Kaum zwei Meilen
von Sternes Haus in Coxwold entfernt, lagen die ausgedehnten Ruinen von Byland Abbey, einem Zisterzienserkloster aus
dem 12. Jahrhundert, das nach Cromwells Feldzug gegen die
katholische Kirche in England in Verfall geraten war. Die
Ruine, auf einer Wiese am Fuße eines steilen bewaldeten
Berghanges gelegen, bot einen bezaubernden Anblick (war
freilich nicht so eindrucksvoll wie die Ruine von Rielvaulx,
nur sieben Meilen nordöstlich davon und für Sterne gut erreichbar). Von seinem Haus konnte Sterne über Brink Hill
über das Feld nach Byland wandern und dabei »mehrere Dor-
nenbüsche ausreißen, damit sie Dich [Eliza] nicht kratzen
oder behindern sollen«.[51] Er schrieb ihr, er mache diesen
»köstlichen romantischen Spaziergang« oft, »den ich mit Dir
am Arm noch tausendmal machen werde«.[52] Vielleicht war es
die scheinbare Gegenwart Elizas auf diesem Spaziergang, die
Sterne veranlaßte, von Byland als »den köstlichen Behausun-
gen unserer lange verschollenen Schwestern« zu sprechen.[53]
Und vielleicht war es die Beschwörung einer unerreichbaren
Gestalt, die Sterne davon überzeugte, daß er in den Ruinen
einen Geist erblickte: ein mitfühlendes Wesen namens Cordelia.

Sterne behauptete gar, diesem Geist nächtens Besuche ab-
gestattet zu haben und »während ich halb auf seinem Grabe
lag« von Eliza erzählt zu haben. Der weibliche Geist erwies
sich als so verständnisvoll, daß Sterne sicher war, Cordelia
könnten »die irdischen Leidenschaften nicht fremd sein«.
Nachdem Sterne dem Geist eine Beschreibung Elizas gegeben hatte, »begann Cordelia unmerklich aufzuglühen, wie es
mitfühlende Geister tun« und versprach, »daß sie irgendei-
nes Tages persönlich kommen und zusammen mit mir deinem Schatten an diesem geheiligten Zufluchtsort einen Besuch abstatten werde«.[54]

Die außerordentliche Fähigkeit Sternes, von der Wirklichkeit zu abstrahieren, wird deutlich, wenn man seine Beschreibung von Byland mit der von William Combe vergleicht, die dieser für seinen 1779 veröffentlichten Band *Letters Supposed to have been Written by Yorick and Eliza* verfaßte. Sterne nimmt das wirkliche Byland kaum wahr. Es scheint vielmehr, daß sein ganzes Gespräch mit Cordelia von einem Bild des Ortes oder dem Bericht eines Besuchers inspiriert ist. Combe hingegen, der vermutlich seine Fälschung so authentisch wie möglich auszuführen wünschte, scheint Byland wirklich mit dem Notizbuch in der Hand besucht zu haben. Folglich stellt seine Beschreibung des Ortes eine sonderbare Mischung aus Präzision und Gefühl dar:

»Diese Überreste sind auf dem Ufer eines klaren, rasch fließenden Flusses gelegen; auf der gegenüberliegenden Seite des Flusses erhebt sich ein steiler Hügelrücken, der mit dichtem Walde bewachsen und von vorragenden Felsen und zerklüfteten Klippen anmutig aufgelockert wird; – und diese Klippen sind so ungemein steil, daß sie nicht nur durch ihre Größe, sondern durch den Schatten, den sie werfen, die Feierlichkeit des Ortes erhöhen. – Viele Teile der Ruine sind noch ganz erhalten; so haben das Refektorium und ein großer Teil der Kapelle bis dato dem Zahn der Zeit getrotzt. – Ein paar Erlenbüsche wuchern zwischen den geborstenen Säulen und bilden mit ihrem Grün einen Gegensatz zu dem dunklen Efeu, das die Mauern überzieht. – Doch herrschen nicht nur Einsamkeit und Stille! – In der nahen Umgebung dieser verehrungswürdigen Ruine sind hier und da ein paar Hütten verstreut, zu deren Errichtung die Ruine, wie ich glaube, das Material geliefert hat.«[55]

Obgleich Sterne in Byland Cordelia traf, erwähnt er die Bewohner dieser Hütten nicht. Combes Beschreibung ist vermutlich korrekt, so wie auch sein erfundener Sterne eine

hübsche Kopie des Vorbildes ist, mag die romantische Manier
auch ein wenig prosaisch wirken:

»Dort raste ich, an eine Säule gelehnt, bis mir ein rührendes
Gefühl Tränen auf die Wangen treibt: – manchmal lasse ich
mich auf einem Steine nieder und rupfe die Kräuter aus, die
dort wuchern – dann vielleicht lehne ich mich über eine nahe
Brüstung und betrachte den gleitenden Fluß und lausche seinem sanften Murmeln, das nur zu oft mit meinen Gefühlen
im Einklange ist.«[56]

Der bereitwillige Berichterstatter tut sein Bestes, doch scheint
er kaum in der Lage, das zu sehen, was Sterne in Byland entdeckte. Es ist gewiß keine übertriebene Ironie, wenn man sich
Combe als jemanden vorstellt, der einen Ausflug zur Abtei
macht, um »Lokalkolorit« einzufangen, wogegen Sterne die
Reise nur in seinem Kopf unternahm.

   Doch der »Zauber eines warmen Herzens« und die gegenwärtige Unabhängigkeit begannen Sternes Londoner Qualen zu mindern und besänftigten ihn so sehr, daß man ihn für
einen zufriedenen verheirateten Mann hätte halten können.
Vielleicht hat die Stärkung, die Sterne im Umgang mit Geistern erfuhr, ihn dazu gebracht, weniger an reale Ehefrauen
zu denken. Ende Juni versicherte er Eliza: »Adieu, mein teu-
res Weib – Du bist immer noch die meine – ungeachtet aller
Träume und Träumer auf der Welt.«[57] Er erwarte für das
nächste Jahr, schrieb er, Elizas Rückkehr aus Indien, doch
seine Ernsthaftigkeit wirkt bereits weniger zwingend. Er be-
teuerte, sein Leben werde »nicht viel mehr sein als ein Traum
– ich lebe und bin mir meiner Existenz kaum bewußt – so als
fehle mir ein lebenswichtiger Teil und ich könnte nicht über
ein paar Stunden hinaus leben«.[58] Der Leser mag entscheiden, welcher lebenswichtige Teil ihm fehlte. Gewiß mangelte
es ihm nicht an Respekt vor seiner Einbildungskraft. Am
27. Juli erhielt er Briefe von Eliza:

»Ich schloß sofort die Tür meines Schlafzimmers und gab Anweisung, mich zu verleugnen – und verbrachte den ganzen
Abend und den nächsten Tag bis zum Mittagessen damit,
imer wieder den interessantesten und liebevollsten Bericht
zu lesen, der je die Zärtlichkeit eines Mannes auf die Probe gestellt hat – ich las und weinte – und weinte und las, bis ich
blind war – dann wurde ich krank und ging zu Bett – und eine
Stunde später verlangte ich wiederum nach der Kerze – um
ihn noch einmal zu lesen...«[59]

Unter der imaginären Mitwirkung Elizas sein Haus auszustat-
ten, und mit ihr im Mondschein zu den Ruinen von Byland
Abbey zu spazieren, waren für einen gefühlvollen Kranken
die beste Medizin.

Am 11. August schrieb er an Hall-Stevenson: »Ich habe
mich nie so wohl gefühlt, seit ich das College verlassen
habe.«[60] Einen tatkräftigen Sommer lang zeigte sich Sterne
körperlich und geistig zufriedenstellend erholt. Wie in den
Vorjahren reiste er nach York, Scarborough, besuchte Hall-
Stevenson in Skelton und machte eine Kur in Harrogate.
Außerdem mußte er Mittel zur Versorgung seiner Familie
auftreiben, für Sutton und Stillington einen neuen Kuraten
finden und ein neues Buch schreiben. Anfang August war
Sterne eine weitere Pfründe in Surrey angeboten worden, die
jährlich 350 Pfund einbrachte. Im September lernte er in
Scarborough Dr. Jemmett Browne kennen, den Bischof von
Cork und Ross, der ihm weitere Pfründen in Irland in Aus-
sicht stellte.

Browne machte ihn auch mit Richard Griffith bekannt,
dem Verfasser von *The Triumvirate*. Im Vorwort zu diesem
Buch hatte Griffith ein paar kritische Anmerkungen zu Sternes Schreibart gemacht, ihn einen »ungewöhnlichen, ausge-
fallenen Geist«[61] genannt, seine Mildtätigkeit gelobt, doch
vor seinem Mangel an Geschmack gewarnt:

»Es ist leichter, jemanden zum *Lachen* zu bringen als zum *Lächeln*; und wenn Dummheit geistreich sein will, verlegt sie sich aufs Zotenreißen und auf alles andere, zufrieden, ein Gelächter zu erzeugen, ohne Rücksicht auf den guten Ruf. Schlüpfrige Ausdrücke bei einer Frau sind doppelt lasterhaft, weil sie sowohl die Schicklichkeit wie die Tugendhaftigkeit kränken; doch bei einem Geistlichen sind sie es dreifach, weil sie auch die Religion verletzen.«[62]

Doch Sterne war um Griffith's Gunst bemüht und behauptete, er habe beim Weiterlesen »eine starke Gefühlsverwandtschaft empfunden ... und zu sich selber gesagt ›Diesem Manne ist jedes Gefühl von Feindseligkeit fremd.‹«[63] Sterne besuchte Griffith jeden Tag, um zu sehen, was sein Kollege schrieb und »brach auf der Stelle in Tränen aus«[64], als er Griffith' Lebenserinnerungen las. Umgekehrt zeigte er Griffith das Manuskript der *Reise des Herzens* und bezeichnete das Buch als »sein Werk der Wiedergutmachung«.[65]

Nicht viele Schriftsteller gewähren leichten Herzens Einblick in ein entstehendes Werk, und Sternes Verhalten gibt einen interessanten Einblick in seine Offenheit. Diese Besuche bei Griffith, bei denen er »das Privileg genoß, in meine Manuskripte sehen zu dürfen«[66], deuten vielleicht auch darauf hin, daß Sterne auf der Suche nach Anregungen war, um seiner Erfindungskraft ein wenig nachzuhelfen. Das wurde ihm in diesem Falle schließlich mit gleicher Münze heimgezahlt, denn 1770 veröffentlichte Griffith *The Posthumous Works of a Late Celebrated Genius*, angeblich von Sterne verfaßt. An der wirklichen Verfasserschaft besteht kein Zweifel, doch Griffith hatte Sterne gekannt und ihn aufmerksam beobachtet, so daß das Buch nicht ohne weiteres außer acht gelassen werden darf.*

* Die *Posthumous Works* sind im großen und ganzen eine schlechte Nachahmung von Sternes Humor, doch sie sind wegen ihrer Bemerkungen über die Beziehung zwischen Laurence und Jaques Sterne von Interesse. Es ist möglich, daß Griffith Unterredungen mit Sterne wiedergab, als er schrieb: »Ich hatte einmal einen Onkel, der ein Diener des Evangeliums war, doch sein einziges Interesse galt der Politik. Er hatte den

Griffith hatte zumindest keinen Zweifel, daß Sterne fast am Ende seiner Kräfte war. Nach Sternes Tod schrieb er: »Daß er die letzten zehn Jahre überlebte, war ein Wunder, und daß er noch weitere zehn Jahre leben würde, war, glaube ich, das einzige *Wunder*, an das er selbst glaubte.«[67]

Der Hang zum Flirten erwachte erneut in ihm, eine unwiderstehliche und erschöpfende Leidenschaft. Schon im Juni hatte Sterne für Eliza einen Brief überarbeitet – angereichert mit Stoff von Cordelia –, dessen erste Fassung er an eine unbekannte Gräfin geschickt hatte, ohne sich die Mühe zu machen, die neckisch-sexuellen Untertöne zu eliminieren. Curtis nennt diesen Brief »das kompromittierendste Zeugnis von Sternes Hand, das uns überliefert ist«.[68] Doch ein solch strenges Urteil, dem ich mich nicht anschließen kann, geht davon aus, daß die briefliche Affäre mit Eliza ernsterer Natur war. Es steht außer Zweifel, daß Sterne Frauen schlecht behandelte; nur in seinen Phantasien schwärmte er für sie, und nur in seinen Büchern verherrlichte er sie. Die *Reise des Herzens* grenzt wegen ihrer Fixiertheit auf Tändeleien fast an Geschmacklosigkeit. Es ist absurd, dieses Buch einfach bezaubernd oder gefällig zu nennen und die voyeuristische Überempfindlichkeit, in der es schwelgt, nicht zur Kenntnis zu nehmen. Es umschreibt Sternes Erkenntnis, daß es vielleicht überwältigender war, vom Geschlechtsakt zu träumen als ihn auszuführen. Mrs. Sterne war zweifellos zu dem Schluß gelangt, daß es unmöglich sei, mit ihm zusammenzuleben. Uns ist dieses Schicksal zum Glück erspart geblieben, was es uns leichter macht, uns an der gefährlichen Raffinesse seines Erzählens zu erfreuen.

löblichen Ehrgeiz, es im Leben zu etwas zu bringen. Um dieses Ziel zu erreichen, ist Religion in der künftigen Welt zweifellos eine notwendige Voraussetzung – doch sie ist nicht dazu geeignet, uns in dieser vorwärtszuhelfen.« Bei Griffith berichtet Sterne, wie er seinem Onkel im Krieg der Pamphlete geholfen habe, ohne dafür belohnt zu werden. Er deutet auch an, Sterne habe ein Porträt seines Onkels verfaßt, sei aber wegen dieser Taktlosigkeit von Freunden gewarnt worden und habe deshalb die Figur geändert und Onkel Toby daraus gemacht! (Griffith, *Posthumous Works*. Dublin, 1770. Band 1, S. 17 ff.)

Welche Ahnungen in bezug auf die Zukunft Sterne auch hegte, als er an der *Reise des Herzens* schrieb, glaubte er zumindest, sich seit seiner Collegezeit nicht mehr so wohlgefühlt zu haben. Das ist sicherlich nur ein Zeichen für die Extreme, zwischen denen seine nervöse Überspanntheit pendeln konnte, doch es ist wichtig, um die gelöste Heiterkeit der *Reise des Herzens* verstehen zu können, zumal es keinen Anlaß gibt, diese Fröhlichkeit neuem Lebensmut zuzuschreiben.

Im September, während Sterne auf seine Gattin wartete und das Interesse an Eliza zu verlieren begann, machte es ihm großes Vergnügen, einer geheimnisvollen »Hannah« zu antworten, die ihm geschrieben hatte:

»Seitdem meine liebe H[annah] mir geschrieben hat, daß sie mein sei, und zwar mehr, als es je eine andere Frau war, zermartere ich mir das Gedächtnis, um herauszubringen, wann Sie und ich ein Verhältnis miteinander hatten. – Die Leute glauben, ich hätte viele gehabt, teils im Körper, teils im Geiste, aber wie ich Ihnen schon früher gesagt habe, haben Sie mich mehr besessen als jede andere Frau – deshalb müssen Sie mich, H[annah], sowohl im Geiste als auch im Körper besessen haben. – Doch jetzt kann ich mich nicht mehr entsinnen, wo es war und wann genau – es kann nicht die Dame aus der Bond Street sein oder aus der Grosvenor Street oder vom – Square oder aus der Pall-Mall. – Wir werden es schon herausbekommen, H[annah], wenn wir uns treffen – ich sehne mich voll Ungeduld danach. –«[69]

Vielleicht hatte Sterne so leichtfertig von so vielen Damen gesprochen, daß er, wenn ihm eine davon schrieb, unsicher war, ob er sie »im Geiste« oder »im Körper« besessen hatte. Der Kitzel, dem ihm Andeutungen und Gerüchte verursachten, war beherrschend, und eine Woche nach dem Brief an Hannah suchte er Sir William Stanhope mit schüchternem Vorwurf für sich einzunehmen:

»Sie sind wahrscheinlich das drolligste Wesen in der Welt. –
Weshalb ziehen Sie mich so auf mit dem, was ich Ihnen geschrieben habe? – Wenn ich Ihnen erzählte, daß ich jeden
Morgen in den Schoß der Venus (ich meinte damit das Meer)
springe, mußten Sie denn daraus schließen, daß ich nachher
in die Betten der Damen springe? – Der Körper beherrscht
Sie – mich hingegen der Geist.«[70]

Dann erzählte er Stanhope von dem »merkwürdigsten
Brief«, den er gerade an Hannah geschickt hatte, bevor er
abermals in seinen vertraulichen Tonfall verfiel:

»Genug von diesem Unsinn! – Die Vergangenheit ist vorbei –
und ich kann mich vor mir selber rechtfertigen – können Sie
das auch? – Nein, bei Gott! Sie können nur fühlen! Nun, das
kann mein Kater auch, wenn er ein verliebtes Weibchen auf
dem Dach jaulen hört – aber verliebte Katzenmusik stößt
mich ab. Ich möchte lieber eine sanfte Flamme in mir entzünden, als eine andersgeartete in mir entzünden lassen. – Nun,
ich rufe den Himmel zum Zeugen an, daß nach all dieser *Tän-
delei* mein Herz unschuldig ist – und die Spielereien meiner
Feder unterscheiden sich in nichts von dem, was ich in den Tagen meiner Knabenzeit tat, als ich einen Stecken zwischen die
Beine nahm und drauflosgaloppierte. – Die Wahrheit ist, daß
meine Feder mich beherrscht – nicht ich meine Feder.«[71]

Dieser Brief ist ein faszinierendes Bekenntnis, das Sterne
dennoch hartnäckig zu verschleiern sucht. Er vermengt
Ernsthaftigkeit und Scherz, so daß er sich aus dem einen
immer in das andere retten kann. Welchen Schluß man aus
diesem Brief auch ziehen mag, Sterne könnte immer antworten: »Ach, da bin ich ein wenig schelmisch gewesen«, oder
»O nein, Sie haben mich mißverstanden. Das habe ich ernst
gemeint.« Die Geschwindigkeit der Feder und die sprung-
hafte Verknüpfung von Gedanken dienen dazu, den Schrei-

ber selbst vor wirklicher Demaskierung zu bewahren, und
das verführerische Gefühl, ins Vertrauen gezogen zu werden, macht es faktisch unmöglich, die Passage zu entschlüs-
seln. Nur zehn Tage später war Sterne imstande, in einem
neuerlichen Brief an Stanhope ein geschöntes Bild seiner
selbst zu entwerfen, das ein Verleger mit Freuden als Wasch-
zettel benutzen würde:

»… meine Empfindsame Reise (wird), das wage ich zu behaupten, Sie davon überzeugen, daß meine Gefühle aus dem
Herzen kommen und daß dieses Herz nicht gerade von der
übelsten Sorte ist – Gott sei gepriesen für meine Empfindsamkeit! Wenn sie mir auch oft Kummer gemacht hat, so
möchte ich sie doch nicht eintauschen für alle Freuden, die
der gröbste Sinnenmensch jemals empfunden hat.«[72]

Sterne verbrachte den Herbst mit »harter Arbeit«; wie so oft
hatte er es vorgezogen, während der Sommermonate Ferien
zu machen. Mrs. Sterne und Lydia trafen am 1. Oktober in
York ein.* Seine Tochter erschien ihm »herzlich und körperlich und geistig höchst anmutig«, »ein kultiviertes kleines Lu-
der«.[73] Wie peinlich die finanziellen Verhandlungen der Familie auch gewesen sein mochten, Sterne erzählte, daß er Lydia
zehn Guineen anbot, als sie und ihre Mutter nach York zurück-
fuhren. Doch sie habe geantwortet: »Nein, mein lieber Papa,
unsere Ausgaben für die Reise von Frankreich nach hier haben dich sicherlich sehr belastet – ich würde dir lieber hundert
Guineen in die Tasche stecken als zehn daraus nehmen.«[75]

---

* Rufus Putney hat angemerkt, daß Sterne Eliza anlog (um das Ausbleiben seiner Briefe
zu entschuldigen), als er ihr mitteilte, seine Familie sei Anfang September eingetroffen. Diese Täuschung benutzte Putney, um zu verdeutlichen, daß Sterne eine emotionale Krise überwunden hatte und um nachzuweisen, daß die *Reise des Herzens* »in der
heitersten Verfassung« in einer Zeit geschrieben worden sei, als Sterne glaubte, noch
Kraft für zehn weitere Jahre zu haben. Falls Sterne dieser Ansicht war, das macht Griffith' Kommentar deutlich, dann ist das gewiß auf die sehnsüchtige Stimmung der
Reise des Herzens und auf jene »sanfte Nachgiebigkeit der menschlichen Seele« zurückzuführen, »die sich mit einem Mal in Illusionen verlieren kann«. (*TLS*, 9. März 1946)

Sterne blieb nicht mehr viel Zeit. Die *Reise des Herzens* dürfte seine letzte Energie aufgezehrt haben. Er dachte nicht mehr an Elizas Rückkehr, sondern versuchte, sich auf die Veröffentlichung seines neuen Buches vorzubereiten. Die ihm im Herbst angebotenen Pfründen lehnte er mit der Begründung ab, daß seine Familie nach Frankreich zurückkehren müsse. Ende des Jahres brachte er ein Memorandum zu Papier, in dem niedergelegt war, wo seine Briefe zu finden seien; warnend schrieb er an das Ehepaar James: »Sie werden mich eintreten sehen wie einen Geist – also sage ich's Ihnen vorher, damit Sie nicht erschrecken.«[75] London erlitt seinen zweiten schlimmen Winter in Folge. Horace Walpole notierte, auf Strawberry Hill habe fast drei Wochen lang Frost geherrscht mit »widerstandsfähigen Eisklumpen«[76], die nicht schmelzen wollten. Als Tauwetter einsetzte, kam es in den Straßen zu Überflutungen und Schneematsch. Sterne logierte wieder in Old Bond Street und zweifelte, ob er bei dieser Nässe die Familie James in Gerrard Street werde besuchen können. In Sternes Äußerungen klingt eine Vorsicht durch, die Erschöpfung verrät. Noch in keiner Londoner Saison war er je so zurückhaltend gewesen. Als er sich auf dem Wege der Besserung glaubte, bemerkte er dazu lediglich, das werde sich »wie alle anderen Übel und Unwägbarkeiten des Lebens zum Guten wenden«.[77] Sterne wurde bereits mit Einladungen bedrängt, doch sie reizten ihn nicht mehr. Er fühlte sich »durch die täglichen Verabredungen von Kopf bis Fuß gefesselt«[78], als mache ihn die Vorstellung von Bewegung schwindelig. Er wäre damit zufrieden gewesen, einfach »wie ein uneingeladener Schatten dahinzugleiten«[79], um seine Freunde, die Familie James, zu besuchen, die ihn damit geplagt zu haben scheinen, ihnen eine Eintrittskarte für die Cornelys-Versammlung zu beschaffen, ein Auftrag, der ihn nicht zur Ruhe kommen ließ.

Der Spaßvogel war verstummt. Im November 1767 hatte Sterne bekannt: »Ich bin schon seit langem ein empfindsa-

mes Wesen – wenn Euer Lordschaft auch das Gegenteil denken mögen. – Die Welt hat sich eingebildet, daß ich, weil ich
den Tristram Shandy geschrieben habe, shandyscher sei, als
ich es in Wirklichkeit je gewesen bin. – Es ist eine gütige Welt,
in der wir leben, und wir werden oft in verschiedenen Farben
gemalt, je nach den Vorstellungen, die sich jeder einzelne in
seinem Kopf macht.«[80] Im Februar 1768 wiederum, als er auf
die Veröffentlichung der *Reise des Herzens* wartete, schrieb er
bitter an einen amerikanischen Verehrer*: »Die große Masse
der Menschen hat so wenig echtes Gefühl, daß ich beim ersten Erscheinen der Bücher [*Tristram Shandy*] gern eine Parla-
mentsakte erwirkt hätte, ›daß nur verständige Menschen sie
lesen dürften‹. Es ist eine schwere Aufgabe, Bücher zu schreiben und Köpfe zu finden, die sie verstehen.«[81]

Als die *Reise des Herzens* am 27. Februar erschien, blieben
Sterne kaum noch drei Wochen, um sich über den Erfolg des
Buches zu freuen. Selbst Horace Walpole hielt es für »sehr gefällig, wenn auch allzu weitschweifig … es spricht sich eine
große Güte darin aus und es hat Passagen von Feingefühl«.[82]
Der *Monthly Review* nannte die beiden Bände »unterhaltsam,
erquicklich und satirisch«.[83] »Doch welche Genugtuung empfindet mein Herz bei dieser Gelegenheit?« schrieb Sterne an
Lydia: »Mein schlechter Gesundheitszustand beugt mich nieder, und Eitelkeit wohnt nicht in Deines Vaters Brust – diese
elende Grippe – beunruhige Dich nicht, ich werde sie schon
überstehen.«[84]

Er konnte sich über seinen Gesundheitszustand nicht klar-
werden. So fühlte er sich eines Morgens »absolut frei von jeglicher körperlicher Unpäßlichkeit«,[85] doch ein paar Tage darauf schrieb er:»Ich bin krank – sehr krank – Doch ich bin mir
meiner Existenz zwingend bewußt.«[86] Er begann mit der Niederschrift einer komischen Erzählung, erbat sich Gelee von

---

* Der Verehrer war der Arzt Dr. John Eustace aus North Carolina. Im obigen Brief be-
dankte sich Sterne für einen originellen geschnitzten Spazierstock, den ihm Eustace
geschenkt hatte. [A. d. Ü.]

Mrs. Montagu und beklagte sich über zudringliche Besucher. Er versicherte Lydia, daß er gesunden werde, doch er räumte ein, »falls ich noch einmal davonkomme, wird es nicht für lange sein«.[87]

Sein Zimmer war oft voll von Leuten, doch wir wissen nicht, wer sie waren. Auch Damen waren darunter, aber wie hießen sie? Ein Geistlicher, der Sterne zwei Tage vor seinem Tode aufsuchte, begegnete auf der Treppe zwei Damen und traf am Bett des Kranken eine weitere an: ein Mädchen namens Fanny, »das sich ans Fenster zurückzog«. »Wären Sie eher gekommen«, sagte Sterne, »hätten Sie vielleicht dreizehn angetroffen.«[88] Jene vielleicht, die Sterne in Pall Mall getroffen und vergessen hatte.

Es wollte nicht Frühling werden. Horace Walpole schrieb an George Montagu: »Das Wetter ist so schlecht, daß ich meine Ferien in Strawberry noch nicht genießen kann. Ich sitze schreibend und lesend dicht am Kamin.«[89] Am 15. März schrieb Sterne an Mrs. James:

»Ihr armer Freund vermag kaum noch zu schreiben – eine Rippenfellentzündung hat ihn in dieser Woche an die Schwelle des Todes gebracht – am Donnerstag wurde ich dreimal zur Ader gelassen und am Freitag mit Spanischen Fliegen behandelt. – Der Arzt meint, es gehe mir besser – Gott weiß, denn ich fühle mich sehr schlecht und werde, falls ich mich erhole, eine lange Zeit brauchen, um wieder zu Kräften zu kommen. – Ehe ich noch diesen Brief halb zu Ende geschrieben habe, muß ich mehr als ein dutzendmal unterbrechen und meine schwache Hand ausruhen lassen.«[90]

Sterne wurde durch ein Gerücht in Erstaunen gesetzt, das Lydia ihm erzählte: Er plane, Lydia nach seinem Tode Eliza Drapers Obhut anzuvertrauen. Das Gegenteil sei der Fall, schrieb er ihr, er werde sie Mrs. James anvertrauen – »von ihr wirst Du lernen, eine zärtliche Ehefrau, eine liebevolle Mutter und eine aufrichtige Freundin zu sein«. Das war eine Rolle, die auszufüllen Lydia immer Schwierigkeiten hatte, und vielleicht hatte der Vater eine dunkle Ahnung davon, denn im gleichen Brief empfahl er Mrs. James' »Milch der frommen Denkungsart ... die dazu beitragen wird, das hitzige Temperament, das Du bis zu einem gewissen Grade besitzt, zu besänftigen«.[91] Ist die Nähe des Todes der Grund für dieses seltene Zeichen väterlicher Offenheit?

Mrs. James scheint Sterne während seiner letzten Tage am nächsten gestanden zu haben, und sein letzter Brief, eine anrührende Huldigung an diese Frau und ein Bekenntnis seiner Fehler, ist um so interessanter, als er die empfindsame Wertskala, an die sich Sterne so oft hielt, umkehrt:

»... weinen Sie nicht, meine Verehrteste – Ihre Tränen sind zu kostbar, um über mich vergossen zu werden – verschließen Sie sie in der Flasche, und möge der Korken nie herausgezogen werden. – Teuerste, liebenswerteste, sanftmütigste und beste aller Frauen! mögen Gesundheit, Frieden und Glück Sie immer begleiten. – Wenn ich sterbe, dann halten Sie mich in guter Erinnerung, und vergessen Sie die Torheiten, die Sie so oft verurteilt haben – und zu denen mich mein Herz und nicht mein Kopf verführt hat.«[92]

Wie würde ein Mann wie Sterne sterben, jemand, der so leidenschaftlich in eine Geisterwelt gespäht hatte, der so lange am Rande des Todes gewandelt war? Im letzten Kapitel des *Tristram Shandy* hatte Walter sich betrübt über die Art und Weise geäußert, mit der die Leidenschaft der Zeugung »kluge Männer mit Törinnen verkuppelt und sie ihnen gleichgesetzt und die bewirkt, daß wir aus unseren Höhlen und Verstecken mehr wie Satyrn und vierfüßige Tiere denn als Menschen hervorkommen«.[93] Wurde Sterne, getrennt von seiner Familie, an den einsamen, erbärmlichen Tod seines Vaters erinnert? Er hatte gewiß zuviel Respekt vor dem

Tod, um ihm nicht tapfer entgegenzusehen. Vielleicht dachte er an das flackernde Erlöschen, das er seinem Helden Le Fever bestimmt hatte und suchte es gar zu wiederholen, den Rand des Grabes beschwörend, bis er zu fallen begann: »Sogleich ebbte die Natur wieder ab, – der Schleier war an der gleichen Stelle, – der Puls flatterte – setzte aus – schlug wieder – pochte zitternd – setzte wieder aus – ging – setzte aus – soll ich fortsetzen? – Nein.«[94]

Am 18. März setzte sich in Clifford Street John Crauford zu Tisch. Er war Sterne auf dem Festland begegnet und hatte ihm die Grundlage der Geschichte geliefert, mit der die *Reise des Herzens* schließt. Unter seinen Gästen waren zahlreiche Bekannte Sternes: der Herzog von Roxburgh, die Grafen March und Ossory, der Herzog von Grafton, Garrick, Hume und James. Sie sprachen über Sterne, und Crauford schickte seinen Diener, John Macdonald, in Sternes Logis, um sich nach ihm zu erkundigen. Macdonald ging nach Old Bond Street und wurde in Sternes Zimmer geschickt.

»Ich trat in das Zimmer, und er lag gerade im Sterben. Ich wartete zehn Minuten, doch nach fünf Minuten sagte er: ›*Jetzt ist es soweit.*‹ Er hob die Hand, als wollte er einen Schlag abwehren, und er starb innerhalb einer Minute.« Mit dieser Nachricht kehrte Macdonald nach Clifford Street zurück, und »die Herren waren alle sehr traurig und beklagten ihn sehr«.[95]

Epilog:
»... die paar unverbindlichen Gefälligkeiten.«

Im *Tristram Shandy* hatte sich Sterne einen einsamen Tod ausgemalt, doch dabei insgeheim vielleicht die Trauergäste bei seiner Beerdigung gezählt. Er erklärte, er sei dagegen, sich dem Tod »vor meinen Freunden zu unterwerfen« und hoffe, »der Lenker aller Dinge möge es so fügen, daß es mir nicht in meinem eigenen Hause geschieht«. Dort, sah er voraus, würden ihn die letzten Dienste besorgter Freunde »ans Kreuz schlagen«. Er ziehe jene Behausung der von Natur aus Entwurzelten vor – einen Gasthof, wo »die paar unverbindlichen Gefälligkeiten mit ein paar Guineen erkauft und mir dafür mit ungerührter, aber pünktlicher Wartung erwiesen werden«.[1]

Sternes Tod erweckte in London Teilnahme, scheint die Leute jedoch kaum tiefer berührt zu haben. Möglicherweise hat im Haus in Old Bond Street oder in der in unmittelbarer Nähe von Hanover Square gelegenen St. George's Church eine Trauerandacht stattgefunden. Doch niemand derjenigen, die dabei hätten anwesend sein können, hat davon berichtet. Und obwohl die Herren bei der Nachricht von Sternes Tod sehr betrübt gewesen waren, nahm lediglich James, zusammen mit Becket und zwei anderen Herren, an der Beerdigung teil.

Jahre später schrieb John Croft, Sternes Leichenzug sei vom »Kaplan des verstorbenen Prinzen von Wales« angeführt worden, der anschließend Sternes »lose Papiere« verbrannte, darunter »ein großer Packen Liebesbriefe von Damen der ersten Gesellschaft«.[2] Wir wissen jedenfalls, daß John Botham, Sternes Schwager, der diensteifrige Zündler war. Seine Pfarre lag in Surrey, und es ist wahrscheinlich, daß er rasch von Sternes Tod erfuhr und nach Old Bond Street eilte, um sicherzustellen, daß keines dieser Papiere gestohlen wurde. Er hat vielleicht die notwendigen Worte gesprochen und den »höchst privaten« Zug zum St. George's-Friedhof in Paddington geführt.

Der Friedhof lag in offenem Gelände, kurz hinter Tyburn;

dort wurden sowohl die Toten der Gemeinde von Hanover Square als auch die Hingerichteten begraben. Das brachte ihm einen üblen Ruf ein und der Friedhof, der Öffentlichkeit weithin entrückt, wurde der Schauplatz anrüchiger Geschäfte. Weniger als ein Jahr vor Sternes Beisetzung, hatten Leichenräuber den Friedhof heimgesucht, und als zur Bewachung der Toten eine Bulldogge eingesetzt wurde, nahmen sie auch diese mit.[3]

Weder Witwe noch Tochter waren bei der Beisetzung anwesend. Hall-Stevenson und Fauconberg waren in Yorkshire. Garrick, Crauford, Hume und Mrs. Montagu blieben zu Hause. Wie es scheint, erhielt das Grab keinen Grabstein und noch nicht einmal eine Tafel – vielleicht um es für Leichenfledderer unauffindbar zu machen? Für einen Grabstein hatte Garrick ein Epitaph parat:

Wie viele marmorne Denkmäler hat der Stolz geschaffen,
Zum Ruhme dummer, unbeweinter, dekorierter Laffen!
Und nicht mal einen schlichten Grabstein soll das Plätzchen
            haben,
Wo Geist und Witz und Scherz mit *Sterne* man hat begraben?

Es ist schwer zu sagen, warum ein solcher Plan nicht ausgeführt wurde; vielleicht wollte man das Grab wirklich unauffindbar lassen. Oder waren die Angehörigen nicht sicher, daß Sternes Leichnam in London geblieben war?

Denn wie schon die meisten Phasen seines Lebens war auch Sternes Tod von Gerüchten begleitet. Des Zustandes seiner Lungen nicht achtend, sagten einige, Sterne sei im Hause Reynolds' durch die bösartige Bemerkung einer Dame zu Tode verwundet worden und sei nur noch nach Old Bond Street zurückgetaumelt, um zu sterben.[4] Andere sagten, der Leichnam sei geraubt worden, während er in Old Bond Street aufgebahrt lag. Doch der aufsehenerregendste Bericht besagte, daß Sternes Leichnam vom Friedhof gestohlen und an das Anatomische Institut der Universität verkauft worden sei. Die eindrucksvollste Schilderung dieses Diebstahls findet sich in Hall-Stevensons gefälschter Fortsetzung der *Reise des Herzens*. Als dieser Freund 1769 *Yorick's Sentimental Journal Continued* veröffentlichte, gab er der Ausgabe ein Vorwort bei, das ausposaunte: »Der Leichnam von Mr. Sterne, der nahe Marybone beigesetzt wurde, ist kurz nach der Bestattung ausgegraben, vermutlich nach Oxford geschafft und von einem dortigen bedeutenden Anatomen seziert worden.«[5]

In einer späteren Ausgabe, als diese Enthüllung vielleicht nicht mehr so publikumswirksam war, gab Hall-Stevenson zu, daß diese Geschichte jeder Grundlage entbehre. Das hielt viele Leute nicht davon ab, ihr Glauben zu schenken. Im März 1769 berichtete der *Public Advertiser* über das Gerücht, Sternes Leiche sei auf dem Seziertisch der Universität gelandet und fügte hinzu, die Geschichte sei jetzt »durch einen Gentleman zweifelsfrei als richtig erwiesen, der in der Stadt nach der Leiche gesucht, diese aber nicht gefunden« habe.[6]

Es ist unmöglich zu sagen, wie rasch diese Geschichte mit konkreten Einzelheiten angereichert wurde. Doch schließlich tauchte eine letzte Version auf, derzufolge Sternes Leichnam nur ein paar Tage nach der Beerdigung geraubt und an den Anatomieprofessor in Cambridge, Dr. Charles Collignon, verkauft wurde. Collignon schritt unverzüglich zur Obduktion und erst in einem späten Stadium seiner Arbeit ließ ihn wissenschaftliche Neugier das Laken lüften, welches das Gesicht des Toten bedeckte. In diesem Augenblick, heißt es, sei Sterne von einem der Anwesenden erkannt worden. Darauf soll Collignon die Gebeine in der Cambridger anatomischen Sammlung versteckt haben, was Gelehrten Gelegenheit bot, nach Sternes Schädel zu fahnden.[7]

Diese Jagd hat bis in unsere Zeit gedauert. Im November 1769 hatten »zwei Steinmetzbrüder« dem Mangel abgeholfen, daß auf dem St. George's-Friedhof ein Sterne-Denkmal

fehlte und einen Grabstein aufgerichtet, der die folgende In-
schrift trug:

> Ach, armer Yorick.
> Hier in der Nähe
> Ruht der Leichnam von
> Reverend Laurence Sterne, A. M.
> Gestorben am 13. September 1768
> Im Alter von 53 Jahren.

Die Fehler deuten darauf hin, daß es sich eindeutig um eine
freiwillige Geste handelte, der nur eine entfernte Kenntnis
von Sternes Person zugrunde lag. Wir können nur spekulieren, ob die Floskel »Hier in der Nähe« eine verschwiegene
Anerkennung der Grabräuber-Theorie bedeutet und/oder
sich auf die Tatsache bezieht, daß man nicht mehr genau
wußte, an welcher Stelle dieses Friedhofs Sterne beigesetzt
worden war.

1893 wurde diesem ein weiterer berichtigender Stein
hinzugefügt, den der damalige Besitzer des alten Sterne-Be-
sitzes in Halifax aufstellen ließ. Der Friedhof wurde in zunehmendem Maß vernachlässigt. Im Laufe des Ersten Weltkrie-
ges wurden alle Grabsteine an die Mauern geschafft und das
Gelände in ein Schrebergartengebiet verwandelt. In den
30er Jahren erblickte ein amerikanischer Besucher die Stätte
als »ein solches Durcheinander von Tennisplätzen und anderen Sportanlagen, vereinzelten Gräbern, Kohlköpfen und
Dahlien, Chrysanthemen und Bänken, um in der Sonne zu
meditieren, daß man es selbst gesehen haben muß, um es zu
glauben«.[8]

Schließlich jedoch holte der Fortschritt die überwucherte
heilige Stätte ein, und die St. George's Hanover Square Bu-
rial Ground Act von 1964 machte den Weg frei für die schließ-
liche Bebauung des Terrains mit Wohnblocks für eine Bauge-
sellschaft. Die Akte bot jedem finanzielle Unterstützung an,

der rechtmäßige Ansprüche auf einen dort begrabenen Leichnam geltend machen und diesen ordnungsgemäß exhumieren lassen konnte. Am 4. Juni 1968 ließ der Laurence Sterne Trust in der Umgebung der beiden Sterneschen Grabsteine graben. Die *Times* schrieb:

»Fünf einzelne Schädel und verschiedene Knochen wurden aus dem Grab ausgegraben. Der obere Teil eines der Schädel war abgesägt worden. Ein Anatom aus Harley Street nahm mit Greifzirkeln genaue Messungen vor und verglich sie mit der Büste Sternes von Nollekens, die wahrscheinlich anatomisch exakt ist. Die Abmessungen des abgesägten Schädels, für einen erwachsenen Mann ungewöhnlich klein, stimmten genau mit der Büste überein; alle anderen waren viel zu groß. Die Porträts zeigen Sterne als einen hageren Mann mit einem extrem kleinen Kopf.*

Aus einem neben dem abgesägten Schädel gefundenen Oberschenkelknochen schloß der Anatom, daß er von einem 5 Fuß 10 Zoll großen Mann stamme: Sterne sagte, er sei fast 6 Fuß groß. Auch die hohen Backenknochen und die vorstehenden Oberzähne paßten zu Sterne.

Der aufgesägte Schädel läßt entweder auf eine Obduktion oder auf eine Sezierung durch Pathologen schließen. Leichenöffnungen waren im 18. Jahrhundert außerordentlich selten. Von den 11 500 auf dem St. George's-Friedhof gefundenen Schädeln waren nur zwei oder drei aufgesägt worden. Daraus läßt sich der vorläufige und einleuchtende Schluß ziehen, daß die Cambridger Pathologen so entsetzt waren, als sie erkannten, welchen berühmten Mann sie unter ihren Skal-

---

* Nollekens »anatomische Exaktheit« ist alles andere als sicher. Zwar berichtet sein Biograph J. T. Smith, Nollekens habe die Nase von George III. mit Greifzirkeln vermessen, weil die Königin sich beklagt habe, die Büste zeige sie zu breit. Doch Smith räumt auch ein, daß »sich nach meiner Ansicht Mr. Nollekens hinsichtlich der Ähnlichkeit mehr auf Augen, Nase und Mund als auf die Schädelknochen verließ; diese Ansicht wird durch die Totenmaske von Mr. Fox gestützt. Die Büste dieses Staatsmannes zeigt ihn mit einer niedrigen und zerfurchten Stirn, während die der Totenmaske glatt, hoch und gewölbt ist.« (Smith, *Nollekens and His Times*, Band I, S. 381)

pellen hatten, daß sie seine Überreste eilig und heimlich zu
dem Friedhof zurückschafften, von dem die Leiche gestohlen
worden war«.[9]

Im Hinblick auf den unsicheren Standort des ersten Grab-
steins und den rein spekulativen Charakter der Theorie, der
Leichnam sei nach London zurückgeschafft worden, schrieb
ich an die *Times*[10], damit seien durchaus nicht alle Zweifel beseitigt. Kenneth Monkman, der Sekretär des Sterne Trust erwiderte, er sei »einigermaßen sicher«, den richtigen Schädel
zu haben und setzte hinzu:

»Selbstverständlich werden wir unsere Meßergebnisse und
anderen Erkenntnisse einer weiteren wissenschaftlichen Prüfung unterwerfen, bevor wir endgültig werden zu behaupten
wagen, es handle sich um Sternes Schädel. Sollten wir den falschen ausgegraben haben, würde niemand die Situation
mehr genießen als Sterne selbst, daran habe ich nicht den geringsten Zweifel.«[11]

Doch inzwischen hatten Mr. Monkman und der Trust jenen
aufgesägten Schädel auf dem Friedhof von Coxwold beiset-
zen lassen. Zusammen mit den beiden Londoner Grabsteinen
ruht er immer noch dort, doch bis jetzt fehlt noch immer ein
neuer Stein, der darauf hinweist, was dort liegt oder wie es
dorthin gelangte. Ob Sterne nun gelacht hätte oder nicht,
mir will scheinen, daß wir niemals zweifelsfrei wissen werden,
wo sein Schädel liegt.

* * *

Angesichts der Rohheit, mit der man Sterne nach seinem
Tode behandelte, hätte Onkel Toby machtlos, reglos und nie-
dergeschmettert dagesessen. Doch ebenso hätten ihn die
hemmungslosen Possen gepeinigt, die Sternes Witwe und
Tochter aufführten, kaum daß Sterne tot war. Denn erst mit

dem Tode Sternes beginnen die Frauen in seiner Familie plötzlich als Personen zu existieren.

Solange er lebte, hatte seine gekünstelte Vitalität sie überwältigt – warum sonst hatten sie ihm die Bühne zur Gänze überlassen und sich auf die Hügel des Languedoc zurückgezogen? Die Frauen in seinen Büchern sind schlimmstenfalls beschränkt und ergeben; zum größten Teil sind sie fügsam, verführerisch und einfältig gewinnend – jene Art von Geschöpfen, die ein anspruchsloser Mann wie Onkel Toby sich für seine Tagträume ausgedacht haben könnte. Elizabeth und Lydia Sterne waren tatkräftige, streitlustige und unabhängige Frauen. Lydia verfügte gar über jene intensive Lebhaftigkeit, die ihr Vater kultiviert hatte, um andere Leute in Schach zu halten.

Sterne hatte im Hinblick auf seinen Tod viele Vorkehrungen getroffen, es jedoch während seiner Krankheit unterlassen, ein Testament zu machen. Er hatte wenig mehr getan, als sich darüber Gedanken zu machen, wer für Lydia sorgen sollte und hastige Anweisungen auf den Umschlag seines Briefkopierbuches zu kritzeln, die darüber Auskunft gaben, welche Briefpartner einen lohnenden Vorrat an Originalen hatten. Das Abkommen, das er im vergangenen Herbst mit seiner Frau und seiner Tochter getroffen hatte, war nun hinfällig. Tatsächlich erwies sich, daß es ein leeres Versprechen gewesen war, das Bezüge in Aussicht stellte, die über Sternes Mittel gingen.

Die Damen dürften die Kluft zwischen Sternes Versprechungen und Geldmitteln vorausgeahnt haben, denn sie verloren keine Zeit. Das Nachlaßverwalterzeugnis wurde Elizabeth Sterne erst am 4. Juni vom Nachlaßgericht in York erteilt, doch bereits Wochen vorher, am 12. April, annoncierte sie im *York Courant* den Verkauf

»... der gesamten Haushaltsgegenstände und Möbel des verstorbenen Mr. Sterne, Coxwold, dazu eine trächtige Kuh und ein Fuder Heu; außerdem eine hübsche Reisekutsche mit einem Paar außerordentlich guter Pferde; und ein komplettes Service bemalten Tafelgeschirrs ... alle Personen, die in bezug auf den Grundbesitz und das Vermögen des besagten Mr. Sterne irgendwelche Ansprüche haben, werden gebeten, unverzüglich einen Nachweis ihrer Forderungen an Mr. Ricard, Anwalt in York, zu senden. Desgleichen werden alle Personen, die zur Zeit des Todes des besagten Mr. Sterne in dessen Schuld standen, aufgefordert, ihre Rückzahlungen unverzüglich an Mr. Ricard zu richten.«[12]

Viele Beobachter glaubten, daß den Damen Sterne das Elend drohe. Der Erzbischof von York schrieb am 26. März an Mrs. Montagu: »Die Witwe und die Tochter von Mr. Sterne sind höchst besorgt und sehen sich einem unglücklichen Schicksal gegenüber, das abzuwenden selbst den Wohlmeinendsten schwerfallen wird.«[13]

Doch zehn Tage später schrieb Lydia an Mrs. Montagu, sie sei zuversichtlich, daß sie und ihre Mutter nicht nur unbeschadet, sondern mit einem Überschuß von 1500 Pfund davonkommen würden. War das Prahlerei? Traf es wirklich zu, als sie erklärte, »daß Mr. Sternes persönliches Vermögen ausreichen wird, alle seine Schulden zu bezahlen?«[14] Oder handelt es sich bloß um den erfinderischen Optimismus eines noch nicht zwanzigjährigen Mädchens, das vielleicht die Methode ihres Vaters, mit Problemen umzugehen, anwandte – wenn man sie leugnete, verschwanden sie vielleicht?
Ein Jahr später schlug sie in einem Brief an John Wilkes nämlich viel bescheidenere und flehentlichere Töne an. Sie versuchte Wilkes dazu zu überreden, die postume Veröffentlichung der übriggebliebenen Predigten ihres Vaters zur Subskription zu stellen und gestand ihm in diesem Zusammenhang, sie und ihre Mutter seien

»... in höchst beunruhigenden Umständen zurückgelassen worden, denn seine Schulden belaufen sich auf elfhundert Pfund – der Verkauf seiner Habe erbrachte kaum vierhundert – meine Mutter hat sich edelmütig verpflichtet, den Rest aus den Einkünften eines kleinen Besitzes zu bezahlen, der vierzig Pfund im Jahr einbringt und der alles war, was sie in der Welt ihr eigen nannte – sie konnte den Gedanken nicht ertragen, seine Schulden unbezahlt zu wissen, und ich ehre sie dafür – dieser Besitz war oder besser, wäre zumindest eine karge Versorgung für uns gewesen, die wir bessere Tage gesehen haben!«[15]

Vielleicht haben wir hier die halb erwachsene Version jenes Mädchens vor uns, das acht Jahre zuvor Yorker Schauspieler wegen angeblicher Liebesaffären mit Schulfreundinnen verleumdet hatte. Bei diesem Manöver scheint Lydia die Hauptrolle gespielt zu haben: So wie damals Agnes Sterne ihre hübsche Tochter ausgeschickt hatte, um ihren Fall zu vertreten, so dürfte sich hier Lydia als eine beredtere Bittstellerin als ihre Mutter erwiesen haben. Im Sommer 1768 wurde in York für die Sterne-Damen zu einer Sammlung aufgerufen, freilich mit der Bedingung, daß die Einnahmen allein dazu dienen sollten, Lydia mit einer Leibrente zu versorgen. Mrs. Sterne, hieß es, »wurde in der Stadt so wenig geliebt oder geschätzt, daß nicht eine einzige Guinee gespendet worden wäre, hätte es diese Bedingung nicht gegeben«.[16]

Für Lydia war es ein Probejahr vor der Volljährigkeit, belastet mit Geldnöten und einer streitsüchtigen Mutter, die es zu lenken galt. Eines der Probleme der Sterne-Damen bestand darin, daß der neue Vikar von Sutton, Andrew Cheap, Anspruch darauf hatte, daß die Familie Sterne für die Wiedereinrichtung des niedergebrannten Pfarrhauses aufkam. Sterne selbst hatte einen Neubau erfolgreich vermieden, und im Herbst 1768 befand der Erzbischof von York, daß »der Nachfolger ein Recht hat, zu verlangen, daß Mr. Sternes Erben den Neubau ausführen«.[17] Doch die Damen bestritten das mit der Begründung, daß Sterne zur Zeit des Brandes nicht in Sutton gewohnt habe. Selbst der Erzbischof war über Mrs. Sternes Aufsässigkeit befremdet: »Ich bin nicht überrascht über Mrs. Sternes unglaubliches Verhalten hinsichtlich der Baumaßnahmen in Sutton, in Ansehung des eitlen und leichtfertigen Geschwätzes, dessen sie sich seit geraumer Zeit befleißigt und der lächerlichen Verschlagenheit ihres Anwalts, in dessen Hände sie unglücklicherweise gefallen ist.«[18] Auf wessen Rat auch immer, die Sternes blieben hartnäckig und Cheap sah sich schließlich gezwungen, mit sechzig Pfund vorliebzunehmen – »da die Witwe in ärmlichen Umständen lebt«. Dieser Kompromiß war nicht gerade vorteilhaft, denn die Kosten für das neue Gebäude betrugen 576 Pfund, 13 Shilling und 5 Pence, wie der verbitterte Cheap peinlich genau im Kirchenregister von Sutton festhielt.[19]

Lydia hatte ihre mißliche Lage vielleicht allzusehr betont, um die Bewunderung des Erzbischofs zu erregen. Er beschrieb Mrs. Montagu Mrs. Sterne und ihre Tochter in Worten, welche den Wunsch ausdrücken, Verarmte sollten sich ihrer Stellung gemäß benehmen:

»Im großen und ganzen finden wir bei ihnen Unaufrichtigkeit, mit ein wenig Schläue vermischt; und da man in York plant, eine Sammlung für sie zu veranstalten, glauben sie, es sei zu ihrem Vorteil, sich als ärmer hinzustellen, als sie sind. – Ich glaube, im Hinblick auf eine Sammlung würdigen sie sich herab, wenn sie nicht freimütig darüber Aufschluß geben, wie sehr sie darauf angewiesen sind oder nicht: und ich bin sicher, daß Sie sie eher unterstützen würden, wenn sie sich zu einer nüchternen Einschätzung ihrer Umstände und ihres Rufes verstehen würden, als zuzulassen, daß Ihr Name auf der Liste angeblicher Wohltäter erscheint; das würde ihre Eitelkeit nur vergrößern.«[20]

Leider fehlt es uns in diesem Punkt an verläßlichen Informationen. War die Forderung von Andrew Cheap in den von Lydia genannten elftausend Pfund enthalten? Und welche Einkünfte bezogen die Damen aus dem Verkauf der *Reise des Herzens*? Der anfängliche Erfolg des Buches muß sich bei der Nachricht vom Tod des Verfassers gesteigert haben. Becket hatte bis Ende März eine zweite Auflage herausgebracht und noch 1768 erschien eine weitere.

In York wurde die Sammlung zugunsten der Damen mit Geschick von einer gewissen Miss Ann Moritt organisiert. Sie erreichte ihren Höhepunkt während der Rennwoche im August. Am 23. August wurde Sternes Bibliothek für etwa achtzig Pfund bei Todd & Sotheran in Stonegate verkauft. Wenn es in York von betuchten Besuchern wimmelte, zogen Mutter und Tochter in das Dachgeschoß des Hauses um, in dem sie logierten. Lydia sagte, sie täten das, um es ihrem Vermieter zu ermöglichen, ihre Zimmer zu vermieten. Vielleicht hat Lydia dabei insgeheim auch an die möglichen Spender[21] gedacht, die noch mehr gerührt sein würden, wenn sie hörten, daß die Damen gezwungen seien, in einer Mansarde zu hausen. Der Spendenaufruf hatte Erfolg und die meisten bedeutenden Persönlichkeiten Yorkshires beteiligten sich; die Summe, die am Ende zusammenkam, belief sich auf etwa 800 Pfund.

Lydia war über diesen Erfolg begeistert und schrieb entzückt an Mrs. Montagu, unter Zuhilfenahme des familieneigenen Symptoms von Rührung, der Träne:

»... wie gnadenreich, wie barmherzig sich Gott uns zeigt! Welchen Trost hat er uns gespendet, welche Freunde uns aufgetan! Oh, mögen wir uns Seiner Barmherzigkeit immer recht bewußt bleiben und uns mit höchster Dankbarkeit daran erinnern, was wir unseren Freunden verdanken. Wahrlich, Madame, vor lauter Tränen vermag ich kaum zu schreiben, wenn ich daran denke, wie überaus freundlich die Vorsehung sich unser angenommen hat.«[22]

Ein wenig gekräftigt, machten sich Lydia und ihre Mutter
daran, aus Sternes literarischem Nachlaß soviel Kapital als
möglich zu schlagen. Wie wir gesehen haben, brachte sie dieser in eine zwiespältige Lage, insofern, als sie unappetitliche
Familiengeheimnisse hätten enthüllen müssen, um für ihren
Unterhalt zu sorgen. Das erste Projekt war die Veröffentlichung von drei weiteren Bänden von Predigten. Das Unternehmen war ein wenig dubios. Sterne hatte gesagt, er habe
nur den Kehricht aus seinem Arbeitszimmer hinterlassen.
Aber Hall-Stevenson ermutigte Lydia und versicherte auf
seine Ehre, Sterne habe einen nahezu unerschöpflichen Vorrat an Predigten gehabt und jederzeit eine hervorzaubern
können.[23]

Lydia war's zufrieden, und sie verteilte achtzehn Predigten
großzügig auf drei Bände zu je 2 Shilling, 6 Pence. Becket hat
den Wert eines solchen Projektes vielleicht bezweifelt, obwohl
die meisten Verleger es eilig gehabt hätten, so kurz nach seinem Tod etwas herauszubringen, das den Namen Sterne
trug. Wahrscheinlicher ist, daß die Spannung zwischen ihm
und Lydia von den Experimenten herrührte, mit denen Lydia in das Verlagsgeschäft einstieg. Dieses Metier war ihr
fremd, und also fragte sie sich, ob Becket wirklich großzügig
war. Becket scheint versucht zu haben, seine ursprünglichen
Bedingungen zu verbessern. Er hatte für das Copyright zunächst 400 Pfund geboten, anschließend jedoch weitere Ein-
schränkungen gemacht, gegen die Lydia sich sträubte.
Darum schrieb sie im jugendlichen Verschwörerton an William Strahan, einen anderen Drucker und Buchhändler:

»... da ich sie [die Predigten] keinem anderen anbieten darf,
muß diese Angelegenheit mit größter Vorsicht behandelt werden – Sie müssen nämlich wissen, daß er sie nicht nehmen
wird, wenn sie anderswo angeboten werden. Er will selbst
über ihre Anzahl und Qualität entscheiden und besteht auf
einem Zahlungsziel von einem Jahr. Meine Mutter und ich er-

warten von Ihnen, daß Sie alles dieses in Betracht ziehen –
wenn Sie sich nicht ziemlich sicher sind, uns mehr als 400
Pfund zahlen zu können, darf Becket nichts davon erfahren
– doch glauben Sie mir, Sir, wir würden sie jedem anderen lieber geben als Becket – er ist ein *niederträchtiger Bursche*.«[24]

Nur wenige Monate bevor sie diesen Brief schrieb, hatte Lydia ihren 21. Geburtstag begangen. Selbst ihre Patentante,
Mrs. Montagu, war über die raschen Fortschritte, die das
Mädchen machte, beunruhigt; offenbar schrieb sie an Lydia,
um sich nach der Qualität dieser Predigten zu erkundigen
und leise Kritik an dieser Mischung aus Berechnung und
Mädchenhaftigkeit zu üben. Lydias Antwort erinnert an die
mangelnde Festigkeit, die ihrem Vater eigen war. Sie erklärte,
einer ihrer Vorzüge bestehe darin, daß »ich mein Leben bei
meiner Mutter verbracht habe, die große Mühen auf sich genommen hat, meinen Verstand und mein Herz auszubil-
den«,[25] wobei sie sich kaum bewußt war, daß es eben diese Un-
terscheidung war, die ihr Vater sich zur Maxime gemacht
hatte. Den Vorwurf der Keckheit wies sie mit der ganzen kühlen Gewandtheit einer jungen Frau zurück, die ihre Worte zu
setzen weiß:

»Was nun die Vermutung angeht, ich hätte den Witz meines
Vaters geerbt, so habe ich nicht das kleinste Körnchen von
dem in meinem Wesen, das meine Mutter und ich für einen
unseligen Charakterzug meines Vaters hielten... Ich bin so
weit davon entfernt, eine *diseuse de bon mots* zu sein, daß ich
glaube, mich in meinem Leben solcher Dinge nie schuldig gemacht zu haben. In Gesellschaft bin ich außerordentlich
schüchtern, äußere selten meine Meinung, außer über
höchst belanglose Dinge – ich werde ›oft wegen Schweigens
getadelt, aber niemals an meinen Worten gemessen‹.«[26]

Diese Schüchternheit tat ihre Wirkung. Lydias Taktik führte
dazu, daß Becket, Strahan und sein Partner Thomas Cadell
sich hurtig zusammenschlossen und die Predigten heraus-
brachten. Als sie am 3. Juni 1769 erschienen, hatten sich 729
Subskribenten gefunden. Wie schon ihr Vater kam Lydia zu
diesem Ereignis nach London, wenngleich sie von der Familientradition abwich, indem sie ihre Mutter mitbrachte.

Am 25. Mai hatte Hall-Stevenson seine langweilige Fortsetzung der *Reise des Herzens* veröffentlicht, und Lydia war eifrig
um den guten Ruf ihres Vaters bemüht. Um diese Zeit suchte
sie Wilkes im Gefängnis auf, und er bot ihr an, in Zusammen-
arbeit mit Hall-Stevenson eine Lebensbeschreibung ihres Vaters zu schreiben.

In freudiger Erwartung dieses Projektes, reisten Lydia und
ihre Mutter nach Frankreich. Sie lebten zuerst in Angoulême
und führten ein Leben in kultivierter Behaglichkeit:

»Angouleme ist eine hübsche Stadt, das Land sehr reizend;
und von der Hauptpromenade genießt man eine sehr schöne
Aussicht: ein gewundener Fluß, der sich bei Bordeaux mit
der Garonne vereinigt, macht die allerschönste Wirkung: im
Fluß liegen baumbestandene kleine Inseln, wo die Einheimi-
schen Kalk gewinnen – mit einem Wort, die Aussicht ist überaus liebreizend – und ich kenne kein größeres Vergnügen, als
am Ufer des Flusses zu sitzen und meiner Mutter aus Milton
oder Shakespeare vorzulesen – manchmal greife ich zur Gitarre und singe ihr vor – und so verrinnen unmerklich die
Stunden mit Lesen, Schreiben, Zeichnen und Musizieren.«[27]

Lydia arbeitete an den Zeichnungen, die auf Vorschlag von
Wilkes Sternes Gesammelten Werken beigegeben werden
sollten. Doch im Herbst 1769 wurde dieses Unternehmen
dringend notwendig. Isaak Panchaud, Sternes alter Bankier
in Paris, hatte bankrott gemacht und es ist anzunehmen, daß
die Damen dabei einen Teil ihres Vermögens verloren.

Einmal mehr können wir nicht beurteilen, ob die Zeit, die sie durchmachen mußten, so schwer war, wie Lydia behauptet. Sie und ihre Mutter verfügten über Einkünfte, die, wenn auch spärlich und unregelmäßig, aus verschiedenen Quellen flossen. Was ihre Gefühle betraf, änderte sich ihr Leben in Frankreich von Grund auf. Jetzt bemerkten sie nur noch die langweilige, provinzielle Gesellschaft und die Kostspieligkeit der Lebenshaltung. Keine der beiden Frauen war gesund, und im März 1770 sprach Lydia, nachdem man sie zur Ader gelassen hatte – dieses Verfahren hatte bereits ihren Vater entkräftet – davon, sich frühzeitig zur Ruhe zu setzen.[28]

Sie verlegten ihren Wohnsitz weiter nach Süden, nach Albi – »doch es mangelt hier an Gesellschaft, und das bißchen, das es hier gibt, ist kaum die Mühe wert, sie zu suchen«.[29] Die Damen zogen es vor, zu lesen und mit ihrer Gesundheit ging es bergab. Lydia, obwohl erst dreiundzwanzig Jahre alt, war sehr mager; sie bemerkte: »Körperlich habe ich zu viel mit meinem Vater gemeinsam.«[30] Ihre Mutter war inzwischen siebenundfünfzig und in schlechter Verfassung, sei es durch Krankheit »oder die Hitzigkeit ihres Naturells«:

»... meine Mutter ist zweimal knapp dem Tode entronnen. Vor etwa zwei Monaten wurde sie in der Nacht durch das Bellen des Hundes geweckt, und als sie aufstand, erblickte sie einen Mann, der sich mittels eines Seiles durch den Kamin zu ihr hinunterließ. Sie alarmierte die Familie und der Bösewicht verschwand durch den Schornstein. Auf dem Ziegeldach fand man ein langes, aufgeklapptes Messer, und das Seil war noch am Schornstein festgeknotet. Hätte meine arme Mutter in ihrem Zimmer nicht eine Lampe gehabt, hätte sie das Seil nicht gesehen und wäre höchstwahrscheinlich ermordet worden. Welch ein Glück war es, daß sie durch das Bellen des Hundes geweckt wurde! – Wir haben alle Schornsteine mit Gittern versehen lassen, so daß niemand hineinsteigen kann. Durch dieses Unglück verursacht, hatte sie einen epi-

leptischen Anfall und ist seitdem dauernd krank. Möge Gott
ihr die Gesundheit zurückgeben. Ihr Verlust wäre für mich
unersetzlich.«[31]

Doch gerade als Lydia nahe daran schien, ihre Mutter zu verlieren, angelte sie sich einen Ehemann. Im März 1772 überraschte sie Mrs. Montagu mit der neuesten Nachricht, sie
habe einen Antrag erhalten, der »zwar nicht vorteilhaft, doch
auch keineswegs unangenehm war«.[32] Freilich bestand der
Vater des Bewerbers auf der französischen Sitte, derzufolge
»meine Mutter umgehend auf ihr Vermögen verzichten
muß«. Der Bewerber um ihre Hand, Jean-Baptiste-Alex-
andre-Anne Medalle, der Sohn eines Zollbeamten aus Albi,
»gefiel mir durchaus nicht übel«.[33] Lydia empfand Pein angesichts der Großzügigkeit, mit der ihre Mutter sie zu dieser
Verbindung ermutigte:

»Meine Mutter ist willens, sich zu Gunsten ihrer Lydia geradezu des letzten Bissens Brot zu berauben. Mein Herz blutet
bei der Vorstellung, daß sie gezwungen wäre, ein kümmerli-
ches Hungerleben zu fristen: darum, meine liebe Mrs. Montagu, erlauben Sie mir, bei Ihnen für sie zu bitten. Ich stoße
meinen Stuhl fort und schreibe auf den Knien: lassen Sie ihr
etwas zukommen, ihr allein. Und ziehen Sie Ihre mildtätige
Hand nicht von ihr zurück, solange sie lebt! Ich erbitte nichts
für mich, doch um meiner Mutter willen wird es mich doppelt glücklich machen, wenn Sie meiner demütigen Bitte ent-
sprechen.«[34]

Mrs. Montagus Antwort fiel kühl aus. Sie half der möglicherweise in Armut gestürzten Mrs. Sterne, indem sie ihr die jährliche Zuwendung von 20 Pfund übertrug, die sie bislang Lydia gewährt hatte. Was die Heirat betraf, war der Mann »ein
unbeschriebenes Blatt« für sie. Auf das Eingeständnis Lydias,
sie wisse nicht, wie sie sich verhalten solle, antwortete sie mit

der Bissigkeit einer Person, die sich mit vielen Sterneschen Zweifeln zu befassen hatte:

»... alles, was Sie Ihren Freunden sagen, ist, daß Sie sich anschicken, einen Mann zu heiraten, der einer anderen Konfession angehört, und Ihre Mutter fast an den Bettelstab zu bringen, was sie beides eingestehen. Gleichzeitig scheinen Sie sich für Festigkeit in religiösen Dingen und kindliche Ergebenheit der Mutter gegenüber zu erklären. Meine liebe Cousine, die Taten sind es, nicht die Worte, nach denen wir von Gott und den Menschen beurteilt werden.«[35]

Lydia handelte. Am 28. April 1772 trat sie zum katholischen Glauben über und heiratete Medalle. Beide Ereignisse fanden in der Privatkapelle des Provosts in Albi statt. Am 6. August 1772 schenkte Lydia einem Sohn, Jean-Francois-Laurent, das Leben.[36]

Elizabeth Sterne blieb nur wenig Zeit, sich an ihrem Enkelsohn zu erfreuen, denn sie starb am 13. Januar 1773 in Albi im Hause des Arztes Linières.[37] Sie dürfte achtundfünfzig oder neunundfünfzig Jahre alt gewesen sein.

Am 21. Dezember 1773 gebar Lydia einen weiteren Sohn, Jacques-Francois Guillaume. Kurz darauf starb ihr Ehemann.

1775 kehrte Lydia Medalle nach England zurück, um dort die *Letters of the late Rev. Mr. Laurence Sterne*, zusammen mit dessen *Memoir*, zu veröffentlichen. Trotz früherer Unstimmigkeiten, verlegte Becket dieses Buch, und es wurde am 25. Oktober ausgeliefert. Als Frontispiz trug es einen Stich nach einem von Benjamin West gemalten Porträt, das eine entzückende Lydia in einem Gewand zeigte, das ihr halb von der Schulter geglitten war, während sie schützend eine lorbeerumkränzte Büste ihres Vaters umklammerte. Als die *Letters* 1776 wiedergedruckt wurden, rächte sich Becket, indem er das Frontispiz wegließ. Nach der Verschlagenheit in Lydias hübschem Gesicht zu urteilen, ist es bedauerlich, daß wir keinen Bericht darüber haben, wie sich die Witwe, zwei kleine Kinder im Schlepptau, in London durchbrachte.

Wir wissen nur, daß ein Sohn 1783 in der Benediktinerschule von Sorez starb. In seinem Totenschein heißt es, seine Mutter sei bereits verstorben. Was wir von ihr wisssen, läßt auf eine lebhafte, unternehmende junge Frau schließen. Vielleicht war sie ernsthaft krank; vielleicht konnte sie, ihrem Vater ähnlich, Müßiggang nicht ertragen und verwelkte in Albi. Es ist nicht bekannt, wann und wo sie starb oder was aus ihrem zweiten Sohn wurde. Sterne war gleichsam inoffiziell in die Welt getreten, und fünfzehn Jahre nach seinem Tode lebte von seinen unmittelbaren Familienangehörigen kein einziger mehr.

Es ist nur noch eine Person übrig, deren Spuren wir nachgehen müssen: Eliza Draper. Sie war nach Indien zurückgereist, verfolgt von Briefen, doch ohne Alternative zur Fortführung ihres unglücklichen Ehelebens.

Die Drapers zogen 1768 von Bombay nach Tellicherry, wo Eliza sich großen Ansehens erfreut zu haben scheint, das zweifellos durch den Ruf vergrößert wurde, den sie sich in England als Muse eines großen Schriftstellers erworben hatte.

Die Nachricht von Sternes Tod beunruhigte sie schon allein deswegen, weil sie nicht wußte, was aus ihrem Briefwechsel mit Sterne werden würde. Es ist amüsant zu sehen, wie Eliza sich den Kopf darüber zerbrach, was die Sterne-Damen wohl unternehmen würden. Sie handelte mit einer sonderbaren Mischung aus Umsicht und Taktlosigkeit. Schon bald nach Sternes Tod schrieb sie nämlich an Lydia und brachte jenen Gedanken der »Obhut« ins Spiel, in die sie angeblich nach Sternes Wunsch Lydia habe nehmen sollen. Es war ein kurioser Vorschlag, denn schließlich war Eliza nur drei Jahre älter als Lydia. Kurioser ist jedoch, daß sie bei ihrem Vorschlag Mrs. Sterne mit keinem Wort erwähnte. Diese Brüskierung suchte Eliza umständlich zu rechtfertigen. – Sterne habe ihr so viele unangenehme Dinge über seine Frau erzählt, daß sie nicht von ihr sprechen könne; außerdem sei sie, soviel sie wisse, wegen ihrer »Gebrechlichkeit« ans Bett gefesselt. Doch zweifellos hat sie sich die Damen durch das provozierende Angebot zu Feindinnen gemacht. Jetzt mußte sich Eliza allerlei ausdenken, um es mit den verarmten Damen aufzunehmen:

»... Miss Sterne schreibt mir in ihrem Brief – daß ihr Vater ihre Mutter oft falsch dargestellt habe, um die Mißachtung zu rechtfertigen, die er ihr bezeigte – Ich denke nicht hoch von einer Tochter, die einem lebenden Elternteil, wie berechtigt auch immer, auf Kosten eines Verstorbenen schmeichelt ... mein Schweigen über den Gegenstand [Mrs. Sterne] rührte, wie ich bereits andeutete, lediglich von einem Zartgefühl her, das mir selbstverständlich ist, wenn ich auf empfindliche Gefühle nicht zu sprechen kommen möchte – Ich habe mich in Miss Sterne ganz und gar getäuscht – sonst hätte sie niemals meine Gefühle so sehr mißdeuten und annehmen können, ich habe sie verletzen wollen, als ich sie als eine verwandte Seele ansprach, und das mit all jenem Freimut, von dem ich wünschte, daß er zwischen mir und einer Schwester meines Herzens bestünde.«[38]

Jetzt breitete sich tiefer Argwohn aus, wo früher liebeskrankes Mitleid geherrscht hatte. Eliza hatte über Sterne keine Illusionen mehr. Als er lebte, war sie »fast eine Anbeterin seiner Tugenden« gewesen;[39] doch nachdem er tot war, hatte sie erkannt, daß er »mit den Lastern der Ungerechtigkeit, Gemeinheit – und Torheit behaftet war«.[40] Die Witwe, so hatte ihr Sterne versichert, war »eine Trinkerin, eine käufliche und unkeusche Lügnerin«.[41] Über die Tochter hatte Eliza gehört, sie sei »eher bestechend anziehend als sanft liebenswert«.[42]

Zahlreiche Reisende, die aus England nach Indien kamen, deuteten Eliza an, daß die Armut der Sterne-Damen sie viel-

leicht dazu zwingen könne, sich Sternes Briefe an Eliza zunutze zu machen. Vor einer solchen Enthüllung scheint sie
sich ernsthaft gefürchtet zu haben, wenngleich nichts darauf
hindeutet, daß Lydia und ihre Mutter die Absicht hatten, die
Briefe zu veröffentlichen. Eliza kam mit Becket überein, ihn
dafür zu bezahlen, wenn er die Briefe unterschlage und Mrs.
James aushändige. Zur selben Zeit organisierte sie bei der
vornehmen indischen Gesellschaft Sammlungen für die Damen und ermutigte sogar einen Colonel Campbell aus Bengalen, England zu dem Zweck zu besuchen, Lydia zu heiraten. Doch dieser Plan war kaum gefaßt, als in Albi in diesem
Punkt vollendete Tatsachen geschaffen wurden. Eliza war
darauf erpicht, nach England zurückzukehren, um ihre
Tochter zu sehen, welche noch die Schule besuchte und vielleicht, um sich der Verschwiegenheit der Sternes zu versichern. Inzwischen setzte sie auch alles daran, ihrem Gatten
zu entfliehen. Im Januar 1773 verließ sie ihn und ging mit einem Marineoffizier namens Sir John Clark durch. Es folgte
eine Skandal und Eliza war gezwungen, bei ihrem Onkel,
John Whitehill, in Masulipatam Zuflucht zu nehmen. Sie sammelte Beweise gegen ihren Mann, die so ehrenrührig waren,
daß er davon abgehalten wurde, auf Scheidung zu klagen.

Ende 1774 kehrte Eliza nach England und nach London zurück. Sie scheint dort in guten Verhältnissen gelebt zu haben,
und als Dreißigjährige mit dem interessanten Ruf »Sternes
Eliza« zu sein, dürfte es ihr an Besuchern nicht gefehlt haben.
1773 waren die Briefe von Yorick an Eliza ohne Vorwort von
Eliza, doch wohl kaum ohne ihre Zustimmung, veröffentlicht
worden. In London wurde sie sowohl von Wilkes wie von William Combe umworben. Aber ihr seriösester Verehrer war der
Abbé Raynal. Er bewog sie dazu, nach Bristol zu übersiedeln,
wo sie am 3. August 1778 starb. Sie ist in der Kathedrale von
Bristol beigesetzt, und es war vermutlich Raynal, der für ein üp-
piges Grabmal sorgte. Keinem der Männer, die ihr Liebesbriefe
schrieben, ist je ein so prachtvolles Denkmal gesetzt worden.

Danksagung

Jeder, der an Laurence Sterne interessiert ist, schuldet
Kenneth Monkman Dank, dem Sekretär des Sterne Trust
und inzwischen glücklicher Bewohner des zurückgewonne-
nen und umfassend restaurierten Hauses Shandy Hall in
Coxwold. Hätte es Mr. Monkman nicht gegeben, wäre das
letzte Heiligtum für Sterne-Fanatiker verlorengegangen. Wie
die Dinge liegen, können wenige Autoren einen besseren Ver-
walter, Führer und Freund haben. Ich habe daraus Nutzen
gezogen, daß die Monkmans mich in Coxwold aufgenommen
haben und ich mich mit ihnen in der Umgebung umgeschaut
habe. Außerdem hat mir Mr. Monkman Quellen zugänglich
gemacht, die mir sonst vielleicht entgangen wären, und mich
dazu überredet, Ansätze zu überdenken, die ich außer Acht
ließ. Er hat dem Manuskript die klügsten und großzügigsten
Ratschläge angedeihen lassen, obwohl er meine Grundthese
über Sterne nicht teilte.

Ich möchte auch folgenden Personen, die mir Fragen be-
antworteten, für ihre Hilfe danken: Rev. F. J. Wilson (Sutton
on the Forest); Rev. W. Ward (Stillington); Rev. W. M. Atkinson
(St. George's, Hanover Square); Rev. F. M. Williams (Cheveley,
Suffolk); Rev. H. G. Jamieson (Coolcullen, County Carlow);
Robert Barton und Patrick Duffy (Annamoe); Dr. Philipp
O'Connell und W. C. Darmody (Clonmel); Timothy Tuckey
(Cork); Thomas Pakenham (Tullynally, Castlepollard, County
Westmeath); Professor Richard Harrison (Pathologisches In-
stitut Cambrigde); der verstorbenen Mrs. Jack Egerton (Cox-
wold) Ruari McLean; und Lady Mersey für ihre freundliche
Erlaubnis zur Wiedergabe des Sterne-Portraits von Reynolds.

Für Unterstützung bin ich sehr dankbar: Patrick Henchey
von der Irischen Nationalbibliothek; Miss Geraldine Willis
von der Bibliothek der Kirche von Irland; W. P. Smith von der

Bezirksbibliothek Westmeath; Miss E. R. Talbot Rice vom Hee-resmuseum; H. M. G. Baillie von der Königlichen Kommis-sion für Historische Dokumente; O. S. Tomlinson von der Stadtbibliothek York; Mrs. N. K. M. Gurney und A. N. Webb vom Borthwick Institut für Historische Forschung; Bernard Barr und Kanonikus Reginald Cant von der Münsterbiblio-thek in York und den Mitarbeitern des Britischen Museums (Lesesaal), der Stadtbibliothek London, des Staatsarchivs und der Bibliotheken von Chichester und Hove.

Besonders dankbar bin ich Kieran Hickey für Nachfor-schungen, die er in Irland anstellte, und Julia Hornak und Tony Godwin für editorische Beratung. Ich wage kaum, mei-ner Frau zu danken, weil sie das Projekt inzwischen in einem ähnlichen Licht sieht wie vielleicht Mrs. Sterne ihren Gatten. Gleichwohl muß ihrer Abschrift des Manuskriptes ohne Ein-schränkung Beifall gespendet werden; es war, wie sie selbst sagte, ein Jammer, daß das Buch gedruckt werden mußte.

Anhang

Anmerkungen

Die Zitate im Text entstammen folgenden Ausgaben:

Laurence Sterne: Leben und Meinungen von Tristram Shandy, Gentleman. Aus dem Englischen übersetzt von Otto Weith. Stuttgart 1985. (= TS)

Laurence Sterne: *Yoricks Reise des Herzens durch Frankreich und Italien*. Aus dem Englischen übersetzt von Helmut Findeisen. Frankfurt/Main 1977. (= RH)

Laurence Sterne: *Briefe und Dokumente*. Aus dem Englischen übertragen von Siegfried Schmitz. München 1965. (= BD). Dieser Band enthält auch eine Auswahl aus dem *Journal to Eliza* (»Tagebuch für Eliza«). (BD/TE)

Die anderen Briefe Sternes bzw. seiner Familienmitglieder, die in BD nicht enthalten sind, wurden nach der Ausgabe L. S. *Letters* (und *Journal to Eliza*), hrsg. von Lewis Perry Curtis (Oxford 1935) von H. J. S. übertragen. (LE bzw. LE/JE). Das gilt auch, wenn nicht anders vermerkt, für alle anderen Zitate.

Prolog:
Annäherung an Sterne

1 RH, Seite 119.
2 TS, Motto zu Buch I aus Epiktet.
3 RH, Seite 156.
4 Boswell, James, *Das Leben Samuel Johnsons und Das Tagebuch einer Reise nach den Hebriden*. Übers. von Jutta Schlösser. München 1985. Seite 151.
5 Knox, Vicesimus »On Modern Criticism«, *Winter Evening*, London 1790. Bd. II. Seite 159.
6 *Works of Coleridge*. New York 1884. Vol IV., Seite 281.
7 Thackeray, Henry »Sterne and Goldsmith«, *English Humourists*, London 1853. Seite 284.
8 Greene, Graham »Fielding and Sterne«, *Collected Essays*, London 1969. Seite 89.
9 Leavis, F. R., *The Great Tradition*. London 1948. Seite 2.
10 Berkeley, George, *Treatise Concerning the Principles of Human Knowledge*. London 1910. Seite 114.
11 Hume, David, *Treatise of Human Knowledge*. Harmondsworth, Band I, Teil IV, VI, Seite 300.
12 LE/JE, 9. Juli 1767, Seite 377.
13 TS, Seite 217.
14 Ebda. Seite 417 f.
15 Ebda. Seite 339.
16 BD/TE, Seite 126.
17 Macdonald, John, *Memoirs of an Eighteenth-Century Footman*, ed. John Beresford. London 1927. Seite 91 f.
18 RH, Seite 26.
19 Ebda. Seite 30.
20 Ebda. Seite 31.
21 Ebda. Seite 77.
22 Ebda. Seite 79 f.
23 TS, Seite 85.
24 Ebda. Seite 272.
25 Ebda. Seite 64.
26 Ebda. Seite 194.
27 Ebda. Seite 173 f.
28 Ebda. Seite 6.
29 Ebda. Seite 596.
30 Ebda. Seite 413.

31 Ebda. Seite 84.
32 Ebda. Seite 31.
33 Ebda. Seite 223.
34 Ebda. Seite 7.
35 BD, Seite 55.
36 TS, Seite 215.
37 Ebda. Seite 472.
38 Ebda. Seite 175f.
39 Ebda. Seite 340.
40 Ebda. Seite 249f.
41 Ebda. Seite 317.
42 Ebda. Seite 24.
43 RH, Seite 63.
44 TS, Seite 395.
45 Ebda. Seite 550f.
46 Ebda. Seite 551f.
47 BD, Seite 45.
48 TS, Seite 124.
49 Ebda. Seite 479.
50 Ebda. Seite 622.
51 Ebda. Seite 91.
52 LE, Seite 139 (Sterne an Hall-Stevenson, Juni 1761).
53 TS, Seite 249.
54 Hall-Stevenson, John, *Crazy Tales*. London 1762. Seite 17f.
55 TS, Seite 603.
56 Ebda. Seite 331.
57 LE, Seite 453 (Lydia Sterne an Hall-Stevenson, 13.2.1770).
58 Ebda. Seite 434 (Lydia Sterne an Mrs. Montagu, 5.4.1768).
59 Ebda.
60 Ebda. Seite 451 (Lydia Sterne an John Wilkes, 22.7.1769).
61 *Memoirs of Mrs. Hannah More*, ed. W. Roberts, London 1834. Band I, Seite 67.
62 Cross, Wilbur L., *The Life and Times of Laurence Sterne*. New York 1909; Neuausg. New Haven 1925; überarbeitete Ausg. 1929; Neuauflage New York 1967. Seite 523.
63 LE, Seite 5.

Teil I

»Als sie mich zeugten«

1 Cross, a.a.O., Seite 5.

2 Gray, Arthur and Brittain, Frederick, *A History of Jesus College Cambridge*. London 1960. Seite 77.

3 Clay, J. W. »The Sterne Family«, *Yorkshire Archaeological Journal*, Band XXI (1911), Seite 92.

4 Ebda. Seite 97.

5 LE, Seite 5, Fußnote 1.

6 TS, Seite 530.

7 Clay, a.a.O., Seite 98.

8 Cannon, Richard, *Historical Record of the 34. Regiment of Foot*. London 1844. Seite 16.

9 Farquhar, George, *The Recruiting Officer* (1706), 3. Akt, Szene 1.

10 Scouller, Major R. E., *The Armies of Queen Anne*. Oxford 1966. Seite 89.

11 Ebda. Seite 126.

12 *The Life and Adventures of Matthew Bishop* (1744). Zitiert nach Scouller, a.a.O., Seite 152. Fußnote 4.

13 Staatsarchiv London, Register 5431, Seite 149.

14 Cannon, a.a.O., Seite 17.

15 Ebda.

16 Ebda.

17 Byron, George, *Works, Letters and Journals*, ed. Prothero, Band 2, Seite 359.

18 LE, Seite 1.

19 Cannon, a.a.O., Seite 19.

20 Staatsarchiv, Schatzamt, Register IV. Seite 603; Scouller, a.a.O., Seite 246.

21 Cannon, a.a.O., Seite 19.

22 Staatsarchiv, Heeresministerium 26/15, Seite 31.

23 O'Connor, Frank, *Leinster, Munster and Connaught*. London o. J., Seite 136.

24 *Correspondence of Jonathan Swift*, ed. Harold Williams. London 1965. Band IV, Seite 34.

25 Carré, Albert, *L'Influence des Huguenots Francais en Irlande aux XVIIe et XVIIIe Siecles*. Paris 1937. Seite 55.

26 LE, Seite 35 (Laurence Sterne an Jaques Sterne, 5.4.1751).

27 Burke, William, *History of Clonmel*. Clonmel 1907. Seite 125.

28 Cash, Arthur »Who was Sterne's Mother?«, *Notes & Queries*, Mai 1967, Seite 162 ff.

29 TS, Seite 5 f.

»Losgehen wie verrückt«

1 Staatsarchiv, Heeresministerium 26/15, Seite 31.
2 BD, Seite 14.
3 Ebda.
4 Ebda. Seite 1 f.
5 *The Life of Mr. Thomas Gent*. London 1832. Seite 158.
6 BD, Seite 14.
7 *Correspondence of Jonathan Swift*, a.a.O., Band 1, Seite 178.
8 Lady Mary Wortley Montagu, *Complete Letters*. ed. Robert Halsband. London 1967. Band 1. Seite 189.
9 BD, Seite 14.
10 Staatsarchiv, Heeresministerium 5/23, Seiten 96, 166.
11 BD, Seite 14.
12 BD, Seite 15.
13 Staatsarchiv, Register 5431, Seite 148; Heeresministerium 25/2979, Seite 28; 5435, Seite 6.
14 BD, Seite 15.
15 Amt für Ahnenforschung Dublin, 275, Cape XV, Betham, Seite 208.
16 BD, Seite 15.
17 *Diary of Ralph Thoresby*, ed. Joseph Hunter. London 1830. Band II. Seite 15.
18 Scott, *Biographical Memoirs*. Edinburgh 1834, Seite 275 f.
19 BD, Seite 15.
20 Ebda. Seite 15 f.
21 *Journal of Robert Stearne* (1685-1717), Manuskript Seite 28 f. und passim.
22 Ebda. Seite 36.
23 Ebda. Seite 33.
24 TS, Seite 532.
25 *Journal of Robert Stearne*, a.a.O., Seite 131.
26 Baird, Theodore »The Time-Scheme of *Tristram Shandy* and a Source«, PMLA, Band LI, 1936, Seite 803-20.
27 *Journal of Robert Stearne*, a.a.O.
28 BD, Seite 16.
29 *Dublin Literary Repository*, Januar 1814, Seite 233.
30 Smiles, Samuel, *The Huguenots, their Settlements, Churches and Industries in England and Ireland*. London 1867. Seite 368 f.
31 Pritchett, V.S., »Tristram Shandy«, *Books in General*. London 1953. Seite 177.
32 Shaw, George Bernard, *John Bull's Other Island* (1904), 1. Akt.

»Ein Knabe von Genie?«

1 BD, Seite 62.
2 BD, Seite 16.
3 Ebda.
4 Ebda. Seite 17.
5 Fielding, Henry, *Tom Jones*. Deutsch von Roland U. und Annemarie Pestalozzi. München 1966. Buch 3, Kapitel 5, Seite 121.
6 Ebda. Kapitel 2, Seite 112 f.
7 Cox, Thomas, *A Popular History of the Grammar School of Queen Elizabeth, at Heath, near Halifax*. Halifax 1879. Seite 3.
8 Locke, John, *On Education* (1693).
9 Berkeley, a.a.O., Einleitung, Seite 94.
10 TS, Seite 467.
11 Traugott, John, *Tristram Shandy's World: Sterne's Philosophical Rhetoric*. Berkeley and Los Angeles 1954, Seite 26.
12 TS, Seite 469.
13 Ebda.
14 *Thraliana, The Diary of Mrs. Hester Lynch Thrale*, ed. Katherine Balderstone. Oxford 1951. Band I. Seite 23 f.
15 Baird, a.a.O., Seite 804.
16 Ebda.
17 Booth, Waine C. »Did Sterne Complete Tristram Shandy?« *Modern Philology*, Band XLVIII, 1951, Seite 183.
18 TS, Seite 724.
19 Booth, a.a.O., Seite 183.
20 TS, Seite 415.
21 Traugott, a.a.O., Seite 7.
22 TS, Seite 395.
23 TS, Seite 626.

Schluß der Geschichte von Roger Sterne

1 Cannon, a.a.O., Seite 22 u. 81.
2 Captain Sayer, *The History of Gibraltar*. London 1862. Seite 212.
3 BD, Seite 16.
4 Staatsarchiv, Kolonialministerium 137/19, Seite 25.
5 Gardner, W. J., *A History of Jamaica*. London 1873. Seite 165.

6 Staatsarchiv, Kolonialministerium 137/19, Seite 25.
7 Ebda. Seite 26.
8 Ebda. 137/53, Seite 328f.
9 BD, Seite 16.
10 Ebda. Seite 17.
11 Thackeray, William M., *Henry Esmond* (1852), Buch III, Kap. 1.
12 Ebda. Buch V.
13 Ebda. Buch II, Kap. IX.
14 TS, Seite 531.

»In solcher Düsterheit«

1 Defoe, Daniel, *A Tour Through the Whole Island of Great Britain*. London 1962, Band II. Seite 197f.
2 Clay, a.a.O., Seite 100.
3 Ebda.
4 LE, Seite 34 (Laurence Sterne an Jaques Sterne, 5.4.1751).
5 Ebda. Seite 35.
6 Ebda. Seite 39f.
7 Gibbon, Edward, *Memoirs of My Life*, ed. George A. Bonnand. London 1966. Seite 48.
8 *Letters of Thomas Gray*, ed. Duncan Tovey. London 1900. Band I. Seite 4.
9 *The Diary of a Country Parson: Rev. James Woodforde*, 1758-1781. ed. John Beresford. London 1924. Seite 18f.
10 Gray und Brittain, a.a.O., Seite 103.
11 Trevelyan, G.M., *English Social History*. London 1942; Ausgabe 1967. Seite 381.
12 Gibbon, a.a.O., Seite 54.
13 Wordsworth, Christopher, *Scholae Academicae*. Cambridge 1877. Seiten 129-132.
14 *Crazy Tales*, a.a.O., Seite 17.
15 Zitiert nach: Winstanley, D.A., *Unreformed Cambridge* 1935. Seite 210f.
16 Ebda.
17 Ebda.

Teil II
»In einem abseitigen Winkel...«
1738-1759

1 TS, Seite 4.

2 BD, Seite 33.

3 Pope, Alexander, »The Happy Life of a Country Parson«, Verse 17-20. *Poetical Works*. ed. London 1966. Seite 238.

4 *Gentleman's Magazine*, Jahrgang XXX, Mai 1760. Seite 317 f.

5 Churchill, Charles, *The Author* (1763), Vers 352.

6 John Keats an George und Georgiana Keats (14.2.1819). *Letters of John Keats*. Selected and ed. Robert Gittings. Oxford 1970. Seite 214.

7 Warburton, William, *Letters from and to Doddridge*. London 1811. Seite 202.

8 Austen, Jane, *Stolz und Vorurteil*. Deutsch von Margarete Rauchenberger. Frankfurt/Main 1985. Seite 74.

9 Drake, Fracis, *Eboracum: or the History and Antiquities of the City of York* (1736), Seite 239 f.

10 Defoe, a.a.O., Band II., Seite 234.

11 Ebda. Seite 230 f.

12 *Memoirs of a Royal Chaplain, 1729-1763; The Correspondence of Edmund Pyle*, ed. Albert Hartshorne. London 1905. Seite 74.

13 Ebda. Seite 76.

14 British Museum, Add. Ms. 32719 ff. 215 f.; LE, Seite 425 f.

15 Ebda. 32729 ff.; LE, Seite 428.

16 Warburton an Ralph Allen, *Surtees Society*, Band 124, *North Country Diaries*, Band II, Seite 195 f.

17 Davies, Robert, *A Memoir of the York Press*. London 1868. Seite 255.

18 Pyle, a.a.O., Seite 168.

19 Richardson, Samuel, *Pamela* (1740), Brief XIX.

20 Watt, Ian, *The Rise of the Novel*. London 1957; Ausgabe 1963. Seite 154.

21 TS, Seite 31.

22 Laurence Sterne an Rev. Dealtry, 20.11.1739; siehe Curtis, Lewis P. »New Light on Sterne«, MLN, Jahrgang LXXVI, 1961, Seite 498-501.

23 BD, Seite 17.

24 Ebda. Seite 23 f. (Sterne an Elizabeth Lumley).

25 Ebda. Seite 20 f.; siehe auch BD/TE, Seite 126 und 128.

26 LE, Seite 12-15.

27 BD, Seite 17 f.

28 *The Whitefoord Papers*, ed. W.A.S. Hewins. Oxford 1898, Seite 226.

29 Climenson, Emily J., *Elizabeth Montagu, The Queen of the Bluestockings, Her Correspondence from 1720-1761*. London 1906. Band I., Seite 73.

30 Ebda. Seite 55.

31 Ebda. Seite 74.

32 *Whitefoord Papers*, a.a.O., Seite 226.

33 Johnson, *Dictionary*.

34 *York Courant*, 13.10.1741.

35 *York Gazetter*, 15.12.1741.

36 BD, Seite 18.

37 *York Courant*, 29.9.1741.

38 Ebda. 20.10.1741.

39 Ebda. 8.12.1741.

40 Ebda. 27.10.1741.

41 Ebda. 3.11.1741.

42 Ebda. 10.11.1741.

43 Ebda.

44 Ebda. 15.12.1741.

45 Gent, a.a.O., Seite 194.

46 *York Courant*, 1.1.1742.

47 TS, Seite 35.

48 *York Courant*, 27.7.1742.

49 *Whitefoord Papers*, Seite 225 f.

50 *York Courant*, 27.11.1744.

51 Ebda. 4.12.1744.

52 Ebda.

53 LE, Seite 41 (Laurence Sterne an Jaques Sterne, 5.4.1751).

54 BD, Seite 27.

55 Sutton on the Forest, Kirchenbuch.

56 BD, Seite 27.

57 BD, Seite 28.

58 Ebda.

59 Ebda.

60 LE, Seite 37.

61 BD, Seite 18.

62 LE, Seite 37.

63 LE, Seite 35.

64 Kuist, James M. »New Light on Sterne: An Old Man's Recollections of the Young Vicar«, PMLA, Jahrgang LXXX, 1965, Seite 549.

65 LE, Seite 37.

66 Ebda. Seite 37 f.

67 Ebda. Seite 39.

68 *Monthly Repository of Theology and General Literature*, Band 3, 1808, Seite 12.

69 *Whitefoord Papers*, Seite 230.

70 LE, Seite 33.

71 LE, Seite 61 (Laurence Sterne an John Blake, 30. 9. 1758).

72 TS, Seite 59.

73 Ebda. Seite 412.

74 Ebda. Seite 8.

75 Ebda. Seite 509.

76 Ebda. Seite 6.

77 Ebda. Seite 52.

78 Henderson, W., *Folklore of the Northern Counties*. London 1879. Seite 15.

79 Sutton und Stillington, Kirchenbücher.

80 Clay, a.a.O., Seite 102.

81 *Scrapeana*. ed. John Croft. 2. Auflage York 1792. Seite 25.

82 TS, Seite 120.

83 Burton, John, *British Liberty Endanger'd*, London 1749. Seite 15 f.

84 Ebda. Seite 6.

85 Ebda. Seite 19.

86 *York Courant,* 2. 7. 1745.

87 George, M. Dorothy, *English Political Caricature to 1792*. Oxford 1960. Seite 96.

88 *York Courant,* 29. 10. 1745.

89 Cross, Wilbur L, *Sterne*, a.a.O., Seite 79.

90 Burton, a.a.O., Seite 25.

91 Ebda. Seite 28.

92 LE, Seite 424. (Jaques Sterne an Lord Irwin, 7. 12. 1745).

93 Ebda. Seite 44 (Laurence Sterne an Theophilus Garencieres, 1751?).

94 Ebda. Seite 44.

95 Ebda. Seite 343. (Laurence Sterne an den Earl of Shelburne, 21. 5. 1767).

96 *Whitefoord Papers*, a.a.O., Seite 226.

97 Kuist, a.a.O., Seite 549.

98 *Scrapeana,* a.a.O., Seite 22.

99 TS, Seite 692.

100 LE, Seite 140 (Laurence Sterne an Hall-Stevenson, Juni 1760).

101 Ebda. Seite 56 f. (Laurence Sterne an John Blake, 29. 7. 1758).

102 Ebda. Seite 59. (September 1758).

103 Ebda. Seite 54. (7. 7. 1758).

104 *Whitefoord Papers*, a.a.O., Seite 234.

105 *Mrs. Montagu, »Queen of the Blues«, Her Letters and Friendships from 1762 to 1800*, ed. Reginald Blunt. London 1923. Band I, Seite 188.

106 LE, Seite 124 (Laurence Sterne an Hall-Stevenson, Dezember 1760).

107 Ebda. Seite 430 f. (Mrs. Sterne an Mrs. Montagu, 9. 3. 1753).

108 Monkman, Kenneth and Diggle, James, »Yorick and his Flock«: A New Sterne Letter, TLS, 14. 3. 1968.

109 Ebda.

110 Ebda.

111 Elizabeth Sterne an John Blake (Brief im Besitz von Kenneth Monkman).

112 LE, Seite 55 (Laurence Sterne an John Blake, Juli 1758).

113 Ebda. Seite 57. (August 1758).

114 Ebda. Seite 66 (17.12.1758).

115 Ebda. Seite 61 (30.9.1758).

116 *Whitefoord Papers*, a.a.O., Seite 234f.

117 Fielding, Henry, *Joseph Andrews*, Buch II. Kapitel XIV. Deutsch von Ru-
dolf Schaller, München 1965. Seite 184.

118 Sutton, Kirchenbuch.

119 *Whitefoord Papers*, a.a.O., Seite 226.

120 Plumb, J.H., *England in the Eighteenth Century*. Harmondsworth 1950.
Seite 82.

121 *Private Acts of Parliament,* 29 Georg II, c. 10.

122 TS, Seite 387.

123 LE, Seite 394. (Laurence Sterne an Sir William Stanhope, 19.9.1767).

124 BD, Seite 31.

125 LE, Seite 116 (Laurence Sterne an den Bischof von Gloucester,
19.6.1760).

126 Burnett, John, *A History of the Cost of Living*, Harmondsworth 1969. Seite
128-138.

127 Kuist, a.a.O., Seite 550.

128 LE, Seite 122 (Laurence Sterne an Rev. Robert Browne, 9.9.1760).

129 TS, Seite 742.

130 *Diary of a Country Parson,* a.a.O., Seite 102.

131 Drake, a.a.O., Seite 242.

132 BD, Seite 75f.

133 Magarshack, David, *Tschechow,* London 1952. Seite 80f.

134 George Orwell an F.J. Warburg (16.5.1949). *Collected Essays, Journalism
and Letters*, eds. Sonia Orwell and Ian Angus. 1970. Band IV. Seite 562f.

135 Drake, a.a.O., Seite 227.

136 Spence, Joseph, *Observations, Anecdotes and Characters of Books and Men*.
ed. von James M. Osborn. Oxford 1966. Band I. Seite 439.

137 LE, Seite 61 (Laurence Sterne an John Blake, 30.9.1758).

138 Ebda. Seite 64 (Dezember 1758).

139 TS, Seite 74.

140 Fletscher, J.S., *A Picturesque History of Yorkshire*. London 1899. Band I,
Seite 221.

141 *Whitefoord Papers*, a.a.O., Seite 230f.

142 LE, Seite 48.

143 BD, Seite 30.

144 *Crazy Tales,* a.a.O., Seite 3.

145 Ebda. Seite 2.

146 *Whitefoord Papers*, a.a.O., Seite 229.

147 Hutton, William, *A Trip to Coatham*. London 1810. Seite 151.

148 *Crazy Tales*, a.a.O., Seite 5.

149 Cross, a.a.O., Seite 130.

150 *Crazy Tales*, Seite 4.

151 LE, Seite 290 (Laurence Sterne an Hall-Stevenson, 17.12.1766).

152 Ebda. Seite 181 (12.8.1762).

153 *County Magazine,* November 1786, Seite 170.

154 *Whitefoord Papers*, Seite 231.

155 Brissenden, R. R., »Sterne and Painting«, *Of Books and Humankind,* ed. John Butt. London 1964. Seite 107.

156 RH, Seite 127.

157 Ebda. Seite 129.

158 Ebda. Seite 130.

159 TS, Seite 139 f.

160 BD, Seite 48.

161 1743er Antworten auf den Visitationsfragebogen (Borthwick Institute, Ms. Nr. 66).

162 Ollard, S. L. and Walker, P. C.: »Archbishop Herring's Visitation Returns 1743«, *Yorkshire Archaeological Society Record Series*, Jahrgang LXXI, York 1928. Seiten I-XXIV.

163 *Boswell for the Defence,* 21. März 1772. Hrsg. von William K. Wimsatt Jr. und Frederick A. Pottle. London 1960. Seite 49.

164 Hill, George B. *Johnsonian Miscellanies*. New York 1897. Band II. Seite 429.

165 Fielding, *Joseph Andrews*, a.a.O., Seite 109.

166 Bagehot, Walter, *Collected Works*, ed. Norman St. John-Stevas. London 1965. Band II. Seite 296 f.

167 Kuist, a.a.O., Seite 550.

168 Hammond Lansing van der Heyden, *Laurence Sterne's Sermons of Mr. Yorick*. New Haven 1948. Seite 102.

169 Baker, Frank, *William Grimshaw 1708-1763*. London 1963. Seite 51.

170 Ebda. Seite 112.

171 TS, Seite 167.

172 Hemlow, Joyce, *The History of Fanny Burney*. Oxford 1958. Seite 19.

173 *Letters of Thomas Gray,* a.a.O., Band II. Seite 147.

174 *Monthly Review,* Mai 1760. Seite 422.

175 Siehe *York Courant,* 4.3.1760.

176 Bagehot, a.a.O., Seite 283.

177 Traill, H. D., *Sterne*. London 1882. Seite 56.

178 *Whitefoord Papers*, Seite 231.

179 Kuist, a.a.O., Seite 549f.

180 *Letters of Thomas Gray*, a.a.O., Seite 148.

181 *York Courant*, 27.11.1739.

182 LE, Seite 134 (Laurence Sterne an George Whatley, 25.3.1761).

183 TS, Seite 365f.

184 *Sermons*, Band I. (Vorwort) In: *Works*. Hrsg. von Wilbur L. Cross. Oxford 1926/27.

185 Ebda.

186 Ebda. Seite 320.

187 Ebda. Seite 320f.

188 Ebda. Seite 329.

189 Ebda.

190 Ebda. Seite 322.

191 Ebda. Seite 17.

192 Ebda. Seite 13.

193 Ebda. Seite 67f.

194 Ebda. *Letters*, Band II. Seite 269.

195 Ebda. Seite 278.

196 Ebda. Seite 279.

197 Ebda.

198 TS, Seite 23.

199 Ebda. Seite 31.

200 Ebda. Seite 26.

201 Ebda. Seite 36.

202 *Works, Sermons*, Band I. Seite 319.

203 TS, Seite 23.

204 *Whitefoord Papers*, Seite 231.

205 *The Letters of Horace Walpole*, ed. Mrs. Paget Toynbee. Oxford 1904. Band IV. Seite 314.

206 BD, Seite 37.

207 *LE, Seite* 148, Fußnote 7.

208 *Works, Letters*, Band II. Seite 235.

209 Ebda.

210 Ebda. Seite 246.

211 Ebda. Seite 249.

212 Ebda. Seite 30.

213 *Boswell's Life of Johnson*. Band II. Seite 174.

214 *Letters of Lady Wortley Montagu*, Band III. Seite 90.

215 Johnson, *The Rambler*, Nr. 4, 31.3.1750.

216 Ebda.

217 Ebda. *The Idler*, Nr. 59, 2.6.1759.

218 Ebda. *Rasselas* (1759), Kapitel XLVII.

219 Ebda. Kapitel XVIII.

220 Kuist, a.a.O., Seite 550.

221 *Whitefoord Papers*, Seite 229.

222 TS, Seite 53.

223 Ebda. Seite 59.

224 BD, Seite 32.

225 Ebda. Seite 33.

226 Ebda.

227 Ebda. Seite 36.

228 Ebda. Seite 37.

229 Harvey, John W. »A Lost Link with Laurence Sterne«, *Yorkshire Archaeological Journal*, Jahrgang XLII, 1966. Seiten 103-107.

230 *European Magazine,* März 1792, Seite 170.

231 BD, Seite 37.

232 Ebda. Seite 41.

233 Ebda. Seite 43.

234 TS, Seite 44f.

Teil III
»*Tristram ist die Mode...*«
1760

1 Fassung des Briefes BD, Seite 33f. für das Briefkopierbuch. (LE, Seite 79f.)

2 BD, Seite 42.

3 Beigefügter Brief an Garrick. BD, Seite 43.

4 BD, Seite 43f.

5 *Monthly Review,* Dezember 1759, Seite 562.

6 Ebda. Seite 568.

7 Ebda. Seite 571.

8 BD, Seite 44.

9 Ebda. Seite 45.

10 *York Courant,* 4.3.1760.

11 *Whitefoord Papers*, Seite 227.

12 Ebda.

13 Ebda. Seite 227f.

14 Gosse, Edmund, *Life of Gray.* London 1882. Seite 105.

15 BD, Seite 50.

16 Ebda. Seite 49.

17 *Whitefoord Papers,* Seite 231 f.

18 BD, Seite 49.

19 Ebda. Seite 51.

20 Spence, a.a.O., Band I. Seite 217.

21 BD, Seite 46 f.

22 Warburton an Garrick (7. 3. 1760), *Private Correspondence of David Garrick.* London 1831. Band I. Seite 115.

23 *Letters from the Reverend Dr. Warburton to the Hon. Charles Yorke.* London 1812. Seite 89.

24 *Das Leben Samuel Johnsons…,* a.a.O., Seite 197.

25 *Letters of Thomas Gray,* a.a.O., Band II. Seite 137.

26 *Letters of Horace Walpole,* Band IV. Seite 369.

27 BD, Seite 104 f.

28 Pottle, Frederick A. »Bozzy and Yorick«, *Blackwood's Magazine,* Jahrgang CCXVII, 1925, Seite 308.

29 TS, Seite 603.

30 *The London Chronicle,* 3 - 6 Mai 1760; Works, *Letters,* Band I. Seite 34.

31 Ebda. Seite 46.

32 LE, Seite 107 (Laurence Sterne an Stephen Croft, Mai 1760).

33 *The Clockmaker's Outcry against Tristram Shandy.* London 1760.

34 *Gentleman's Magazine,* Jahrgang XXX, 1760, Seite 243.

34 LE, Seite 104 (Laurence Sterne an Catherine Fourmantel, 1. 4. 1760).

36 Ebda. Seite 105 f.

37 BD, Seite 52.

38 Ebda. Seite 53.

39 *Public Ledger,* 17. 9. 1760.

40 *Whitefoord Papers,* Seite 224.

41 BD, Seite 37.

42 Ebda. Seite 56.

43 LE, Seite 122 (Laurence Sterne an Rev. Robert Browne, 9. 9. 1760).

44 LE, Seite 113 (Warburton an Sterne, 15. 6. 1760).

45 BD, Seite 53 f.

46 LE, Seite 116 (Sterne an Warburton, 19. 6. 1760).

47 TS, Seite 185.

48 Ebda. Seite 323.

49 Ebda. Seite 188.

50 Ebda. Seite 390.

1761

1 BD, Seite 57.
2 LE, Seite 113 (Warburton an Sterne, 15.6.1760).
3 Ebda. Seite 115 (Sterne an Warburton, 19.6.1760).
4 Ebda.
5 *York Courant,* 7.10.1760.
6 BD, Seite 58.
7 Ebda.
8 LE, Seite 129 f. (Laurence Sterne an Stephen Croft, 17.2.1761).
9 *London Magazine,* Januar 1761.
10 *Monthly Review,* Februar 1761, Seite 103.
11 *Critical Review,* April 1761. Seite 314.
12 *Letters of Horace Walpole,* Band V. Seite 32.
13 *Correspondence of Richard Hurd and William Mason.* Cambridge 1932. Seite 53.
14 Thomas Newton an John Dealtry (26.2.1761). Siehe Curtis »New Light on Sterne«, MLN, Jahrgang LXXXVI, 1961, Seite 501.
15 Samuel Richardson an Bischof Hildesley, 1761, *Correspondence,* Band V, Seite 146.
16 Ebda.
17 BD, Seite 59.
18 Dennis, Jonas, *A Key to the Regalia.* London 1820. Seite 102 f.
19 LE, Seite 126 (Laurence Sterne an Stephen Croft, 25.12.1760).
20 Ebda.
21 *Political Journal of George Bubb Dodington.* Hrsg. von John Carswell und L.A. Dralle. Oxford 1965, 4.10.1760. Seite 392.
22 LE, Seite 129 (Sterne an Stephen Croft, 17.2.1761).
23 Ebda.
24 BD, Seite 59.
25 *Mrs. Montagu, »Queen of the Blues«,* a.a.O., Band I. Seite 188.
26 LE, Seite 137 (Sterne an Mrs. Vesey, 20.6.1761).
27 Ebda. Seite 138.
28 Ebda.
29 *Mrs. Montagu...* a.a.O., Band I. Seite 187.
30 *Lloyd's Evening Post,* 1-4 Mai 1761, Seite 419.
31 BD, Seite 60.
32 Ebda.
33 Kommission f. historische Dokumente, *Bericht über Manuskripte in verschiedenen Sammlungen.* London 1903, Band II. Seite 188.
34 Ebda. Seite 189.

35 LE, Seite 150 (Sterne an Lady D-, 1.1.1762).
36 Climenson, a.a.O., Band II. Seite 176f.
37 *Mrs. Montagu...*, a.a.O., Band I, Seite 188.
38 LE, Seite 146f. (Sterne an Mrs. Sterne, 28.12.1761).
39 BD, Seite 66.

1762

1 RH, Seite 73f.
2 BD, Seite 67.
3 Ebda.
4 *Letters of Lady Wortley Montagu*, Band II, Seite 285.
5 Rousseau, Jean-Jacques »Die Bekenntnisse«. Deutsch von Alfred Seme-
  rau. Frankfurt/Main 1961. Seite 455.
6 Cash, Arthur »Some New Sterne Letters«, TLS, 8.4.1965.
7 BD, Seite 66.
8 Cash, a.a.O.
9 BD, Seite 66.
10 LE, Seite 151 (Sterne an Elizabeth Sterne, 17.3.1762).
11 Cash, a.a.O.
12 Garat, Dominique-Joseph, *Memoires Historiues Sur La Vie de M. Suard, Sur
   Les Ecrits, et Sur Le XVIIIᵉ Siecle*. Paris 1820, Band 2. Seite 148.
13 Ebda. Seite 149.
14 Dutens, Louis, *Memoirs of a Traveller*. London 1806, Band II, Seite 148.
15 BD, Seite 68.
16 Ebda.
17 RH, Seite 121.
18 LE, Seite 155 (Sterne an Elizabeth Sterne, 17.3.1762).
19 Ebda. Seite 159 (Sterne an Lord Fauconberg, 10.4.1762).
20 Ebda. Seite 155 (Sterne an Elizabeth Sterne, 17.3.1762).
21 Ebda. Seite 159 (Sterne an Lord Fauconberg, 10.4.1762).
22 Ebda. Seite 160.
23 Ebda. Seite 152 (Sterne an Garrick, 31.1.1762).
24 Ebda. Seite 157 (19.3.1762).
25 BD, Seite 68.
26 LE, Seite 154 (Sterne an Elizabeth Sterne, 17.3.1762).
27 Ebda. Seite 155.
28 Cash, a.a.O.
29 *The Letters of Horace Walpole*, Band IV. Seite 301.

30 J.-B. Tollot an John Hall-Stevenson, 4.4.1762, *Seven Letters written by Sterne and his Friends*. London 1844. Seite 22.
31 Cash, a.a.O.
32 LE, Seite 154 (Stene an Elizabeth Sterne, 17.3.1762).
33 Ebda. Seite 163 (Sterne an Garrick, 19.4.1762).
34 Ebda. Seite 164 (Sterne an Robert Drummond, 10.5.1762).
35 BD, Seite 31.
36 Ebda. Seite 72.
37 LE, Seite 170 (Sterne an Elizabeth Sterne, 16.5.1762).
38 BD, Seite 69.
39 Ebda. Seite 73.
40 Ebda. Seite 76.
41 Ebda. Seite 75.
42 Ebda.
43 Ebda. Seite 73.

Partie de Campagne

1 TS, Seite 553.
2 LE, Seite 169 (Sterne an Thomas Becket, 16.5.1762).
3 Ebda. Seite 181 (Sterne an Hall-Stevenson, 12.8.1762).
4 Ebda.
5 BD, Seite 77.
6 TS, Seite 576.
7 Ebda. Seite 559.
8 Ebda. Seite 560.
9 Ebda.
10 Ebda. Seite 611.
11 Ebda. Seite 600.
12 Ebda. Seite 601f.
13 Ebda. Seite 588.
14 Ebda. Seite 593.
15 Ebda. Seite 614.
16 Ebda. Seite 616.
17 Ebda. Seite 618f.
18 LE, Seite 183 (Sterne an Robert Foley, 14.8.1762).
19 Ebda.
20 Ebda. Seite 181 (Sterne an Hall-Stevenson, 12.8.1762).
21 Ebda. Seite 187 (19.10.1762).

22 Ebda. Seite 192. Nr. 3.

23 BD, Seite 79.

24 Ebda.

25 Ebda.

26 Ebda.

27 Ebda.

28 LE, Seite 190 (Sterne an Robert Foley, 8. 12. 1762).

29 Ebda. Seite 189.

30 LE, Seite 191 (Sterne an Thomas Becket, 12. 3. 1762).

31 Smollett, Tobias, *Works, Travels through France and Italy,* London 1900, Seite 128.

32 Laurence Sterne an John Mill, 2. 3. 1763. Siehe Shepperson, Archibald B. »Yorick as Ministering Angel«, *Virginia Quarterly Review,* Jahrgang XXX, 1954, Seite 57 f.

33 Sterne an John Mill, siehe Sherpperson, a.a.O., Seite 60.

34 Ebda. Seite 57.

35 Ebda. Seite 60.

36 Ebda.

37 Ebda.

38 Laurence Sterne an Richard Oswald, 18. 3. 1763. Siehe Shepperson, a.a.O., Seite 63.

39 LE, Seite 193 (Sterne an Robert Foley, 18. 4. 1763).

40 Ebda. Seite 198 (12. 6. 1763).

41 Ebda. Seite 205 (Sterne an John Mill, 24. 11. 1763).

42 Smollett, a.a.O., Seite 133 f.

43 Ebda. Seite 114 f.

44 RH, Seite 45 f.

45 Smollett, Seite 106.

46 Ebda. Seite 112.

47 LE, Seite 204 (Sterne an John Mill, 24. 11. 1763).

48 Ebda. Seite 208 (Sterne an Robert Foley, 5. 1. 1764).

49 BD, Seite 81.

50 BD, Seite 82.

1764

1 *The Letters of Horace Walpole,* Band IV. Seite 298.

2 Greig, J. Y. T., *David Hume,* London 1931. Seite 304.

3 LE, Seite 304 (Sterne an William Combe, Juli 1764).

4 Ebda.
5 Ebda.
6 Ebda.
7 *Works, Sermons*, Band I. Seite 270.
8 Ebda. Seite 277.
9 Ebda. Seite 278f.
10 LE, Seite 218 (Sterne an William Combe, Juli 1764).
11 Ebda.
12 *Memoires et Correspondance de Mme d'Epinay.* Paris 1817. Band III, Seite 284.
13 British Museum. Add. Ms. 30878, f. 44.
14 Connell, Brian, *Portrait of a Whig Peer*, London 1957. Seite 43.
15 BD, Seite 84.
16 Ebda.
17 Ebda. Seite 83.
18 LE, Seite 213f. (Sterne an Hall-Stevenson, 19.5.1764).
19 Ebda. Seite 216 (Sterne an Mrs. Montagu, Juni 1764).
20 *Antworten auf Erzbischof Drummonds Fragebogen*, 1764, Borthwick Institute, Ms. Nr. 63.
21 Ebda.
22 LE, Seite 164 (Sterne an Drummond, 10.5.1762).
23 Kilner an Drummond, 6.9.1762, Bishopthorpe Ms, Fasz. 5, Nr. 320.
24 LE, Seite 229 (Sterne an Drummond, 30.10.1764).
25 Ebda.
26 Drummond, a.a.O.
27 LE, Seite 229 (Sterne an Drummond, 30.10.1764).
28 Ebda. Seite 223f. (Sterne an Sarah Tuting, 27.8.1764).
29 Ebda. Seite 224.
30 Ebda.
31 LE, Seite 225 (Sterne an Hall-Stevenson, 4.9.1764).
32 Ebda.
33 Ebda. Seite 226 (27.9.1764).
34 Ebda. Seite 228 (Sterne an Robert Foley, 29.9.1764).
35 Ebda.
36 TS, Seite 628.
37 BD, Seite 86.
38 LE, Seite 223 (Sterne an Hall-Stevenson, 13.11.1764).
39 TS, Seite 628.
40 LE, Seite 234 (Sterne an Robert Foley, 16.11.1764).

1765

1 BD, Seite 87.
2 *Monthly Review,* Jahrgang XXXII, 1765, Seite 138f.
3 BD, Seite 87.
4 Ebda.
5 Peake, R.B., *Memoirs of the Coleman Family,* London 1841. Band I. Seite 101.
6 LE, Seite 236 (Sterne an Garrick, 6.4.1765).
8 Ebda.
9 *Mrs. Montagu, »Queen of the Blues«,* a.a.O., Band I. Seite 188.
10 Ebda.
11 Ebda. Seite 189.
12 LE, Seite 250 (Sterne an William Combe, 11.6.1765).
13 *Mrs. Montagu...* a.a.O., Band I. Seite 189.
14 BD, Seite 88.
15 Ebda. Seite 89.
16 Ebda.
17 LE, Seite 242 (Sterne an Lady Warkworth, 23.4.1765).
18 Ebda. Seite 243.
19 Ebda. Seite 242f.
20 BD, Seite 92.
21 *York Courant,* 6.8.1765; *London Chronicle,* 8-10.8.1765.
22 BD, Seite 91.
23 BD, Seite 92.
24 BD, Seite 93.
25 LE, Seite 253 (Sterne an Thomas Hesolrige, 5.7.1765).
26 *Letters of Horace Walpole,* Band VI. Seite 333.
27 Stephens, Alexander, *Memoirs of John Horne Tooke,* London 1813, Band I. Seite 77.
28 LE, Seite 262 (Sterne an Isaac Panchaud, 7.11.1765).
29 Ebda. Seite 263 (Sterne an Panchaud, 15.11.1765).
30 Connell, a.a.O., Seite 43.
31 Sharp, Samuel, *Letters from Italy.* London 1767. Seite 289.
32 RH, Seite 46.
33 Sharp, a.a.O., Seite 290.
34 Ebda. Seite 279.
35 *Letters of Horace Walpole,* Band VI. Seite 305f.
36 LE, Seite 265 (Sterne an Panchaud, 28.11.1765).
37 Ebda. Seite 266 (Sterne an Panchaud, 18.12.1765).
38 Sharp, a.a.O., Seite 43.
39 RH, Seite 82f.

1766

1 BD, Seite 95.
2 Sharp, a.a.O., Seite 168.
3 LE, Seite 269 (Sterne an Hall-Stevenson, 5. 2. 1766).
4 BD, Seite 95.
5 BD, Seite 96.
6 LE, Seite 272 (Sterne an Panchaud, 14. 2. 1765).
7 BD, Seite 96.
8 Sharp, a.a.O, Seite 78.
9 Ebda. Seite 96.
10 BD, Seite 96.
11 Sharp, Seite 172.
12 Ebda. Seite 168.
13 RH, Seite 23.
14 BD, Seite 97.
15 Curtis, a.a.O., Seite 268. Fußnote 4.
16 Galiani, Ferdinando, *Correspondance*. Paris 1881. Band II. Seite 328.
17 BD, Seite 98.
18 BD, Seite 98 f.
19 BD, Seite 99.
20 LE, Seite 276 (Sterne an Miss Trist, 24. 5. 1766).
21 BD, Seite 99.
22 LE, Seite 281 (Sterne an Hall-Stevenson, 15. 7. 1766).
23 LE, Seite 282 (Ignatius Sancho an Sterne, 21. 7. 1766).
24 Ebda.
25 Ebda. Seite 283.
26 Ebda. Seite 286 (Sterne an Sancho, 27. 7. 1766).
27 Ebda.
28 Ebda. Seite 285 f.
29 TS, Seite 700.
30 LE, Seite 284 (Sterne an Edward Stanley, 23. 7. 1766).
31 Ebda. Seite 294 (Sterne an William Combe, 7./9. 1. 1767).
32 Ebda. Seite 288 (Sterne an Panchaud, 21. 9. 1766).
33 Ebda. Seite 289 (Sterne an Robert Foley, 25. 10. 1766).
34 Ebda. Seite 290 (Sterne an Panchaud, 25. 11. 1766).
35 TS, Seite 704.

1767-1768

1 LE, Seite 292 (Sterne an Lord Fauconberg, 6.1.1767).
2 Ebda. Seite 295 (9.1.1767).
3 Ebda. Seite 296f. (16.1.1767).
4 Ebda. Seite 296.
5 *Monthly Review,* Jahrgang XXXVI, 1767, Seite 102.
6 Ebda. Seite 93.
7 BD, Seite 100.
8 Ebda. Seite 100f.
9 Ebda. Seite 113.
10 Arnold Wrigt and William Lutley Sclater, *Sterne's Eliza: Some Account of Her Life in India: with her Letters written between 1757 and 1774.* London 1922. Seite 12.
11 Ebda. Seite 58.
12 *A Series of Genuine Letters between Henry and Frances.* 1786. Band V. Seite 199f.
13 BD, Seite 101.
14 Ebda. Seite 103.
15 Ebda. Seite 104.
16 Ebda. Seite 105.
17 Ebda. Seite 106.
18 BD, Seite 107.
19 Ebda. Seite 107.
20 Ebda. Seite 110.
21 Ebda. Seite 111.
22 Ebda. Seite 116.
23 Ebda. Seite 120.
24 Ebda. Seite 121.
25 BD, Seite 123.
26 BD/TE, Seite 125f.
27 Ebda. Seite 127.
28 Ebda. Seite 128.
29 Ebda. Seite 130.
30 Ebda. Seite 130.
31 Ebda. Seite 131.
32 Ebda. Seite 130.
33 Ebda. Seite 130f.
34 Ebda. Seite 139.
35 Ebda. Seite 133.
36 Ebda. Seite 134.

37 Ebda. Seite 134.
38 Ebda. Seite 135.
39 Ebda. Seite 135.
40 Ebda. Seite 136.
41 Ebda. Seite 136.
42 LE, Seite 346 (Sterne an Hall-Stevenson, 25.5.1767).
43 BD/TE, Seite 139.
44 Ebda.
45 Ebda. Seite 141.
46 Ebda. Seite 161.
47 Wasserman, Earl, R., *Unedited Letters by Sterne, Hume and Rousseau,* MLN,
    Jahrgang LXVI, 1951 (Sterne an Richard Davenport, 9.6.1767), Seite
    74.
48 Ebda.
49 Ebda.
50 BD/TE, Seite 142.
51 Ebda. Seite 145.
52 Ebda. Seite 145.
53 LE, Seite 360 (Sterne an Countess***/Eliza Draper, 18.6.1767).
54 Ebda.
55 Combe, William, *Letters Supposed to have been Written by Yorick to Eliza.* In:
    »Laurence Sterne«, *Second Journal to Eliza.* London 1929. ed. Margaret
    R.B. Shaw, Seite 27.
56 Ebda.
57 LE/JE, Seite 366 (28.6.1767).
58 Ebda. Seite 377 (9.7.1767).
59 BD/TE, Seite 159.
60 LE, Seite 390 (Stene an Hall-Stevenson, 11.8.1767).
61 *The Triumvirate.* London. Band I. Seite XIV.
62 Ebda. Seite XVI.
63 *A Series of Genuine Letters between Henry and Frances,* Band V. Seite 83.
64 Ebda. Seite 87.
65 Ebda. Seite 83.
66 Ebda. Seite 87.
67 Ebda. Seite 199.
68 Curtis, a.a.O., Seite 362.
69 BD, Seite 170.
70 Ebda. Seite 171.
71 Ebda. Seite 171 f.
72 Ebda. Seite 173.
73 LE, Seite 398 (Sterne an Mr. and Mrs. James, 3.10.1767).
74 BD, Seite 177.

75 LE, Seite 409 (Sterne an Mr. and Mrs. James, 28. 12. 1767).
76 *Letters of Horace Walpole*, Band VII. Seite 157.
77 LE, Seite 409 (Sterne an Mr. and Mrs. James, 3. 1. 1768).
78 Ebda. Seite 414 (18. 2. 1768).
79 Ebda. Seite 409 (3. 1. 1768).
80 BD, Seite 175.
81 BD, Seite 178.
82 *Letters of Horace Walpole*, Band VV. Seite 175.
83 *Monthly Review,* Jahrgang XXXVIII, 1768, Seite 174.
84 BD, Seite 179.
85 LE, Seite 414 (Sterne an Mrs. Montagu, Februar 1768).
86 Ebda. Seite 416 (März 1768).
87 BD, Seite 179.
88 *Monthly Repository of Theology and General Literature*, Jahrgang III. 1808, Seite 12.
89 *Letters of Horace Walpole*, Band VII. Seite 175.
90 BD, Seite 180.
91 Ebda. Seite 179.
92 Ebda. Seite 180f.
93 TS, Seite 744.
94 Ebda. Seite 491.
95 BD, Seite 182.

Epilog:
»... die paar unverbindlichen Gefälligkeiten«.

1 TS, Seite 564.
2 *Whitefoord Papers,* Seite 230.
3 *St. James's Chronicle,* 24.-25. 11. 1767.
4 Northcote, James, *Memoirs of Sir Joshua Reynolds.* London 1818, Band I. Seite 105.
5 Hall-Stevenson, John, *Yorick's Sentimental Journey Continued.* London 1769. (Vorwort).
6 *Public Advertiser,* 24. 3. 1769.
7 Macalister, Alexander, *History of the Study of Anatomy in Cambridge.* Cambridge 1891. Seite 22f.
8 Tyler, Dorothy »A Lodging in the Bayswater Road«, *Atlantic Monthly,* Jahrgang CLV, 1935, Seite 322.
9 *The Times,* 4. 6. 1968.

10 Ebda. 8.6.1968.
11 Ebda. 16.6.1968.
12 *York Courant*, 12.4.1768.
13 LE, Seite 433.
14 Ebda. Seite 435.
15 Ebda. Seite 448.
16 Ebda. Seite 439.
17 Ebda. Seite 433.
18 Ebda. Seite 436.
19 Sutton, Kirchenbücher.
20 LE, Seite 436f.
21 Ebda. Seite 438.
22 Ebda. Seite 437f.
23 Ebda. Seite 443.
24 Ebda. Seite 447.
25 Ebda. Seite 446.
26 Ebda.
27 Ebda. Seite 450.
28 Ebda. Seite 454.
29 Ebda. Seite 455.
30 Ebda. Seite 456.
31 Ebda.
32 Ebda.
33 Ebda. Seite 457.
34 Ebda.
35 Ebda. Seite 458.
36 *Inventaire-Sommaire des Archives Communals d'Albi*. Paris 1896. Hrsg. von Emile Jolibois, Seite 49.
37 Ebda.
38 LE, Seite 463f.
39 Ebda. Seite 460.
40 Ebda. Seite 464.
41 Ebda. Seite 459.
42 Ebda. Seite 461.

Bildnachweis

Portrait Laurence Sternes von einem unbekannten Künstler.
(National Portrait Gallery)

Shandy Hall in Coxwold.

Portrait Laurence Sterne, gemalt von Louis Carmontelle, Paris, 1762.
(National Portrait Gallery)

Trim liest Dr. Slope und den Brüdern Shandy die Predigt vor. Stich von William Hogart.
(British Museum)

Zwei Ansichten der Büste von Joseph Nollekens aus dem Jahr 1766.
(National Portrait Gallery)

Sterne und der Tod, gemalt von Thomas Patch, 1766.
Jesus College, Cambridge)

Namenregister

Aboyne, Earl of 228
Alberoni, Julio, Kardinal 84
Angria, Pirat 376
Ashton, Charles 125
Augusta von Sachsen-Gotha 268
Austen, Jane 135, 143

Bach, Johann Christian 375
Bagehot, Walter 219, 223
Bagge, Baron de 301
Baird, Theodore 90, 103
Bakewell, Robert 195 f.
Barnet 125
Barton, Robert 87
Bath, Lord 293
Bathurst, Lord 268 f., 381
Beard, John 263, 272
Becket, Thomas 293, 312 f., 321,
  323, 327, 339, 344, 348, 354,
  370, 411, 421 ff., 427, 430
Beckett, Samuel 144
Beckford, William 286
Benson, Sarah 164, 168, 171
Bentley, Richard 265
Berdmore, William 168
Berenger, Richard 261 f.
Berkeley, Bischof 22 f., 99 f.,
  125 f.
Bermingham, Mabel 81
Bissy, Comte de 293, 301 f.
Blackburne, Francis 224
Blackburne, Lancelot 138 f., 217
Blake, John 174, 186 f., 190 ff.,
  197, 206, 234
Blake, Zacharias 186

Booth, Esther 78, 119
Booth, Wayne 104 f.
Borges, Jorge Luis 108, 232
Boscawen 237
Boswell, James 17, 142, 177,
  209, 217, 269 f., 274
Botham, John 53, 143, 411
Botham, Lydia 151 f., 187
Bradshaigh, Lady 149
Brissenden, R. F. 211
Brown, Robert 275
Browne, Dr. Jemmett 397
Buckworth, Theophilus 81
Buffon, Comte de 301
Burgh, Thomas 82, 87
Burgoyne, Lady Charlotte 337
Burke William 75
Burlington, Earl of 137
Burnet, Bischof 93
Burney, Fanny 222
Burton, Dr. John 177 ff.
Burton, Robert 108
Bute, Graf von 52, 209, 285 f.,
  336
Butler, James, 1. Herzog von
  Ormonde 71, 74 f.
Butler, James 2. Herzog von Or-
  monde 71, 84, 88 f.
Byng, Sir George 69, 84
Byron, Lord Georg Gordon
  Noel 70

Cadell, Thomas 424
Calas, Jean 322
Calas, Marc-Antoine 322